重庆邮电大学
哲学社会科学学术文库

网络文化问题研究

重庆邮电大学　编著

中国社会科学出版社

图书在版编目（CIP）数据

网络文化问题研究／重庆邮电大学编著 . —北京：中国社会科学出版社，2019.6

ISBN 978 – 7 – 5203 – 4257 – 5

Ⅰ. ①网… Ⅱ. ①重… Ⅲ. ①网络文化—建设—研究 Ⅳ. ①G112

中国版本图书馆 CIP 数据核字（2019）第 062919 号

出 版 人	赵剑英
责任编辑	孔继萍
责任校对	郝阳洋
责任印制	李寡寡

出 　 版	中国社会科学出版社
社 　 址	北京鼓楼西大街甲 158 号
邮 　 编	100720
网 　 址	http://www.csspw.cn
发 行 部	010 – 84083685
门 市 部	010 – 84029450
经 　 销	新华书店及其他书店

印 　 刷	北京君升印刷有限公司
装 　 订	廊坊市广阳区广增装订厂
版 　 次	2019 年 6 月第 1 版
印 　 次	2019 年 6 月第 1 次印刷

开 　 本	710 × 1000 　 1/16
印 　 张	21.5
插 　 页	2
字 　 数	339 千字
定 　 价	98.00 元

目　录

第 一 编

网络文化建设的导向研究 ……………………………………（3）

 第一节　网络与网络文化的哲学解读 ………………………（5）

 第二节　网络文化建设的社会主义意识形态导向 …………（17）

 第三节　网络文化建设导向之目标建构 ……………………（25）

 第四节　网络文化建设导向之人才队伍建设 ………………（36）

 第五节　网络文化建设导向之环境优化 ……………………（40）

 第六节　网络文化的创新与发展 ……………………………（48）

 结　语 …………………………………………………………（57）

第 二 编

手机文化研究 ……………………………………………………（63）

 第一节　21世纪："移动革命"的时代 ……………………（63）

 第二节　手机文化概论 ………………………………………（75）

 第三节　手机物质技术文化论 ………………………………（85）

 第四节　手机文化产业论 ……………………………………（95）

 第五节　手机精神文化论 ……………………………………（108）

 第六节　手机制度文化论 ……………………………………（119）

第 三 编

网络媒体传播社会主义核心价值观研究 ……………………………（149）
　　第一节　网络媒体与社会主义核心价值观传播的
　　　　　　内在关联 ………………………………………………（151）
　　第二节　网络媒体传播社会主义核心价值观的
　　　　　　基本原则 ………………………………………………（175）
　　第三节　网络媒体传播社会主义核心价值观的机制 …………（179）
　　第四节　运用网络媒体有效传播社会主义核心价值观 ………（189）

第 四 编

网络社会公德建设研究 ………………………………………………（197）
　　第一节　网络社会公德的内涵与特征 …………………………（198）
　　第二节　网络社会公德的失范问题 ……………………………（202）
　　第三节　网络社会公德的主体建设 ……………………………（204）
　　第四节　网络社会公德的内容建设 ……………………………（212）
　　第五节　网络社会公德的载体建设 ……………………………（220）
　　第六节　社会公德的机制建设 …………………………………（230）
　　第七节　网络社会公德的环境建设 ……………………………（242）

第 五 编

网络党建的理论与实践研究 …………………………………………（253）
　　第一节　互联网发展对党的建设带来的机遇与挑战 …………（254）
　　第二节　深入开展网络党建研究，推进网络党建工作的
　　　　　　必然性、紧迫性 …………………………………………（266）
　　第三节　网络党建的一般理论研究 ……………………………（271）
　　第四节　网络党建平台建设研究 ………………………………（286）
　　第五节　国外主要政党网络党建经验借鉴 ……………………（307）

主要参考文献 …………………………………………………………（321）

第一编

网络文化建设的导向研究[*]

代金平

  网络作为一种"时代符号"与"时代话语",已成为现代人不可回避并依赖其中的生存与发展方式。网络文化不是简单地将社会文化网络化,而是人们在网络生存、网络实践中特有的文化创造活动。网络迅猛发展带来的机遇与挑战既有全球性又有地区性,既有政治影响又有经济效益,既有社会观念的冲击又有社会行为模式和思维方式的改变。《第40次中国互联网络发展状况统计报告》显示,截至2017年6月底,中国网民规模达到7.51亿,互联网普及率为54.3%,超过世界平均水平。其中,手机网民规模达7.24亿人,并继续保持稳定增长。随着手机终端的大屏化和手机应用体验的不断提升,手机作为网民主要上网终端的趋势进一步明显。大规模的网民造就了多样化的网络生态,网络文化也日益成为当今社会思潮的主要形式与载体,世界各国都在力求把握先机,将网络文化建设作为塑造国家形象、推行主流价值、达成社会共识、维护国家安全和谋取国家利益的重要途径。

  基于大众传播特性的网络文化,不断发展和创新文化的生成方式,使更多的人有机会参与到文化生产和传播中来,将传统"社会文化"所固有的凝重、稳定、迟滞的特征淡化消解。借助于网络的开放性、大众

  * 作者简介:代金平,男,1964年11月生,山东烟台人,博士,二级教授,博士生导师。重庆市哲学社会科学领军人才、重庆市学术技术带头人。现任重庆邮电大学马克思主义学院院长、期刊社社长,《重庆邮电大学学报》(社会科学版)编委会副主任、副主编。该成果系国家社科基金项目"网络文化建设导向研究"(项目批准号:07XKS044)研究成果。

性、快捷性、参与性、隐匿性等特征，各种社会思潮相互交融，网络日益成为社会舆论的放大器。新兴媒体在网络时代促进了人人参与社会政治与文化生活的现实。一方面，互联网通过影响社会舆论，给主流意识形态和先进文化的建设带来了前所未有的机遇；另一方面，社会思潮与网络文化的耦合与共生，弱化了传统意识形态宣传与教育主体的权威，冲击了主旋律宣传的话语权。

党的十九大报告指出："加强互联网内容建设，建立网络综合治理体系，营造清朗的网络空间。"十八大以来，依法加强网络社会管理已是上上下下的价值共识，唯有抓紧制定立法规划，完善互联网信息内容管理、关键信息基础设施保护等法律法规，互联网发展才能更有鲜亮未来，网民合法权益才更有依托。互联网真正让世界变成了地球村，让国际社会越来越成为你中有我、我中有你的命运共同体，互联网发展对国家主权、安全、发展利益提出了新的挑战。全球互联网治理体系变革进入关键时期，构建网络空间命运共同体日益成为国际社会的广泛共识。习近平指出："网络和信息安全牵涉到国家安全和社会稳定，是我们面临的新的综合性挑战。随着互联网媒体属性越来越强，网上媒体管理和产业管理远远跟不上形势发展变化。特别是面对传播快、影响大、覆盖广、社会动员能力强的微博、微信等社交网络和即时通信工具用户的快速增长，如何加强网络法制建设和舆论引导，确保网络信息传播秩序和国家安全、社会稳定，已经成为摆在我们面前的现实突出问题。"[1] 互联网信息的传播没有边界，但互联网的管理是有疆域的。习近平强调："各国都有权维护自己的信息安全，不能一个国家安全而其他国家不安全，一部分国家安全而另一部分国家不安全，更不能牺牲别国安全谋求自身所谓绝对安全。"[2]

网络文化建设和管理，要坚持社会主义先进文化的前进方向，坚持正确的宣传导向，坚持把社会效益放在首位，坚持一手抓建设、一手抓

---

[1] 习近平：《关于〈中共中央关于全面深化改革若干重大问题的决定〉的说明》（http://politics.people.com.cn/n/2013/1115/c1001-23559327-2.html）。

[2] 习近平：《弘扬传统友好 共谱合作新篇》（http://opinion.people.com.cn/n/2014/0718/c1003-25298501.html）。

管理。要在网上建设具有广泛影响力的思想文化传播平台，努力宣传科学理论、传播先进文化、倡导科学精神、塑造美好心灵、弘扬社会正气，形成积极向上的主流舆论。基于此，加强网络文化建设导向研究，积极抢滩网络意识形态阵地，用社会主义核心价值体观引领网络文化建设，繁荣发展网络文化，具有重大的时代意义和战略价值。

第一节　网络与网络文化的哲学解读

人类文化史始终和科学技术的进展保持着密切的关系，每次科学技术的进步都将产生新的信息媒介，而每次信息媒介革命性的进步都将导致社会文化革新鼎故地变化。作为第四代媒介出现和使用的互联网迅速崛起和发展，对人们的生产、生活及思维方式产生了广泛而深远的影响，引发了人类社会全方位的变革，塑造了一种全新的社会生活场景。"这是一种不同于农业社会和工业社会的全新社会生活场域，卡斯特将这种新的社会形态称作网络社会。"① "在这一新社会形式中，人们以一种多元化、去中心、平面化的方式生存与互动。"② 这种影响的结果从文化的角度来看，便是网络空间下新的文化认知、文化心理和价值观念的形成。网络文化的产生、形成、发展和导向归宿于一般价值哲学的范畴，同样符合价值过程的三段论特征："相互作用—对象化—效应"，即网络文化体现着现实和虚拟的双向互动，并形成对象化关系，通过物质和信息的特定结构实现一定的价值效应。③

一　网络：生活的新空间、文化的新载体

"人们常说的'网络'，实际上是'互联网'（Internet，又译'因特网'、'国际网路'等）——全球众多计算机互相联结而成的网络。"④ 作为人类 20 世纪最伟大的成就之一，网络以其独有的智能性和高效性、全

① 李彦、李伟：《论网络文化的后现代特性》，《兰州交通大学学报》（社会科学版）2004年第 2 期。

② 黄少华：《数字化与人文精神》，上海三联书店 2003 年版，第 212—213 页。

③ 邬焜、李建群：《价值哲学问题研究》，中国社会科学出版社 2002 年版，第 70—71 页。

④ 孟建、祁林：《网络文化论纲》，新华出版社 2002 年版，第 2 页。

球性和全时性、开放性和交互性、超媒体性和大容量等特性，造就了人类生活的新空间。网络的普遍应用也提升了人的主体地位，放大了人的潜在力量，张扬了人的社会本质，极大地改变了人类的交往方式、认知方式、学习方式、思维方式，成为人类不同形态、不同模式的文化和谐发展的新载体。

（一）网络是现实空间的拓展

时空概念是表达物质存在方式的基本范畴。空间指向存在广延性，时间指向持续性和顺序性。二者均具有客观性，同运动着的物质不可分割。"空间是社会的表现（Expression），它不是社会的反映（Reflection），不是社会的拷贝，它就是社会"，"空间是共享时间的社会实践的物质支持，是结晶化的时间（Crystallized time）"。① 但是，时空的复杂性还体现在其具有"虚空间、虚时间"的抽象拓展。在数学上，空间还以"维"的形式表达"方向"，笛卡尔则将三维空间视为现实物质存在的基础。空间的概念随着研究的进步，从现实（物质、地理）空间向思维（精神）空间拓展，伴随信息技术的发展，人们又将由数码"运动（计算）"而呈现的空间，称为虚拟（数码、网络）空间。这使局部现实空间和部分思维空间呈现交叉、重叠、耦合。"两个空间的影响是巨大的，甚至是根本性的。"②

网络空间（Cyberspace）改变着人类的社会形态与组织结构。人类社会经由超现实的、数字化的路径，正完成着新空间（即网络空间）的构建。"在现实世界中，我们的意识运作是以活生生的身体存在为基础的，这种存在会受各种物理条件的制约，而由于网络世界是一个非物理性和非线性的世界，意识运作的方式也就不一样"③，这主要表现在物理形态、空间结构、知识承载、传播能力、空间距离的差异等④。此外，现实空间先于人类的出现而客观存在着，思维空间伴随着人类的出现而产生，并随着人类的进化而拓展，虚拟空间是人类进化到信息网络时代的产物，

① ［德］伽达默尔：《真理与方法》，上海译文出版社 1999 年版，第XXVIII页。
② 边馥芩、王金鑫：《现实空间、思维空间、虚拟空间——关于人类生存空间的哲学思考》，《武汉大学学报》（信息科学版）2003 年第 1 期。
③ 李英明：《网络社会学》，扬智文化事业股份有限公司 2000 年版，第 112—113 页。
④ 郑时、王雅林：《管理变革的空间哲学思考》，《自然辩证法研究》2005 年第 6 期。

是人类思维的产物、生存空间的拓展。由此可见，网络对人类现实空间的拓展，对人类信息传播和交流方式的影响是不言而喻的。可以说，"网络产生的最初目的之一就是要使身处不同地点的人们能够最大限度地共享信息资源"①。网络作为开放的信息交流平台，一方面大大延伸了传播的触角，淡化了传者与受者之间的差异，强化了参与者之间的互动，改变了传统社会中信息流动由传者到受者的线性传播过程，而用一种分散的、四通八达的网状结构的传播来代替；另一方面打破了因媒介材料不同、传播手段不同而在不同媒介之间形成的传播壁垒，将人类的文字、口语以及所有的视听语言整合到一个沟通系统中，同时打破了人类感觉的界限，将人类知觉的不同向度结合起来，以现实生活为摹本，拓展了现实空间，塑造了一个与之对应的虚拟空间。这个空间彻底打破了现实生活中地域、时域的限制，使"网络虚拟社区""网络恋爱""网络城市"甚至"虚拟国家"成为可能，使网络成为人们生活中非常重要的一部分，成为人类生活的新空间。

（二）网络是文化发展的新空间

恩格斯指出："文化上的每一个进步，都是迈向自由的一步。"② 从文化哲学的角度考察，任何事物的发展都有一定的规律性，文化作为社会发展领域之一，不论是物质层次的实体文化创建，还是精神层次的观念文化形成，都应该有一定的规律可循。"人类通过自己的文化实践推动着文化的进程，并在其中实现着自己的发展，文化的发展与人的本质的实现的过程是同一的。"③ 社会各个阶层或者各个领域的文化活动形式和文化活动成果总是具有鲜明的时代性，无论物质文化的创造、精神文明的孕育，还是思维观念的变更、行为方式的选择，无不打上了各个时代生活方式和社会关系的烙印。信息网络技术一经渗入社会和经济生活，造就人类虚拟生存的新空间，其价值就不限于技术层面，而具有了时代意义和文化意义，标志着一个新时代的到来，更新和改变着人们的生活方式与价值理念。个体的创造性活动与网络的影响双向互动，人们的文化、

---

① 谢海光：《互联网与思想政治工作概论》，复旦大学出版社 2000 年版，第 57 页。
② 《马克思恩格斯选集》第 3 卷，人民出版社 1995 年版，第 456 页。
③ 姚允柱：《文化发展规律的哲学诠释》，《马克思主义与现实》2006 年第 2 期。

生活样式在网络时代变得多样化起来，通过文化实践活动从终极意义上实现人的全面发展和社会的可持续进步成为可能，网络已成为文化发展的新空间。

（三）网络深刻影响人类的生产方式、生活方式和思维方式

网络改变生活体现在"网络已日益成为社会生产的主要工具，成为生产力发展水平的主要标志"[1]。网络多样化也促生了网络主体的个性化，一方面体现了大众社会参与、政治参与的主体意识的激发和膨胀，为社会文化提供了丰富的正面影响；另一方面，个性化的恣意发展，也给社会规范、基本伦理和社会秩序带来极大的挑战和负面影响。

网络发展拓展了人的全面发展的空间和机会，深刻影响着人们的生产、生活方式，推动了人们思维方式的变革和价值观取向的多样化，激发了人们的精神活力，增强了人们的现代意识。网络成为人际互动和交往的重要选择，调查显示：在一个月内不能与外界直接接触的情况下，66.4%的人会首选网络作为对外交往和信息获取的主要途径。网络对人类生产方式、生活方式和思维方式等方面的深刻影响还表现在信息传播方式的革命、教育方式的革命、消费方式的革命、闲暇方式的革命和社会组织方式的革命等方面。以文化消费方式的革命为例，网络的出现颠覆了传统文化消费的单向度模式。网络的互动性，使每一个消费者同时又变成生产者，使文化的消费与生产具有显著的共时性特点，网络通过为人们提供着信息共享、平等对话、自由交往、和谐共生的道德平台和文化环境改变人们的学习、生活、工作和交往，然而网络的发展也对人们几千年来形成的文化传统与伦理道德大加冲击，传统美德在"网络自由王国"遇到了严峻挑战，人们被抛掷于道德虚无主义的人生尴尬之中。面对网络对人类社会的深刻影响，迫切需要人们用冷静的眼光、理性的态度去分析和判断，需要人们密切关注和研究网络技术、网络空间和网络社会发展的新动向，充分认识互联网不仅是一个技术结构、社会组织和经济政治活动平台，而且是一个文化载体、文化成果和文化互动平台，需要善于利用网络开展工作，实现网络发展与人类社会发展的协调一致。

---

[1]　李珍、李杰：《关于因特网发展的哲学思考》，《考试周刊》2008 年第 6 期。

二　网络文化的价值哲学分析①

网络文化突破了时空界限，极大地促进了全球文化交流，使人们享受到了丰富多彩的文化生活，同时，网络文化价值取向也趋于多元化，不同价值观念的聚集，使网络文化的价值冲突变得日趋多样。

（一）网络自由与网络规范的冲突是网络文化的基本价值冲突

网络文化价值是指人们在网络行为活动中形成的价值观和生活方式。自由、开放、平等、多元逐渐成为网络价值主体在网络行为中追求的主流价值目标。"只要世界上存在人类，就会有这样那样的冲突。"② 网络文化价值追求的自由与规范、一元与多元、民主与集中、个体与社会之间存在着激烈的矛盾冲突。其中，网络自由与网络规范之间的冲突是网络文化的基本价值冲突。

信息交流自由的理念是信息时代精神文化的核心价值观念。在人类历史上，从语言、文字的创造，到造纸术、印刷术的发明，到无线电技术的发明应用，再到现代微电子技术和通信技术、网络技术的应用和发展，技术的每一次进步都造成了人们信息交流方式的变革，扩展了人们信息交流的自由空间，逐步实现着人们信息交流自由、平等、共享的理想。在互联网的创立和应用过程中，一个贯穿始终并得到普遍认同的理念，便是应当使用户能够自由地、平等地联入网络并交流和共享信息、知识；而在现实的网络文化中，几乎包容了所有的观点、思想和各式各样的文化。可以说，"网络的开放性为达成信息交流自由、平等、共享的理念提供了前所未有的条件，而信息交流自由、平等、共享的理念，则成为以信息和知识为基础的信息社会文化的核心和灵魂"③。

"由于网络文化在本质上具有开放性、自由性、多元性、共享性、平等性和非权威性的特征，所以在现实的网络生存和网络社会的具体运作

---

① 代金平：《自由与规范：网络文化的基本价值冲突》，《西南大学学报》（社会科学版）2009年第2期。

② ［美］埃瑟·戴森：《2.0版数字化时代的生活设计》，胡泳、范海燕译，海南出版社1998年版，第14页。

③ 魏钢、代金平、陈纯柱：《信息文化的涵义和特征探析》，《重庆邮电大学学报》（社会科学版）2007年第2期。

中，要想保证相应的规范的合理遵守将是十分困难"①，自由是网络文化的基本特征，享受自由是网络价值主体的基本和平等的权利，然而"网络生存、网络社会的正常、合理、有序进行，需要有一些入网机构和个人共同遵守的某些维护网路畅通的秩序，为了保证这些秩序，相应的法律、法规、准则、伦理、道德和价值观念的建构便是十分必要的"②。这就说明，网络是自由的，但网络不是自由滥用的天堂，网络自由必须是在一定的网络规范约束下的自由。从网络生活的现实看，网络自由与网络规范之间存在着尖锐的价值冲突。

网络世界是一个没有中心、超越国度的世界，它的开放性、虚拟性和匿名性使网际空间的活动表现出自由、民主和平等的特征，人们的网络行为具有空前的自由度，他们可以通过网络在世界范围内自由地行使自己的网络权利，极大程度地追求网络自由价值，包括信息交流自由、交往自由、言论自由等。

网络行为主体对自由的无限追求与网络规范的约束无所不在，导致了网络自由与规范的矛盾，构成了网络文化的基本价值冲突。网络自由与网络规范的冲突是基于网络的基本价值理念与网络规范之间的矛盾之上的，因此，"任何一种强制性措施或者相应防范技术所可能取得的成效，都只能是暂时的、局部的"③，网络规范对网络自由的约束作用是有限的。虽然如此，网络自由与规范的矛盾冲突依然存在，一方面，网络规范总是不断地提升、完善自身以达到更有效地约束和限制网络自由；另一方面，网络行为主体在追求网络自由时会努力挣脱规范的束缚，自由与规范之间的矛盾由此也就贯穿于网络生活的始终，影响着其他网络文化价值的二元冲突。

（二）自由与规范之间的价值冲突影响着其他网络文化的价值冲突

1. 一元与多元

自由与规范之间的价值冲突首先影响到网络文化中一元与多元的矛

---

① 邬焜：《信息哲学——理论、体系、方法》，商务印书馆 2005 年版，第 392 页。

② 同上。

③ 邬焜：《网络生存方式与传统生存方式之间的价值冲突》，《系统辩证学学报》2003 年第 11 期。

盾。网络自由是网络价值主体追求网络文化多元的前提。自由、开放的网络打破了网民的性别、年龄、学历、职业、民族、种族、阶层界限，使网络价值主体呈现出多元化趋势，多元的网络价值主体的目标不尽相同，这些目标越来越彰显个性，表现出多元的价值追求，从而也引起价值判断和价值标准的多元化。同时，网络价值主体及其行为被数字化、虚拟化后，他们的网络行为也就变得愈益自由：在这个虚拟、隐蔽性较强的空间里生存、生活，他们可以自由匿名，自由发言，没有明确的个人标志，也不用担心会承担过多的网络行为后果，这无疑会助长网络价值主体的多元化行为。

网络文化多元价值的背后隐藏着网络规范的一元化和社会主流文化的一元引导。在网络主体追求多元价值的同时，建立主导的网络法律法规、道德规范也被提上日程。就法律规范本身而言，它就是一元的禁止性规范，这是众所周知的。虽然当今世界（包括网络世界）的法治的统一性还局限在某一国家或者区域，但是人类仍然在坚持不懈地追求法律的完善与统一。再就道德而言，社会以及网络道德规范逐渐从一些不成文的规范和习惯中分离出来，成为网络用户在网络社会中自觉活动的行为准则之一，而且随着社会和网络范围的扩大，道德规范发挥倡导作用的范围就更广。总体上说，社会和应网络而生的网络道德规范正逐渐被认为是今天网络行为的统一标准，就其规范性这一层面而言，道德的一元化趋向日益明显。法律法规和道德规范，共同作用，互为补充，约束和倡导网络行为的一元化。另外，网络信息内容、网络主体价值取向虽然多种多样，但是唱响网络先进文化主旋律，倡导社会核心主义价值体系在网络文化中的主导作用，实现网络文化一元指导，使网络价值主体的价值取向与网络规范、社会主流价值所倡导的价值取向趋于一致，也成为政府和社会公众高度关注的重大问题。

2. 民主与集权

网络民主是以网络自由为基础的。没有网络自由，网络民主就失去了平等的前提。网络是一个彰显个性、推崇民主的自由开放的"社会"，它超越了传统媒体的限制，实现了自由言论、平等对话、共享信息的民主形式。网络民主的出现向传统的集权体制提出了挑战，"我所看到同样的分权心态正逐渐弥漫于整个社会之中，这是由于数字化世界的年轻公民的影响所致，传统的中央集权的生活观念将成为明日黄花"①。但是，从另一方面讲，网络只是实现网络民主价值的手段和工具，它本身不能自行解决网络社会中出现的各种问题，网络民主的真正发展还要受制于多种社会控制力量——网络集权。网络社会并非绝对的自由场所，为保障网络民主的实现，在信息处理、传播、共享过程中，必然要求人们共同遵守网络规范，限制一定的网络自由，这样才能保证网络正常秩序，保障网络安全，防止网络失范，所以，加强对网络的集中控制势在必行。从这方面看，自由与规范之间的基本价值冲突，深刻地影响了网络生活中的民主与集权。

3. 个体与社会

网络自由是包括追求个体自由和一切个体的同等自由两个方面。从根本上说，网络自由不仅体现为网络主体所具有的网络言论自由、行为自由、网上个人隐私权等自由，同时也体现为他们所承担的维护社会公共利益、保障他人合法权利的责任和义务。"但由于每个人的先赋条件不同，做事的能力不同，各自人生机遇不同，这些都是一种无法加以现行规定的因素。所以，虽然人们在行为中都没有违反自由的原则，最后结果就会形成相当严重的不平等……这种不平等累加到一定的程度，就可能造成人们之间严重的对立和冲突，导致社会动荡。于是，社会为了保持秩序和稳定，就需要防止不平等的扩大，因此就需要限制一些人的自由。"② 网民是网络社会关系中的成员，在没有一定规范的约束和限制下，他们为实现自己的自由权利时，势必会或直接或者间接地影响到其他网络社会成员的正当权益，不利于安定、有序的网络社会生活秩序的形成。从网络文化发展的实际看，一些网民在追求自身网络自由的过程中，往往滥用网络，有意或无意地侵害到他人的自由权利和损害社会利益；一些商家出于个人利己的目的，也不惜牺牲国家和社会利益，甚至故意侵害网民的个人隐私权和其他权利来获取暴利。这些现象在网络生活中的普遍存在，导致了个人与社会之间矛盾的凸显，为此，构建相应的网络

---

① ［美］尼古拉·尼葛洛庞帝：《数字化生存》，胡泳、范海燕译，海南出版社 1997 年版，第270 页。

② 马俊峰、宁全荣：《公正概念的价值论分析》，《教育与研究》2008 年第 4 期。

规范约束网络个人行为、保障社会整体利益迫在眉睫。可见，自由与规范之间的价值冲突又直接影响到了个体与社会之间的矛盾。

（三）正确应对网络自由与规范之间的价值冲突

"网络由于技术的支撑而具有'分散权力、全球化、追求和谐和赋予权力'的特质，自由似乎是应有之义。"① 不过，"数字化世界是一片崭新的疆土，可以释放出难以形容的生产力量，但它也可能成为恐怖主义者和江湖巨骗的工具，或是弥天大谎和恶语中伤的大本营"，"它是一个虚弱的宣传工具，但却是施展阴谋的好地方"②，由于网络自由导致的信息安全、网络侵权、色情信息泛滥等严重问题，政府和网络管理、维护机构越来越多地关注网络空间的秩序问题。如何正确应对网络自由与规范之间的价值冲突，对网络文化建设具有非常重要的意义。

客观地讲，网络自由与规范的关系是辩证统一的，一方面，它们是对立的，这一点显而易见，自由是对规范的超越，规范是对自由的约束；另一方面，它们又是统一的，"自由是接受规范引导的自由，规范是保证自由更好实现的规范"③。在网络生活中应从以下几个方面正确应对网络自由与规范这对价值冲突。

1. 正确认识网络规范和网络自由的关系是解决其冲突的理论前提

（1）网络规范对网络行为主体的规制是实现网络自由价值的必要手段

在网络社会中，网络自由与网络规范相辅相成，网络规范是为了实现网络的共同利益（包括网络行为主体的网络自由）而约束网络用户的行为，换而言之，网络的自由价值必须在网络规范的保障下才能顺利实现：有了各种网络规范的约束、限制，网络用户在一定的约束下才能更好地进行文明的网络活动，整个网络秩序才会井井有条，网络行为主体的自由权利才能发挥作用，自由价值才能实现，也才能有网络自由可言。网络规范约束人们的行为，不仅通过制定出相应的法律、法规、制度来

---

① 佘文斌：《网络空间的自由悖论》，《中共福建省委党校学报》2002 年第 8 期。

② ［美］埃瑟·戴森：《2.0 版数字化时代的生活设计》，胡泳、范海燕译，海南出版社1998 年版，第 17 页。

③ 彭立群：《自由与规范相统一的哲学反思》，《齐鲁学刊》2008 年第 1 期。

完成，也通过社会和网络的双重道德引导、教育、倡导网络用户的自律来实现。"比如在交往过程中，自由的实现还需要法律条件（对自由的限度、自由与纪律、自由与责任的关系等的法律界定）和道德条件（交往主体相互之间对基本权利的尊重和信任）。有什么样的法律和道德条件，就有什么样的社会自由。"① "制度是指一系列由人为设定的、约束和规范人们相互行为的规则，是一种由组织保障的、有明晰程序的客观力量……制度依靠外在于人们内心世界的客观力量来实现对人们生活的规范"，"道德教育就是要通过教育以改变人们的观念，征服人们的精神世界，实现道德观念的内化，进而规范人们的行为"。② 可见，网络规范通过法律的外在的强制和道德的内在启发、引导来共同约束网民的网络行为，在限制自由的同时又实现自由，保护自由。

（2）网络自由始终是网络规范追求和保护的价值目标

自由是人们进行自主性活动的前提，是千百年来人类追求的价值目标。网络产生后，网络自由亦成为网络行为主体的价值追求。网络的基本特征是自由、开放，"在网络上，任何人都可以是一个没有执照的电视台，几乎没有什么力量可以阻止一个人按照自己的思想、观点、技术和知识，建造属于他自己的信息发布机构：个人主页或个人网站"③。基于网络空间的这种高度自由性、开放性，网络行为主体才能打破性别、年龄、职业、民族、阶层界限，最大限度地实现平等对话，发表意见，从而使网络表现形式趋于多样化，网络价值多元化；与此同时，网络所呈现的言论自由、行为自由也使舆论主体真正回复到普通大众的身上，体现出广泛的网络民主，推进社会民主进程。

网络开辟了最大限度的自由场所，让网民享受到了空前的行为、言论自由，然而，"自由原本基于这样一种假设：即存在着一个所有理性人皆同意的普遍秩序"④。自由是相对的，绝对的自由最终只能带来不自由，

---

① 常晋芳：《网络文化的十大悖论》，《天津社会科学》2003 年第 2 期。

② 黄蓉生、白显良：《当代大学生诚信制度建设的体系构建》，《西南大学学报》（社会科学版）2008 年第 4 期。

③ 佘文斌：《网络空间的自由悖论》，《中共福建省委党校学报》2002 年第 8 期。

④ ［德］W. 李普曼：《公共哲学的复兴》，《市场逻辑与国家概念》（公共论丛 NO.1），生活·读书·新知三联书店 1995 年版，第 28 页。

从而走向自由的反面。在没有法律、法规的网络中，所呈现出来的也只能是混乱：信息量大但充斥着垃圾，新闻虽多可信度却不高，个人的隐私遭到侵犯，网络空间受到严重污染，等等。网络行为主体追求的自由实际是指在网络规范下实现的自由，没有约束的自由只会导致不自由，所以，及时制定相应的网络法律法规刻不容缓。法律法规是影响网络用户行为方式的最重要的力量之一，它通过对网络用户进行认识上的引导和行为上的约束、规制，可以有效净化网络环境，维护网络社会秩序，为网络自由价值的实现，创造优良的外部条件。

为了实现多数人的自由，必须对个体的自由进行界定，这也是规范产生的原因。网络自由始终是网络行为主体追求的价值目标，构建网络法律、法规、制度以及社会、网络道德规范的最终目的，都是为了更大程度地保障和实现网络行为主体的相对自由。

2. 网络行为主体的自律是解决网络自由与网络规范冲突的重要途径

网络的结构是开放的和高度自组织的，网络的组织管理同样表现出强烈的开放、自治、自律的特征。为促进全球信息通信技术的应用和信息网络的发展，促进信息和知识的自由流动，各国政府力图为之营造一种开放的、透明的、可预测的和非歧视的政策法规环境。这种开放技术环境和制度环境，为信息文化的发展提供了强大的推动力，同时，又使得网络社会及其文化的健康发展，与其成员的自主和自律息息相关。诚如戴森指出的，"网络可以成为我们所有人的潜在的家。……是由上千个小家庭和社区自我营造、定义并设计的一种环境"。同时，网络"也把自我治理、自主思考、教育后代、诚实经商以及同其他公民一起设计我们生活中所应遵循的规则的责任交给了我们"[①]。网络是一个开放性、隐蔽性较强的空间，它的发展取决于网民自己。要保障网络这个大家庭的正常秩序，充分实现网络自由，除通过制度加以规范外，更重要的是需要启迪网络行为主体（包括个人和组织）的自律意识，引导他们自觉用社会和网络道德价值取向来衡量和约束自己的网络行为，正如马克思所说：

---

① ［美］埃瑟·戴森：《2.0 版数字化时代的生活设计》，胡泳、范海燕译，海南出版社1998 年版，第 12 页。

"道德的基础是人类精神的自律"[①]，只有网络行为主体对道德标准有了正确的认识，从内心产生高度的道德需要并付诸网络活动实践，才会摆脱外在规范的强制性与被动性，主动将社会、网络道德规范纳入自己的思想、意识体系，积极地对自己进行意志约束和网络行为导向，也只有在这样的情况下，道德才会真正起作用，网络自由才得以顺利实现。

对于充分利用网络行为主体的自律来构建良好的网络文化环境，国外有丰富的经验，我国在这方面也有反响良好的举措。比如，"在西方发达国家，由于他们更早地走上了市场化发展的道路，市场运行机制趋于成熟，因此他们更多地呼吁通过市场调节与行业自律来对网络舆论的内容进行管理。如加拿大政府授权对网络舆论信息实行'自我规制'，将负面的网络舆论信息分为两类：非法信息与攻击性信息。前者以法律为依据，按法律来制裁；后者则依赖用户与行业的自律来解决。同时辅以自律性道德规范与网络知识教育，并取得了较好的管理效果。在美国，政府对网络舆论管理的立法屡屡遭到一些社会团体的反对，认为是对宪法规定的公民言论自由权的剥夺，结果有关立法都被法院以违宪裁决而告终。因此，目前美国网络舆论的管理，除违法内容依法惩处外，其他也主要是行业自律与市场调节来进行管理，并以法律的手段来确保自我调节的有效性，如美国在 1998 年出台《网络免税法》，对自律较好的网络商给予两年免征新税的待遇"[②]。我国"2006 年以来，互联网业界广泛开展了'大兴网络文明之风'、'文明办网、文明上网'活动，基础电信运营商和内容服务提供商积极参与，广大网民大力支持，形成了齐心协力建设和谐网络文化的良好舆论氛围"[③]。

3. 构建和谐的网络文化环境是解决网络自由与网络规范冲突的必由之路

"坚持用社会主义核心价值体观引领网络文明建设。践行社会主义核心价值观，形成全社会共同的理想信念、道德规范和精神追求，打牢全

---

① 《马克思恩格斯全集》第一卷，人民出版社 1972 年版，第 15 页。

② 燕道成：《国外网络舆论管理及启示》，《南通大学学报》（社会科学版）2007 年第 3 期。

③ 刘正荣：《网络文化建设要上升到国家战略高度》（http://www.chinanews.com.cn/gn/news/2008/02－18/1166057.shtml）。

党全国各族人民团结奋斗的思想道德基础，是我国网络文化建设的重要任务。"① "中国特色的网络文化，就是基于我国网络空间，源于我国网络实践，传承中华民族传统文化，吸收世界网络文化优秀成果，面向大众、服务人民，具有中国气派、体现时代精神的网络文化。"② 胡锦涛在中共中央政治局第三十八次集体学习时强调："要以创新的精神加强网络文化建设和管理，满足人民群众日益增长的精神文化需要。互联网能否真正成为新平台，关乎全局。"③ 可见，形成和谐、文明、良好的中国特色网络文化环境，对于解决在网络发展过程中出现的各种负面影响和各种冲突有着非常重要的意义。以社会主义核心价值观为引领，唱响主旋律，打好主动仗，在网上形成具有中国气派、体现时代精神、品位高雅的主流文化，潜移默化地影响网络行为主体的行为，倡导网络行为主体自觉文明上网、文明办网，净化网络环境，防范网络不文明现象，努力营造健康文明的网络社区，让更多的人能更好地享受互联网带来的自由，这是解决网络自由与网络规范冲突的必由之路。

第二节　网络文化建设的社会主义意识形态导向

无论就技术形态还是文化形态来看，21 世纪是网络时代。蓬勃发展的信息网络技术不仅改变了传统的传播工具和传播方式，更重要的是它所构筑的网络社会及其在此基础上衍生的网络文化，对人的生活方式、思维方式和价值理念的改变与重塑，产生了深远的影响。网络和网络文化的崛起，为新时期意识形态建设提供了新的机遇，也带来了新的挑战。根据前文的调研：虚拟的网络世界给网民提供了自我展示的空间；网络不文明信息泛滥、不文明行为盛行，建设网络文明刻不容缓；各种不利

---

① 蔡名照：《在大兴"网络文明之风"座谈会上的讲话》（http://www.china.com.cn/news/txt/2007 - 01/29/content_7729120.htm）。

② 国务院新闻办公室：《网络文化建设是一个系统工程》（http://news.163.com/07/0711/17/3J4T280L0001124J.html）。

③ 胡锦涛：《以创新的精神加强网络文化建设和管理》，《人民日报》2007 年 1 月 25 日第 1 版。

于社会主义健康发展的思想意识、道德观念渗透在互联网中，网民需要保持高度警惕。显然，网络文化的意识形态导向已成为当前我国网络文化建设和社会主义意识形态建设的一项紧迫且艰巨的任务。

一　网络意识形态

意识形态具有强烈的政治色彩，指一种观念的集合，是一定社会经济基础上形成的系统的思想观念，代表着一定阶级和社会集团的利益，具有群体性、系统性和历史性，其核心内容是价值观，在社会生活中能够指导阶级和集团行动，并通过一定的设计，为达到一定的目标，对整个社会或部分社会阶层的价值观念进行引导。

意识形态工作是党的一项极端重要的工作，而网络意识形态是其重中之重。自全国宣传思想工作会议提出"牢牢掌握网络舆论工作的主动权"重大任务之后，十八届五中全会又提出维护网络安全、实施网络强国这一关系国家发展、民族命运的战略，进一步彰显了网络意识形态研究的重要性。

网络时代的到来，使传统意识形态的存在方式、传播、作用乃至命运遭受了巨大的冲击。信息网络带来了意识形态建设新的契机，但也蕴含着巨大的危机。与此同时，一种全新的意识形态形式——"网络意识形态"正在悄然崛起，并通过网络文化迅捷呈现出来。

"网络意识形态是在线上社会与线下社会、网民个体与现实个体高度融合互相渗透的背景下，网民借助数字化符号化信息化中介系统而进行的信息、知识、精神的共生共享活动中形成的有机体系，是网民在网络社会中具有符号意义的信仰和观念表达方式的综合，其核心是价值观念。"①

作为网络社会的意识形态，其载体是数字化的网络信息，因此网络意识形态具有数字化传播的特征。网络意识形态是反映不同阶层网民利益的网络信息或观念，在不断地被复制、浏览、传播、存储或更新中维持或改变着网民的思想观念体系，是现实社会意识形态在网络空间或虚

---

① 黄冬霞、吴满意：《近年来国内学界网络意识形态研究述评》，《天府新论》2015年第5期。

拟社会的延伸或拓展。

把网络意识形态界定如下："网络意识形态是在线上社会与线下社会、网民个体与现实个体高度融合互相渗透的背景下，网民借助数字化符号化信息化中介系统而进行的信息、知识、精神的共生共享活动中形成的有机体系，是网民在网络社会中具有符号意义的信仰和观念表达方式的综合，其核心是价值观念。"

（一）网络对意识形态建设的挑战

网络时代的到来以及传统意识形态在存在方式、传播途径、作用方式和斗争方式等方面的新变化，昭示了意识形态建设新的际遇。但是，相对于以美国为首的西方发达国家在经济、政治、军事，尤其是文化和科技（特别是信息通信技术）绝对优势的情形下，我国的意识形态建设面临更为严峻的挑战。

1. "文化全球化"与意识形态安全

全球化成为 21 世纪不可逆转的世界潮流。从技术角度看，正是现代信息通信技术、互联网技术和现代化交通工具一起突破了传统的时空局限，把各个民族国家、集团和个人在全球范围内联系起来，实现了物流、知识、信息的全球畅通，"地球村"成为现实。更为关键的是，互联网的出现才真正宣告了"文化全球化"的现实。互联网极大地促进了不同国家和地区间的文化交流、理解和沟通。但与此同时也为西方发达国家实现文化扩张和推行文化霸权提供了便利的外部条件，成为以美国为首的西方发达国家向我国进行意识形态渗透的重要工具。正如美国著名学者约瑟夫·奈所说，"仅仅依靠美国文化的普及，就足以奠定美国的领导地位"[①]。美国依靠其强大的网络技术资源提供着互联网上约 80% 的信息，作为互联网标准体系的主要制定者，美国利用网络平台向世界全天候、全方位地推销自己的价值观念、意识形态、生活方式和历史文化。另一方面，美国等西方国家还长期进行意识形态攻击[②]。克林顿任美国总统时曾在"国家信息基础结构行动计划"中宣称，"要开辟一个新的战场，其

---

① ［美］J. 希利斯·米勒：《现代性、后现代性与新技术制度》，陈永国译，《文艺研究》2000 年第 5 期。

② 刘忠厚：《信息网络时代社会主义意识形态建设新探》，《理论学刊》2009 年第 2 期。

目标就是西方价值观统治世界，实现思想的征服"。时任国务卿的奥尔布赖特曾说，有了互联网，对付中国就有办法了。《纽约时报》曾鼓吹，西方将在网上与中国进行一场决战，百战百胜的中国将在互联网的斗争中败北。由于网络舆论渗透具有隐蔽性强、传播速度快、蛊惑力大等特点，对意识形态和国家安全构成了极大挑战。

"全球化"对于我们并不仅仅意味着田园诗般的多维参与、充分沟通以及达成共识的机遇，更意味着伴随西方资本主义经济文化强势而来的对我国意识形态辩护、凝聚、吸引功能的一种广泛而持久的冲击。①

2. "大众传媒"与意识形态话语权

掌握了意识形态的话语权也就意味着该意识形态在整个意识形态场域中的主导和引领地位。因此，话语权问题就成为意识形态建设的风向标。

在互联网时代以前（对我国来讲就是20世纪90年代中期以前），由于时空条件的限制、思想文化领域开放的有限性以及广播、报刊和电视等传统媒介的相对可控性，特别是垂直型的组织传播传递体制，意识形态的导向和话语权是比较容易控制和掌握的。但是互联网的出现和蓬勃发展彻底打破了这一态势，互联网才真正开启了"大众传媒"时代。网络的全球性和开放性摧毁了时空的界限，甚至可以轻易突破过去固若金汤的政治文化体制藩篱。网络传播的多元化、互动性、反中心性则使传统的传播体制受到强大的冲击和挑战。基于平行的、双向的、互动的传播模式，它第一次使人们不再仅仅是信息的接受者、消费者，还是信息的创造者、发布者和传递者，每个网络用户都可以不经"舆论把关人"的控制而自主地参与创造，自由地进行交流讨论，传播有关信息，发表看法，提出建议。从提供信息的渠道来说，执政党和权力集团很难再像过去那样对社会信息进行完全的管制和垄断，以前那种集中统一的、自上而下的信息管制的观念、体制和传播手段已经难以为继。② 网络所具有

---

① 李尚志：《全球化背景下西方意识形态渗透的主要形式及危害》，《理论与改革》2007年第2期。

② 张静、周三胜：《论网络传播条件下党的意识形态建设》，《毛泽东邓小平理论研究》2005年第6期。

的隐匿性、个性化、平民化、虚拟化等特点，使其自然成为各种观念或意识自由表达的主要场所和各种社会心理、情绪宣泄的重要渠道。

基于此，在信息时代如何应对网络对主流意识形态话语权的冲击，就成为各界非常关注的重要课题。2008 年胡锦涛祝察人民日报社时曾指出："互联网已成为思想文化信息的集散地和社会舆论的放大器，我们要充分认识以互联网为代表的新兴媒体的社会影响力，高度重视互联网的建设、运用、管理。"[1]

可以说，加强互联网的建设、运用和管理，拓展"信息疆域"，是信息时代意识形态建设的重要任务。从网络社会学和网络政治学的角度看，网络社会中国家的"信息疆域"是指一个国家通过采取各种手段和措施，在虚拟的网络空间所能控制的最大范围。[2] 因此，在网络空间竭力争夺信息控制权和制胜权，拓展和捍卫自己的信息疆域，是网络时代每个主权国家或执政当局都必须面对的意识形态安全战略问题。

（二）网络意识形态的生成

如果在互联网初期意识形态还只是借助网络工具进行传递、流动、激荡和争斗的话（意识形态网络化），那么如今，也许互联网开始超越工具性手段，逐渐深入人类社会的思想领域、认识论领域，引起人们的价值观念、思维方式的变革——网络意识形态正在生成和扩张。网络意识形态是人类社会一种全新的意识形态，是基于虚拟的网络社会而产生的。网络意识形态是网民看待网络世界的有机的思想体系，代表着网民的利益，指导网民的"行动"，并通过虚拟社会反作用于现实社会。[3] 我们至少可以从以下四个方面来理解网络意识形态的意涵。

1. 指（传统）意识形态网络化。即互联网作为传统意识形态传播的新渠道、存在的新形式、作用的新载体和斗争的新领域。它体现的是互联网的工具技术性质。意识形态网络化已经成为一种客观现实并成为人们的共识。

---

① 胡锦涛：《在人民日报社考察工作时的讲话》，《人民日报》2008 年 6 月 21 日。

② 张宽裕、丁振国：《论网络意识形态及其特征》，《学校党建与思想教育》2008 年第 2 期。

③ 同上。

2. 基于"技术沙文主义"的网络文化霸权。这是意识形态网络化的必然结果。网络文化霸权的典型当数美国。担负着连接全球互联网功能的 13 个根服务器掌握在美国邓肯公司，而邓肯公司实质由美国商务部直接或间接操控，中央处理器（CPU）、操作系统等网络核心技术，也几乎由美国包揽控制，美国英特尔、微软等公司在电脑硬件和软件平台技术方面处于无可撼动的垄断地位，美国因其技术优势独揽了对互联网规则的创制权，通过控制计算机及互联网的核心技术在意识形态战争中夺得先机，从而占据互联网战争中的"制高点"，实际决定、控制和导向着网上信息的内容、流向及传输步伐。美国政府发布的号称"信息高速公路"的《全球信息基础设施（GII）》计划指出："高速发展的'全球信息基础设施'将促进民主的原则，限制集权主义政权形式的蔓延；世界上的人民，通过'全球信息基础设施'，将有机会获得同样的信息和同样的准则，从而使世界具有更大意义上的共同性。"美国政府所谓的"促进民主的原则"、"限制集权主义政权形式的蔓延"等观念，表明了其意识形态渗透的意图。[①] 1998 年，美国总统克林顿发表"网络新政"演说，直接赤裸裸地表达了利用和保持美国在计算机等高科技领域的绝对领先地位的欲望，坦言技术将为美国实现文化霸权和政治霸权服务。

3. 指互联网精神。网络不仅是一个信息平台、交流渠道、虚拟空间，它更为我们创造了一种全新的交往方式、生存方式和思维方式，它内在的开放性、平等性、虚拟性等特性衍生成的文化价值和精神，已被越来越多的人所认同。人们依托网络技术这一全新的生活平台，对社会文化中的某些价值理念和网络经验进行整合，进而形成全新的网络价值观念，它表达了网络技术的文化价值的生成。基于技术和人文相交融的现代科技文化价值生成的基本模式，有学者把自由、开放和共享概括为互联网的核心精神。[②] 互联网在技术架构层面上具有开放性、共享性、兼容性、多元化等特点，正是这些特性与社会文化中的"自由""开放"和"共享"等因子的交融，催生了自由、开放和共享的互联网精神。因此，网

①　谢海光：《互联网与思想政治工作概论》，复旦大学出版社 2000 年版，第 39 页。
②　李伦：《作为互联网精神的自由、开放和共享》，《湖南文理学院学报》（社会科学版）2006 年第 3 期。

络技术不仅本原地蕴含着丰富的自由、开放和共享的价值观念，而且前所未有地为自由、开放和共享的价值追求提供了真实的平台。因此，互联网精神既是互联网内生的，也是互联网外生内长的。需要指出的是，互联网精神和网络价值观念目前尚属于初级阶段，远未定型，但诸如民主、自由、平等等理念及开放、共享、个性、多元、包容等特征日益被大家重视并达成共识。

4. 指"网络技术意识形态"。它本质上属于发端于西方发达工业社会的"科技意识形态"或"技术意识形态"。科技在前工业时代的价值中立性，在工业时代和后工业时代逐渐被"虚假的意识"所渗透。科技本身被纳入意识形态范畴，成为发达工业社会或晚期资本主义社会的根本特征。① 科学技术在成为第一生产力的同时，也成为对自然和人进行统治的意识形态。对此，哈贝马斯指出："技术理性的概念，也许本身就是意识形态。不仅技术理性的应用，而且技术本身就是（对自然和人的）统治，就是方法的、科学的、筹划好了的和正在筹划着的统治。"②

二 网络文化的社会主义意识形态导向

基于意识形态在网络时代的变迁、际遇和挑战，特别是网络文化内在的意识形态呈现，通过网络文化建设平台来创新和提升社会主义意识形态建设水准，确保我国意识形态安全，就成为一项十分紧迫的时代课题。

（一）坚持和巩固多元网络文化中马克思主义的一元化指导

基于网络文化多元化和开放性的显著特征，在网络文化建设和导向过程中，必须坚持包容性基础上的马克思主义一元化指导原则。然而不可回避的是，现实网络传播存在的"开放性、无中心性和交互性"，导致网络扩充和放大了难以控制的意识形态对社会大众的影响力和感染力，在网络意识形态领域，马克思主义和各种非马克思主义、反马克思主义

① 俞吾金：《从意识形态的科学性到科学技术的意识形态性》，《马克思主义与现实》2007年第3期。

② ［德］哈贝马斯：《作为"意识形态"的技术与科学》，李黎、郭官义译，学林出版社1999年版，第39—40页。

意识形态之间处于一种"平等"和相互交织的状态，阻碍和增加了马克思主义"一元化"指导的实际运作难度。互联网上存在和流传的各种文化形式和意识形态，本质上是对社会利益的调整和分化的多元化的反映。在这种情形下，社会主义意识形态建设难以采用"独尊""集权"的形态，从开放的网络意识形态实际状况看，也绝不能对非主流意识形态一概简单地采取拒斥的态度。否则只会使自身日益处于更加孤立的状态，弱化自身的社会影响力，压缩自身发展的空间。只有坚持开放性和包容性原则，同时又坚持"主导性"的责任担当，主动对其他诸意识形态进行分析和研究，与其在共存和竞争中获得具有实际意义的主导性话语权，不断增强对外来文化形式和意识形态的引导、整合能力，才能真正且有效地保持马克思主义的一元化指导。

（二）坚持"硬性控制"和"软性控制"相结合

网络文化和网络意识形态具有极强的技术依赖性特征，并且由于网络意识形态建设直接受制于特定的政治生态，因此，网络意识形态导向应该也必须借助"硬性控制"，即技术的、法律的和行政的手段与力量。与此同时，还必须注重"软性控制"，实现"硬性控制"和"软性控制"的有机结合。

就"硬性控制"而言，包括两个层次。首先，加强网络技术控制，构建网络意识形态传播的监控防护体系，控制互联网信息传播。其次，强化网络监管和网络法律政策法规的建设力度。在网络立法方面，我国目前还缺乏一部专门的网络法。虽然目前也有一些相关制度规则，但由于网络管理往往是多头管理，存在立法主体多、层次低，效率不高、权威不够等问题，可操作性比较差。因此，网络意识形态传播和管理迫切需要立法、执法和守法的法制化进程，这也是网络立法管理的关键所在。

"软性控制"主要指通过网络文化内容创新，依靠道德、理性、知识和精神的力量来引导网络舆论健康发展。努力培育网络社会公德，积极构建网络思想教育体系，广泛开展网络文明创建活动，加强主流价值观的正面引导作用，增强网民合理合法的网络民主参与，从而提高网民的道德素养和情操。加强网络舆论的导向和规范，积极培养能够坚定拥护社会主义意识形态，具有较强理论研究功底的"意见领袖"，设置热点栏目话题，通过群众和意见领袖的作用，传播有影响力又易于被网民接受的观点，主动引导网络舆论走向。

第三节　网络文化建设导向之目标建构

根据本研究对网民价值取向的调研结论：①网民的价值取向基本符合社会主义核心价值观要求；②网民对社会主义核心价值观表现出较高的认同度；③网民对现实政治问题表现出极大的兴趣；④多数网民能对网络中的不良内容做出正确选择。网络文化建设，是社会主义文化建设的重要组成部分。网络文化建设导向必须全面贯彻社会主义初级阶段的文化纲领。社会主义初级阶段文化纲领由党的十五大制定，并经过党的十九大得到进一步丰富和完善。发展中国特色社会主义文化，就是以马克思主义为指导，坚守中华文化立场，立足当代中国现实，结合当今时代条件，发展面向现代化、面向世界、面向未来的，民族的科学的大众的社会主义文化，推动社会主义精神文明和物质文明协调发展。为进一步贯彻党在社会主义初级阶段的文化纲领，推进网络文化建设的繁荣发展，网络文化建设导向的目标，就是要大力发展中国特色网络文化，不断解决网络文化生产与人民群众日益增长的精神文化需要之间的矛盾，切实提高全民族的思想道德素质和科学文化素质，促进人的全面发展。

一　加强网上社会主义核心价值体系建设

网络作为一个开放的信息平台，各种异质文化充斥其中，而在每一种文化背后都自觉或不自觉地隐藏着一定的社会价值观念、情感倾向和行为模式。在庞杂的网络文化信息中有许多积极的、主流的力量，同时也遍布着"很黄很暴力"；有正义、科学真理的传播，也散布着封建迷信、虚假信息和伪科学；有对社会客观公正、理性的态度和正确认识，也有极端愤世嫉俗、仇富仇官的不良情绪。更有别有用心的人利用网络虚拟开放的特点，在网上大肆宣扬一些反社会、反党、怀疑和反社会主义的言论。据调查显示，超过半数的网民在网络中碰到或者接触过"自由主义""个人主义""封建迷信""灵异""暴力"等内容；网民接触"诈骗""色情淫秽""民主社会主义""社会民主主义"相关内容和"对社会主义国家人权和社会主义制度的攻击""破坏社会政治稳定""破坏民族团结、国家统一""反对党领导"的言论也较为普遍，比例都超过了60.0%；相比之下，网民对于网络中关于"法轮功等邪教组织"以及"对社会主义国家领导人的攻击的宣传"接触较少，但同样存在。

由此在一定程度上可以认为，互联网上的文化交锋，正在演变成一场社会主义和资本主义在政治思想、意识形态和文化上的较量。马克思说："统治阶级的思想在每一时代都是占统治地位的思想。"① 如果我们在社会主义意识形态引导和宣传领域缺乏主动性，必然会导致思想混乱，危及社会主义政权。正如列宁所言："对社会主义思想体系的任何轻视和脱离，都意味着资产阶级思想体系的加强。"② 网络作为新兴的文化阵地，同时也是信息传播的重要平台，是传播社会主义意识形态的有效途径。因此，加强网上思想舆论阵地建设，占领互联网这块文化阵地，在网上建设具有广泛影响力的思想文化传播平台，形成积极向上的主流舆论，是巩固社会主义意识形态，建设社会主义先进网络文化的重要内容和目标任务。

（一）巩固马克思主义的指导地位

马克思主义是无产阶级的科学世界观和方法论，是中国共产党和我国社会主义事业的指导思想。马克思主义是社会主义核心价值体系的灵魂，解决的是举什么旗的问题，决定了社会主义核心价值体系的性质和方向。

网络文化的开放性、全球性不可避免地导致网络文化的多样性，各种思潮相互激荡必然对马克思主义造成一定冲击，马克思主义的指导地位面临严峻挑战。在调查中我们发现，关于"马克思主义对于我国现代化建设依然具有指导意义"的问题有31.1%的人赞成，有48.9%的人基本赞成，还有2.9%的人不赞成和12.0%的人说不清楚。调查结果表明，网民对于马克思主义的态度总体而言是认可的，但也隐藏着危机。

马克思主义作为我国网络文化建设的指导思想，同时也是中国特色社会主义网路文化建设的重要内容。加大对马克思主义的宣传，巩固马克思主义在意识形态中的主导地位，是中国特色网络文化建设的一个重

---

① 《马克思恩格斯选集》第1卷，人民出版社1972年版，第52页。
② 《列宁选集》第1卷，人民出版社1972年版，第327页。

要目标。

（二）牢固树立中国特色社会主义共同理想

理想体现了人们对美好生活的向往和追求，是人们进步发展的精神动力。中国特色社会主义共同理想 是社会主义核心价值体系的主题。一个民族一个国家，如果没有共同的理想和信念就会没有精神支柱，就会失去凝聚力。中国特色社会主义共同理想代表了广大人民根本利益和共同心声，为社会各个阶层广泛认可和接受，具有凝聚社会力量的重要作用。

随着我国经济社会的发展，社会意识日益多元化。本研究调查显示，在"社会主义比资本主义相比具有优越性"的选择上，网民的认同度为59.6%，23.3%的网民对此问题"说不清楚"，感到困惑，还有17.1%的网民怀疑社会主义制度的优越性，并"不赞成"社会主义制度比资本主义制度优越。在关于"共产主义"能否实现的问题调查中，80.5%的网民认为共产主义"愿望是美好的"，是人民所向往的，但其中只有24.7%坚持认为共产主义是"人类发展的必然趋势"，55.8%的网民对于共产主义能否实现还持怀疑态度；8.9%的网民对共产主义持否定态度，认为共产主义"纯粹是空想"，还有10.6%的人对此问题说不清楚。由此可见，在网络文化建设中必须加强中国特色社会主义共同理想宣传，凝聚各方面的智慧和力量，夯实全国各族人民团结奋斗的思想基础。

（三）大力扬民族精神和时代精神

以爱国主义为核心，团结统一、爱好和平、勤劳勇敢、自强不息的民族精神与勇于改革、敢于创新的时代精神，是社会主义核心价值体系的精髓，也是一个民族屹立于世界先进民族之林，赖以生存、壮大和发展的重要支撑和精神支柱。今天，要加快推进社会主义现代化建设，全面建成小康社会，实现中华民族伟大复兴的百年梦想，必须进一步弘扬民族精神和时代精神，使全体人民保持昂扬向上的精神状态，熔铸中华民族的生命力、创造力和凝聚力，使全民族的创造精神和创造活力充分迸发。

（四）树立社会主义荣辱观

荣辱观，是人们对荣誉和耻辱的根本看法和态度。社会主义荣辱观是马克思主义世界观、人生观、价值观的具体生动表现，它丰富和发展了社会主义的基本道德规范，确立了人们言行的基本价值尺度。社会主义荣辱观作为社会主义核心价值体系的基础，是网络文化建设的重要内容。随着社会主义市场经济的发展和对外开放的扩大，人们的思想观念、生活方式和价值取向产生了深刻的变化，原有的一些道德规范已经远远不能适应社会发展的需要，而新的道德规范尚未形成，从而出现了不同程度的理想信念模糊、价值取向扭曲、诚信意识淡薄、社会责任感缺乏等问题。这些问题在自由开放的网络社区中表现得更为突出：在复杂的网络文化环境中，由于其他价值观念的冲击和影响，少数人将拜金主义、享乐主义、极端个人主义当成了自己的人生目标。在调查中发现，关于"选择人一生最重要的东西中"，1.30%选择权力和地位，4.50%选择金钱。网络文化中存在不明是非、不知荣辱、不辨善恶、不分美丑、把腐朽当神奇、把庸俗当高尚、把谬误当真理（如"恶搞"英雄和颠覆历史）等现象，同时还存在传播网络病毒、侵犯个人隐私、安插恶意流氓软件等现象。这些网络现象和行为与社会主义道德要求格格不入，与文明社会风尚极不协调，必须及时有效加以扭转。

二 弘扬优秀传统文化，构建中国特色网络民族文化

民族文化是一个民族的灵魂和标志，是在长期的历史中积累和沉淀下来的民族精神传统，是民族认同和民族凝聚的基础。对于一个民族而言，失去了民族文化传统，就失去了民族的凝聚力和向心力。因此在世界文化相互激荡的过程中，每个民族都在试图保护本民族的风俗习惯和语言文字。无论世界如何发展，各具特色的地域文化和民族文化是各民族存续发展的基础和条件，每个民族只有在本民族的文化中才能找到自己存在的理由和根据。越是历史的，越是现代的；越是民族的，越是世界的。

然而，在信息时代的背景下，民族文化的独立性面临着巨大的挑战。网络的开放性决定了网络文化的全球性，世界上不同民族的文化和文字信息在网络上得以迅速便捷地传播，因此，无疆域界限的网络信息传播必然对传统的地域文化或民族文化造成极大的冲击。中国是四大文明古国之一，灿烂的中华文化在人类历史上大放异彩，是人类文化的一个独特的重要组成部分，但在开放的网络环境中中华民族文化却面临着西方

强势文化的挑战。

因此，在网络文化建设中必须大力弘扬中国优秀传统文化，积极培育具有中国特色、品位高尚的民族文化事业和产业，打造一批体现时代精神，具有中国气派、中国风格、中国特色的网络民族文化品牌，带动和促进我国优秀文化产品的数字化、网络化，为社会提供更多更好的网络文化产品和服务，引领网络空间，扩大民族影响力，增强民族自信心和民族凝聚力，增强国家软实力，保障国家文化安全。

（一）加强中文和外文网站建设

汉字是世界上使用人数最多的文字，但运用范围最广的文字仍然是英语。网络虽然设置了多种语言方式，但英语却是网络通用的标准语言，在网络文化中占主导地位。"因特网上英语的使用占绝对优势，这暗含着美国权力的延伸。因特网将美国用户标准化，就如同只有美国的电子邮件地址不需要国别标识码。"① 在此情况下，要想大力弘扬网络民族文化必须重视承载中华文化的中文和外文网站建设。

1. 大力加强汉语的推广和中文网站建设

语言文字是思想交流的工具，是特定文化的载体，也是该文化的有机组成部分。缺乏语言交流平台的中国文化在向世界推广的过程中显得先天不足，一些优秀的传统文化如诗歌、京剧、书法等离开汉语载体很难得到世界上的广泛接受和认同，文字使用的局限束缚了中国民族文化的推广和传播。因此，中华民族要保持与弘扬优秀的民族文化，并能够对当代世界的文明进程产生更深远、更广博的影响，就必须大力推广汉语的使用，加强中文网站建设，提高汉语在世界上的普及程度，以汉语为载体，加强中国文化对外交流。

在推广汉字的过程中应注意文字的使用规范。当前网络文化中出现的网络流行语对中文的健康发展造成很大冲击。随着信息技术的普及，网络流行语大量出现。一些网民为了节约时间、崇尚创新，或者为了张扬个性、引起别人的重视等，在网络交流过程中常用一些与生活常规用语迥异的网络语言，以错字、别字、不伦不类的口语、方言为特征的网

---

① ［美］马克·波斯特：《第二媒介时代》，范静哗译，南京大学出版社 2000 年版，第 39 页。

络流行语层出不穷，如"灌水""小资""GLASS""3H 学生""8147"等。我们就网民对目前流行的网络用语的了解程度做了调查，79.4%的网民了解我们所列举的网络用语的含义并会使用；20.6%的年龄较大的网络用户不了解这些网络流行用语。对"米国"是"美国"了解的人有16.9%；对"GLASS"是"同性恋"、"3H 学生"是"三好学生"、"SL"是"色狼"、"XXX"是"不便说出口，但大家都能心领神会的内容"的代名词、"WW"是指"台湾"，了解的人相对较少，分别为 14.3%、12.3%、11.4%、10.9% 和 10.7%。这种明显违反汉语语法要求的现象，表明了信息网络时代网民追求个性、追捧外来文化的特征，这在某种程度上影响了中华文化的传播。对此，应采取措施加以引导，进一步规范汉字的使用，为传承和发扬光大中华民族文化奠定基础。

2. 加强以中国民族文化为内容的外文网站建设，积极宣传和推广中国文化

在网络信息交流中，虽然各国文字均有使用，但其中还是以英语为主，因此，以英语为主要载体的信息文化在网络文化中占据主导地位，英语信息是影响和控制舆论的重要力量。一些西方国家借此大造声势，丑化、攻击社会主义中国，捏造虚假信息误导不明真相的网民。2008 年西方网络媒体对我国西藏骚乱事件的歪曲报道无疑是其不良用心赤裸裸的暴露。对此，我们应加强各种文字的主流网站的建设，积极向外宣传和推广中国文化，让更多的人了解和认识中国，在世界网民中树立中国健康良好的国际形象，增强中华民族的凝聚力和影响力。

在当前，除了注意运用语言载体弘扬民族文化外，还应善于利用网络平台，运用声音图像等新媒介形式向外推广民族文化。图像和声音（特别是音乐）有其直观特性，可以突破区域语言和民族语言的局限，成为所有民族可共通共享的视听性语言，图像声音是弘扬民族文化的重要辅助形式。

（二）积极打造开发具有中国元素的网络文化产品

中国是世界文明古国之一，虽然传统文化历史悠久、源远流长，但在网络时代，在西方强势文化的冲击下，中华民族文化面临被同化的威胁。在此情况下我们必须运用现代技术手段大力开发传统文化优势资源，大力传播包含诸多中国元素的文化产品，增强中华文化的影响力。

以美国为首的西方资本主义国家在全世界推行霸权主义，在经济、政治、文化、军事各个方面占据强势地位，在网络文化领域也不例外。西方国家利用网络上的技术优势和语言"霸权"，以及网络的开放性和网络文化的多元性，大肆推行其文化价值观念，对内对外实行"双重标准"，这一现象被人们称为"网络霸权主义"或"文化殖民主义"。当因特网把西方发达国家的文化精神带入中国千家万户的时候，西方社会的生活方式、交往方式、道德观、价值观等也随之而来，一些网民在不知不觉中深受影响。在关于网络用语的调查中发现，了解"小资"是指"向往西方思想生活，追求内心体验、物质和精神享受的年轻人"的人达到49.2%；在调查中还发现不少人开始习惯于过西方节日，追捧西方的生活方式；更有甚者认为西方一切都好，而中国的一切都不如意。在外来强势文化咄咄逼人的攻势下，传统民族文化元素正一步步被压缩。

对于"文化殖民主义"我们必须予以坚决反击。在网络民族文化建设中应依托现代科技手段，充分利用网络平台，加大对中华民族优秀文化的推广和传播，推动我国优秀文化产品的数字化、网络化，加强高品位文化信息的传播，努力形成一批体现时代精神，具有中国气派、中国风格、中国特色的网络民族文化品牌，为世界提供更多的具有中国文化元素的网络文化产品。将国学、中医、功夫等独具中国元素的传统文化数字化，通过网络推向海外，实施"走出去"战略，加大中华民族优秀文化在互联网中的分量和影响力，使传统民族文化在吸收现代文明成果的过程中能够保持自身的特征，并不断发展壮大。

充分发挥市场对文化资源配置的基础性作用，以市场为导向，以资本为纽带，科技为手段，推进网络民族文化的发展，创作和生产出更多拥有自主知识产权和具有中国文化元素的网络民族文化产品，让世界人民能够接纳、认可进而敬佩中国文化，树立中国良好的国际形象，增强民族自信心和凝聚力。

（三）积极吸收国外先进文化成果

在网络文化建设中弘扬民族文化不等于排斥外来文化，在网络化背景下限制外国文化的进入不可行也不可取，正确的态度是以民族优秀传统文化为根基，以外来健康有益文化为补充，努力构建具有中国气派、体现时代精神的网络民族文化。

在建设网络民族文化中应积极吸收外来优秀成果，防止单纯排斥的极端行为。一种优秀的民族文化应具有博大的胸怀和兼容性，孤立的文化必然走向衰退和没落。不可否认，西方工业化走在了世界的前列，工业文明对世界进步贡献巨大，其中的科学技术正是中国由落后传统社会走向现代化、信息化所必需的。因此，对于西方文化中反映社会发展规律的优秀成果我们应以虚心的态度积极吸收借鉴。

当然，在建设网络民族文化中，也要防止全盘西化的极端行为。"我们要向资本主义发达国家学习先进的科学、技术、经济管理方法以及其他一切对我们有益的知识和文化，闭关自守、固步自封是愚蠢的。但是，属于文化领域的东西，一定要用马克思主义对它们的思想内容和表现方法进行分析、鉴别和批判。"① 一个抛弃了自己文化传统的民族，很难对外来文化，即使是先进的外来文化做出正确的判断和诠释，更谈不上结合本国的实际去学习和融会贯通，只会无所适从。网络民族文化的构建若抛开它深厚的文化传统，全部引进西方文化，只能形成一种俯屈在帝国主义面前的殖民地文化。因此在吸收外来文化时一定要注重吸收和消化，使之中国化。

三　发展网络文化产业，推动网络文化大发展大繁荣

当今世界，网络文化产业在国际竞争中的地位和作用越来越突出，成为推动经济社会发展的强大动力。伴随着网络技术的迅速发展，我国的网络文化产业从无到有，并逐步形成一个巨大的市场。大力发展网络文化产业是繁荣网络文化的重要途径。当前要重点发展网络信息装备制造业，提高网络文化产业的规模化、专业化水平，提供更多更好的网络文化产品和服务。现阶段应充分发挥市场配置资源的基础性作用，繁荣文化市场，提高市场竞争力，增强在世界网络文化市场中的竞争力，满足人民群众多方面、多层次、多样性的精神文化需求，实现社会主义网络文化的大发展大繁荣。

（一）网络文化产业现状

中国网络文化产业起步较晚，就当前而言，网络游戏、获取网上文

---

① 《邓小平文选》第3卷，人民出版社1993年版，第44页。

化新闻资讯和下载网络音像制品，是我国网络文化消费的重要形式。

1. 网络游戏。中国网游产业已从起初的爆炸式增长到平稳式发展。中国网络游戏始于 2000 年初。在发展初期，中国几乎所有的网络游戏都是从国外引进的，从韩国引进的《反恐精英》是当时的代表。2001 年，上海盛大公司凭借其代理的另一款韩国网络游戏《传奇》缔造了盛大网络的传奇，实现了利润从零到 2 亿元的突破。在调查中发现，近一半的被调查者"曾经玩过游戏"或者"现在正在玩网络游戏"；65% 的网络游戏者每月在网络游戏中的花费在"30 元以内"；22.3% 的人月均消费在"30 元至 100 元之间"；12.7% 的网络游戏者的月均消费比较高，"超过 100 元"。据《2009 年中国网络游戏市场研究报告》2008 年中国网络游戏市场规模为 207.8 亿元，同比增长 52.2%，相比 2006 年的 60% 和 2007 年 77.7% 市场增长率，2008 年中国的网络游戏市场增长已经趋于平缓。另据《第 30 次中国互联网络发展状况统计报告》显示，"2012 年网络游戏用户规模达到 3.31 亿人，而 2011 年已达 3.24 亿，网民使用率从 2011 年的 62.8% 反降至 61.6%"。

2. 网络资讯。数字网络技术引发的新媒体革命来势凶猛，新闻门户网站、网络杂志、网络报纸、网络小说依托我国 5 亿多网民，迅速发展壮大。

网络新闻具有传统媒介无法比拟的即时快捷性，深受青睐。据调查显示，将"了解新闻"作为上网目的网民占 42.1%。中国互联网络信息中心《第 30 次中国互联网络发展状况统计报告》显示，"中国网民的网络应用中，网络新闻观看率仅次于网络音乐，处在第二位"。"2012 年网络新闻使用率为 73.1%，用户规模达到 39231 万人，相比 2011 年底的 36686 万人，半年增长率 6.9%。"互联网已经成为人们关注新闻事件最便捷的传媒工具之一。

除网络新闻外，网络在线出版的数字图书，由于省去印刷装订出版环节和纸张出版费用等，形成了出版便捷、成本低廉的优势，深受网民读者喜爱。在工具书类、信息资源服务类出版物中，电子图书具有的查询检索快捷、方便的特点，更有优势和竞争。可以说，目前已进入传统的纸质出版物和数字出版物共存且相互竞争的时期，并有电子出版物进一步膨胀的趋势。在此情况下，传统出版社、杂志社应面对市场发展及时制定数字出版计划以及数字出版的长期发展战略，积极向依托互联网技术的在线出版形式的方向发展，建起一个新的出版商业模式。

3. 网络音像制品。网络音像制品是网络产业的重要组成部分，主要包括网络歌曲和网络电影。

网络歌曲，主要是指通过网络进行传播并得以流传的歌曲，主要分为三大类，即网友的原创、翻唱和改唱。原创是其中的主力军，是广为流行的网络歌曲的主流。网络的发展无疑给网络歌手提供了一个新的平台，创作者可以不再依赖唱片公司而通过网络发表和传播，甚至销售。在网络上，不需要花费很多钱，不需要有多大知名度，只要你的东西有特色，能够得到人们的认可就行。《老鼠爱大米》《两只蝴蝶》《别说我的眼泪你无所谓》等众多网络歌曲相继蹿红。这些歌曲作为新鲜事物出现，语言幽默诙谐、画面风趣好看，自然具有较强吸引力，其流传程度丝毫不亚于一些通过电台电视等媒介流行的歌曲。网络音乐是排名比较靠前的网络应用之一，目前其使用率还在继续攀升，截至 2012 年 6 月，网络音乐用户达到 41060 万人，使用率为 76.4%，相比 2011 年底的 38585 万用户，半年增长率为 6.4%。① 网络歌曲的流行成就了一大批网络歌手，从而成为更多网络歌曲涌现、流行的原动力，进一步促进了网络歌曲的发展。

伴随着网络音乐迅速发展的是网络视频的同步发展。网络视频是指网民借助互联网所体验到的视频服务，含在线视频浏览（包括视频分享、宽频影视、播客、视频搜索及线上视频的各类应用，例如视频看房和视频购物等）、网络电视（P2P 流媒体下载软件）、网络下载本地浏览等各种形式的网络视频服务。"网络视频由于从消费内容和收看时间上突破了传统接触模式的局限性，可以自由选择观看内容和观看时间，自主性更强，成为用户选择观看网络视频的最主要原因。68.2% 的网络视频用户认可这一点。""青年是网络视频用户的主要群体。10—29 岁的青年群体在整体用户群中比例最高，超过半数，占到 61.5% 的比例。网络视频用

---

① 中国互联网络信息中心：《第 30 次中国互联网络发展状况统计报告》，2012 年 7 月。

户中以中等学历的群体为主，高学历人群比例高于全国网民。"① "截止到2012年6月，网络视频用户规模达到3.5亿人，使用率65.1%，较2011年年底半年增长率7.6%。"② 网络视频凭借其资源的丰富性和灵活性，市场潜力巨大，将成为网络文化产业的一支重要力量。

（二）积极引导和有效监管

面对经营性网络文化产业的蓬勃发展，我们在发展网络文化产业的过程中，在获取经济效益的同时还应加以积极引导和有效监管，规范网络文化产业秩序。

1. 应建立和维护公平竞争的市场秩序，充分发挥市场对资源的基础配置作用，提高生产效率。《第31次中国互联网络发展状况统计报告》显示，截至2012年12月，我国网络购物用户规模达到2.42亿人，网络购物使用率提升至42.9%。与2011年相比，网购用户增长4807万人，增长率为24.8%。网络购物是用户增长最快的应用，我国经济活动正在加速步入互联网时代。因此，必须建立一套健康运行的网上市场机制，营造公平、正义、诚信的网上交易氛围，规范网上各类经济活动。另外，完善的网络文化版权保护体制，引导网络文化产业健康持续发展。对于网络文化原创如网络小说、网络歌曲和网络视频等应积极保护作者的合法权益，严厉打击非法转载行为。

2. 应合理规划布局，有效利用资源。特别对于网络游戏这种产业，投资大，生产环节众多，政府可通过实施重大项目，扶持网络游戏产业基地建设，培育网络游戏产业骨干企业和战略投资者，增强国际竞争力。同时政府应积极引导、合理配置、有效利用资源，避免在自由竞争条件下各自为政，重复建设、生产闲置和浪费现象的出现。

3. 政府相关部门要加强对网络文化产品的监管。在网络文化产品中，存在粗俗和不健康的内容，因此对网络游戏、资讯和音乐视频等网络文化产品内容应加强审查，限制向未成年人发放网络游戏账号，防止未成年人沉迷网络游戏。中国互联网络信息中心调查数据显示，"2009年网民网络游戏服务使用率58.9%，用户规模达到2.65亿人，其中，中学生和

---

① 中国互联网络信息中心：《2009年中国网民网络视频应用研究报告》，2010年3月。

② 中国互联网络信息中心：《第30次中国互联网络发展状况统计报告》，2012年7月。

小学生网民网络游戏的使用率分别达到81%和82.3%"①。尽管包括网络游戏在内的网络娱乐进入相对平稳的发展期，但未成年人沉迷网络游戏仍是一个不可忽视的问题。

杜绝色情暴力等低级不良内容的出现，净化网络环境。2009年7月，文化部要求各地查处以"黑帮"为主题的非法网络游戏。文化部称，"黑帮"主题的网游，突出表现"黑社会"的打、砸、抢、杀、奸、骗等行为，渲染黑恶势力的成就，无视社会执法力量，教唆游戏用户在游戏中扮演"黑社会"成员，挑战社会正常秩序，严重威胁、扭曲社会的法制和道德规范，极易对青少年造成不良影响。文化部要求各地立即查处"黑帮"主题的非法网络游戏。②

建立和完善网络安全保障机制。对于网络安全，由于各部门高度重视，齐抓共管，集中整治，我国的网络安全状况已有了明显改善，但形势依然非常严峻，不曾遭遇病毒或木马攻击的网民几乎没有，网络账号或密码被盗的现象更是屡见不鲜。为此，要进一步建立和完善网络安全保障机制，坚持"打防并举、注重防范"的原则，通过立法惩治和技术监控等手段，为网络运行建立起有效的防范机制。

第四节　网络文化建设导向之人才队伍建设

队伍建设是网络文化建设的关键，也是网络文化建设导向的关键。当前，建立健全以培养、评价、使用、激励为主要内容的网络文化队伍建设机制，确定职业规范和从业标准，加强专业培训，促进网络文化队伍建设，为网络文化事业和产业的健康持续发展提供人才支撑，是网络文化繁荣发展的关键。

一　加强网络文化从业者的思想道德建设

从业人员的思想道德建设事关文化事业和文化产业发展的根本。加

---

① 中国互联网络信息中心：《第25次中国互联网络发展状况统计报告》，2010年1月；《2009年中国青少年上网行为调查报告》，2010年4月。

② 李俊彦、张志超：《黑帮网游被叫停　玩家建议分级助发泄破坏欲》（http://news.so-hu.com/20090729/n265557674.shtml）。

强网络文化事业和文化产业从业人员的思想道德建设，有助于确保网络文化发展的社会主义方向，有助于强化主流意识形态对网络文化阵地的占领，有助于网络文化事业和文化产业的健康可持续发展。

加强网络文化事业和文化产业从业人员的思想道德建设，需要做好三方面的工作：

1. 加强对从业人员的马克思主义理论，尤其是毛泽东思想和中国特色社会主义理论体系的教育。理论教育是思想道德建设的基础，马克思主义是我国网络文化建设的指导思想，同时也是中国特色社会主义网络文化建设的重要内容。只有对网络文化从业者进行科学的理论教育，尤其是进行中国化马克思主义的理论教育，才能提高其理论素养，增强其在实践中贯彻马克思主义理论的自觉性，为其确立科学的世界观、人生观和价值观，逐渐成为一个自觉的马克思主义者，奠定理论基础。

2. 加强对从业人员的道德，尤其是社会主义核心价值体系教育。十六届六中全会通过的《中共中央关于构建社会主义和谐社会若干重大问题的决定》，强调要"坚持以社会主义核心价值体系引领社会思潮"。党的十七大报告指出，"社会主义核心价值体系是社会主义意识形态的本质体现"，并要求"积极探索用社会主义核心价值体系引领社会思潮的有效途径"。党的十八大报告指出，倡导富强、民主、文明、和谐，倡导自由、平等、公正、法治，倡导爱国、敬业、诚信、友善，积极培育社会主义核心价值观。只有大力提高思想道德水平，网络文化从业人员才能在复杂的网络文化思潮中，保持头脑清醒，不迷失方向，才能在面对各种芜杂的信息时，具有政治敏锐性和甄别力，才能在推进网络文化事业和文化产业的发展中，始终保持网络文化的先进性。

3. 加强对从业人员的职业道德，尤其是网络道德规范教育。网络社会是现实社会的延伸。网络文化事业和文化产业同样也是传统文化事业与文化产业的拓展。作为文化事业，网络文化同样是为最广大人民群众服务的，是为主流意识形态服务的，其政治方向性是显而易见的；作为文化产业，网络文化本现为多种多样的经济形式，如网络广告、网络游戏等，但不管哪一种经济形式，都体现着一定的价值选择，渗透着一定的道德理念。网络文化从业人员只有端正了对网络、网络行为、网络道德等问题的认识，才能在多样化的网络经济生活和文化生活中，识别各种道德陷阱，维护自身的道德追求，确保所从事的文化事业和文化产业的持久生命力。

二　加强网络文化从业者的专业技术职能培训

马克思主义占领网络意识形态阵地，是通过多种途径、多种形式实现的，网上既有关于马克思主义理论和社会主义主流价值观的直接宣传、显性宣传，如马克思主义研究网等主题网站的宣传，更有通过多种形式的网络文化事业和文化产业的间接宣传、隐性（渗透性）宣传，如各级政府网站上的时政新闻、部分网络广告或网络游戏隐含的价值理念等。这两种形式的宣传，都是必要的，它们分别具有不同的受众，互相之间具有无可替代性。从对大众的影响程度而言，间接性宣传、隐性（渗透性）宣传由于具有"润物细无声"的特点，其作用不可忽视。无论是哪一种宣传，要提高其针对性、实效性，都要求从业者具有较高的专业技术职能，因此，加强网络文化从业者的专业技术职能培训，对于网络文化建设具有重要作用。

对于显性宣传，从专业技术职能上讲，最主要的是要做到五个结合。第一，宣传内容与马克思主义基本原理相结合。突出理论宣传的科学性和理论深度，为广大理论工作者和科研工作者服务；第二，宣传内容与中国化马克思主义相结合，即与毛泽东思想和中国特色社会主义理论体系相结合，体现出宣传内容的与时俱进；第三，宣传内容与中国优秀的传统文化相结合，体现出宣传内容的中国特色和中国实际；第四，宣传内容与中国时政新闻或社会热点相结合，突出马克思主义作为真理的诠释力，加强宣传内容的针对性；第五，宣传内容与国际社会热点及突发事件相结合，突出宣传内容的全球性，培养网民的国际视野和辩证分析问题的能力。

对于隐性宣传，需要根据宣传载体的形式，具体问题具体分析。比如网络广告，从业者可以从广告语的设计上，体现出一定的价值理念。网络游戏，无论是游戏中的语言，还是游戏角色的道德行为取向、游戏升级的标准体系等，都渗透着一定的价值理念；网络上的时政新闻选择，本身就体现了一种价值选择；网上的博客或播客，本身就是作者本人的情感、态度、价值观的宣泄……只有不断提高专业技术职能，网络文化从业者才能在网络隐性宣传中做到"游刃有余"，在繁荣发展网络文化事业和文化产业的过程中，强化马克思主义对网络意识形态阵地的占领。

要切实提高网络文化从业人员进行隐性（渗透性）宣传的针对性和实效性，需要建立健全网络文化建设队伍培训体系。培训体系的建立应抓住三个重点：一是着眼于我国网络文化事业和产业的迅速发展、国家信息安全，唯有如此，才能制定出符合持续发展的高效培训体系。二是要着眼于网络文化发展的需求。网络文化队伍培训体系不是临时性工作，而是要深入挖掘网络文化发展的需求，预测人力资本的需求趋势，对现有人力资本加以科学培训，为网络文化发展做好人才的培养和储备。三是要遵循网络文化建设与发展的规律，有计划、有步骤地对网络文化从业的各级各岗人员进行培训，提高整个网络文化队伍素质。

当前对网络文化从业人员的培训，要着重做好四方面的工作：第一，要注重对培训需求的分析与评估。拟订培训计划，首先应当确定培训需求。从管理队伍、舆论引导队伍、技术研发队伍的需求量、网络文化规模发展的需求量等多个方面对培训需求进行预测。培训需求反映了从业者和管理者对培训的期望，但是要将这些需求转化为培训计划，还需要对需求进行科学评估。评估的主要依据是我国网络文化发展对人才需求的状况。第二，要区分不同培训对象。应根据不同的受训对象，设计相应的培训方式和内容。对于网络文化从业者的培训，需要加强其专业技能的培养，强化其与网络文化事业与产业相适应的基本理念；对于网络文化管理者的培训，培训规模可以适当扩大，延长培训时间，利用互动机会增加学习效果。第三，要多种培训方式相结合。如内训与外训，在岗培训与脱岗培训相结合，专题培训、业务培训、技术交流、行业研讨会等多种方式的结合。第四，支持有条件的高等院校设立相关学科、专业和研究方向，培养网络文化创意、技术、管理、营销等专业人才，鼓励优秀人才投身网络文化建设。

三　扩充网络文化队伍

繁荣网络文化，需要打造一支作风优良、素质较高的网络文化管理人才和专业技术人才队伍。新兴网络文化产业的瓶颈体现在专业人才的短缺，这种短缺既体现在数量不够，还表现为结构不平衡。培养网络技术人才，一方面要吸引相关产业人员积极主动参与网络文化建设，另一方面要加强相应人才的培养培训，提升网络文化建设队伍和管理队伍的素养和技术水平。

（1）建设好网络文化业务、经营管理、技术研发和监管执法四支队伍。采取切实措施，重点发展壮大网络文化作品的创作队伍，组建覆盖面广的"网络评论员队伍"。培养吸收更多高素质的传统媒体记者、编辑、离退休干部、部分版主和网民等各方面人士参与到网络评论工作中来。

（2）选拔一批懂网络、善经营、会管理，熟悉文化规律、掌握市场规则、富有竞争意识的优秀经营管理人才，让他们放开手脚，在网络空间施展才华。

（3）培养一批能够立足信息科技发展前沿、具备较强研发能力的专业技术人才，确保最新技术能够及时运用到网络文化建设之中。

（4）进一步充实各类网络文化信息服务监管机构的力量，建设好网络执法队伍。加强对重点网站和网络文化建设人员方针政策、法规纪律和业务知识的教育培训，将互联网新闻从业人员纳入新闻从业人员管理范围，网络新闻作品纳入新闻评奖范围，完善新闻网站采编人员职称评定、评优评奖、考核晋级制度，激励和促进优秀人才脱颖而出，带动队伍整体素质的提高，以适应网络文化建设和管理工作的需要。

第五节　网络文化建设导向之环境优化

网络文化作为信息时代的重要产物，对人类的生产、生活带来了深刻的影响。在丰富人们精神生活、促进不同文化交流融合的同时，网络文化所携带的异质文化因素和不良信息对民族文化和网络文化建设产生了巨大冲击，对此，我们应顺应时代潮流，健全政策法规以加强网上违法信息的综合治理，加强网络道德建设以增强网民自律能力，提高网络技术水平以防控有害信息传播，加强网络主阵地建设以强化舆论引导，从而优化网络文化环境，促进网络文化的良性发展。这既是消减网络不良信息影响的需要，又是抵御信息霸权和文化渗透的需要；既是繁荣发展中国特色网络文化的需要，又是网络媒体承担社会责任的需要。

一 网络文化环境优化的必要性

网络文化作为一种新型的文化样态，对人们的精神生活和社会文化的繁荣发展，起到了丰富和推动作用。但是，网络文化中也充斥着大量的不良信息、有害信息，并对主流文化构成了强劲的冲击。因此，必须优化网络文化环境。

（一）优化网络文化环境是消减网络不良信息影响的需要

作为一种特殊的文化形式，网络文化除了具有文化的共性外，还具有自己的个性特征，其中之一就是开放性。网络文化没有地域、没有国界，从技术上讲，它对任何地区、任何人都是开放的。任何人只要其上网的计算机使用了 TCP/IP 协议，就能进入互联网，畅游无边网络文化。这一特征是基于互联网的开放性特征。互联网是利用计算机和信息技术，尤其是利用数字化技术和多媒体通信技术实现不同国家和地区的计算机网络之间的通信，其本身既无起点亦无终点。网络文化的开放性使各种文化得以充分的展现和有效的交流，促进了网络文化的新陈代谢，使网络文化具有无限的生机和活力。但是，网络文化的开放性也是一把"双刃剑"，其负面信息亦很突出，其间充斥着色情、暴力等不良信息。在对"现阶段互联网最令人不满意的地方"进行的调查中，"垃圾信息及网络陷阱太多"占 32.9%，居于首位，其次是网速太慢等。网络不良信息已成为困扰网民的一大问题。

当下，网络上淫秽色情信息的传播，已经到了触目惊心的地步。人们在浏览网页时，时常跳出各种各样的色情网页，有的网站传播淫秽小说、图片、视频，有的网站提供"裸聊"和各种色情表演，更有人通过网络组织卖淫嫖娼，等等。2009 年 8 月，江苏警方成功捣毁境外三大中文色情网站联盟之一的"迪卡玟"联盟，并将其下属的 13 个色情网站一网打尽，抓获 13 名主要犯罪嫌疑人。经公安机关侦查，从 2007 年 6 月至2009 年 8 月，犯罪嫌疑人申某通过互联网先后租用了美国的 14 个服务器，在网上搭建了由"迷失少女天堂""幼香阁"等 13 个色情网站组成的"迪卡玟"联盟，在互联网上传播淫秽图文、视频牟利。该联盟注册会员超过 1200 万人次，VIP 用户超过 1 万名，拥有管理人员 300 余名。其中，仅"迷失少女天堂"网站就设有"学妹少女分类""美幼图文分

类""天堂综合类"等 10 个版块 83 个小区，网站当时贴有各类淫秽图片
10 万余张、淫秽视频帖子 1 万余篇，注册会员 4 万余人。

为什么大量的淫秽、色情、暴力等丑恶内容能够进入网络？一个重
要原因就在于各个国家和地区对不良文化的认定存在差异。在瑞典和匈
牙利，拥有儿童色情材料是完全合法的；在比利时，出版儿童色情书籍，
最多只判一年刑；在德国，利用网络儿童图片制作的儿童色情片被炒到
8000 美元一套。不良信息肆虐，使大量网民的心灵受到极大伤害。美国
卡内基—梅隆大学在 20 世纪 90 年代中曾对互联网上的色情服务做过一次
较为详细的跟踪调查，统计出网络中共有色情网页 450620 个，在半年时
间里，仅美国就有 6432297 人次调看。①

因此，必须优化网络文化环境以消减网络不良信息的影响。我们欣
喜地看到，有关部门已意识到此问题的重要性，并采取了切实措施。如
2009 年由公安部、中宣部、中央外宣办、工业和信息化部等部门在全国
范围内联合组织开展整治网络淫秽色情专项行动，在一定范围净化了网
络空气，引导网民合法上网，以养成健康的网络生活习惯。

（二）优化网络文化环境是抵御文化渗透（信息霸权）的需要

网络文化是一种虚拟、开放、自由的文化。在网络中，每个人都具
有相对平等的权利，每个人都享有表达、交流和传播的权利，每个人都
能比较自由地发表自己的见解、展现自己的思想，正是在这个意义上，
我们才可以说网络文化是最为平等的一种文化，它使大众成为文化的主
体，使普通人能够通过网络充分表达意见。任何人，不论地域、种族、
信仰、政治倾向和社会阶层，只要进入网络空间，都能平等地表达自己
的思想和观念。在网络中，只要愿意，人们可以随时利用博客、帖子、
电子邮件等把自己的苦乐哀愁，告诉千里之外的亲朋好友或陌生人。同
时，网络也为人们展示、发表各种文化成果提供了平台，体现出各种文
化交融杂陈的局面。不同文化背景的人们在网络中相互交流，使不同的
文化在交流中融汇、发展。可以说，网络增强了人与人之间、国家之间、
民族之间的沟通交流，促进了民族文化的交流与融合，推动了世界文化
的发展。

① 李钢、王旭辉：《网络文化》，人民邮电出版社 2005 年版，第 20—21 页。

但是，并不是每个人、每个国家在网络上都具有文化发展的绝对平等权利。网络已成为部分国家进行文化渗透的重要渠道。在互联网上，英文信息约占90%，法文信息约占5%，世界上为数众多的其他语种信息仅占5%左右。全球互联网业务中有90%在美国发起、终结或通过。互联网上访问量最大的100个网站中，有94个在美国境内。① 美国政府掌握着负责全球域名管理的13个根服务器的控制权，全球互联网管理中的所有重大决定几乎都是由美国主导做出的。这样一来，就使英语国家与非英语国家、发达国家与发展中国家之间产生了新的贫富分化——信息上的贫富分化。信息是文化的载体。② 信息上的贫富差距，极大地影响了非英语国家和发展中国家的文化发展，甚至国家安全。美国等发达国家借助互联网对其他国家实行文化控制，向世界各国的网民连续不断地传递海量信息，大肆传播其意识形态、价值观念。日积月累，网民们的价值判断和价值取向就会受到影响，就会削弱其民族自尊心和民族自豪感，就会对美国等国传播的文化产生亲近感，甚至认同、接受。欲灭一国，必先灭其文化。国民对本国、本民族文化认同的丧失，对任何国家、任何民族来说，都是万劫不复的灾难。因此，法国、加拿大、日本等国代表在1996年的"信息社会与发展"大会上明确提出，要保持语言和文化的多样性，保持全世界各民族的优良文化传统。同时，各国都积极地在互联网上大量使用本民族语言文字。例如，法国政府要求，在法国的互联网上发布广告必须使用法语；德国和芬兰进行了德语网络的研究，力图在互联网上推广德语；日本也在加紧进行自己的网络语言环境建设。

网络的开放性，使信息输出大国轻而易举地将本国的价值观念和意识形态输送到其他国家，进行文化上的扩张。因此，如何处理网络文化与传统文化的关系，如何在吸收外来优秀文化的过程中保护、创新和发展民族文化，是任何国家都应认真思考的问题。对中国而言，这个问题尤为严峻。中国虽然人口众多，但在互联网上中文信息极少，这与中国作为文化大国的地位是极不相称的。同时，随着教育水平的提高、英语

---

① 李钢、王旭辉：《网络文化》，人民邮电出版社2005年版，第20页。

② 陶善耕、宋学清：《网络文化管理研究》，中国民族摄影艺术出版社2002年版，第189页。

教育的普及，越来越多的人具备了浏览英文信息的能力，对中文信息的刚性需求就会相对减少。而且苏东剧变之后，西方敌对势力丝毫没有放松对我国的意识形态渗透，他们凭借在物质及技术层面的强势地位，利用网络，通过多种形式向我国传播其价值观念，企图以此来影响我国的政局。

网络文化重在建设。网络文化具有较强的技术性，既要从技术上建设，也要加强内容的建设。面对汹涌而至的网络文化的冲击，我们必须要有强烈的危机意识和高度的民族责任感，保持中华民族文化的独立性，加强民族文化的传播，加强网络文化的引导和管理，优化网络文化环境，不仅要扩大我们文化的影响范围、提高影响力，而且要借助网络来推动文化的大发展、大繁荣。

（三）优化网络文化环境是繁荣发展中国特色网络文化的需要

中国特色社会主义的经济、政治、文化，是有机统一、不可分割的整体。社会主义现代化，经济和文化应该并驾齐驱，共同繁荣。人民生活水平的快速提升，必然会对精神文化生活提出新的更高要求，这主要体现在广大人民群众日益增长的多样化、多层次的精神文化需求上。同时，在当今世界综合国力的竞争中，以科技力和文化力为核心的软实力竞争愈益突出，文化力的强弱在相当程度上决定着一个国家的未来。为此，党的十六大、十七大、十八大、十九大报告都明确指出了加强网络文化建设和管理，营造良好网络环境的要求。

网络文化是现代科技发展的产物，优化网络文化环境，对繁荣发展中国特色的网络文化具有重要作用。

1. 网络是文化的重要载体。网络是继广播、电视、报纸之后的新兴媒体，较传统媒体而言，它具有的开放性、综合性、互动性、虚拟性等特点，对人们的思想观念、行为方式的影响更大、更深远。今天，网络已成为文化的重要载体，很多广播电台、电视台等都设立了自己的网站，实行网络即时播报；各种报纸杂志、图书都有了自己的电子版；同时，还有更多专门性网站，甚至连数千年前的古老文化也出现在了网络中。可以说，网络已经是最为丰富的文化形式和文化载体，已经成为中国特色社会主义文化建设的重要阵地和舞台。

2. 网络是传达党情民意、凝聚人心的重要途径。网络具有覆盖面广、信息传递及时等特点。在上情下达、下情上传以及其他信息传递方面具有无可比拟的优势。实践证明：无论是在意识形态领域，还是在现实生活中；无论是面临突发事件，还是面临自然灾害，网络已成为传达党情民意、凝聚人心、汇聚民族精神力量的重要途径，具有难以替代的重要作用。尤其是在 2008 年的汶川大地震中，十几亿中华儿女的力量通过网络迅速汇集成滚滚洪流，人们通过网络传递灾情、寻找亲人、募集善款、寄托哀思……不仅有力地帮助灾区人们战胜灾难、重建家园，而且加深了全世界华人的联系，向全世界展示了中华民族的精神风貌。其间形成的抗震救灾精神，已成为民族精神的重要组成部分，成为中国特色社会主义文化的一部分。因此，优化网络文化环境，有利于宣传党和政府的主张，有利于通达社情民意，有利于弘扬社会正气，有利于凝聚民族精神。

3. 网络是提高全民族思想道德素质和科学文化素质的重要渠道。据《第 30 次中国互联网络发展状况统计报告》显示，截至 2012 年 6 月底，中国网民人均每周上网时长由 2011 年下半年的 18.7 小时增至 19.9 小时。这为中国特色网络文化的发展，为中华民族思想道德素质和科学文化素质的提高提供了新的机遇。心理学研究表明，人们接受外界信息有 86% 是通过视觉来实现的。网络集文字、声音、图像于一体，有着丰富的文化表现形式。今天，网络已成为人们学习新知识、接受新思想、了解新信息的重要渠道，成为人们进行科学研究的重要工具。网络文化汇集了世界各国、各民族的文化成果，给人们提供了巨量的选择空间。因此，优化网络文化环境，有助于我们学习借鉴一切民族创造的优秀文明成果，有助于繁荣中国特色网络文化，有助于提高全民族的思想道德素质和科学文化素质。

4. 网络是文化传播的重要渠道。中华民族实现伟大复兴的过程，既是经济、科技、军事实力不断提升的过程，也是文化实力不断增强的过程。尽管我国是历史悠久的文明古国，曾经创造了灿烂辉煌的文化，但自近代以来，我国的文化实力不断衰落。新中国成立后，尤其是经过改革开放 40 年的发展，我国的文化实力大大增强，中华文化的吸引力日渐提高，世界正把目光越来越多地投向中国。然而，我们清楚地认识到，目前我国的文化软实力还不够强大，文化的传播力度仍然比较落后。因此，我们必须优化网络文化环境，借助网络这一高效的文化传播渠道，展示博大精深的中华文化，传播我们的文化精神和价值理念，有利于增进世界人民对中国的了解，不断提升我国的国际形象和民族形象，提升国际竞争力和影响力。

二 网络文化环境优化的路径与方法

网络文化是人类文明进步的一个成果，任何试图阻止历史前进步伐的念头和行为都是荒谬的。面对网络负面信息及异质意识形态渗透带来的严峻挑战，我们应顺应网络时代的潮流和需要，加强对优化网络环境的路径和方法的探索，优化网络舆论环境，促进网络文化的良性健康发展，推动社会主义文化大发展大繁荣。

（一）健全政策法规，加强网上违法信息的综合治理

利用法律法规来优化网络文化环境是大多数国家通行的做法。自从1973 年瑞士通过世界上第一部保护计算机安全的法律以来，各国陆续制定了一系列法律法规来预防和打击网络领域的违法犯罪行为。作为发展中国家，我国在这方面起步相对较晚，因此，我们要借鉴发达国家的做法，健全政策法规，加强网上违法信息的综合治理，优化网络文化环境。此外，还要加强普法教育，提高广大群众网络方面的法律意识，发挥群众的监督作用，实现群防群治，以减少和抵制有害信息的传播，优化网络文化环境。

（二）加强网络道德建设，提高网民自律能力

道德是处理和调节人与人之间、人与社会之间关系的行为规范的总和。网络在给人们带来便利、推动社会进步的同时，也引发了一系列新的社会道德问题。要充分发挥网络的积极作用，就必须采取法律、道德等多种手段，规范网络秩序、净化网络空间、优化网络文化环境。相比较而言，强化网民的道德自律意识，加强网络道德建设更具有长远意义。要探讨网络道德建设，首先应考察网络人际关系。提高网络技术水平，防控有害信息的传播。网络文化环境的优化，不能仅仅依靠法律手段和道德规范，还必须从源头上遏制不良信息、有害信息的传播，这样才能净化网络空间，推动网络文化的发展。

（三）加强网络主阵地建设，强化舆论引导

优化网络文化环境，不仅要依靠法律、道德来规范人们的网络行为，要借助技术手段来控制有害信息，而且还要加强网络主阵地建设，以引领网络文化发展方向。

1. 坚持正确方向、丰富网站内容。网站的生命力在于点击率。要提高网站的影响力，必须扎扎实实地抓内容建设。只有当网站提供的信息具有强大的吸引力，人们才可能关注它。首先，信息要全面。应当包括以下基本内容：马克思主义经典著作，党和国家的路线、方针、政策；中华民族的优秀传统文化；当前社会的热点、难点问题。力争使网络成为宣传马克思主义指导思想、党和政府路线方针政策的重要阵地，成为正面现实，探讨、解决现实问题的阵地。其次，内容要有深度、观点要有说服力。既要广泛搜集有影响力的理论文章，又要邀请著名专家学者撰稿，使网站成为展示当代智慧、为用户提供思想源泉的阵地。再次，提高针对性，增强指导性。人们关注理论的目的在于解决现实中面临的问题。网络时代带来社会生活方式、社会组织形式及就业岗位和就业方式的多样化，人们面临着方方面面的多样化选择，人们的思维方式、价值观念日益多样化 产生了一系列新问题。只有抓住这些问题，深入分析，真正为人们答疑解惑，才能赢得人们的欢迎。在回答现实问题时，既要坚持弘扬主旋律，又要提倡多样化，允许有不同观点的争鸣。最后，注重时效，及时更新。网络与其他媒体相比较，其最大的优势就在于传播速度和更新速度快。

2. 优化界面，增强吸引力。互联网本身是一个集声音、图像、文字于一体的媒体。一个千篇一律、死气沉沉的网站是不可能得到人们的欢迎的。即便是深沉厚重的纯理论，也可以用生动活泼的手段去渲染、烘托。因此，我们要善于运用视频、声音、图像、动画等形式，使丰富的信息"动"起来、"活"起来，给予人们视觉、听觉等多方面的刺激。同时，还要建立搜索引擎、建立多重链接，方便人们查找信息。此外，互联网的一个重要特点就是交互性，一个优秀的网站必须重视这一点。要给予网民充分的表达机会，要加强网站与网民、网民与网民的沟通、交流。这样一来，既可以使网站"活"起来，也可以吸引一大批忠诚的网民，使网站"火"起来。

3. 加强网站队伍建设。网站建得如何，取决于网站的建设和管理队伍的质量如何。首先，网站要有一批政治立场坚定、理论修养较高的专家队伍，能够为网站提供有一定理论深度和较强现实针对性的理论文章。这些专家不应当是说教者，而应是引导者。他们要能敏锐地把握网络上的思想动态，并积极做出回应，以掌握网络阵地的主动权。这就要求他们必须努力学习网络知识，掌握并熟练运用网络。其次，网站要有一批能熟练操作网络，具有一定理论水平的编辑。他们要承担网络信息的采编、更新、发布，要能够从浩瀚的资料中，披沙拣金，挑选出有价值的信息提供给网民；要能够与网民进行在线交流，为他们答疑解惑。再次，还需要一批专业的网络技术人员，他们承担网页的制作、网站的维护，保障网站的正常运行。

4. 加强优秀网站宣传，扩大其影响力。在无数的网站中，的确存在一些精品网站。对这些网站，我们要加强宣传，扩大其影响力。在这里，主要考察高等教育领域内的网站建设。自《关于加强高等学校思想政治教育进网络工作的若干意见》下发以来，各高校与各级教育部门积极推进"思想政治教育进网络"，创建了很多优秀的网站。如：东北大学"东大视点"、南开大学"觉悟网"、清华大学"红色网"、华中科技大学"华中大在线视野网"等，以及北京大学"未名"、复旦大学"日月光华"、南京大学"小百合"等著名 BBS。

第六节　网络文化的创新与发展

网络文化是人类社会发展到信息时代而出现的新文化，是由于网络技术的发展和广泛应用而逐渐形成的一种现代人类文化，具有继承性、非中心性、开放性、多变性、及时性等特征。网络文化体系是一种动态体系，它随着网络技术的发展以及人们对网络技术利用程度的提高而发展。网络文化是一种正在形成过程中的新文化，对其进行管理应注意指导性管理与制度化管理的科学结合，要在探索和建立中国式网络文化模式上下功夫。网络文化必须同知识文化、信息文化、传媒文化相融合，进而形成中国特色网络文化。

网络文化建设直接与经济、政治、文化、社会"四位一体"建设紧密联系，因此，要把网络文化建设上升到国家战略高度来考虑。我们必须以积极的态度、创新的精神，大力发展和传播健康向上的网络文化，切实把互联网建设好、利用好、管理好，使互联网有利于提高全民族的思想道德素质和科学文化素质，有利于扩大宣传思想工作的阵地，有利于扩大社会主义精神文明的辐射力和感染力，有利于增强我国的软实力。

一 创新是文化发展之源

任何事物要想获得革命性的发展，都离不开创新，网络也是如此。作为新兴产业，网络兴起不过区区十几年，却日新月异，其对社会的改变极其明显。这既由网络的开放性所决定，也由网络的交互性、平等性等多种因素共同作用。这些品性加上中国网络发展一开始就走在市场经济道路上的背景，意味着在网络这一新领域，中国与世界站在了同一起跑线上。也正因为此，网络文化产业大有可为之空间，却非创新不足以图存，非创新不足以腾飞。

（一）网络文化及其创新

1. 网络文化体系

网络文化在其现实性上，表现为一种动态体系，它随着网络技术的发展以及人们对网络技术应用的广泛性而变化。现在我们所讲的网络文化体系，是指在现有的网络技术及其开发利用水平下所形成的网络文化多元因素的集合体。网络技术与网络文化是纯粹的人类创造，是人类文化创新的一种具体体现，伴随着人类创新能力的不断提升，网络技术与网络文化也处于永恒的创新之中。

我国的网络文化体系由搜索引擎、网络论坛、网络游戏、即时通信、博（播）客、手机短信等网络文化元素构成。

搜索引擎文化属于一种网络技术基础文化。当前人们对于搜索引擎文化的关注多侧重于搜索引擎在知识获取、共享和传承等方面的作用以及搜索引擎对于传统文化的冲击，很少从网络文化体系的角度去探索它的地位和作用。搜索引擎文化是网络文化的重要元素，对其既要从专业的角度去研究它的地位和作用，又要从网络文化体系的整体去研究它的地位和作用，尽快地从表层化研究进入深层化研究，以便从搜索引擎文化的角度寻找出具有中国特色网络文化发展的道路。

现在，网络论坛文化已成为网络文化体系中最活跃的文化元素。由于网络论坛有很多人参与，即时互动、讨论交流、去中心化等特征，它已经成为群众表达民意的平台，并构建了一种新的社区文化。可以这样说，网络论坛文化是当前网络文化体系中一种比较成熟的网络文化，它对于网民的思想观念、价值取向、思维方式、行为模式、个性心理等都产生着重要影响。因此，重视对网络论坛文化资源的开发，对于建设和谐社会，促进社会经济的发展以及社会工作都具有重要意义。

网络游戏文化是网络文化的一个重要元素，是我国文化创意产业的重要组成部分。网络游戏文化是一种新兴文化，是一种平等参与、交互传动的艺术，它的形成对于民族文化、对于青少年都产生着重要影响。网络游戏文化在国外起步较早，政府也比较重视。但是，在我国，网络游戏文化才刚刚起步。当前的中心任务是提高对网络游戏文化的认识，加强对网络游戏文化人才的培养，把我国的丰富游戏文化资源同网络文化结合起来，建立具有中国特色的网络游戏文化体系。

即时通信文化是随着网络文化形成而出现的又一种网络文化形态，它是利用网络技术为网民搭建的一种互动平台。网络的出现就意味着通信工具的改变，就意味着人们交往方式的改变，于是在虚拟环境下的虚拟交往方式也就应运而生。即时通信既然是一种文化现象，在研究网络文化的时候，一方面要注意研究即时通信的安全、机制、标准化和即时通信市场运营模式、即时通信系统设计等问题；另一方面还要注意研究即时通信在社会文化层面所产生的影响、在网络文化系统所产生的影响，以便有效地对即时通信活动实施管理。

博（播）客文化相对于电子邮件、网络论坛、即时通信等网络文化现象来说，属于一种新兴的网络交互文化。博（播）客文化的出现标志着一种新的传播方式的出现，即由传统的"广播"过程转变为受众之间互动的"网播"过程。"网播"的出现意味着网络时代虚拟世界的民主化程度的提高，意味着民众化的语言平台已经形成，意味着民众对信息或知识的共享、协作程度的增强。但是，博（播）客文化也存在一些问题，有待于在实践中得到解决。

手机文化是同信息社会的实现和通信技术的发展相联系的。现在关注手机文化的人很多，有关手机文化的范围也不断扩大。当前涉及手机文化的内容大致有：手机文化界定、手机文化理论体系、手机文化形态、手机语言文化、手机短信文化、手机技术文化、手机文化政策、手机文化地位等。但是，人们关注最多的是手机终端文化、手机用户文化、手机业务文化等。手机短信文化的本质是手机功能文化或手机业务文化。今后的手机短信文化趋势是怎样的呢？有人预测：未来的手机短信文化可能大部分要被手机邮件文化所代替。那么，手机文化的其他领域会发生什么变化呢？这也是手机文化研究的一项重要内容。

网络文化的范围很广，而且发展很快，很有必要从整体的角度对网络文化进行深化研究。从网络文化的各个元素来说，它可以作为一个独立的文化形态而存在。但是，若从网络文化体系的角度分析，各个网络文化元素之间存在着内在的、必然的联系。因此，对网络文化研究一定要从系统的角度去研究、从变化的角度去研究、从融和的角度去研究。这样就会发现许多新的网络文化现象，以便通过整合更好地发挥网络文化的作用。

2. 网络文化创新的重要性

能否积极利用和有效管理互联网，能否真正使互联网成为传播社会主义先进文化的新途径、公共文化服务的新平台、人们健康精神文化生活的新空间，关系到社会主义文化事业和文化产业的健康发展，关系到国家文化信息安全和国家长治久安，关系到中国特色社会主义事业的全局。

互联网具有传播速度快、信息容量大、多媒体化、全球化、开放性、无中心和交互性、即时性、易受攻击等特点。网络的技术特性和应用决定了网络文化环境具有开放的特征。从文化的主体角度看，网民获得了空前丰富的文化消费机遇和内容，有利于新知识、新观念的传播。网络文化正是一种具有鲜明时代特征的文化表达形态，近几年兴起的网络文化产业则是以互联网新技术为核心的新的文化业态。网络文化以互联网的传输网络和移动终端为载体，依托发达而迅捷的信息传输系统，运用语言符号、声音符号和视觉符号等，传播思想文化、风俗民情，宣泄情感，是一种崭新的思想与文化的表达方式，是一道亮丽的文化风景线。

网络文化打破了不同文化的地域性和时空观。网络文化的全球性和同步性必将给各种现有的文化带来难以估量的深刻影响。

网络文化是一种开放式的文化交流与沟通，可以实现人人参与，全民参与。网络文学、网络音乐、网络动漫、手机短信、彩信的很多内容都是网民的原创，体现了人民群众的文化创造力；网络上各种新的传播方式、表现形态，比如博客、播客等都是人民群众对互联网先进技术的实际运用。优秀的网络文艺作品体现了人民群众的生活情趣和价值取向，体现了人民群众的聪明才智，体现了互联网时代的文明风尚，是中国特色网络文化的基本内核之一。网络文化建设必须尊重人民主体地位，发展人民首创精神，做到网络文化的发展为了人民，发展依靠人民，发展成果由人民共享。

在构建社会主义和谐社会的进程中，互联网能否成为传播社会主义先进文化的新途径、公共文化服务的新平台、人们健康精神文化生活的新空间，网络文化建设工作负有重要的使命。创新是建设网络文化的必由之路，要完成网络文化肩负的重要使命，必须紧紧抓住创新这个关键。

（二）网络文化的建设和管理

1. 我国网络文化的建设和管理存在的问题

目前，网络已成为许多百姓日常生活的重要组成部分。以网络游戏和网络音乐为代表的网络文化产业的迅速发展，使人们在享受便捷的信息服务和丰富的娱乐生活的同时，也产生了一些问题和消极作用。比如，一些青少年沉迷网络游戏，无所事事，萎靡不振；虚假信息、垃圾邮件、网络色情暴力等泛滥；博客随意披露他人隐私；网络"恶搞"挑战道德底线；网络音乐和视频侵犯知识产权；少数人借助网络制造和传播谣言，危害社会稳定；网络诈骗、网络盗窃、网络洗钱等网络犯罪成为社会公害；网婚、网恋严重影响网民尤其是青少年的身心健康；网络病毒和电脑黑客威胁网络安全和电子商务，等等。这些问题的出现，对网络文化建设的负面影响很大。这一切都使人们在尚未仔细品味到网络的"甘甜"之前，已经开始领略它的"苦涩"。可以说，网络空间鱼龙混杂，既有积极健康的一面，也有消极不良的一面，必须加强网络文化的建设和管理，而当前我国网络文化建设和管理还极为不完善，主要存在以下五个方面的问题。

（1）道德监督差。网络正改变着人的生存、生活和交往方式，冲击了传统的道德意识、道德规范。在网络空间中，系统的道德规范尚未建立起来，我国当前网络空间还处在道德失范状态，网上不讲诚信、不讲礼仪、不讲职业道德的状况随处可见。

（2）法律制裁弱。一方面，我国网络文化法制建设还处于起步阶段。虽然我国已颁布相关网络管理的法规，但是这些法规大多属于管理性的行政法规和部门规章制度，多以"暂行规定"、"管理办法"、"通知"等命名，法律位阶较低。另一方面，当前网络文化存在事实上立法难的问题。网络具有虚拟性、开放性、隐蔽性等特性，同时不同民族间价值观念、传统习惯的差异都使得网络文化立法、执法面临困境。

（3）建设不平衡。总体来看，我国当前网络文化建设还处于一种不平衡的状况。横向上，地区网站的种类少，数量亦少；和人们生活紧密相关的网络文化建设多，而引领人们形成高尚精神情趣的网络文化建设少。胡锦涛强调："推动网络文化发挥滋润心灵、陶冶情操、愉悦身心的作用。"这需要就要建立相关网络文化网站。纵向上，国家和省、市部门以及单位互联网已经非常普及，而县、乡部门和单位互联网建设相对差些。

（4）管理秩序乱。网络管理混乱的原因之一在于，由于现实与虚拟的矛盾，没有用现实社会中的合法性标准要求网络社会。现实社会中的色情、侵权、盗窃等行为，不仅被法律所不容，也被道德所不耻。但在网络虚拟环境下，人们法律意识薄弱，道德责任感差，各种违反法律、违反道德的行为得以扬行。网络管理混乱的原因之二在于，网络内容的部门执法体制与互联网行业主管体制之间的冲突。网络执法部门针对网络信息内容进行管理时，必须要掌握与网络载体有关的技术，打开网络载体的技术阀门，否则，无法进入网络内部对信息内容进行管理。因此，管理这些技术的互联网行业主管部门是否配合，就成了网络执法能否发挥效力的关键因素，这是与传统执法巨大的不同之处，也是网络管理混乱存在的体制性问题。

（5）技术监管低。网络文化在我国快速发展起来，对加强网络文化的技术监管也提出了更高的要求。当前我国网络技术发展的程度还远远落后于网络文化的发展速度，提高网络文化的技术监管也是网络文化建设和管理的重要方面。

2. 加强网络文化的管理和引导

（1）运用法律法规对网络文化进行管理。由于互联网的信息交流具有开放性、匿名性和高速流动的特点，目前仍缺乏有效的身份验证机制，一方面使网络犯罪变得更为容易，例如计算机病毒、黑客攻击、网上诈骗、色情网站和网上出版物的侵权问题，以及恐怖主义、邪教组织等利用互联网进行犯罪等；另一方面使控制网络犯罪有相当大的困难。网络与信息安全已从一个经济文化问题上升为事关国家经济发展、政治稳定、社会安全和社会主义精神文明建设的全局性问题。没有网络的可靠性、安全性和依法管理的有效性，就没有网络文化的健康发展。上述问题必须依法管理和解决，加强立法已成为我国网络文化发展的当务之急。

（2）运用行政手段对互联网进行管理。国家承担着社会稳定与发展的责任，有义务规范和管理网络文化，以调整网络空间的社会关系和社会秩序，保证其健康协调发展。无论是网络基础设施的建设规划还是内容提供，都不可避免地要求政府的行政参与和支持。政府可以通过自上而下的管理体制以及特别的监管部门对网络进行行政规制。政府对网络空间的行政管理，主要体现在对互联网服务供应商的有效行政规制上。互联网服务供应商、内容提供商联接着有形的和虚拟的世界，他们了解客户端位于什么地方，并向客户收费。政府应要求供应商提供各种真实资料备案，监督其合法经营。事实证明，网络中出现的很多问题可以在互联网服务供应商这个环节和层面上得到解决。只要政府加强对互联网服务供应商的行政管理，就可以在一定程度上监督和控制垃圾邮件、有害信息及网络违法犯罪行为。

（3）加强网民素质教育，弘扬时代主旋律。培养和提高网民对有害信息的自觉抵制意识和能力，对于建设社会主义网络思想阵地具有重要意义。胡锦涛同志强调，"充分发挥互联网在我国社会主义文化建设中的重要作用，有利于提高全民族的思想道德素质和科学文化素质，有利于扩大宣传思想工作的阵地，有利于扩大社会主义精神文明的辐射力和感染力，有利于增强我国的软实力"。当前，一方面，要综合运用包括大众媒介在内的各种方式加强对网民的思想政治教育，提高其是非判断力和敏锐性；另一方面，要有针对性地加强网络伦理教育。通过思想政治工作和网络伦理教育，促使人们自觉地树立网络自律意识，遵守网络道德，不断建立和巩固网上社会主义思想阵地。很多网络用户是未成年人，其思想尚不成熟，道德意识和法律意识尚不明确，一些人出于好奇心而在网络上浏览垃圾信息，有的甚至采取具有危害性的行为。因此，要普及网络法律教育及网络道德教育，使网络用户认识到自己的权利和义务，树立正确的文化观念，引导网络文化朝着积极健康的方向发展。

（4）运用技术手段提高网络文化管理水平。技术的发展在网络文化的形成和发展中扮演着重要角色。技术既有可能给网络文化带来某种威胁，也有可能运用它来消除这种威胁。比如，由于互联网的分散管理结构体系，任何人和机构都可以独自在网络上随意发布信息，结果可能使不良信息充斥整个网络，而真正有价值的信息反而难以发现和利用。技术在防范网络文化的偏向问题上必然要发挥不可替代的作用。从这个意义上说，不断发展的网络技术不仅是网络文化的缘起，也是各种网络文化安全管理模式的保障。

二 网络文化创新的基本要求

（一）推进内容创新，构建网络文化主旋律

内容创新是网络文化建设和管理的核心，也成为解决网络各种问题的根本。网络文化内容创新，要符合先进文化的要求，打造中国特色网络文化。我国当前网络文化处于积极健康和消极不良并存的状态，网络文化内容创新要以先进文化为引领，从根本上来说，就是坚持以社会主义核心价值体系。社会主义核心价值体系鲜明回答了在社会思想日益多元、多样、多变的情况下，我们党用什么样的精神旗帜来团结和引领全国各族人们开拓前进。坚持社会主义核心价值体系，在网络文化内容创新中，要坚持以马克思主义为指导，体现中国特色社会主义共同理想，以爱国主义为核心的民族精神和以改革创新为核心的时代精神，用社会主义荣辱观引领风尚。要以建设积极健康网络文化为荣，消极不良网络文化为耻。坚持社会主义核心价值体系引领网络文化，抵制网络中黄色、灰色文化和错误思想的影响，构建网络文化主旋律。网络文化内容创新还要挖掘和弘扬我国优良的传统文化。也就是要推动优秀传统文化和网络技术结合，使高新技术成为传播传统文化的重要载体，使中华文化的影响通过网络得以广泛延伸。当然，在网络空间进行的世界及民族文化交流中也要积极吸收他民族的优良文化。总之在网络文化内容创新中，要保持和发扬文化和价值观念的本体性、民族性，同时吸收一切民族的优良文化，创建符合先进文化要求的、中国特色网络文化。

（二）推进道德建设，构建生态网络文化

当前我国网络文化道德监督差，网络空间存在大量不道德现象，同时，网络空间的道德缺失也给现实社会带来了负面影响，极大地影响了社会主义社会的道德建设和精神文明建设，加强网络文化的道德建设越来越迫切。网络空间和现实社会的道德状况必然会经历一个矛盾、冲突、融合、促进的过程。随着网络文化的发展，网络空间和现实生活中的道德会向着"你中有我，我中有你"的相互交融和促进的状态发展。在网络文化的发展成熟过程中，正逐步形成自由、平等、公正、兼容、互惠、自主、无害和知情同意等道德原则，也有把网络道德规范概括为自由、宽容、无害等几个方面的。事实上，全球范围的网络道德规范还未建立，探索适合我国网络社会的道德规范，建设文明、生态的网络文化有着积极意义。

（三）推进法制创新，构建有序网络文化

当前，人们的网络法律意识薄弱，网络文化法律制裁弱，探索网络空间法制建设、构建有序的网络文化势在必行。首先，理顺虚拟与现实的关系是加强网络法制建设的前提。网络法治针对的是网络信息内容而不是网络载体，网络上的信息内容与现实社会的信息内容并没有实质区别。因此，判断网络所传播的信息是否合法，应该与现实社会的标准一样。网络社会的法治建设并不需要从头开始，而应是现实社会法治化进程的继续。我们已有的适用于现实社会的法制，几乎都可以适用于网络环境。其次，网络空间立法要敢于突破传统，勇于创新。网络作为一个新兴领域，出现大量新关系、新情况、新矛盾，网络空间立法要突破传统思维模式。今后在立法时应注意研究网络社会信息发布的多元性、信息源的跨国性、社会信息的共享性、网络犯罪的隐蔽性、信息传导的快速性等特点，有所针对地健全网络法规。

（四）推进体制创新，构建和谐网络文化

解决网络文化管理混乱的状况，构建网络文化的和谐，关键是网络文化管理体制创新。首先，积极探索网络文化管理体制建设。网络内容的部门执法体制与互联网行业主管体制之间存在冲突，这成为解决网络管理混乱的体制性问题。建设专门网络文化管理机构成为解决这一体制性问题的必由之路。诸如建立国际组织、政府组织、局域网管理机构、监察与执法机构等机构，来负责互联网的专门管理。其次，加强网络文化管理，还要紧密联系群众，建立完善举报奖惩制度，发动群众参加到网络文化的监督管理中来，是解决网络犯罪、不良网络信息、实现网络文化管理的有效途径。再次，加强网络文化体制创新的人才队伍建设。法制建设、制度建设是构建有序网络文化的基础，而最关键的还要有一批执法和监管的队伍。首要的是提高网络文化建设和管理人员的素质，体现在：加快网络管理人员的技术提高、增强网络管理人员的法制教育、提高网络管理人员的道德素质。

（五）推进技术创新，构建绿色网络文化

我国当前网络文化的技术监管能力还很低。由于网络的虚拟性、自由性、开放性等特性，网络犯罪更加隐蔽，更加多样，更加难以侦破。加强网络文化管理，构建绿色网络文化，对技术提出了更高的要求，必须不遗余力地推进技术创新。目前，我国网络技术防范手段一般采用过滤和加密软件等技术来防止黄色、灰色等不良网络文化。技术防范应该是预防而不是事后的技术补救，针对网络文化发展的快速和多变，网络文化技术防范的手段要进一步多样化，并且要加快科学技术含量的提高。

总之，以创新精神加强网络文化建设和管理，关键是网络文化的内容创新，真正建设适合网络文化的道德规范和法制体系，加快网络的文化的体制和技术创新。在加强网络文化建设和管理中，实现传统与现代，民族与世界的接轨，建设中国特色网络文化，打造干净的、秩序井然的网络天空。

结　语

党的十九大报告指出："文化是一个国家、一个民族的灵魂。文化兴国运兴，文化强民族强。没有高度的文化自信，没有文化的繁荣兴盛，就没有中华民族伟大复兴。要坚持中国特色社会主义文化发展道路，激发全民族文化创新创造活力，建设社会主义文化强国。""文化能为人民提供坚强的思想保证、强大的精神力量、丰润的道德滋养，必须不断加强文化建设。"①

加强网络文化建设，就必须以马克思主义为指导，坚守中华文化立场，立足当代中国现实，结合当今时代条件，发展面向现代化、面向世界、面向未来的，民族的科学的大众的社会主义文化，这就为我们的网络文化建设提供了基本思路与根本遵循

加强网络文化建设的意识形态导向，根本目的是要让先进文化占领网络空间，保障网络文化的健康发展，打造具有时代性、民族性和先进性的中国特色网络文化，提升中国文化软实力。

打造中国特色网络文化，要着眼于世界文化发展的前沿，吸取发达国家发展网络文化的优秀成果，彰显中国特色网络文化的时代性。强网络文化的意识形态导向，打造中国特色网络文化，要弘扬民族文化的优秀传统。中华文化博大精深，不能很好融合中国传统文化的网络文化，不可能成为中国的网络文化。唯有主动适应网络发展特点，积极推动我国优秀传统文化的数字化、网络化，才能打造一批具有中国气派、体现时代精神、品位高雅的网络文化品牌，彰显中国特色网络文化的民族性。

打造中国特色网络文化，要以提高广大人民群众的文化素质、满足其日益增长的精神文化需求、彰显中国特色网络文化的先进性为目的和归宿。网络文化作为一种大众文化，应是人民共建、人民共享，广大网民是网络文化建设的主体，要充分发挥广大网民在网络文化建设中的积极性和主动性，尊重网民的创新实践；同时，要通过多种途径和方式规范人们的网络行为，引导广大网民多创作高品位、高格调，体现时代精神，讴歌真善美的文化产品，使互联网成为全体人民共建共享的精神家园。

毋庸讳言，网络与网络技术的迅猛发展，对社会生产方式、生活方式、交往方式乃至人们的思维方式产生了前所未有的影响，特别是以微博、微信、APP 客户端等新技术为支撑的新媒体快速崛起，对我们的价值观念以及文化构建都产生了较大影响和冲击，由此衍生的网络文化影

---

① 朱鸿亮、鲁宽民：习近平新时代文化建设思想的鲜明特色，《光明日报》2017 年 11 月 20 日。

响力、辐射力日益扩张，并逐渐成为现代社会文化结构的重要因素，新媒体快速发展的现实倒逼我们必须进一步提高认识、转变观念，高度重视网络文化建设和管理工作。

网络文化建设是中国特色社会主义先进文化建设的重要组成部分，必须始终坚持社会主义先进文化的前进方向，坚持正确的舆论导向，坚持把社会效益放在首位，按照积极利用、科学发展、依法管理、确保安全的要求，在建设中加强管理，以管理促进健康发展。网络文化"重在建设"，既要重视技术手段建设，更要重视内容建设，以先进技术传播先进文化；既要重视网络文化产品创作和生产，更要重视产品价值和社会效益提升，以优秀的网络文化产品满足广大群众日益增长的精神文化需求；既要重视网站建设，更要重视舆论导向，以正确引导社会舆论。

所有这一切都表明：网络文化建设的任务愈益繁重，网络文化建设导向工作必须与时俱进，不断研究新情况，解决新问题。构建和谐网络社会，打造中国特色网络文化任重道远，网络文化的社会主义意识形态导向研究仅仅是一个开始。

第二编

手机文化研究[*]

夏光富

　　随着移动通信技术的迅速发展和广泛应用，手机从简单的语音移动通信工具演化成为集通信、信息服务、文化娱乐等为一体的大众传播媒介，成为人们日常生活的重要组成部分，并造就了一种新的移动媒介文化生活样式。本研究试图以辩证唯物主义和历史唯物主义、中国特色社会主义理论体系尤其是社会主义先进文化建设理论为指导，结合手机文化发展的现实，从文化哲学的视角，采用理论研究与实证研究相结合的方法，从物质文化、精神文化、行为文化、制度文化等层面，对手机文化进行系统深入的研究。当前，手机文化方兴未艾，对经济、政治、社会、文化尤其是人们的日常生活产生了重要影响。系统深入地研究手机文化，是当代社会文化生活发展提出的新课题，推动、引导、规范手机文化的发展，建设健康文明有益的手机文化，对于推动手机文化产业和信息化社会的健康持续发展，满足广大人民的社会交往和精神文化需要具有重要的意义。

第一节　21世纪："移动革命"的时代

　　加拿大传播学家马歇尔·麦克卢汉认为，"任何媒介（即人的任何延

　　* 作者简介：夏光富，男，教授。现任重庆邮电大学传媒艺术学院院长。主要研究方向广播电视艺术、数字媒体、新闻与传播。该成果系国家社科基金项目"手机文化研究"（项目批准号：08XKS013）研究成果。

伸）对个人和社会的任何影响，都是由于新的尺度产生的；我们的任何一种延伸（或曰任何一种新的技术），都要在我们的事务中引进一种新的尺度"①。在媒介技术与社会的关系上，一方面，社会、经济、政治和文化的力量在新技术的发展中扮演着强有力的角色，新技术的研发和应用总是源于特定社会、经济、政治和文化发展的需要。另一方面，媒介技术的发展对社会、经济、政治和文化又起着强大的推动作用。纵观人类传播发展史，从报刊到广播，从电视到互联网，在技术革命与社会、经济、政治、文化相互作用中，每一次媒介技术的重大创新都引起了媒介形态的变革，每一种新的媒介的创造、引进和广泛应用，都深刻地改变了人们的生产方式、交往方式、生活方式和思维方式，从而塑造了新的文化形态。

20世纪90年代以后，以无线通信技术与数字技术、计算机技术、网络技术相结合，信息通信产业与文化产业的融合发展为基础，移动通信技术和移动通信产业开始迅猛发展，手机用户呈爆炸式增长，手机逐步走进了数以亿计的民众的生活，不仅成为人们信息通信、精神文化生活的贴身构件，而且手机文化，或者说"移动化生存"作为一种新的文化形态，构成了当代社会最为核心、最令人耳目全新的文化景观之一，深刻地影响到当代社会的信息与文化的生产、市场、传播和消费方式，影响到信息产业、文化产业的产业创新和市场创新，影响到社会经济、政治、文化等各个领域，影响到人们的社会交往关系和精神文化生活方式。因此，这场由移动通信技术、移动通信产业、手机媒介发展带来的变革也被人们称为"移动革命"。显然，"移动革命"绝不仅仅是一场技术革命或产业的革命，而且是一次媒介文化的重大变革；它已经带来的和可能带来的社会影响，已成为人们普遍关注的问题。

一 手机文化的缘起和扩展

手机最初只是人们语音通信的工具。自20世纪80年代第一代移动电话投入商业市场以来，在短短的20多年里，移动电话的应用经

---

① ［加］马歇尔·麦克卢汉：《理解媒介——论人的延伸》，何道宽译，商务印书馆2000年版，第33页。

历了 1G 时代到 4G 时代的发展，已经从单纯的语音通信工具演变成为随时随地的和综合性的传播媒介。美国学者丹·斯坦博克在《移动革命》中，用"移动革命"一词来概括移动通信技术革命的影响。他认为，从无线电报到世界移动服务时代，起自移动通信产业的创新。这种创新体现为一个由一波接着一波的技术创新驱动，过渡到市场创新，进而深入全球移动服务的创新过程。他说："过去，技术的发展驱动移动的发展。随着渗透率的提高，使用变成了动力，将来，移动的内容将成为发展的动力。""我们从一个要求悦耳的时代，进入了一个要求赏心悦目的时代"，这就是"移动革命"的开始①。可见，当由手机普及使用，再深入移动信息、文化内容服务的创新时，他所说的"移动革命的开始"，其实恰如其分地说明了一种新的媒介文化——手机文化正处在形成和发展的过程中。

（一）"移动革命"与手机文化兴起的时代背景

"移动革命"于 20 世纪 90 年代以后的迅速推进，主要的动力来自以下四个基本方面。

1. 信息化与信息社会来临的基础作用。20 世纪中叶肇始，随着科学技术创新的不断涌现，以电子信息技术为代表的一系列新技术的兴起，掀起了波澜壮阔的信息化浪潮，推动着工业社会向信息社会转变。信息化的迅猛发展，信息社会、网络社会的来临，是"移动革命"崛起的最为基础的时代背景，为手机文化的形成奠定了重要的物质技术基础和广泛的社会文化基础。

2. 经济全球化与信息传播全球化的拉动作用。促进手机文化形成的另一个宏观的社会因素是 20 世纪八九十年代以来加快发展的经济全球化过程。经济全球化有力地拉动了社会组织、企业和民众对即时即地的信息有效传播、沟通的需要；而工业化、都市化、教育普及化、信息的大众化与网络化传播、用户观念和行为习惯的改变等过程，则为全球移动通信服务创造了发展的条件。

3. 消费社会对大众文化娱乐产品和服务需求增长的刺激作用。随着

---

① ［美］丹·斯坦博克：《移动革命》，岳蕾、周兆鑫译，电子工业出版社 2006 年版，前言。

工业化和城市化的进程，生产力的发展和人们收入水平的提高，人们可支配的闲暇时间增加了。在我国，以经济建设为中心和改革开放的基本政策，有力地促进了社会生产力的发展和个人消费产品的丰富，提高了人民的收入水平，提供了更多的娱乐休闲时间，加上大众文化中世俗化的消费主义导向改变着人们的消费观念、消费行为方式和消费结构，从而使我国社会经历着从"苦行者社会到消费者社会"的转型①，大大提高了人们对娱乐性、益智性、消遣性等文化产品的需求和个性化信息服务的需求，促进了大众媒介文化业的发展。

4. 信息与通信产业发展的推动作用。20 世纪后期以来，信息与通信产业的创新最为引人注目的包括互联网革命、媒介技术融合、移动通信革命、信息通信产业体制的变革等。技术的进步和体制的变革，造就了人们"数字化""网络化""移动化"的生存方式，塑造了全新的手机文化形态。

（二）手机的迅猛发展和移动通信时代的来临

手机作为个人移动通信工具产生的历史很短，但在社会信息化过程中，其技术进步和功能拓展、大众化应用和市场规模却得到了一种爆炸式的增长。

1973 年 4 月，摩托罗拉公司的工程技术人员、手机的发明者马丁·库帕打出了世界上第一通移动电话，1985 年诞生了第一台现代意义上的真正可以移动的电话（"肩背电话"）。1987 年，世界上第一代手机——模拟信号手机，作为个人移动通信工具在美国问世。20 世纪 80 年代，随着技术的迅速进步，第二代手机——数字手机面世；它不仅"身型"苗条美观，而且克服了模拟系统的诸多缺陷，增加了短信息、游戏、WAP、拍照、可编铃声、MP3 等功能，开始具有文字信息传播和娱乐等媒介性质。由此，开创了个人移动通信先河的砖头式的"大哥大"逐渐退出了市场，被第二代数字手机所取代。1999 年，芬兰发放了世界上第一张 3G 牌照，正式开始运营第三代移动通信系统。随后，欧美的一些主要国家和日韩也陆续发放了3G 运营牌照，3G 开始在世界范围内应用，其经营重点转向了 3G 业务的创

---

① 王宁：《从苦行者社会到消费者社会——中国城市消费制度、劳动激励与主体结构转型》，社会科学文献出版社 2009 年版，第 205—259 页。

新和内容提供的创新。从 2004 年开始，第三代手机开始进入了快速发展期。第三代手机采用智能信号处理技术，将无线电通信、互联网和多媒体通信相结合，它与前两代手机的主要区别不仅在于支持网络的无缝链接与全球漫游、具有高速传输速率和较高的频谱利用率，而且能够处理图像、音乐、视频流等多种媒体形式，提供网络电话、移动银行、可视电话、多媒体短信、电子邮件、WAP、网页浏览、远程教育、网络购物、数字报纸、数字出版、手机电视、移动音频和视频播放、位置服务（LBS）等极为多样的综合信息服务。随着手机媒介的发展，它不仅具有了接受媒体信息功能，而且具有了向大众发布和传播多种形式信息的功能，从而使之实现了由人际沟通工具向大众传播媒介的跨越；同时，由于手机可以大量地传播社会文化生活信息，它又进一步为手机文化生活样式的形成提供了重要的物质技术基础。目前，移动通信正在由 3G 技术向 4G 技术发展。第四代手机不仅具备向下相容、开放全面、全球漫游、与网络互联、多元终端应用等功能，还涉及移动视频直播、移动/便捷游戏、基于云计算的运用、基于增强现实的手机导航（ARToolKit）、应急反应和远程医疗等领域，而且其传输高质量的视频和图像与高清晰度电视不相上下，信息传输速度是 3G 手机的 10 倍左右。因此，第四代手机也被称为"新一代的智能手机"。

在中国大陆，第一代手机的运用起于 1987 年，尽管这一代模拟信号手机具有砖头般的硕大机身，但手持"大哥大"却是少数先富起来的人们身份和地位的象征。然而，在短短的 20 多年间，随着技术的进步、经济的发展、产业的推动，手机这个昔日身份和地位的象征物品，迅速地普及到了寻常百姓手中。1994 年，2G 手机正式进入我国市场，尔后得到了日新月异的发展。2009 年 1 月 7 日，国家工业和信息化部批准了中国移动通信集团公司增加基于 TD - SCDMA 技术制式的 3G 业务经营许可、中国电信集团公司增加基于 CDMA2000 技术制式的 3G 业务经营许可、中国联合网络通信集团公司增加基于 WCDMA 技术制式的 3G 业务经营许可，这标志着我国移动通信正式进入 3G 时代，2009 年也被称作为中国移动通信 3G 元年。进入 3G 时代，我国移动通信服务的内容进一步发生着巨大变化，从以传统的语音服务业务为主向为用户提供综合的丰富多样的文化、信息服务为主的转变，成为移动通信业发展的主要趋势之一。在我国市场经济体制改革深入发展、信息化建设迅速推进、移动通信技术快速进步和三网融合趋势加强、人民物质文化生活水平稳步提高和文化需求日益增长、移动通信增值业务日益多样、电信资费和手机终端价格快速下降等多重因素的推动下，我国手机通信业和手机文化市场得到了令人瞩目的高速增长。随着新技术的迅猛发展，移动智能终端的快速普及，手机上网的普及，我国通信开始进入了一个全新的移动互联网时代。①

我国移动电话的发展，不仅在于其市场规模的急剧增长和普及应用的急剧扩散，更在于其信息服务和内容生产、传播的极为多样化发展。手机的语音通信功能正在被淡化，而其作为信息服务和文化内容生产、传播的媒体功能正在日益加强。可以说，人们掌中的手机正在整合报纸、杂志、图书、广播、影视、互联网等各种媒体，从而成为移动化的"媒体之媒体"。手机无所不在地渗透到了社会公共生活和私人生活的各个领域。客厅卧室、办公室、教室、车间和地头、餐厅、会议室、候机室、汽车上、旅游地，只要有人群的地方，无处不见人们最为持久的贴身伴侣——手机。如果我们视文化为人们的一种普遍的生活样式，那么，手机与当代生活的结合就构成了一种大众化的文化——手机文化；如果我们视文化为人类的精神家园，那么手机文化就正在构筑人类精神家园自由流动、丰富多彩的一面。

二　多维视野中的手机文化

当代，手机通信引起了国内外专家、学者从传播学、社会学和文化学等不同视角的关注和研究，并已经取得一些初步的研究成果，这些成果对于我们认识手机文化现象，具有多方面的参考价值。

（一）电子媒介与新媒介理论

人们关于电子媒介（如电视）、新媒体（包括网络、手机等媒介）的众多研究，尽管不全是针对手机媒体而言的，但它们揭示了电子媒介、网络媒介等媒介形态的共同特征，为人们认识分析手机媒体提供了重要的借鉴。

---

① 参见中国通信企业协会《2011—2012 中国通信业发展分析报告》，人民邮电出版社 2012 年版，第2—3页。

1. 麦克卢汉的媒介演变理论。麦克卢汉在《理解媒介——论人的延伸》等著作中，较早地对电子媒介进行了深入的分析，提出了许多重要的观点和理论，主要是：其一，媒介即是讯息的观点；其二，媒介是人的延伸的观点；其三，"地球村"的概念。麦克卢汉的这些观点，影响着人们对媒介技术和生活方式的理解，在众多领域具有启发性。手机以媒介的形式出现，从一些方面再次诠释了麦克卢汉的上述基本观点，并且在一定程度上使"地球村"变成了自由流动的地球村。

2. "使用与满足"的受众中心理论。"使用与满足"的思想源于20世纪40年代传播研究者对人们使用大众媒介的动机的研究。该理论认为，受众是具有特定"需求"的个人，人们是为了满足自身的各种心理"需求"和达到某些实用功能（如获取信息、休憩、逃避现实、获得社会威望、社交等）而选择和使用媒介的。"使用与满足"理论强调了受众使用媒介的主动性和多样性，这在很大程度上符合新媒体环境中受众主动性增强的情况，因而，对新媒体环境中研究受众的媒体使用以及这种使用的社会文化影响具有重要的参考价值。

3. 新媒介传播的相关思想和理论。20世纪80年代，施拉姆等人在《传播学概论》中就已经注意到"某些新形式的媒介正在地平线上出现"①。80年代中期，J. 梅罗维茨在《消失的地域：电子媒介对社会行为的影响》一书中，借鉴 E. 戈夫曼的"场景理论"和麦克卢汉的"媒介理论"，提出了电子媒介环境下社会"场景"结构变化影响人们社会行为的理论。90年代中期，尼葛洛庞帝对数字技术革命对人们的生存方式的影响做了生动的阐述。他指出，"数字化生存"的含义是，计算不再只和计算机有关，它决定我们的生存。罗杰·菲德勒在《媒介形态变化——认识新媒介》一书中，全面地讨论了数字化革命带来的媒介形态的新变化。他认为，语言是传播技术变革的催化剂。当代新的数字语言（计算机语言）正在作为另一种变革的催化剂出现。②他把由数字语言正在带来

---

① ［美］威尔伯·施拉姆、威廉·波特：《传播学概论》，陈亮等译，新华出版社1984年版，第299页。

② ［美］罗杰·丰德勒：《媒介形态变化——认识新媒介》，明安香译，华夏出版社2000年版，第45页。

的这次重大转型称为人类传播史的第三次媒介形态的大变化，并认为，它超越了人类的一切语言，有力量变革现存一切形式的传播媒介并且创造出崭新的形式。

（二）手机媒体论

1. "第五媒体"论。"第五媒体"论从大众传播媒介形态演化的角度提出，手机是继报纸、广播、电视和互联网之后出现的新一代媒体。朱海松把"第五媒体"定义为："以手机为视听终端、手机上网为平台的个性化信息传播载体，它是以分众为传播目标，以定向为传播效果，以互动为传播应用的大众传播媒介，也叫做手机媒体或移动网络媒体。"① 童晓渝等人较系统地考察了手机媒体的信息传播功能、经济功能、文化功能和社会功能，把"第五媒体"定义为："以手机作为信息的采集和展现工具，以通信网络和互联网作为信息的传播网络而开展信息传播活动的媒体。"② 并认为，手机的传播属性主要包括交互性、实时性、离散性、随身性、分众性、直接消费性等。靖鸣、刘锐认为，手机具有便携性、移动性、贴身性、渗透性等技术特性；具有即时性、强迫性、聚焦性等电话传播特性；具有方便快捷、书面口语、去现场感、到达率高、选择回复、保密性强、可存储性等短信人际传播特性；具有信息传播快捷、个性化传播、多媒体移动传播、及时互动、潜在受众广泛、作为新闻采访的工具等新闻传播特性。③

2. 手机新媒体论。新媒体（New Media）一词源于美国。近年来，随着互联网、手机等新媒介的广泛使用，新媒体的概念开始在国内流行。在关于手机媒体的讨论中，国内一些学者也倾向于将手机媒体视为网络媒体的延伸或"新媒体中的新革命"④。匡文波认为，新媒体严谨的表述是"数字化互动式媒体"。从技术上看，新媒体是数字化的；从传播特征上看，互动性是新媒体传播的本质特征。新媒体的出现，打破了传统媒体传播中传者和受者的明确定位，使传播过程表现为"由所有人面向所

---

① 朱海松：《第五媒体：无线营销下的分众传媒与定向传播》，广东经济出版社 2005 年版，第 11 页。

② 童晓渝、蔡佶、张磊：《第五媒体原理》，人民邮电出版社 2006 年版，第 92 页。

③ 靖鸣、刘锐：《手机传播学》，新华出版社 2008 年版，第 59—76 页。

④ 匡文波：《手机媒体：新媒体中的新革命》，华夏出版社 2010 年版，第 17—19 页。

有人进行的传播"①。新媒体在外延上目前主要包括网络媒体和手机媒体。基于新媒体的分析框架，匡文波分析了手机媒体传播的特性及其对大众传播格局的影响，手机用户的行为心理，手机媒体与传统纸质媒体的关系；系统地阐述了手机新闻传播、手机短信传播、手机报、手机出版、手机电视、手机博客、手机广告、手机游戏、手机动漫、手机音乐、移动商务、移动搜索等新媒体形态及其在中国发展的状况；进而对手机媒体运用产生的社会问题、安全问题、环境问题和文化问题等做了分析，提出了对手机媒体传播进行管理和产业规制的一些建议。

3. "拇指经济"论。在我国，移动短信息业务量在进入 2003 年以后呈爆发式增长，成为拉动移动数据业务和互联网经济的一个重要的增长点，并因其指动的操作方式而被人们称为"拇指经济"。随着手机的普及应用，人们不仅用拇指敲击出了一个信息沟通和文化传播的新时代，而且也推动了"拇指经济"空前繁荣，扩大了手机传播对社会经济和公众社会文化生活的影响力。从人们对"拇指经济"的分析看，手机短信得以盛行的原因主要在于它具有开通方便、收费低廉等适宜于大众消费的业务特点；具有便捷、自由、时尚、私密等传播特性和文化特性，可以更好地满足公众传递信息、沟通情感、游戏娱乐等多方面的文化需求②；同时，它在我国的普遍流行，也与中国人人际交往中蕴含的内倾性、和谐性等民族文化心理特性，与当代青年人短信人际交往的"无厘头"化、娱乐化等文化心理倾向相关③。"拇指经济"的出现，一是改变了移动通信的产业链和产业价值链，推进了通信业与信息服务业、文化内容产业的结合，开始形成新的手机文化产业，显示了现代通信技术、网络技术与文化生活相结合蕴含着的巨大的经济价值；二是标志着手机已经超出了点对点的语音通信功能，而具有了大众化/分众化互动传播媒体的性质，实现了用户由"听"和"说"到"写"和"看"、由受众到传者与受者角色融合的信息传播和文化交流方式的转变；三是通过手机短信的广泛应用，开始塑造社会大众一种极具多样性的手机文化的生活方式。

---

① 匡文波：《手机媒体：新媒体中的新革命》，华夏出版社 2010 年版，第 17—19 页。
② 童晓渝、蔡佶、张磊：《第五媒体原理》，人民邮电出版社 2006 年版，第 176 页。
③ 倪桓：《手机短信传播心理探析》，中国传媒大学出版社 2009 年版，第 93—120 页。

4. 手机社会论。我国台湾地区学者王佳煌在《手机社会学》一书中，较早地从社会学的角度考察了手机普及运用的社会影响。他认为，移动电话的出现与使用其意义非比寻常，它可以帮助使用者超越既定时间与场所的限制，在行动中与远方的通讯者完成通讯、沟通和传播行为。但手机这种指称又包含着两个相互矛盾的含义，一方面手机可以说是人体的延伸，它扩大了人的通信和传播能力，解除或削弱时空对人的束缚与限制；另一方面，手机也是束缚、限制人的工具，手机的"手"既是指使用者个人的手与身体，也是指社会网络与移动通信科技体系的手与身体。透过手机这只"手"，社会网络与移动通信体系牵引着人的个体行动，把人纳为网络身体与科技身体的一部分。因此，需要从社会学的角度，把宏观的社会体系结构因素与微观的个体行动联结起来，考察手机使用和普及的社会根源和不同方面的社会影响。①

我国大陆一些学者在相关论著中也涉及了手机普及应用的社会影响的研究。童晓渝等人在对"第五媒体"的讨论中，较早地论及了手机对社会公共话语空间的建构问题，具体谈到了手机传播与平民话语权、与政治文明和廉政建设以及与人文关怀和社会预警等话题。靖鸣、刘锐在《手机传播学》一书中，以专节讨论了手机传播的社会学意义，讨论了手机传播对于延伸人的综合感官、扩展个人的信息空间、建构公共话语平台、推动社会管理与沟通、缩小数字鸿沟的社会作用，同时他们指出，手机传播也导致了模糊公私领域界限、混杂前台后台行为等现象。

5. 手机文化论。美国媒介理论家保罗·莱文森在《手机：挡不住的呼唤》一书中，对手机作为媒介文化现象进行了全面而发散式的阐述。在莱文森看来，手机是媒介的补偿性特征最为突出的代表。他指出，人类有两种基本交流方式：说话和走路，这两个功能自人类诞生就开始分割，直到手机横空出世；手机之前的一切媒介，即使是电脑，也分割了说话和走路、生产和消费，电脑和之前的一切媒介都把人拴死了，或拘束在室内，或钉在椅子上，唯独手机把人从机器跟前和紧闭的室内解放出来；从长远来看，互联网可以被认为是手机的副手，身体的移动性再加上手机赋予我们的与世界的连接性，可能会比互联网在室内带给我们

---

① 王佳煌：《手机社会学》，学富文化事业有限公司 2005 年版，第 2—3 页。

的一切信息具有更加深远的革命性意义。莱文森论述了手机的媒介特性及其影响，他认为，目前手机是媒介移动性的典型代表，它既容许接收信息，又能够生产信息，而且它可以立即远程收发信息，并能够允许互动；手机问世之前，在人际交往关系中，人就是交流的移动家园，而手机使互联网及其所包含的一切媒介移动起来，于是凡是使用手机的人都随身携带着一个流动的家园，一个有着心灵感应和瞬间交流、无处不能交流的社会随之应运而生。莱文森对手机应用的两面性影响做了生动的阐述。他指出，手机像"细胞"，能够生成新的社会、新的可能、新的关系，但是手机又像"蜂窝"，它使我们拥挤在密密麻麻的蜂房里，几乎丧失了一切独立生存的空间。① 但莱文森乐观地主张："一切生命都依靠信息而繁盛辉煌，人的生命尤其如此。缺少信息、脱离接触往往会造成误解，往往比接触过多造成的损失更为严重。"② 因此，手机的铃声总是抵挡不住地呼唤，手机对生活和文化的改变也是难以抗拒的。莱文森的手机作为"流动家园"的理论，生动地揭示了手机文化的基本特性和社会文化影响，为我们认识手机文化展示了广阔的视域。

在国内，2005 年，马晓莺在《手机文化的深度解析》中指出，随着手机的普及应用，它已已突破其技术层面的意义，而是渗透到人类的文化与生活中。③ 2008 年，王萍在《传播与生活：中国当代社会手机文化研究》一书中，把手机普及应用视为一种社会文化现象，分析了手机文化发生的现实语境和总体特征，从手机媒介本体的技术文化、手机媒介传播的大众文化、手机媒介"使用与满足"的消费文化三个层面较系统地对手机文化做了研究，并在分析手机文化发展的制约因素的基础上，研究了手机文化建设的策略。

三 走进手机文化

随着"移动革命"的崛起，手机在全球范围内得到了广泛的普及应

① ［美］保罗·莱文森：《手机：挡不住的呼唤》，何道宽译，中国人民大学出版社 2004 年版，前言。

② 同上书，第 15 页。

③ 马晓莺：《手机文化的深度解析》，硕士学位论文，上海师范大学，2005 年。

用。藏于衣袋/手袋里、把玩于手心之中的灵美手机，已经成为我们这个时代的宠儿，成为一种社会普及应用的新型媒体；手机正像一种"细胞"，广泛地渗透于社会经济、政治、传播、文化的各个领域，并作为贴身的日常生活品进入寻常百姓的生活之中，改变着人们的日常生活方式，对人们的信息获取方式、认知方式、交往方式、文化娱乐、情感体验和思想观念产生着重要影响。这不仅意味着移动革命时代的来临，同时也意味着人们一种新的生活方式——手机文化生活方式正在形成。

历史上每次科学技术的重大变革及其应用，在给人类带来重要福祉的同时，也几乎毫无例外地带来了新的社会文化问题。手机作为一种整合了各类传统媒体和网络媒体并创新了媒介传播模式的新媒体，手机文化产业作为一种新型的信息、文化服务产业，手机文化作为一种流动的精神文化家园，对社会文化形态的形塑和影响是全面的、深远的和深刻的。因此，结合社会文化的宏观层面、移动通信产业的中观层面和人们日常文化生活的微观层面，全面系统地研究手机文化现象形成与发展的物质技术基础，产业建构，内容生产和传播，手机文化生活样式，制度环境等，从而揭示手机文化形态对社会文化生活带来的基本的积极作用和负面影响，采取有效的措施以营造积极向上的、健康的移动"精神家园"，是当代媒介技术进步、信息与文化服务产业和社会文化生活发展向我们提出的新课题。

从理论研究上看，目前国内外学界对于手机作为一种社会文化现象、作为一种媒介文化的直接的研究成果，给我们研究手机文化奠定了一定的基础，尤其是国内外一些学者关于手机文化、手机社会学的研究，已经涉及了手机社会文化现象产生和迅速发展的制度背景、产业基础、社会影响和文化功能等，开阔了我们看待问题的视野；国内外一些学者对手机媒体或手机媒介文化的研究，对于我们从传播学角度认识手机作为移动的"媒介之媒介"的传播特性、传播模式和传播的社会文化影响，提供了大量可供借鉴的观点和内容。但目前的研究成果也存在需要进一步拓展、深入之处，主要在于：第一，手机文化涉及通信、网络、文化生产各个产业的融合，手机文化的生产、交换、传播、消费涉及物质技术、产业基础、用户的文化消费行为、制度文化环境等影响因素和条件，影响到人们社会文化生活的各个方面，但目前国内的研究成果主要局限于经济的尤其是传媒领域的研究，尚没有从文化哲学的总体视角，结合手机文化产业生产、交换、传播和消费各个环节进行系统研究的论著，这使人们很难全面地描绘手机文化的媒介生态。第二，由于目前的研究成果要么过多地停留在手机传播功能与工具化的意义上，要么集中于技术应用领域，缺少全景式的扫描，理论研究与手机媒体产业的发展速度仍然存在一定的距离。① 因此，还难以适应促进手机文化和相关产业发展的理论研究需要。

从实践上看，在信息和知识经济的时代背景下，产业的"文化化"和文化的"产业化"是近年来国内外产业结构高级化、产业结构软化的重要发展趋势，也是当代文化生产、交换、传播和消费的重要发展趋势。但在目前国内移动通信产业发展实践中，对手机文化的生产和市场仍然立足于"移动通信增值业务"的层面，尚未上升到从"手机文化生产"发展的整体视角来看待相关问题，这就难于引导企业从"做增值业务"向"做文化"的经营战略的转变，难于指导手机文化业的发展战略创新和市场创新，也难于明确企业在手机文化生产与传播中的社会责任和文化使命；同时，政府相关管理机构尚未系统地制定相关制度和政策措施，从产业规制、社会管理和文化建设的不同层面来培育和规范手机文化市场，以激励手机文化产业的发展，推动手机文化的建设。这些情况表明，手机文化及其相关产业的发展，需要从一种总体的视角综合地开展手机文化研究，为手机文化建设的实践提供一定的理论认识的支撑。

第二节　手机文化概论

手机文化作为一种新的媒介文化形态，就人类个体而言，它表现为个人使用移动通信工具参与家庭生活和社会生活的方式；就一定社会群体而言，它是指特定社会群体基于移动通信的信息和文化平台开展社会交往、共享信息和文化，从而形成的具有共同价值取向、共同心理行为特征的群体社会文化生活形态；就特定的社会而言，它则是指在技术进

---

① 黄倩婕：《中外"手机媒体"研究综述》，吴信训：《世界传媒产业评论》（第 1 辑）。中国国际广播出版社 2008 年版，第 35 页。

步和产业发展的基础上，在媒介技术与社会经济、政治、文化的相互作用中，以手机为传播媒介而形成的新的大众媒介文化生活样式。如果说计算机网络已经深刻地造成了人类数字化、网络化、虚拟化的社会交往和文化生活样式，那么手机文化的产生与传播，又进一步打破了时间和空间对人类交往的限制，建构着人类自由移动的文化家园。

一　文化和手机文化

（一）文化与文化创新

"文化"是内涵十分丰富、外延又十分广泛的概念，同时又随着时代的发展变化而变化。本研究以辩证唯物主义和历史唯物主义为指南，基于国内外学者的相关研究成果，从广义和狭义两个层次来区分文化的概念。从广义上讲，文化是人的有目的活动及其结果，是人类在社会历史实践过程中所创造的物质成果和精神成果的总和，在整体上包括了一定社会和一定民族的物质文化、精神文化和制度文化等各个层面的内容；从狭义上讲，文化则是与一定社会和民族特定历史阶段的物质生产和物质交往相适应的、人们的精神生产和精神生活过程、方式及其成果的总和，主要是以各种符号表达的思想观念、价值观、情感态度、制度规范和行为模式；在存在着不同阶级意识对立的社会历史条件下，文化体系中居于支配地位的是作为观念形态的文化，即反映一定社会的经济基础和政治制度的社会意识形态，主要包括政治思想、法律思想、道德、哲学、艺术、宗教等社会意识形态。由于手机文化具有显著的大众文化和日常生活文化的特征，因此，本研究主要是从广义上使用上述文化的概念，并且从物质技术文化、精神文化、制度文化等层面的相互联结和相互作用来综合地考察当代人们手机文化生活的样式。

文化发展进程始终是与文化创新分不开的。从现阶段来看，我们国家的文化创新包括以下几个基本方面：其一，坚持中国特色社会主义先进文化的发展方向，与时代特征相适应。其二，文化创新应该是在继承优秀民族文化基础上的创新。文化既有它的世界性，更有其强烈的民族性，优秀的传统文化是一个民族生存之根本，文化民族性是文化创新必然之道，任何文化创新，如果不能融入本民族的优秀传统文化之中，取得本民族的广泛认同，都不能成为该民族最广泛的先进文化。其三，文化创新应该具有开放性。坚持文化的开放性，根本目的是吸收外来文化的成果和精华，促进本民族文化的发展创新。开放性使文化创新在全人类范围内实现着文化的共享和共同发展，同时文化发展的多样性也是文化创新的客观趋势。其四，文化创新要适应技术创新潮流。文化创新既引导了媒介技术的发展，又必然要适应技术创新的潮流而发展。在信息时代，媒介技术创新对社会和文化发展的推动作用越来越明显。因此，文化创新必然立足于科学技术创新的平台，由此促进和改变社会文化生活。

（二）手机文化的概念和文化传播特征

基于文化学对文化的基本界定和相关的社会文化理论，结合当代移动通信技术的发展和手机文化生活的实际，借鉴手机文化研究、手机媒介研究、手机社会研究、移动通信产业研究等相关成果，我们将手机文化定义为：手机文化是信息时代的一种新的媒介文化形态，它是指以移动通信技术发展为物质技术基础，以移动通信产业发展和跨媒介融合为产业依托，以手机媒介为信息和文化传播、交流工具，以信息服务和文化内容创造、生产、传播和消费为主要内容，随着手机的普及应用而形成的一种流动的大众媒介文化生活样式。在外延上，按照目前人们运用手机实现的信息与文化交流、传播的媒介形态分类，手机文化包括手机短信、手机摄影、手机音乐、手机新闻、手机影视、手机游戏、手机出版、手机搜索、移动商务、移动政务、手机广告、手机微博等形式，且随着手机媒介功能和手机文化产业的拓展，手机文化的具体形态呈现出日趋多样化的趋势。手机文化的概念包含了以下几层基本的含义：其一，从时代特征看，手机文化是信息时代科技、经济、社会、文化交互作用产生的一种新的文化生活形态。其二，从物质技术基础上看，手机文化是移动通信技术、信息网络技术向社会生活全面渗透的结果，移动通信产业与信息服务和文化产业融合发展对手机文化的形成起到了重要的推动作用。其三，从文化系统和文化创造行为上考察，手机文化是现代通信技术、网络技术等与社会文化交互生成的新的大众媒介文化生活的新样式。其四，从信息与文化传播的角度看，手机是在整合传统的语言传播、文字传播、印刷传播、广播影视传播和新兴的网络传播的基础上，形成的一种具有移动传播特质的电子媒介，具有明显的跨媒体性质。其五，从文化形态上看，手机文化是大众化与个性化相结合的文化。其六，从手机文化的核心看，手机文化是流动的文化空间或流动家园，追求信息和文化传播、交流与共享的自由，是贯穿于手机文化形态的基本价值理念。

手机文化主要具有以下几个层面的文化传播特性：（1）移动性与贴身性：随时随地的"流动家园"。手机最显著的特征是移动的随时随地的通信，在手机传播过程中，参与者一方面不需要与他人进行面对面的交流，另一方面却能够随时随地与全世界范围内的人群进行随意交流，这就大大地拓展了参与者的信息与文化交往平台，这样宽广、自由的信息与文化交往平台是传统媒体无法企及的，甚至是传统互联网媒体本身也无法完全实现的。（2）娱乐性：给大众生产娱乐与快感。手机文化中符号的快乐、交流的方便、写作的随意和使用的日常化，均具有典型的大众文化特征，手机是最具大众娱乐性的传播媒体之一。（3）开放性：公共言论和多元文化的表达空间。手机作为移动的"媒介之媒介"，构建了新的开放的社会公共生活的信息传播平台，扩大了人们通信和信息、文化传播的自由度，这对扩展与开放社会沟通和交流渠道、促进社会信息和文化传播、改变人们参与社会公共生活的方式等产生了重大影响。例如，随着手机博客成为手机应用的一个新的热点，相当于每个开通手机博客的手机网民手中都持有一部可以即时发布信息的"照相机""摄影机"或"麦克风"，这就极大地提高了社会个体的公共话语权，进一步改变了社会的权力结构。（4）视觉性：人—机新关系的文化枢纽。以"界面"为主要特色的视觉性是包括手机在内的新媒体的生命线和提高阅读率、收视率、点击率的法宝，文字渐渐地变成了图像的附庸和点缀。没有视觉化的"界面"产生的图像传播，新媒体的传播功能将几乎无法得以实现，人们的信息化审美活动将几乎无所依附。这是手机文化非常明显的传播特征，也是非常明显的文化问题。

二 手机文化的形成和传播机制

（一）手机文化的形成机制

除了从整体上考察手机文化形成的时代背景以外，我们还需要从移动通信技术、产业、市场、用户消费需求体系、制度和文化环境等方面的交互作用来考察手机文化形成的机制。

1. 移动通信技术的创新是手机文化得以产生和形成的强大推动力。我国著名信息经济学家乌家培认为，对网络经济起支配作用的规律之一是信息技术功能价格比的摩尔定律（Moore's Law），按此定律，计算机硅芯片的功能每 18 个月翻一番，而价格以减半数下降。这一定律揭示了信息技术产业快速增长的发动机和持续变革的根源。① 从手机的发展历程看，其文化形态与移动通信技术创新是分不开的。从 1G 的模拟移动通信系统时代，到 2G 的数字通信网络时代，再经过技术创新进入今天的 3G、4G 时代，移动通信技术的每一个发展时代都引起了手机的信息传播和文化功能的改变，从而为手机文化的生产、传播和消费提供了技术基础。

2. 移动通信产业和市场的发展是手机文化形成的产业基础。摩托罗拉首席技术官说："如果内容是'国王'，那么移动性就是'王后'，而我们则共同促成了这场皇室婚姻。"② 这一说法，反映了新的手机文化产业的业态。移动通信产业的发展不但推动了技术的进步，而且通过市场创新开发了新的信息和文化服务产品，创造、引导了用户的需求，改善了手机终端的设计和丰富了手机的功能，提高了通信服务的质量，大幅度地降低了手机终端的价格和使用手机通信的资费，将用户的需求变为现实的消费行为；并通过推动技术融合和产业融合，实现业务创新，构建了手机上网、手机出版、手机电视、手机游戏、手机博客、移动商务、移动政务等多样化的媒体形态，从而为手机文化的形成提供了丰富多彩的内容和文化资源，搭建了信息和文化生产、传播和共享的平台，催生了日益流行的新的社会交往形式和文化娱乐浪潮，使文化传播进入"数字化生存"和"自由化传播"的大众文化新时代。因此，考察手机文化，必然要求认识手机文化各产业的主导作用，分析手机文化生产和传播的产业体系以及各种产业组织行为的影响。

3. 手机用户需求体系的演化是手机文化得以普及实现的社会基础。在手机文化形态中，手机用户既是信息和文化的消费者、受众，又是手

---

① 乌家培：《网络经济的由来、特点与作用因素》，载纪玉山等《网络经济》，长春出版社 2000 年版，总序。

② 参见王艳睿《手机电视：尚需等待的美丽》，《IT 时代周刊》2005 年第 10 期。

机文化的生产者和传播者。手机文化产业提供的内容资源和信息、文化传播平台，只有更好地贴近个体用户日常生活和工作的需要，更好地实现个体用户消遣娱乐、人际交往、个人认同、社会监视等社会文化需求，更好地满足企业、政府机构和其他社会组织的管理和经营的需求，融入人们的日常生活和社会生活的各个层面，才能够得到普及和扩散。手机的普及应用催生了新的大众文化形态，新的大众文化的创造又促进了手机媒体走进了千家万户。手机文化显著地体现为产业生产与大众消费（再生产）相结合的产物。因此，考察手机文化，又必然要求认识手机媒体用户的主动性和创造性，分析考察社会公众在手机文化创造中的基础作用。

4. 手机文化产业的制度规范和文化背景是手机文化得以形成的环境因素。在手机文化形成的过程中，国家的信息基础设施建设，国家对规范手机文化、移动通信产业的制度设计和文化导向，国家的产业融合政策等等，对手机文化的发展方向和手机文化产业的发展趋势起着重大的引导作用；而一个国家、地区或民族的传统文化，又深刻地影响到手机文化资源的开发和利用，影响到手机用户的价值取向、交往行为习惯、个人偏好和群体的文化体验，对手机文化的普及具有重大的推动或限制作用。

（二）手机文化的传播机制

从信息传播历史发展看，媒体中的传受关系和传播机制也是不断变化的，这种变化直接对传播效果产生了巨大的影响，具有划时代的意义。手机媒体作为"新媒体中的新革命"，又一次改变了大众媒体的传播机制。

1. 人人同时参与的互动传播。自大众传媒随着技术的发展产生以来，传统的报纸、杂志、电影以及电视讲究的都是"受众的规模"，由于单向性传播方式的限制，这些大众传媒都无法实现"人人同时参与的事实"。直到 20 世纪末以后，以网络传播和手机传播为主的新媒体普遍地进入了日常生活，"人人同时参与的事实"才得以基本实现。手机是一个双向互动的媒体平台，用户不单是一个信息的接收者，还能够成为积极的信息和文化产品的生产者和传播者，运用手机，用户不仅可以选择和"拉出"他们自己想要的信息，而且还能够方便地即时地发布自己采集的信息和创作的作品。

2. 普适性和放射性传播。与互联网网民的发展历程一样，手机用户也经历了一个由"贵族化"向大众化、平民化转变的过程。同时，手机传播是由众多个体通信用户节点构成的庞大人际交往、群体交往和社会文化交流的网络，其信息和文化传播具有强烈的网络扩散效应，且由于手机用户的广泛性和传播的流动性，使手机传播的放射性特征极其明显，人际传播功能极强，虽然其传播层面多处于日常生活领域，但却对社会文化具有极其广泛和深入的影响。

3. 分众化传播。当代媒介环境新变化的重要特征之一，就是"正在从将传播内容灌输给大众的泛传播转变为针对群体或个人的需求设计传播内容的窄播"，"正在从单向的媒介转变为互动的媒介"。① 在数字化、网络化和即时互动的新媒体时代，传统大众传播中被视为无差异的普遍的广大受众，开始被细分为特征相似、志趣相投或者利益相关的"小众"。手机媒体传播不仅抵达率高，可以实现传统媒体中的广播，而且对于特定的信息、针对特定的用户，更可以实现一点对一点、一点对多点的精准传播和互动传播，对传播效果也可以直接实现定制管理。这恰好契合了分众化/小众化窄播的发展趋势。

4. "碎片化"传播。"人们生活方式的变化，每个人的'碎片时间'越来越多。你在乘坐公共交通、在银行、在机场、在餐厅都会出现大量的'碎片时间'，如何连接起这些'碎片'并进行充分利用是个很重要的课题。而用户的手机是随身携带，阅读信息不受地点限制，可以有效利用'碎片时间'，从而为用户节省了时间。"② 上班族可以在车上用手机阅读新闻或天气信息；旅行者可以查询旅行沿线的各种即时信息，用手机来查阅换乘路线和预订机票、宾馆的房间；手机报、手机影视、手机小说则在"碎片化"娱乐这一块上做足了功夫。手机媒体传播的随机性、多样化、便捷化，极大地提高了它对社会生活的渗透性。

5. 强制性传播。手机在给人们带来更为自由、便捷、丰富的传播工

---

① ［美］Werner J. Severin & James W. Tankard, Jr.：《传播理论：起源、方法与应用》，郭镇之主译，中国传媒大学出版社 2006 年版，第 3—4 页。

② 钟晓军：《7400 万人进入手机阅读时代》，《光明日报》2010 年 8 月 10 日第 1 版。

具的同时，也给人们带来了诸多烦恼。我们的手机常常受到不速之客的打扰，甚至给我们造成苦恼和危害。这就是莱文森谈到的，手机传播机制中存在的"偏向主叫方而不是被叫方"的强制性传播偏向。按照我国学者陆地等人的界说，所谓新媒体的强制性传播，"就是新媒体的营运机构或个人在没有征求公民意愿的情况下、以强制手段扩散信息以求达到某种目的的传播行为"①。手机媒体的强制性传播，既使我们能够随时随地找到我们想找到的人，同时也带来了我们日常生活和社会生活中的"插足者"，是新媒体传播的两面性影响的重要表现。

（三）手机应用的社会文化影响

当前，手机文化的社会影响力与日俱增，它改变着社会的媒介形态，给社会文化生活带来了积极的革命性的变化。同时，尽管手机被人们称为更温馨、更为人性化的媒介，但人们每天每时面对的手机毕竟是一种新型的媒体，由于在其发展初期相关社会文化规范的缺失或不完善，人们的思想观念与之还不相适应，各类传播主体在传播过程不可避免地存在着混乱和失范的行为，由此手机的普及应用也给社会文化带来了诸多的负面影响。

1. 手机普及应用对社会文化的积极影响

从当代手机媒体与社会文化的交互作用看，手机媒体的普及应用对社会文化进步产生了以下主要的积极影响。

（1）建构了信息和文化传播的新渠道。手机作为"第五媒体"，是继互联网之后改写信息和文化传播格局的主要新媒体之一，正在成为传播主流文化和社会信息的又一种新渠道。2004年2月24日，人民网推出首家以手机为终端的"两会"无线新闻网，实现了手机报道国家重大政治活动新闻的历史性突破。2008年，在四川汶川地震中，我国手机媒体运用自身独特的传播优势，积极投入了对灾情和抗震救灾活动的深度报道。2008年的北京奥运会，第一次通过网络、手机等新媒体方式宣传奥运精神，传播奥运盛况，转播比赛项目。由此可见，手机必将以其移动、快捷、个性化的强大传播功能，成为当代社会生活中信息和文化传播的主要渠道之一。

---

① 陆地、高菲：《新媒体的强制性传播研究》，人民出版社2010年版，第46页。

（2）推动民主政治建设。信息平权是实现人民民主和人民自由权利的一个重要方面。① 手机媒体的广泛运用，使信息传播渠道更加多元化，公众接受信息更加通畅、便捷，促进了社会信息平权意识的建立；新媒体的发展使政府可以通过网络、手机等实现公共信息的最大限度公开与透明，使更多的公民能够接触更多的政务信息，并在更大程度上促进舆论监督的民主进程；互联网、手机等数字媒体在突发事件和危机形势下也正发挥着社会公器的作用。

（3）建构新的社会文化生活形态。随着手机的多媒体化、网络化和普及化应用，手机已从昔日的"大哥大"成为人们日常生活的必需品，从单一的通信工具转变为神奇的"第五媒体"，并与社会文化生活交融共生，成为人们流动的文化家园。手机目前已应用于各行业各类人群之中，在工作和生活中已经是无所不在；不仅给人们带来了极为方便的信息沟通工具，带来了移动商务、移动政务、移动医务、移动学习等应用平台，而且整合了传统媒体和网络媒体，造就了丰富的文化生活内容和形态，成为人们沟通情感、密切家庭成员和社会成员之间的联系、进行文化娱乐的移动空间，促进着社会和谐，丰富着人们的精神文化生活。

（4）建立新型社交文化生态。手机媒体以个性化、自主化的方式打破了传统大众传播的"中心权力"，建立起了一种立体的、动态的、多极的信息传播新局面。手机作为人们常说的"草根媒体""自媒体""私媒体"，它打破了传播的地域和等级壁垒，实现了全体"机民"的无障碍传播与沟通，每个人都是传播的主体而又都是传播的客体。这样的分散群体成为手机社交文化网络的一大特点。这种弥漫的社交文化生态，一方面增强了个体交往的自由度，另一方面又给社会文化的管理带来了新的挑战。

2. 手机普及应用对社会文化的消极影响

随着移动通信技术、手机文化产业的发展和手机的广泛运用，人们面临着手机文化生活中的各种矛盾冲突：科技与人文、经济效益与社会责任、自由与控制、私人空间与公共空间、打扰他人和被他人打扰、信

---

① 张文俊：《数字新媒体概论》，复旦大学出版社 2009 年版。

任与怀疑、自主与依赖……手机文化凸显出技术革命和媒介文化带来的双重社会文化效应。作为这些矛盾冲突的体现，目前，手机文化生活给社会和个人带来的各种负面影响也已经开始显现。

（1）手机文化传播中的文化修养缺乏症。法兰克福学派曾经对大众媒体所带来的文化缺乏症和"媒体人"现象做出了深刻的批判。现在看来，用他们对传媒文化的批判来观照当代手机文化的负面作用，同样有振聋发聩之感。今天，广播、电影和电视等传媒文化中所包含的商业主义、享乐主义元素，在网络和手机传播的商业化和享乐化文化中同样存在，并且更加触目惊心。在一定程度上和一定方面，新媒体对人的同质化和异化正在成为现实。网络沉溺的严重性、手机传播的浅表化，新媒体产业发展过程中的灰色利益链条，新媒体生活中人们理性批判能力的不断下滑和缺乏文化追求，都被法兰克福学派所言中。我们不能因为手机通信对文化发展的巨大贡献而对手机传播中的文化缺乏症视而不见。

（2）"媒介技术决定论"对人文精神的损害。手机的新技术及手机运用方式的不断创新，手机文化的流行，引发出了新的"技术决定论"的思潮，让许多人产生了"媒介技术决定未来"的观念。我国学者郭庆光指出："媒介技术或工具是中性的，它们本身并不必然导致某种'社会善'或'社会恶'。归根到底，媒介工具是人的创造物，重要的是人如何使用它，利用它来传播什么，达到什么样的社会目的。从这个角度而言，传播媒介的社会影响并不仅仅取决于媒介的技术或形式特性，而且取决于掌握和运作它的人和社会组织，取决于它们生产和传播的信息内容。"① 显然，不管媒介如何使用新技术，它只是人类实现自己理想，建设自己社会的工具，如果认为媒介能决定社会形态，决定人们的思维形式，对新媒体抱以"电子乌托邦"的幻想，成为"电子哄客"，那么另一场人类被技术奴役而丧失了自身、迷失自我的悲剧就可能出现。

（3）手机不良信息传播造成的社会文化危害。从目前手机媒体信息和文化传播给社会文化生活带来最为直接的冲击，以色情暴力信息、垃

---

① 郭庆光：《传播学教程》，中国人民大学出版社1999年版，第156页。

圾短信、谣言传播和手机诈骗最为显著。这些消极影响正在抵消我们正面的文化教育，特别是影响到青少年的身心健康，危害社会文化生活的环境。

（4）手机传播将可能危及国家的意识形态安全。新媒体的移动化发展，大大降低了信息传播的门槛，给一些西方国家向中国进行意识形态渗透提供了新的更为便捷的渠道。例如，美国广播理事会 2011 年推出的《应对创新与融合的影响——2012—2016 年战略规划》中，就提出要加强对中国的传播，特别要扩大互联网、社会化媒体以及手机的使用。针对中国等国家手机用户激增的情况，"美国之音"已建立 20 多个手机多媒体网站，加强通过手机媒体进行意识形态宣传。西方国家的对华意识形态宣传已开始转向手机等新媒体。①

（5）手机不当使用带来的对个人和社会的其他危害。例如，不当使用手机容易引发交通事故；手机给移动商务和日常生活带来了极大的便利，但同时也带来了侵犯公民个人隐私的问题；电子垃圾（电子废弃物）的随意处置或丢弃，会对环境产生严重的污染等。因此，塑造一种健康的手机文化行为方式，也将势在必行。

第三节　手机物质技术文化论

物质文化的概念标志着人与物的关系以及人类物质文明创造活动的状态。物质文化作为文化的凝固状态，是人类生产和生活的物质成果，它是文化的最直观形态和表现形式。其重要性在于，它既是文化的物质载体，又是文化功能的最重要的实现形式。从根本上看，物质文化是人的本质力量在人们活动所创造的对象物中的体现。

人们对物质文化的考察，具有不同的视角、反映着时代的变迁。考古学和人类学对物质文化的研究，主要是通过对古代文明中的文物和文化符号的考察，研究人们的物质文化创造活动、习俗制度和生活方式。人类社会进入工业文明以后，大工业的产业化、市场化生产方式对人类社会生产和物质文化生活产生了重大影响。马克思对资本主义社会的商

---

① 尹韵公等：《中国新媒体发展报告（2012）》，社会科学文献出版社 2012 年版，第 10 页。

品文化进行了深刻的批判，深入地揭示了资本主义生产方式下物质生产和交换过程中形成的商品、货币、资本与人的对立关系以及物对人的统治的状态。20世纪上半叶，法兰克福学派从哲学和文化批判的双重视角，深刻地分析资本主义社会中"文化工业"生产、传播资本主义商业意识形态的实质，以及由此造成的对人的精神的统治和对文化艺术的损害。之后，让·鲍德里亚又从消费社会批判的视角，深刻地分析了消费社会中"物的体系"对人的支配的现象。

当代文化学研究从更为广泛的意义和更为广泛的领域展开对物质文化的讨论。物质文化中的"物质"，当然也指对物体或对象的描述，但作为人类文化行为所创造的物质形态，物质也具有了"近似于文字、象征、叙事乃至历史的性质"。比如，从巴尔特的《神话学》到鲍德里亚的"物的时代"，对"物"的描述都具有某种符号性乃至语言特点[①]。进入信息时代，信息技术和服务业的兴起极大地改变了社会物质生产的结构，信息和知识的生产在社会生产中占据了核心地位，电子技术、计算机技术和通信技术等新技术的广泛应用进一步促进了物的人化，电脑、汽车、洗衣机、手机等物器越来越遂人所愿，成为人的组成部分或人的第二天性，人们日益通过电子化、数字化的符号形式来创造和传播文化，甚至形成了人类流动的虚拟的网络生存空间、网络社会和网络文化。

手机物质文化是指手机文化体系中的物态文化层，它是承载手机文化生产、交换、传播和消费的物态文化基础，也是推动手机文化发展的基本动力。手机物质文化包括手机物质技术文化载体（主要包括移动通信技术和移动互联网技术等技术的进步、手机终端功能的拓展和外观设计的演变、手机文化的符号表现形态、传播模式和业态的丰富与发展等）和手机文化生产的产业载体（由手机文化产业的生产、市场、传播和消费等构成的产业体系的演进）。本部分，我们主要观照手机物质技术文化发展的过程和趋势，下一部分将进一步讨论手机文化产业演进的相关问题。

[①] 孟悦：《什么是"物"及其文化？——关于物质文化的断想》，北京大学出版社2008年版，第3页。

一 手机物质技术形态的演变

手机文化的形成和发展是以移动通信技术、手机媒体和移动通信产业的快速发展为基础的。正是由于移动通信技术的不断进步，手机终端功能和样式的不断更新，移动通信产业和市场的不断创新和发展，手机才得以逐步走进了数以亿计的民众的生活，不仅成为人们信息通信、精神文化生活的贴身构件，而且影响到当代社会的信息与文化的生产、交换、传播和消费方式，影响到社会经济、政治、文化等各个领域，影响到人们的社会交往关系和精神文化生活方式。移动通信技术的革命，是手机文化得以迅速发展的有力的发动机。

（一）移动通信技术的发展

移动通信可以说从无线电通信发明之日就出现了。1897 年，M. G. 马可尼所完成的无线通信试验是在固定站与一艘拖船之间进行的。1921 年美国底特律开通了警察专线的移动电话系统。1926 年德国实现了列车移动电话系统。1946 年，美国电话电报公司安装了世界上第一个公用汽车电话网，随后德国、法国和英国也相继开通了类似的专用移动电话系统。1947 年，美国贝尔实验室提出了蜂窝网的技术概念并在 60 年代开始试验和论证。现代的移动通信则综合利用了有线、无线的传输方式，为人们提供了一种快速便捷的通信手段。发展至今，移动通信已经走过了四代，正在迈向第五代。

从移动通信技术迅速发展的过程可见，随着移动通信系统从 1G 到 4G、5G 的发展，手机的社会角色逐渐从仅用于语音通话的人际沟通工具演变成了通信与计算机技术相融合的大众传播媒介，体现出了以下特征和发展趋势：

1. 开放性和自由性。凭借现代移动通信技术，人们可以在一种高度开放、交互的信息环境中，实现便捷、自由的国内漫游乃至全球漫游，与他人沟通，接受信息和发布信息，达成信息共享，"随时、随地、无所不在"的信息传播成为当代移动通信的基本特征；手机作为一种新媒体同时兼具了"大众媒体"和"自媒体"的性质，其全民化自主传播信息的传播方式，打破了传统媒介环境中政府和传媒机构垄断的传播格局，极大地提高了公民个体在社会传播中的自由度。

2. 多媒体性和多功能性。手机媒体整合了语音、文本、图像、音频视频等媒介的属性，人们通过手机不仅可以进行语音通话，还可以搜索信息、收发信息、阅读报纸杂志和图书、娱乐游戏、交友、开通手机微博、订购商品与实现其他多种服务等等。随着新技术的开发和应用，手机的用途将大大增加，手机的应用将取代手机的技术成为移动通信领域的主角，开发手机的新用途将是未来竞争的焦点。

3. 普及性和互联性。随着移动通信技术的进步、智能手机终端的价格和移动通信资费的下降，手机使用越来越普及化，相关数据显示，目前全球人口数量超过70亿人，而手机用户已近60亿人[1]；移动通信已经基本实现了人与人的互联，并正在实现人与互联网的互联，4G技术的普及和智能手机终端的使用正推动越来越多的人通过手机上网，移动互联网的应用已成为移动通信发展的重大领域。手机与互联网的结合，将极大地拓宽手机文化对社会文化生活的影响。

4. 宽带化、智能化、个性化、媒体化、多功能化、环保化是世界移动通信发展的新趋势。例如，随着物联网时代的到来，医疗设备将被大量嵌入 SIM 卡，手机将能广泛地用于医疗保健领域；"手机电子货币"将会越来越普及，它不仅可以使支付系统实现无纸化，而且可以代替银行卡，迎来"无卡化"时代；手机用途还将广泛地涉及政务、教育、广告等领域。

由此，无论是技术专家还是人文学者都认为，手机已经不再仅仅是一个通信工具，也不再仅仅是一种传播媒介，它已经潜移默化地融入社会和生活中，改变着人们的工作和生活方式。

（二）手机终端功能和外部形态的演变

如果从1973年马丁·库帕打出世界上第一通移动电话算起，手机从诞生至今已经有40余年了。随着技术、产业和市场的演进，手机终端的外观设计、技术标准、功能拓展都发生了巨大的变化。

从其发展的历程看，手机终端设计、制造的创新，本身就体现了技术、生产与社会文化相融合的过程。在外观造型上，从世界上第一款商用手机诞生到现在的30年间，手机经历了"大砖头"、揭盖式手机、折

---

[1]　尹韵公：《中国新媒体发展报告（2012）》，社会科学文献出版社2012年版，第9页。

叠式手机、无天线手机、双显示屏、彩屏手机、滑盖手机、旋盖手机、直板手机等各种外形的演变，其中，我们不难看出手机设计制造在满足社会公众身份象征、方便灵巧、追求时尚和个性化审美等社会文化需求等方面所做出的努力和创造；就技术标准而言，GSM 手机、双频手机、三频手机、GPRS 手机、机卡分离式 CDMA 手机、双模手机等基于各种标准的手机不断推陈出新，突出地体现了手机技术标准和制式的统一、兼容对于满足人们随时随地自由通信的重要作用，手机终端发展中对其他各种技术及其标准的进一步兼容，将极大地推动手机通信在空间上的拓展和功能上的延伸，更好地实现人们自由通信和建构移动家园的梦想；在功能拓展方面，手机已从简单的移动通信工具，发展到支持短信、彩信的手机，可编铃的手机，全中文手机，三防手机，内置拍照、音乐、游戏功能的手机，内置蓝牙功能的手机，WAP 手机，内置硬盘的手机，支持移动互联网的手机，智能手机，等等，几十年的磨砺，现代手机已经发展成为一个集移动通信、信息生产和传播、文化娱乐、时尚与网上社交和网络文化生活为一体的个人多媒体终端，成了一种更为人性化的随身的社会互动工具和文化生活平台。

（三）移动终端的发展趋势

手机发展到现在早已超出了许多预言家的想象。对比显示，2009 年的智能手机的配置已相当于 2001 年的台式机的配置。可见，移动终端正逐步具备掌上电脑的特征。特别是进入移动互联网时代，终端所扮演的角色就显得越来越重要了。张传福等人认为，终端不仅是使用通信的工具，更是技术发展、市场策略和用户需求的体现。因此受到移动互联网和物联网等大的战略发展方向的影响，移动通信终端将呈现"通信终端融合化和各类物品通信化"的"两化"趋势①：

1. 通信终端融合化：未来的手机将会是什么形态我们很难预想，但是可以肯定的是"移动通话"依然是最基本的功能，在此基础上它将会呈现出多功能化、智能化、网络化、人性化和分群化的特点，它将是一个最适合人们相互交往、使用方便、价格便宜、又集各种功能为一体的综合无线终端。

---

① 张传福：《移动互联网技术及业务》，电子工业出版社 2012 年版，第 360—363 页。

2. 物品通信化：在物联网时代，通信主体将从人与人扩展到物与物，通过给物一个身份地址，利用嵌入式智能芯片和各类中间技术实现物与物之间的通信和人对物品的管理控制。这些功能的实现离不开通信终端的支持，与手机多功能化相对应的是使更多的物品具有通信功能。届时，各类物品都是智能终端，都可以媲美"手机"。

二　手机文化生产与传播的典型形态

时至今日，手机早已超出了最初的通信工具的概念，而更多地体现着文化发展和时尚潮流。手机文化作为新媒体文化，其各种表现形式大都具有即时响应、开放交互、快速传播、差异化等共性。然而，由于符号形式、传播模式、应用领域等方面的差异，它们在内容生产、传播和消费等方面却各有特色。

（一）手机短信

手机短信（SMS）自 2000 年以来就成为"拇指一族"传播信息和娱乐的工具。至今，手机短信已经成为中国人信息传递和文化交流的最常用方式。如果说在 2003 年以前，手机短信的主要功能还在于单纯地传递信息，那么，2003 年以后，手机短信的文化功能则大大地拓展，变单纯的信息传达为大众化的文化娱乐。发送短信对当代人来说已经被认为是一种文化产物。[①]

（二）手机音乐

手机音乐，又叫移动音乐，是指通过移动通信网络下载音乐，并在手机上播放的一类服务。[②] 由于具有储存和播放音乐的新型手机技术的进步，极大地刺激了手机音乐的发展，特别是迅速占据了青少年的娱乐生活，成为他们主要的娱乐方式之一。"当今，音乐的表现形式和传播方式日益丰富，基于手机和移动网络的无限音乐代表着一种全新的音乐消费形态，不但使手机成为了人们 24 小时不离身的音乐终端，而且也使广大音乐爱好者能够以一种全新的方式去创造、欣赏

[①] ［挪］Rich Ling. M：《时代——手机与你》，林振辉、郑敏慧译，人民邮电出版社 2008 年版，第 136 页。

[②] 匡文波：《手机媒体概论》，中国人民大学出版社 2006 年版，第 169 页。

和传播音乐。"①

（三）手机广播

手机广播，就是收听者利用具有上网和收音功能的手机收听广播电台的节目，并且与广播电台进行"一对一"或者"一对多"的适时互动，或者进行节目点播。目前，有许多省市的广播电台都建立了手机广播服务，传送节目供手机持有者随时随地可以收听。手机广播的实现方式有两种：一种是依托移动通信网络或者互联网络的渠道，听众用上网手机实时收听或者点播网络广播节目；另一种是在手机中内置 FM 广播调谐器，用手机可以直播收听电台的广播节目。手机广播具有主动接收、随意点播，多向互动、实时交流，不受地域和时空限制的多媒体性，以及个人传播的特点，是进行文化传播的又一个新的、很有成效的渠道。

（四）手机电视

手机电视，就是以手机作为载体工具来接收播放电视节目等视频/音频信号。② 手机用户可以通过手机终端收看的视频节目，也可以通过 WAP 门户网站浏览在线直播或点播的流媒体音视频节目。这一新的传播方式，既具备传统传播方式的优势，如电视媒体的直观性、广播媒体的便携性、报纸媒体的滞留性，又融合了新兴媒体互联网的交互性以及数字技术的高质量和大容量。同时，手机电视还具有移动性、个人化以及私用性等特点。

（五）手机电影

与手机电视发展同步，手机电影也出现了，它也是人们向往的一种文化手机文化传载方式。所谓手机电影，是指以手机为主要拍摄与制作工具并能够通过手机平台传输与手机下载、观看的电影。③ 手机电影使得电影彻底地从艺术殿堂走进了寻常百姓家，成为记录普通人生活、表达普通人内心最真实想法的载体。手机电影的剧本也表现出题材选择包容

---

① 中关村在线：《音乐手机市场潜力爆发》，2005 年 7 月 27 日（http：//zdc. zol. com. cn/2005/0727/188497. shtml）。

② 童晓渝、蔡佶、张磊：《第五媒体原理》，人民邮电出版社 2006 年版，第 169 页。

③ 李丹丹：《手机新媒体概论》，中国电影出版社 2010 年版，第 105 页。

性大、短时间抓住观众眼球、叙事简洁紧凑以及互动的多结局故事的特点。手机电影还在发展初期，难以预计其通往成功的路还有多远。但是，手机电影给了人们一个平等的创作空间，在这里不仅可以实现"人人看电影"，更开启了"人人拍电影"的新时代。手机将来或许会成为我们手中的"移动电影工作室"。

（六）手机出版

手机出版也是目前手机文化生产和传播的一种显著方式。手机出版是指"以通信 WAP 网络为信息的传播途径，将著作、图画、声频、视频、符号等多种媒体形式的内容数字化，以无线数据传输技术发送到手机用户终端，供公众浏览、阅读、使用的实时传播行为"①。手机出版使手机从人际传播工具变成了大众传播媒介。它具有传播与更新速度快、信息量大、内容丰富，全球性和跨文化性、检索便捷、多媒体、超文本、交互性、开放性与自由性、隐蔽性、便携性等特点。手机出版的主要形式有网络型和短信/彩信型，现阶段，中国的手机出版基本上采用的是后一种形式。

（七）手机广告

手机广告是以用户手机作为接收终端的，以文字、语音、图片、特殊图形（优惠券、二维码）、视频等作为传播形式，以语音、短信、WAP、流媒体等各种业务为传播载体，通过对用户各类数据的挖掘和分析而进行的广告发布业务。② 手机广告，是基于手机媒体所提供的商业广告、实质上是网络广告的一种新类型。③ 与传统媒体广告相比，手机广告具有用户群体及潜在用户数庞大、移动性、互动性、传播迅捷、受众数量可估计性、针对性强以及信息抵达率高等特点，为手机广告的发展奠定了基础。但手机广告也面临安全、隐私、手机病毒方面的威胁。

---

① 莫林虎、王一：《手机出版产业现状及运营模式的比较分析》，《出版发行研究》2009 年第 5 期。

② 杨成、肖弦弈：《手机电视：产业融合的移动革命》，人民邮电出版社 2008 年版，第 49 页。

③ 匡文波：《手机媒体：新媒体中的新革命》，华夏出版社 2010 年版，第 204 页。

（八）手机游戏

手机游戏已远远超过了初期"俄罗斯方块""贪食蛇"之类画面简陋、规则简单的游戏，进而发展到了可以和掌上游戏机媲美——具有很强的娱乐性和交互性的复杂形态，实现了故事化、多样化、个性化和影像化。与电脑的网游相比，手机网游的体验尚有差距，但方便携带，随时随地可玩，这种利用了零碎时间的网游是目前年轻人的新宠。目前，手机游戏正在成为传媒娱乐业的主要品种之一，手机游戏的创造性、便携性、互动性和娱乐性对于吸引大众都具有先天优势。在全球，手机游戏市场以每年超过40%的速度增长，已经超过其他无线增值服务。

（九）手机商务

手机商务是指通过移动通信网络进行数据传输，利用手机开展各类商务活动的一种新型商务模式。手机商务主要特点为：服务对象的"移动性"、服务要求的"即时性"、服务终端的"私人性"以及服务方式的"方便性"。手机商务应用服务模式从用户角度来细分，可分为个人应用和企业级应用，包括手机邮件、手机办公、手机股票以及手机支付等极为多样的形态。此外，手机二维码作为交易身份验证资料或移动付款凭证，凭借其经济性和可靠性正在电子商务领域开始应用，可用于入场券，自动售货机及移动付款等。[①]随着3G、4G的普遍应用，更多的手机用户将成为电子商务的潜在客户，宽带传输、手持终端、终端数据表现形式等技术会获得进一步发展，手机商务也将会有明显的变化，丰富而先进的技术应用将开创新的商业模式。

（十）手机搜索

手机搜索，又称移动搜索，是利用移动终端（手机）搜索WAP站点，或者用短信搜索引擎系统通过移动通信网络与互联网的对接，将包含用户所需信息的互联网网页内容转换为移动终端所能接收的信息，并针对移送用户的需求特点提供个性化服务的搜索方式。[②] 与互联网相比，手机搜索有以下几个优势：一是搜索成本低。它无须上网设备，只需一

---

① 张传福等：《移动互联网技术及业务》，电子工业出版社2012年版，第264页。

② 匡文波：《手机媒体：新媒体中的新革命》，华夏出版社2010年版，第259页。

台普通手机即可，而且搜索信息是免费的。二是自由度更大，用户能随时随地搜索，不受时间地点的限制。三是效率更高，搜索到的信息针对性更强，个性化服务更到位。四是时效性强，采用短信方式可以及时互动沟通。手机搜索中很重要的一方面是位置搜索即手机定位，是地方搜索技术应用于无线领域的结果，指运用手机终端，通过移动通信网络对用户进行位置定位，在 GIS 平台支持下，为用户提供相应服务的一种增值业务。高速率的 4G 网络将使用户随时随地用手机搜索变成一种平常的生活习惯，就如同给用户一座掌上灯塔，指引前进的方向。据苹果 App-Store 下载程序排名统计，导航程序的下载居第 11 位。①

（十一）手机博客

手机博客是手机和互联网微博客相结合的产物，是微博客的一种。手机博客是指用户通过将安装在自己手机中的移动博客插件 MRabo 与在 blog. cn 上的用户 ID 及密码进行绑定后，随时随地地通过手机查看和发表日志，上传手机图片，与好友在线聊天，查看相册、音乐以及建立通信录等。② 黄瑞玲、肖尧中论述了手机博客对文化传播的影响："手机博客，把媒体的力量交到了一般人的手中，使得人人可以发新闻。尤其是在突发事件的传播中，手机博客在传播上的速度优势更是值得重视。""相对于传统媒体来说，手机博客具有先天的优势。首先，即时性强，报道速度快；其次，每个人都可以当记者，信息源多样；最后，发布途径多样。"③ 博客文化其实是草根文化，我们不能从专业的角度去审视博客的作品。在手机微博客的发展中，也表现出了它的无组织性和广度有限、缺乏可靠性等特点。手机博客每时每刻都在引导人们观察、记录、思考、交流和沟通。面对这种文化，既要引导，又要抱着宽容的态度。

（十二）手机社会网络（SNS）④

SNS（Social Networking Services，社会性网络服务）是指帮助人们建

---

① 张传福等：《移动互联网技术及业务》，电子工业出版社 2012 年版，第 339 页。

② 匡文波：《手机媒体概论》，中国人民大学出版社 2006 年版，第 142 页。

③ 黄瑞玲、肖尧中：《现代人际传播视野中的手机传播研究》，吉林大学出版社 2010 年版，第 80 页。

④ 张传福等：《移动互联网技术及业务》，电子工业出版社 2012 年版，第 293—297 页。

立和拓展社会人际关系网络的互联网应用及其服务，它是人的社会关系
与 Web2.0 技术的有效结合。SNS 目前主要表现为各类互联网站点，提供
的社交业务主要有娱乐互动类、商务类、校园类和婚恋类等。移动 SNS
由于引入了移动通信网络的能力，因而具有不同于固定互联网中 SNS 的
特征：在用户身份方面，固定 SNS 用户只能与计算机用户对应，移动
SNS 用户则与手机用户一一对应，因此用户身份的真实性和用户信息的准
确性远高于固定 SNS；在社会关系网络方面，手机使用的随时随地性使移
动 SNS 的社会关系更加紧密，且移动 SNS 可以充分利用电信网络巨大的
用户社会关系资源拓展用户；在交流分享方面，移动 SNS 用户可以随时
随地交流分享，且手机的实时拍照、摄像和录音等功能可以使交流方式
更加多样及时和生动；在黏性应用方面，移动 SNS 可以融合移动通信的
网络能力、业务能力和用户信息，并通过精确实时的位置信息产生具有
移动特色的新应用。

第四节　手机文化产业论

　　"产业"是指具有某种同一属性的企业或组织的集合。从工业化兴起
以来，在大众媒介文化生产、交换、传播和消费的过程中，企业一直占
据着十分重要的地位，特定产业的发展状况对相关媒介文化形态起着重
要的推动和形塑作用；在新媒介的开放、互动的媒体环境中，用户广泛
地参与了媒介文化的创造和传播，用户的参与和创造，成为文化产业发
展的最重要的基础。当代，以数字技术为共同基础，信息传播出现了媒
介融合的趋势，以"三网融合"为基础，以新一代互联网技术、广播电
视技术、移动通信技术、智能终端技术等为支撑，产生了众多具有多产
业融合特征的新媒介形态，手机文化正是在这种媒介融合基础上应运而
生的新媒介形态；而移动通信业、网络媒介业与文化产业相融合而催生
的手机文化产业，则是推动手机文化发展重要的产业依托。因此，考察
手机文化发展的物质技术基础，需要进一步深入地考察其发展的产业
基础。

一 手机文化产业价值链分析

产业价值链是某种具有内在联系的产业集合，产业价值链分析为观察产业发展提供了新的视角，并为企业和政府的战略决策提供了有效的思维方法。当代，在移动通信技术变革和多产业融合的背景下，传统的移动通信增值业务的价值链实际上已经拓展为更为广泛的手机文化产业价值链。比如，在新的产业价值链中，移动通信网络运营商的地位发生了重大变化，它不可能包容所有的文化信息服务业务，而是扮演整个产业价值链的整合者和组织者的关键角色；用户也不再仅仅是一个"受体"，而成为积极参与价值创造的基本构成方面之一，并使手机文化产业运作过程在一定程度上形成了"生产者/消费者合一"的格局。因此，对于期待卓立于世界潮流之巅的我国移动通信产业来说，需要相关的企业和政府相关管理部门，用战略的眼光重新审视手机文化产业的性质和价值链构成。

（一）产业链和价值链理论

美国战略管理专家迈克尔·波特在他的《竞争战略》和《竞争优势》中，分别提出了著名的产业结构理论和价值链理论。在《竞争战略》一书中，波特提出，产业内部的竞争根植于其基础经济结构，并且远远超越了现有竞争者的行为范围。一个产业内部的竞争状态取决于五种基本竞争作用力，它们汇集起来决定着该产业的最终利润潜力。这五种基本竞争作用力包括：潜在进入者的威胁、替代产品或服务的威胁、供方的砍价实力、买方的砍价实力和产业内现有竞争对手的竞争。波特的这一理论也被称作产业竞争结构的五种驱动因素模型。[①] 在《竞争优势》一书中，波特提出了著名的价值链理论作为分析企业竞争优势的基本工具。他认为，一定水平的价值链是企业在一个特定产业内的各种活动的组合。价值链可以从产业内部和企业内部两个层次来考察。产业价值链可分为供应商价值链、企业价值链、渠道价值链、买方价值链。企业内部价值链可以分为基本活动价值链（内部后勤，生产经营，外部后勤，市场营

---

① ［美］迈克尔·波特：《竞争战略——分析产业和竞争者的技巧》，陈小悦译，华夏出版社1997年版，第3页。

销，服务）和辅助活动价值链（企业基础设施，人力资源管理，技术开发，采购）。而竞争者价值链之间的差异是竞争优势的一个关键来源。①

从分析手机文化产业价值链角度看，波特的产业结构和价值链理论的合理性在于：（1）波特的理论超出了单个企业行为和具体业务的范畴，从总体上揭示了产业内部和外部各种基本力量对产业形成和发展的制约作用，尤其是竞争对产业市场和产业发展的重要影响。（2）波特的理论实际上也从总体上描绘了产业链和价值链的一般构成情况，对于我们分析手机文化产业价值链具有较为具体的指导意义。

但是，从目前手机文化产业发展的实际看，波特的理论也显示出一些基本的局限：（1）波特上述理论的出发点是供方的利润和市场竞争优势，尽管他也看到了'买方的砍价实力"对市场和产业的影响，但始终把它看作是对产业结构的一种破坏性的力量；而在手机文化产业价值链中，用户的参与、体验，尤其是用户作为信息、知识乃至文化的生产者，作为日常生活方式的承担者，对产业的发展具有非常重要的意义。（2）波特上述理论从总体上看强调的是产业竞争的作用，而且由于忽视了用户参与的意义，在思维方式上实际是把产业竞争看成了一种"零和博弈"的过程；而在手机文化产业发展的过程中，通过不同产业间的合作，吸引用户参与，做大产业规模，增强用户的体验价值，几乎具有决定性的意义。（3）波特的价值链理论，主要的着眼点是在于企业内部价值链和供方价值链，它难于描述不同产业合作中的价值活动，也忽视了用户在产业价值链中的重要地位，因此，难以对手机文化产业价值链中价值产生、创造关系做出合理的解释。（4）波特的理论在一定程度上，过分地强调竞争在产业发展中的作用，而忽视了各个不同的企业之间和各个相关的产业之间合作的重要性。而这种合作恰恰是把手机文化产业的"蛋糕"做大的必要因素。

（二）手机文化产业价值链分析

1. 手机文化产业价值链构成

手机文化产业是基于通信技术、计算机网络技术和现代广播电视技术的发展，移动通信行业、网络业和其他文化产业相融合的产物。在外

① ［美］迈克尔·波特：《竞争优势》，陈小悦译，华夏出版社1997年版，第36—38页。

延上，按照目前人们运用手机实现的信息、文化交流、传播的媒介形式分类，手机文化产业可以分为手机短信文化、出版文化、游戏文化、音乐文化、影视文化、网络文化、商务文化、生活文化等产业形态，且随着手机媒介功能和产业的拓展，手机文化产业的具体形态呈现出日趋多样化的趋势。没有哪一个产业部门会"孤立"地快速发展，手机文化产业的发展也同样有赖于优质的环境和产业链中各环节的协作。基于手机文化产业中的突出的跨行业合作、用户参与和政府监管的特征，我们用一环状结构图（见图2—1）来综合反映其产业组织链和价值链构成。

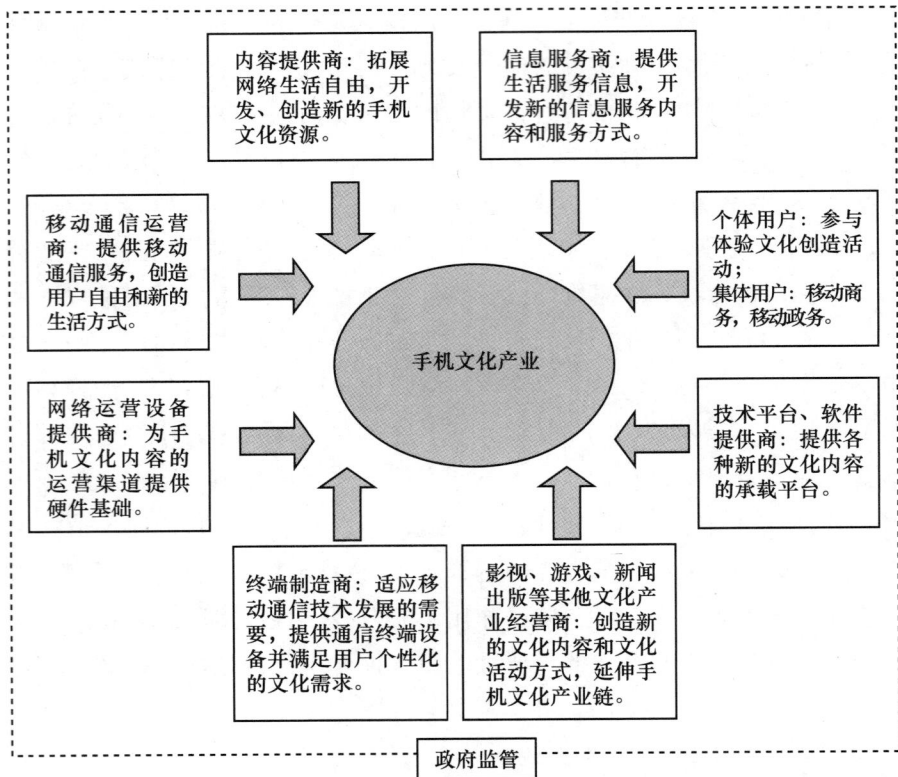

图2—1　手机文化产业链和价值链基本构架示意图

2. 手机文化产业链中各成员间的关系分析

根据手机文化产业价值链的构成图（图2—1）和手机文化产业中业

务开展的实际情况，可以构建手机文化产业链中各成员间的关系图（见图2—2）。

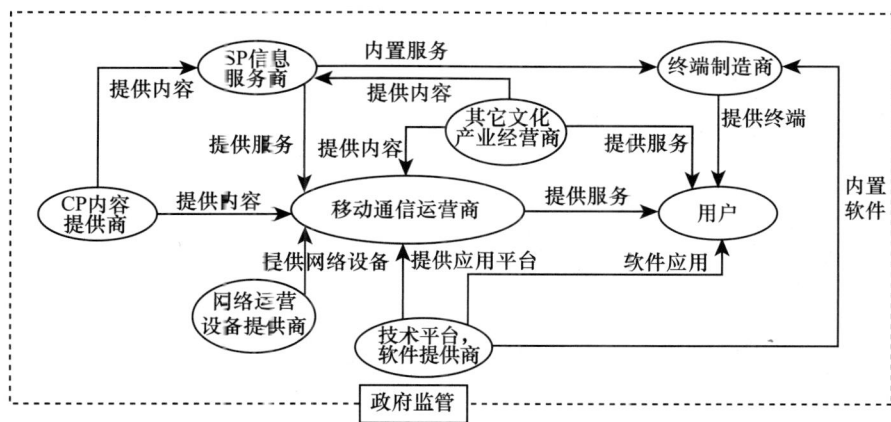

图2—2 手机文化产业价值链中各成员间的关系

3. 手机文化产业中具体业务模式的产业价值链分析

前面从总体上分析了整个手机文化产业链的构成以及各成员之间的关系，但是手机文化具有不同的文化内容和多样的业务模式，不同的内容以及不同的业务模式所对应的产业链存在着个体差异。也就是说在不同的具体业务模式或活动模式中其产业链单元会有增减的情形，不同内容的手机文化关键价值链也会有所不同。

（1）在产业链构成上，不同业务模式的手机文化产业链有所不同。在手机短信、手机彩信等服务中，产业链与手机文化整个产业的产业链构成基本相同，但是其中其他文化产业经营商参与较少，基本上不参与产品的生产，也不参与产品的消费。这一类产业链结构比较简单，是典型的传统增值业务产业链构成形式。而对于手机游戏、手机报纸、手机动漫等服务而言，像手机游戏中的手机游戏开发商、手机游戏平台开发商这一类的影视、游戏、新闻出版等其他文化产业经营商则在其中扮演着重要的角色。然而，在移动支付这一类手机文化衍生品中，产业链的差别更大。在移动支付产业链中，银行以及第三方运营商都具有不可替代的作用，而且商家的参与也很重要，其中省去了传统电信增值服务产业链中的内容提供商以及信息服务商。

（2）在价值链构成上，不同内容的手机文化产业业务的关键价值链有着显著差异。在手机短信（SMS）、移动商务等服务中，用户在信息生产和再生产上扮演着关键的角色，因此，移动通信运营商为用户提供优质、廉价、切合用户文化生活和工作习惯的移动通信服务，就成为这类业务得以成功、使移动通信成为用户新的生活和工作方式的决定性因素；而在传统文化需求的手机信息服务和其他手机文化需求的专门信息服务中，信息、文化内容的提供是否切合用户大众的文化需求、能否吸引用户的参与，则成为决定产业兴衰的关键因素，因此，信息服务商和内容提供商扮演着关键的角色，它们创造价值活动的失败，往往会造成移动"信息高速公路"中"有路无货"的局面；在手机文化需求的拓展信息服务中，大规模的大众文化活动的内容和活动的方式是吸引用户参与、体验和创造的关键环节，广播电视运营商、相关的文化运营单位提供的文化内容和关于大众文化活动方式的创意则成为产业成功并得以扩展的基础，移动通信服务表现为必要的用户参与的条件。由此决定了，手机文化产业必须始终以创造用户价值、创造用户新的文化生活方式为导向。

二　手机文化产业发展的主要模式

通过分析手机文化产业链以及价值链，我们可以看出，作为一种新兴产业的手机文化产业，其产品具有全民参与性、及时性、涉及行业多的特点，因此它的发展应该以产业为主导，加以政府引导，同时更加注重产业间的融合以及产业与用户的融合。

（一）产业主导，政府引导

几十年来，中国从最初的计划经济体制走到了今天的社会主义市场经济体制。文化产业发展之初是由政府主导，更多地表现为一种文化事业，随着改革的进行和深化，政府在文化产业发展中的主导地位逐渐淡化。在改革的过程中，文化产业也得到了巨大的发展。虽然市场经济体制已经建立，但是由于市场机制本身的缺陷，必须要在市场运作的基础上，加强政府的宏观调控功能。我们应正确处理好政府与市场的相互作用。既要借助市场力量实现资源要素的有效配置，促进产业结构的调整与优化，又要依靠政府干预来维护市场正常运行秩序，防止因市场机制缺陷而造成资源配置的扭曲。只有在市场与政府之间寻找到恰如其分的平衡点，才能实现市场的效率、稳定与公平。对于新兴的手机文化产业来说，首先，作为一种产业就必须以市场和产业本身为主导，遵循文化发展的客观规律，适应社会主义市场经济的内在要求；其次，由于文化产业的特殊性，政府必须加以控制和引导。尤其是现在手机文化产业还处于发展初期，很多政策、法规还不完善，政府要为手机文化产业的发展提供政策引导，培育和规范手机文化市场，规制手机文化内容，保证手机文化朝着健康、绿色的方向发展，而产业自身则要善于利用自身优势，推动技术创新、完善文化内容，为满足用户日益增长的文化需求而不断努力。

（二）产业和用户的融合

当代，用户对于打破时空限制，自由的社会交往、信息知识的获取和交流、文化产品和服务的消费、文化活动的参与、体验和创造的需求的增长，是促进产业结构升级和软化、拉动文化产业生长的基本因素。大众传播的"使用与满足"理论指出，受众需求对传播效果具有重要的制约作用。同样，手机文化的传播效果也受到用户文化需求的制约。手机文化产业的发展中，受众（虽然已不单是受众）的需求满足与产业价值存在一定的正相关关系。产业的发展必须以用户的需求为基础，而用户需求的满足程度又决定了产业以后的发展状况。在新媒介技术广泛应用的今天，用户已经从大众传播中的接受者即受众转变为既是文化内容的接受者同时也是传播者，从单一的消费者变成了"产/消合一者"。手机文化产业中，用户角色的变化要求更加注重产业和用户的融合，既要满足用户作为消费者的需求，又要满足用户作为生产者的愿望。随着人类物质财富积累达到一定程度，必将有越来越多的人像马斯洛的需求层次理论所指出的那样，完全出于自身成就感、价值感的精神需要，将自身资源毫无保留地投入到非营利事业中。"产/消合一"如此广阔的蓝海大湖，孕育着前所未有的空间和机遇，企业进行产品和服务设计时应该尽量凸显用户的主体性。产品开发中以用户为主体，积极调动用户的主动性，用互动的方式让用户参与其中，并通过自身的体验改进和完善产品和服务。有远见的企业，应该更多地以消费者为中心，将更多的环节交给消费者，同时发现自己的核心能力，将更多的精力用来做自身擅长的事。

(三) 产业间的融合

1. 产业融合理论

传统的电信、广播电视和出版业虽然都是从事信息服务的部门，但由于各自技术不同造成传输网络及其终端设备的专用性和分离性，其信息服务内容尽管存在个别交叉情况，总体上每种内容却分别与其分配网络和终端相对应。在产业架构中，可以明显看到包括技术边界、业务边界、市场边界和运作边界所存在的产业边界特征。这种由技术边界、业务边界、运作边界与市场边界构成的固定化产业边界，使其处于"分立"状态。① 随着技术的发展和信息化进程的加速，产业融合日益成为经济发展中的重要现象。产业融合源于数字技术的出现而导致的信息行业之间的相互交叉与重叠。1978 年，尼葛洛庞帝描述了计算、印刷和广播三者之间的技术边界，认为其交叉重叠处将成为成长最快、创新最多的领域。哈佛大学的欧丁格、法国作家罗尔与敏斯将这种产业交叉称为"数字融合"②。产业融合的概念可从两方面来理解：从狭义而言，产业融合是为了适应产业增长而发生的产业边界和收缩或消失，这个定义局限于以互联网为标志的计算机网、通信网和广播电视网的"三网融合"；从广义而言，产业融合是一个由信息技术革命引发的、创造性破坏的产业动态发展过程。它通过不同产业或同一产业内的不同行业之间相互交叉、相互渗透、相互融合，逐步形成新产业属性或新型产业形态，进而推进产业的变革与社会生产的发展。③

一般认为，技术创新和放松管制是产业融合的主要原因，技术创新是产业融合的内在原因；产业融合是一个逐渐的过程，经过了技术融合、产品与业务融合和市场融合三个阶段。以信息产业为例，IP 技术的出现为互联网、电信和电视产业搭建了一个共同的平台，在这个平台上，各个相关产业都不断发展，产生了文本、视频等应用产品。最初，这些产

---

① 周振华：《产业融合：产业发展及经济增长的新动力》，《中国工业经济》2003 年第 4 期。

② 肖弦弈、杨成：《手机电视：产业融合的移动革命》，人民邮电出版社 2008 年版，第 19—20 页。

③ 周振华：《产业融合：拓展化主导因素及基础条件分析》，《社会科学》2003 年第 3 版。

品面向不同的客户市场（电信用户与电视观众等），随着融合的不断推进，这些不同的市场最终将趋于统一。① 产业融合能带来巨大的产业绩效。阿尔芳松和塞尔维特通过对计算机、通信、半导体以及其他电子产品行业的产业融合现象的研究，得出了产业绩效与技术融合状况存在正相关关系。Banker、Chang 和 Majumdar 等学者也在信息通信产业的研究中，得出了技术和产业融合改善信息产业绩效的结论。②

2. 手机文化产业融合

手机文化本身是移动通信业、网络业和文化产业融合的产物。手机文化的交流和传播具有跨媒介的特性，决定了手机文化产业具有跨行业的性质。手机文化生活具有多种形态，主要包括手机短信、手机音乐、手机电视、手机电影、手机广告、手机广播、手机商务、手机博客以及移动搜索等。总的来说，虽然手机文化的产业价值链包含电信运营商、网络运营商、内容提供商（CP）、信息提供商（SF）、设备制造商、终端制造商乃至其他文化产业组织等等，但是不同文化内容的产业链有所区别，涉及的产业门类也有一定的差别。比如，手机杂志、手机小说、手机出版等主要是通信行业以及传统的出版业、新闻业的协作融合；手机电视、手机广播则主要表现为通信业与广电业的融合。因此，发展手机文化必须放松行业间管制、打破行业壁垒，推动通信业、网络业、新闻出版业、广电业、游戏产业以及影视娱乐业等不同产业的融合。

此外，作为网络型产业，手机文化产业也具有一般网络经济形态所共有的网络效应，即网络的规模越大，其应用价值就越大。因为手机文化产品存在互联的内在需求，因为人们生产和使用它们的目的就是更好地获取信息或者文化体验。这种需求的满足程度与网络的规模密切相关。如果网络中只有少数用户，他们不仅要承担高昂的运营成本，而且只能与数量有限的人交流信息和分享体验。随着用户数量的增加，这种不利于规模经济的情况将不断得到改善，所有用户都可能从网络规模的扩大中获得更大的价值。此时，网络的价值呈几何级数增长。所以，国家应

---

① 肖弦弈、杨成：《手机电视：产业融合的移动革命》，人民邮电出版社 2008 年版，第 20—21 页。

② 参见马健《产业融合理论研究述评》，《经济学动态》2002 年第 5 期。

当注重制定、完善相关的法律、法规，打破各种利益壁垒，以"三网融合"为契机，促进不同通信、信息网络之间的互联互通。手机文化产业的各个企业和组织，要在良性市场竞争的基础上，充分认识到网络时代在不同企业、行业间建立合作关系的重要性，积极推动不同产业的融合，以有效地延伸手机文化的产业价值链和扩展产业规模，从而扩大企业和用户的价值。

三　手机文化产业的基本发展战略

由于手机文化产业是技术、经济、文化互动的产物，具有独特的产业价值链和产业化机制，因此，面对新的产业发展机遇，应当更新观念，采取跨行业合作战略和用户服务战略，提高文化内容和服务的质量，实现手机文化之移动的"文化家园"。

（一）跨行业合作战略

手机文化产业的发展应当走跨行业企业合作、产业集群之路，并以这种合作和集群的企业组织形式形成手机文化产业的载体，形成手机文化产业组织链。由于现代数字技术、网络技术的发展和全面应用，通信技术、计算机（网络）技术和现代广播电视技术出现了融合趋势，使文字、声音、图像、影视等可以得到统一的传播，因此，近年来，为数众多的专家、学者反复论证了所谓"三网合一"的趋势，即原先独立设计运营的传统电信网、计算机网和有线电视网正通过各种方式趋于融合，使三类不同的业务、市场和产业也日趋相互渗透、融合，并由此使数字技术、网络技术产业呈现出竞争加剧的态势。"三网合一"从技术上提供了产业融合的可能性，模糊了产业的边界，也内含了激化不同数字技术、网络技术产业相互之间竞争的因素。但是，手机文化产业的兴起，反映了技术、文化、产业之间互动的客观要求，因此，利用技术提供的产业融合的可能性，真正实现产业间的融合，目前更需要重视跨行业的合作关系。参与手机文化产业的企业，不仅应当从市场竞争的视角制定经营战略，更应当认识到手机文化产业发展中存在的跨行业合作的趋势，在积极参与市场竞争的同时，加强跨行业的联合，打造新的、多样化的手机文化品牌产品、服务和活动，并有效地推动手机文化产业的扩散，促进手机文化产业的发展。

尽管参与手机文化产业的不同行业在市场结构上存在着重大的差异，某些行业的开放程度较高，但除由于政策和法规形成的进入障碍外，来自规模经济、绝对费用、产品差别化等方面的障碍，仍然使参与手机文化产业的各行业之间难于跨行业相互直接进入。因此，反映现代通信技术、计算机（网络）技术和现代广播电视技术的融合趋势，面对不同产业已有差异的现实，各行业在激烈竞争的同时，不得不把产业间的合作作为壮大手机文化产业的基本战略。利用传统和现代文化产业在内容生产方面的优势，创造新的文化内容和文化活动方式，延伸手机文化产业链。比如，广电业和移动通信业积极加强手机电视技术、标准和运营方面的合作，充分利用各自的优势和资源推广和发展手机电视服务；传统出版业丰富手机出版、手机小说以及手机杂志的内容资源，移动通信业则提供服务运营和用户管理；手机彩铃的发行是"跨行业发行"①，同时涉及 SP 和唱片公司，而它们属于完全不同的两个行业，一个是通信行业的公司，另一个是传统娱乐公司；网络游戏开发商、手机制造终端商以及电信运营商和网络运营商一起开发和运作手机游戏也是一种跨行业合作的行为，等等。许多诸如此类的手机文化产品的生产、营销都必须涉及跨行业合作。

手机文化产业是移动通信业、网络业和其他文化产业融合的产物。从手机文化产业的产业链和价值链，可以看出手机文化产业涉及不同性质的领域和行业，而且它们之间有不可分割的关联。因此，应当在实现跨行业产业联合的基础上，以一定的手机文化品牌产品开发为龙头，科学规划，实现手机文化产业企业集群，发挥产业集群的优势，促进手机文化产业的规模化、专业化生产。产业集群是企业为追求规模经济而在空间集聚的现象，是培育发展新兴产业的重要路径。产业集群以其空间地理上的集中性、集聚产业间的关联性、文化背景上的相似性、资源要素上的共享性、竞合关系上的有效性、相关企业间的结网性等特征，产生出强烈的规模效应和外部效应。通过产业集群，可以获得成本优势、创新优势、品牌优势、歧异化能力优势、融资优势、政策优势等竞争优势。比如，可以建立手机文化产业中心，手机游戏产业园区、手机动漫

---

① 张珂、吕廷杰、吴起：《电信增值业务》，北京邮电大学出版社 2008 年版，第 190 页。

产业基地等等。

（二）用户服务战略

在手机文化产业中，用户对价值的创造起着关键性的作用，因此，在手机文化产业结构的总体分析中，不应当把用户看作普普通通的消费者或一些匿名的统计数据，而必须包含对用户价值的分析。这实际上意味着，注重适应、创造用户的手机文化需求，并实实在在地为用户提供满足其文化需求的价值，这是手机文化产业得以发展的基础。

从产业价值和延伸的角度来分析，手机文化产业走的是一种注意力经济和体验经济的发展途径。通过吸引受众的非连续的、间歇的和零散的时间段和空间段的注意力来获得经济收入，创造出"离散眼球经济"，是手机文化产业的目标。提供一种新鲜的独享的体验方式，在人们消费信息娱乐的同时带来快感的体验，这种体验经济的方式则会大大提升手机文化产业的发展空间。所谓"体验经济"，是指企业以服务为重心，以商品为素材，为消费者创造出值得回忆的感受，从生活和情景出发，塑造感官体验及思维认同，以此抓住消费者的注意力，改变消费行为，并为产品找到新的生存价值与空间。从营销方面看来，注重挖掘用户的潜在需要和欲望，并将其对产品良好的体验、愉悦的感受升华为消费者的忠诚，将是手机文化产业业务营销的关键。当一个产品对于消费者而言不仅是实现其基本功能的工具，而是一种新的生活方式，或者一种文化、关怀和情感的载体，它就完全突破了产品功能、效用的桎梏，自然而然地成为消费者生活的一部分。① 在手机文化产业链条中，用户已经由原来的一般消费者，转换为既是信息、知识的消费者，又是生产者，"产/消合一"的角色得以凸显，因此，用户的参与性已经成为影响市场绩效和规模的重要因素，是决定产业得以发展与否的关键环节。改变传统的营销模式，从关注服务转向为客户提供体验，利用服务、消费环境、营销推广等手段为消费者创造一种良好的心里感受和独特体验，将成为手机文化产业推广产品的方向。

业务的灵魂是用户需求，如果不从用户需求角度进行分类和属性考

---

① 童晓渝、蔡佶、张磊：《第五媒体原理》，人民邮电出版社 2006 年版，第190 页。

虑，那么对业务的分析就相当于画龙未点睛。① 马斯洛的需求层次理论，把人类的需求分成生理需求、安全需求、社会需求、尊重需求和自我实现的需求五类，层次从低到高。传统的语音通信属于第三层社会需求，体现人的社会感以及归属感；移动位置业务可以让人们更快捷地寻找到自己的目标，是安全需求的体现；网游中的角色扮演符合尊重需求；聆听美妙的音乐则可能达到高峰体验，是自我实现需求的部分。一个业务的成功与否直接取决于该业务符合的用户需求是否满足，对于手机文化产业也不例外，因此必须以满足用户的需求为目的和导向，创造出真正打动人的文化内容和服务，才能有市场，有发展的可能性。

（三）内容创新战略

3G 到来之前，手机媒介因为信息流量和传输速度的限制，无法承载过多的信息内容，致使手机媒介文化产品的丰富程度受到影响，3G、4G 将解决手机不能承受足够信息内容的问题。无论什么形式的手机媒介，对用户而言，内容是最关键的，是吸引他们使用手机媒介的动力。② 为了繁荣手机文化产业市场，必须集中全国的优秀力量，依托移动通信平台，大力发展文化内容产品，只有这样，手机文化产业才能在激烈的国际市场竞争中立于不败之地。内容创新战略，不仅在于内容本身的创新性，还包括内容生产的方式创新。虽然手机媒体和传统媒体有许多交叉和重叠，可以把传统媒体的内容搬到手机媒体上，比如手机报、手机小说、手机杂志等，但是，手机屏幕小、容量小，无法全部平移传统媒介的内容，很多视频、文字、游戏等内容都需要专门针对手机来开发。随着高端手机的普及，手机文化服务内容也不断向个性化、生活化和专业化发展。同时，社会的不断发展激发了人们对追求高品质生活的需求，也促进了信息服务走向更广大的人群。蛋糕越做越大，也必须有新花样、合口味。如果手机文化产品的开发没有做到放大手机介质独有的传播优势，形成自己的定位和特色；没有在节目内容、形式和形态的创新基础上探索新型运营模式，而是一味地采用"磨坊主页"或"拿来主义"，在强调

① 马华兴等：《解惑 3G 业务：概念、实现和规划》，北京邮电大学出版社 2006 年版，第271 页。

② 王萍：《传播与生活：中国当代社会手机文化研究》，华夏出版社 2008 年版，第 101 页。

内容为王的媒介产品竞争时代，则无法找到生存和发展的空间。[①]

文化产品的核心价值是产品所具有的精神内涵，即内容。而文化产业化则是要把这些内容转化为经济效益。英国《经济学家》杂志曾出版过一期封面标题为"King Content"的专刊，意为娱乐传媒业中的内容产业和金刚一样，乃王者之气，"内容为王"当之无愧。[②] 在内容产业发展相对成熟的西方，无论是古老的电影业、唱片业，还是新兴的手机新媒体、互联网娱乐业中，内容都已经成为显而易见的第一要素。在手机文化产业中，内容仍然处于主宰地位。我们可以从日本的一部手机小说所带来的经济和文化效应、一款手机网游所引发的游戏手机购买热这些现象当中，体会到内容产业的推动力，失去了内容这一核心，就等于失去了注意力。因此以内容为"王"来统领各路人马，则是手机文化产业快速稳健发展的保证。只有内容，而没有质量的保证，内容中没有深度的文化内涵，没有独特的表现形式亦即没有创意，产业就失去了发展的动力。以创意为主的内容产业是支撑整个手机文化产业的源泉，是产业的核心竞争力。

第五节　手机精神文化论

手机精神文化是人们在手机文化生产、创造、消费和生活过程中所形成的价值观念和意义体系。它突出地表现为人们利用手机这一现代移动通信工具，追求信息、知识和文化传播、交流与共享的自由，满足自身精神文化需要的价值趋向、要求、符号表征和行为习惯等。手机文化作为信息时代的一种新的媒介文化形态和大众媒介文化生活样式，以移动通信技术和移动通信产业的发展为物质技术基础和产业依托，更为有效地满足了人们多方面、多层次的信息传播、社会交往和文化娱乐的需要，广泛而深刻地改变和塑造着人们的日常生活方式，通过跨媒介融合开始构筑人们自由流动的精神家园。建设健康向上的手机文化，对于满足人们信息、文化传播和社会交往的需要，丰富人民的精神文化生活，

① 王萍：《传播与生活：中国当代社会手机文化研究》，华夏出版社 2008 年版，第 185 页。
② 孙慧英：《多种视域下第五媒体文化研究》，北京邮电大学出版社 2010 年版，第 224 页。

推动我国社会主义先进文化建设和文化创新具有重要的时代意义。

一　传播和交往的自由：手机文化的核心价值理念

从人的主体性的方面来看，"价值的形成，即真、善、美的产生，亦即自由的获得。……在一定的意义上说，价值，就是人的自由；而自由，就是人的本质，人的主体性"①。而传播，简要地说，就是社会信息传递和意义共享的过程。打破空间和时间的限制，实现信息和文化传播、交流与共享的自由，是人类在传播史上长期追求的理想。

（一）传播与社会文化的发展

按照威尔伯·施拉姆等在《传播学概论》一书中的划分，人类的传播可以区分为非语言时代、口语时代、文字时代和大众媒介时代四个发展阶段；与之相近，我国传播学者郭庆光等人在借鉴国内外传播学研究成果的基础上，把自语言产生以来人类传播的发展历程分为依次叠加的"口语传播""文字传播""印刷传播""电子传播"四个发展阶段。② 而从人类传播发展的历程看，它在最基本的意义上，可以看作是一个通过认识必然、改造世界和人类自身，不断创新媒介技术和媒介形态，从而突破空间、时间以及人类自身条件的限制，逐步实现更为自由的信息和文化传播、交流的过程；这一过程中的变革，对于人类的经济、政治、社会交往活动和精神文化生产、分配、传播与消费产生了重大影响。它深刻地影响到人们的社会精神交往和日常精神文化生活方式；随着信息时代的来临，不同国家的信息生产力和传播力发展状况，还影响到国家间"软实力"竞争的格局。

（二）网络媒介的崛起对于信息传播和社会精神生活的影响

20 世纪 90 年代，互联网在全球范围内迅速崛起并得到了广泛应用。网络媒介是以通信网络、计算机网络为基础的，集人际传播、组织传播和大众传播于一体的新型传播媒介，是人类利用互联网汇聚与共享海量的数字化信息而形成的社会文化交流空间。从技术层面看，网络媒介具

---

① 袁贵仁：《价值观的理论与实践：价值观若干问题的思考》，北京师范大学出版社 2006 年版，第 70—71 页。

② 参见郭庆光《传播学教程》，中国人民大学出版社 1999 年版，第 28—34 页。

有数字化、多媒体、超文本等特性；从传播层面看，网络媒介具有开放性和交互性、多样性、快捷性和全球性等特性；从文化层面看，网络文化是一种虚拟实在的文化、一种全球传播的开放的文化、一种互动传播的文化、一种大众参与的文化。它具有内容的丰富性和形态多元性的特征。

互联网作为界定当今时代内涵和特征的最重要的媒介，堪称各种媒介的集大成者。网络传播形塑了开放的、全球的、互动的、平等的、极为个性化的信息传播方式，不仅引发了信息生产和传播方式的一场革命，催生了新的网络经济和电子商务形态，而且开辟了社会交往的广阔空间、创造了社会公共生活的新领域、建构了丰富多元的网络文化生活新样式，极大地促进了人们信息传播、知识共享和社会交往的自由。但是，互联网传播又受到若干技术上和传播方式上的限制，"进入赛博空间的门票把我们牢牢地钉死在室内的办公椅上"①。

（三）手机媒介与人们自由的信息传播和社会交往

手机媒介可以说是对互联网传播的一种改进和补偿；移动互联网的发展、手机与互联网的结合，提供给人们更为自由、随意的交流和传播的方式。手机让人能在任何时间、任何地点与持有手机、拥有电话或在网上的任何其他人进行交流。手机媒介的关键特征性，一是在于它的移动交流工具性质，二是在于它的互动交流工具性质。这两种特性的结合使手机媒介进一步革新了网络媒介传播功能和传播方式。"手机把它的使用者从家宅和办公室里解放出来，送进大千世界的希望之乡里去。……身体的移动性，再加上与世界的连接性——手机赋予我们的能力——可能会具有更加深远的革命性意义，比互联网在室内带给我们的一切信息的意义更加重大。"②

通信是社会交往的基础，是文化共享的基础，也是人们社会认知的基础。当代手机媒介的演变、迅猛发展和普及应用，提升了人们自由地传播信息和文化的力量，形成了人们更为自由的精神文化生活的新样式：

---

① ［美］保罗·莱文森：《手机——挡不住的呼唤》，何道宽译，中国人民大学出版社2004年版，第1页。

② 同上书，第9页。

第一，手机整合了包括互联网在内的各种媒介，并增加了移动性和贴身性等特性，从而变革了人们信息和文化传播的方式，构建了内容极为丰富多样的人类移动的精神家园。第二，手机整合了社会生活的空间和时间，深刻地改变了人们的时空观念。手机向现代传播媒介的演变和迅速发展，几乎是彻底地打破了（尽管目前它的发展水平还不尽如人意）现实物理空间和时间对信息传播的限制。手机传播的移动性、贴身性以及多样化的传播方式，使人们的信息传播和沟通交流几乎不再受到现实物理空间的限制，拓展和聚合了社会生活的空间。手机从一代（1G）、二代（2G）到三代（3G）、四代（4G）的跨越，不仅具有越来越快速、越来越便捷的传播特征，改变着人们信息传播时间的概念，而且由于手机媒介又具有"碎片化"传播的机制，可以有效利用现代生活中人们大量的"碎片时间"，从而又聚合和"压缩"了社会生活的时间。第三，手机媒介有效地整合了各种社会群体和社会关系，推动着更为透明、开放的信息化社会的来临。随着移动通信产业和移动通信市场的快速发展，受移动通信资费的下降，智能手机功能的不断升级和价格的大幅下降，移动互联网的发展等多种因素的推动，手机媒介普遍地"网罗"了不同地域、不同社会阶层的各种社会群体，在这样的意义上，人们可以看到手机媒介的普遍应用对于弥合城乡之间的"数字鸿沟"的重要意义；手机的运用连接了各种社会关系，通过手机，不仅增强了亲友、同窗、同事等"熟人"之间的联系，而且也把广大的"陌生人"聚合成为各种各样的族群；手机不仅是个人之间移动通信的工具，而且也为个人提供了随时随地传播社会信息和开展文化交流的重要渠道，为人们更便捷地参与社会管理和文化创造了良好的条件。

二　手机文化生活的丰富内容：满足人们多层次的精神文化需求

手机文化是随手机由单纯的通信工具演化为新型的传播媒介而形成的一种媒介文化系统。媒介技术发展的历史上，每一种媒介形态的产生和发展，总是实现着特定的社会功能，满足着人们发展着的社会文化需要。

（一）手机文化对人们社会交往和精神文化需求的满足

从手机媒介实现大众媒体的社会功能和满足人们社会需要的方面看，

手机文化的迅速发展，一方面是由于手机媒介适应了信息时代对信息和知识的生产、传播和使用的新要求，在拓展人们信息和文化传播的自由的基础上，从多方面满足了人们社会生活尤其是精神文化生活的需要，创造了社会生活的新价值；另一方面，人们在对手机文化多方面的生产、消费和使用过程中，又生成了新的社会文化关系，创造出日益丰富的文化内容、文化传播方式和文化生活样式。

1. 手机媒介的发展实现着大众媒体的环境监测的功能，更好地满足了人们获取、传播和使用信息、知识的需要。在我国手机媒介的应用中，通过信息和知识的获取、沟通与共享以把握环境，仍然是手机网民使用手机媒介最为主要和基本的动因。同时，移动学习也开始成为人们重要的学习方式之一。相关研究表明，在我国，无线阅读推动了全民阅读率的提升，碎片化阅读形态正在从流行时尚演变为生活方式；网络文学虽然仍然占据了无线阅读内容的主导地位，但结构已经出现调整趋势，经典书籍、教育书籍的比重将有所增加。①

2. 手机媒介实现着大众媒体的社会联系和社会协调的功能，更好地满足了人们安全保障和社会交往的需要。第一，强化了人们之间的社会联系，满足了人们对安全保障的需要。手机的使用，使人能够在任何时间和地点找到别人，也能够被别人找到，这就大大强化了人的社会联系方式，在急难、事故、灾害时刻给人们提供了一种安全保障。第二，拓展了人们社会交往的范围，创新了人们社会交往的形式，进一步满足了人们多样化多层次社会交往的需要。通过手机语音通信、短信、邮件、飞信等随时随地的自由的联系方式，手机加强了家庭成员之间的联系，构造了流动的温馨家园，密切了朋友之间的关系；融合了工作时间与休息时间之间的界限，使人们能够更加自由地利用时间。而且通过手机QQ、手机 MSN、移动 SNS、手机微博、微信、米聊等新的手机社交工具，人们进一步创造出了新的各种社会交往"圈""吧""群"和"社区"。这些新的社会交往方式，在更大的范围内以更自由的方式，在不同程度上消除了现代人生活中的孤独感、失落感、挫折感、冷漠感、流浪感，

①　董海博：《2011 年无线阅读市场分析报告》，官建文等：《中国移动互联网发展报告（2012）》，社会科学文献出版社 2012 年版，第 155—157 页。

增强了人们的归属感、认同感、家园感，满足了人们理解与被理解、爱与被爱、尊重与被尊重等情感与精神交往的需要。第三，实现着传播的社会协调功能。在日常生活的协调方面，在小群体内部，移动电话是对基于时间、空间协调的一种补充，它的运用能够更好地自由灵活地更改、调整人们社会交往过程中有关时间、地点的约定，从而更有效地协调社会生活的运转。在组织的层面上，手机改变了社会组织内部的联系方式和工作流程，移动商务、移动政务等的应用，改变着企业商务运作方式、政府和社会管理组织的政务与社会管理事务的运行流程。在社会的层面上，手机微博、移动互联网的迅速兴起和发展，使手机实现了由"私媒体"向公共媒体的转变，模糊了私人领域与社会公共生活领域的界限，如果说 Web2.0 时代的互联网给了每位参与其中的人一只面向社会发言的"麦克风"，那么手机微博、移动互联网的应用则在此基础上给予了每个公民一支面向社会发言的"无线麦克风"，使之能够随身行走、参与和表达，人人都是记者、都是评论员，从而对社会信息发布、公共舆论引导、公众议程的设置和"意见环境"的营造等产生着越来越大的影响。

3. 手机媒介的发展实现着大众媒体的文化传播功能，从大众文化的层面上推动着民族文化的传承和时代文化的创造。手机短信（SMS）文化作为人人容易参与的信息沟通和文化交流方式，在各国手机使用中普遍流行，是构成手机文化最为基础的方面之一。而我国手机短信使用者的总数和人均短信发送总量都显著高于欧美国家。相关的研究者认为，产生这种现象的原因之一，在于中国短信文化主体的集体文化心理，中国民族文化心理和民族性格对人们的短信人际交往行为和交往关系具有重要的塑造作用，同时，当代多元文化对短信人际关系也产生着重要的影响。① 中国文化贯穿着天人合一、以人为本、贵和尚中、刚健有为的基本精神，在社会交往中，中华民族群体追求和谐的人与人之间各种交往关系，遵循文化礼仪，相互尊重关心，通过社会文化互动沟通情感、表达态度，以建立良好的亲缘、业缘、地缘和趣缘关系，谋求个人、群体和社会生活的更大发展；同时，时代的发展和变迁又给中国文化注入了新的内容和精神，文化的全球传播、我国的改革开放也使多元的外来文

---

① 参见倪桓《手机短信传播心理探析》，中国传媒大学出版社 2009 年版，第 4 页。

化对中国文化产生了重大的影响。从我国手机短信文化的内容和传播方式看，它作为一种由手机文化产业推动的、由社会大众广泛参与和创造的手机文化形态，以一种短小快捷、通俗、大众娱乐（幽默、嬉戏、调侃、反讽、"无厘头"等）和时尚的大众文化传播方式，表达着人们的情感、态度和意见，在一定程度上传播了民族传统文化，并反映和创造着时代文化。

4. 手机媒介的发展实现着文化娱乐的功能，并满足着社会大众自我实现与自我创造的需要。随着手机媒介的多媒体功能、网络功能的加强，同其他大众媒体一样，手机文化也以自身独特的传播形态，向社会公众提供着随时随地的文化娱乐功能。手机媒介不仅具有移动性的优势，而且也具有"自媒体"和互动媒体的优势；手机用户不单是手机文化的消费者和二次传播者，而且也是手机文化的参与者和创造者。日益智能化、计算机化、网络化的手机终端，已经远远超出了手机原先具有的单一的语音通话功能，向用户提供了文字书写、录音、拍照、录像、文字与图片编辑、动画制作、信息发布、手机 QQ 空间设计、手机微博"写作"等多样化的功能，用户可以主动地参与各种手机文化形态的个性化的创造和交互活动，从而发掘自己的文化创造潜力，表达自己的情感和思想，与人分享自己的快乐，展示自己的才华和生活情境。

三　手机改变了人们的日常生活方式，扩大了日常生活的自由

手机媒介、移动互联网在社会生活中广泛应用和创新，在潜移默化之中，正在影响和改变着人们日常生活的结构，扩大了人们日常生活的自由，提升了人们日常生活的质量。诚如彼得·G. W. 基恩等人所说：自由不仅仅是便利。个人计算机、自助银行（ATM）、移动电话、因特网等服务或工具，它们已经是司空见惯的东西，但如果把这些东西从人们的日常生活中移走就肯定会给人们的生活带来大大的不便。这或许是区别"自由"和"便利"的最简单的方式了。①

目前，随着手机的"智能"不断增强，人们的信息处理和传播正在

---

① ［美］彼得·G. W. 基恩、［英］罗恩·麦金托什：《自由经济：无线世界移动商务优势》，刘祥亚、赵敏译，机械工业出版社 2001 年版，第 26 页。

进入一个"后 PC 时代";移动互联网的应用又将互联网的触角延伸到人们社会生活的每一个角落，创造了一种真正的"泛在网络"。移动革命的这种快速进化和迅速扩散，使手机成了渗入人们社会生活各个方面的"细胞"，日益广泛地渗透到人们日常消费活动、交往活动和观念活动的各个层次之中，深入地影响到人们的日常文化生活、社会交往和精神文化生活。

（一）手机媒介改变了人们日常消费活动的方式

手机作为一种更为灵活的通信工具、作为一种更为自由开放的传播媒介形态、作为一种媒介技术与文化相融合的文化形态，不仅极大地促进通信产业的发展，而且改写了"通信"的定义，催生了跨行业、跨领域的新的手机文化产业，创造了移动电子商务的巨大市场，带来了巨大的社会经济价值。以这种技术发展和产业推动为基础，手机媒介首先对人们的日常物质生产和消费产生了重要影响。手机终端的多样化、个性化设计，使手机的消费本身就成为一种新的时尚，多姿多彩的手机、流行的铃声音乐、丰富的个性化界面，使手机成为体现手机用户身份、地位、爱好、兴趣和性格的重要标志之一；移动购物、移动炒股、在线支付、网上银行也正在成为新的消费时尚，微博营销则给草根阶层的创业带来了新的商机；手机搜索、移动上网、LBS 服务给人们提供了便捷而丰富的衣、食、住、行等信息。可以说，更为自由的生活是手机给人们带来的最大的便利。

（二）手机媒介改变了人们日常交往活动的方式

移动传播打破了时间、空间对人们交往的限制，促进了人们跨时空、跨媒体的远距离人际交往，造就了"天涯若比邻"的交往情景。手机随时随地随身的通信方式，带给人们人际交往、群体交往极大的便利性，密切了人们之间的交往关系；手机日益强大的多媒体功能，则又增强了人们符号交往过程中情感表达的生动性和多样性。手机 QQ、手机 SNS 等的运用，创造了新的交往方式、交往群体和交往空间；手机微博、移动互联网的运用，则促成了手机媒体由个人、小群体间人际交往媒介向开放的互动的大众传播媒介的嬗变，拓展了人们参与社会公共生活的途径和形式。鉴于手机媒介对于人们日常交往活动的重要影响，人们通俗地形容称，当代人们每天出家门必备的"三大件"已经演化为"钥匙、钱包和手机";而对于我国青少年群体来讲，亲戚家庭是否拥有 Wi-Fi，甚至成为他们中间一些人是否乐意走家串门的一个取舍的条件。

（三）手机媒介改变了人们日常观念活动的样式

现在，在人们碎片化的时间和流动的空间里，日常文化生活中"手指划过屏幕"的方式正在替代"遥控器转换屏幕"和"鼠标点击屏幕"的方式，手机短信、彩铃、手机新闻、手机文学、移动书城、移动音乐、微 TV、微电影、手机游戏、手机微博、移动互联网内容服务等，给人们提供了随时随地的多样化的文化娱乐消费服务，同时，也给大众的文化参与和创造提供了新的移动平台和空间。一个移动化、个性化、网络化、融合化的信息传播与文化消费的时代正在来临。

手机已经成为现代人生活的必需品。"手机不仅仅是电话机，也是电视、相机、电脑、游戏机、音乐播放器，还是钱包、钥匙、遥控器、证件。如何使用手机，彰显着个人的偏好、个性、品味、地位，也链接起亲缘、地缘、业缘、趣缘等社会关系，更塑造着人们的形象、圈子和思考方式。手机是工具，更是宠物、密友、良师，是人们每天最早和最晚都要打招呼的精神伴侣。"① 以移动传播和互动传播为基础，手机媒介的普遍应用扩大了人们日常生活的自由，由此，进一步提升了人们日常生活的质量。在移动传播造就的生活境遇中，有手机的存在，人们会觉得很自然，没有什么感觉，而一旦离开了手机，人们就会感到日常生活和日常交往中有所不足。由此，手机文化作为一种与日常生活紧密相关的媒介文化，作为一种人人参与的文化，也正在从一个方面改变和构筑着我们社会文化的基础。

四　手机文化与我国社会主义先进文化建设

当代，面临着思想文化全球交流、交融和交锋日益频繁，各国文化软实力竞争日益加剧的文化全球生产和全球传播格局，中国共产党以高度的文化自觉意识，提出了走中国特色社会主义文化发展道路、建设社

---

① 刘德寰等：《正在发生的未来——手机人的族群与趋势》，机械工业出版社 2012 年版，第 1 页。

会主义文化强国的战略任务。① 手机文化本身作为一种开放的、互动的网络文化形态，从总体上可以纳入网络文化建设、运用和管理的范畴，是我国发展网络文化的重要组成部分。当前，适应移动时代发展的趋势，应当本着体现时代性、把握规律性、富于创造性的要求，以积极的态度、创新的精神建设和传播健康文明的手机文化。

（一）迎接"移动时代"，重视建设和发展手机文化的重要意义

20 世纪中期以来，人类社会信息的生产和传播领域的革命经历了从计算机化到网络化、再到移动化的发展过程，并由此对人类社会生活样式产生了逐步深入和广泛的影响，深刻地影响了当代社会信息、知识、文化的生产、交换、传播和消费方式，影响了经济、政治、社会、文化等各个领域，影响了人们的社会交往关系和精神文化生活方式。由此，推动了社会的进步和拓展了人们日常生活的自由，创造了人们新的文化生活方式。尽管手机文化主要是一种发生在大众层面的文化形态和日常生活层面的文化形态，但是，我们却不能忽视这种大众文化造就的"微观政治"的深刻意义。我们应当高度重视建设和发展手机文化对社会文化生活的积极意义，坚持社会主义先进文化的发展方向，遵循"建设面向现代化、面向世界、面向未来的，民族的科学的大众的社会主义文化"的要求，通过手机物质技术的创新和文化产业的创新，积极推动手机文化的健康发展，满足人民群众的社会文化需要，更好地保障和实现人民群众的信息权利和文化权利。

（二）把握手机媒介的传播特性，建设健康向上的手机文化，防止手机运用的负面影响

手机媒体的传播特性和传播机制，在给人们带来便利和自由的同时，也不可避免地给用户个体和社会文化带来一些负面的影响。这些负面的影响主要包括：（1）手机的使用有利于扩大人们社会交往关系，也可能给社会生活带来新的困扰。手机可能使工作关系侵入了私人生活的领域，打破私人生活的一份宁静；或者成为社会生活的"插足者"，使人们在私人生活或公共场所的不适当时刻被不速之客所侵扰。（2）手机的使用对

---

① 胡锦涛：《坚定不移沿着中国特色社会主义道路前进　为全面建成小康社会而奋斗》2012 年 12 月（http：//news. xinhuanet. com/18cpcnc/2012 – 11/17/c_113711665. htm）。

于保障人们的安全具有重要作用，也可能危及个人安全乃至国家的信息安全。① （3）手机的运用有利于加强社会协调，也可能影响到社会稳定和社会和谐。手机的运用，给相关管理社会机构从社会层面上进行协调、组织和动员提供了便利的途径，但同时也给一些违法犯罪组织从事违法犯罪活动提供了隐秘的组织协调方式，从而影响到社会稳定。（4）手机媒体有利于满足人们随时随地文化消费的需要，也带来了大众文化传播中内容庸俗、低俗的问题。

可见，手机是更为人性化、更为温馨的传播媒介，但手机文化仍然存在着"双刃剑"的效应。面对正在兴起的手机文化，需要我们努力把握手机媒介的传播特性，坚持积极利用、大力发展、科学管理的方针，坚持社会主义先进文化的发展方向，以先进技术传播先进文化，弘扬主旋律、倡导多样化，坚持正确的舆论导向，抵制落后的腐朽的文化；倡导健康文明的手机文化生活方式，推动积极向上的"绿色手机文化"建设。

（三）实现手机文化内容和传播方式的创新，推动手机文化的健康发展

在手机文化内容和传播方式创新过程中，一是需要将经典文化作品转化为手机文化产品，将多样化的民族文化、地域文化、时代文化资源纳入手机文化产业的再创造过程，加强高品位文化信息的传播，以社会主义核心价值观、民族精神和时代精神为内核和支柱，创造出丰富的手机文化产品，以满足人们移动学习和移动娱乐的需要。二是要贴近生活，增强手机文化产品与大众日常生活体验的相关性，通过手机媒介表达大众平凡生活中不平凡的故事、思想、情感、梦想，激起人们的共鸣，震撼人们的心灵，使健康向上的手机文化产品为社会公众所选择、接受，以共同创造丰富多样的文化形态、意义与生活的价值。三是要采用多种方式吸收社会公众参与互动传播，加入手机文化创造活动，发挥人民大众在文化创造、生产和传播过程中的主动性、创造性，激励大众追求生活理想、参与文化创造、实现个人价值与社会价值，同时提升手机文化

---

① 匡文波：《手机：从移动通话工具向移动网络媒体的嬗变》，载官建文等《中国移动互联网发展报告（2012）》，社会科学文献出版社 2012 年版，第 57 页。

的创造活力。

（四）提高手机用户的思想文化素质和媒介素养，为建设健康向上的手机文化提供巩匠的社会基础

在我国，人民大众是文化的最终创造者和享有者，也是信息与文化传播最终的"把关人'。手机文化的健康发展，与受众的培育和成长密不可分。这种培育和成长的过程，首先需要通过政府、政党、知识界和教育界、文化企事业组织、媒体、其他社会组织和团体、社会大众共同建构、践行和传播社会主义核心价值观，提高社会公众的政治素质和文化素质，从根本上巩固人民大众对社会主义核心价值观的认同和信念。其次，在手机文化信息与内容日益多样化、庞杂化和多元化的情况下，还必须高度重视人民大众的媒介素养的培育，提升社会公众对媒介内容的选择能力、辨别能力和批判性解读的能力，使人们面对日益庞杂、良莠不齐的媒介信息，能够自觉地辨真伪、识善恶、知美丑，保持自己对媒体信息的理性批判精神，防止媒体过度的商业化、娱乐化可能带来的弊端，抵制落后的腐朽的文化和价值观的侵蚀；提升社会公众的媒介使用能力和媒介伦理水平，树立正确的媒介观，提高媒介使用的自主性，不沉溺于媒介娱乐文化，坚持媒介权利与媒介责任的统一，形成健康文明的手机文化生活方式；提升社会公众通过手机媒介进行自我表达和传播信息的参与、创造能力，提高社会公众通过手机媒介参与社会公共生活、参与健康的媒介社区建设的技能，推动社会公众主动参与健康文明的手机文化建设和传播。

第六节　手机制度文化论

诺贝尔经济学奖获得者道格拉斯·C. 诺斯将制度定义为"人类设计的、构造着政治、经济和社会相互关系的一系列约束"，由"非正式约束（道德约束力、禁忌、习惯、传统和行为准则）和正式的法规（宪法、法令、产权）所组成"。[①] 依此观点，制度是指由人类在社会实践中建立的各种社会规范构成，既包括正式的法律规范，也包括非正式的道德规范

---

① 参见李兴耕《当代国外学者论市场经济》，中共中央党校出版社 1994 年版，第 49 页。

与文化规范。制度与文化密不可分，文化的存在离不开制度规范，通过制度规范（正式的和非正式的规范），文化才能够有效地影响人的行为；制度规范也不能脱离文化的影响，它总是由具有共同的价值、精神、理念的群体所创制，必然要反映文化的价值、精神和理念。

手机制度文化是手机文化的制度规范层面，是指在一定的时期，人们所形成的关于手机文化的各类社会文化规范的总和，它既包括正式的政策与法律制度，也包括非正式的关于手机的道德、礼仪、习俗等行为规范，它受一国手机物质技术基础所决定，也是一国民族精神和时代精神在手机文化领域的制度结晶。对于手机文化这一新兴文化现象，制度供给是否科学、有效、完善，对于培育、促进手机文化的健康持续发展具有重要的作用。

一 手机文化产业政策

产业政策是政府为了实现一定的经济和社会目标，国家对产业的形成和发展进行干预的各种政策的总和。它是国家对经济进行宏观调控的重要机制。制定手机文化产业政策的目的，在于通过科学的规划实现手机文化产业的事前调节，实现资源配置的优化过程，避免产业浪费，从而有效地支持手机文化产业的发展壮大。

从物质技术基础上看，手机文化是移动通信技术、信息网络技术向社会生活全面渗透的结果，移动通信产业与信息服务业和文化业的融合发展，对手机文化的形成起到了重要的推动作用。因此，手机文化产业政策从广义上包括手机通信产业政策以及与手机相关的文化产业政策，属于交叉型产业政策，涉及通信领域与文化领域。

（一）手机文化的通信产业政策

从世界范围看，手机通信市场是电信市场中增幅最高的市场，各个国家都给予了高度重视，并通过制定产业政策来促进和规范其发展。我国的手机通信产业最初由中国电信的无线业务部分发展起来，目前初步形成了中国电信、中国联通、中国移动三家通信企业全业务运营的市场格局，但手机通信产业的竞争度不充分。工业和信息化部组建完成后，国家采取多种方法促进电信业的市场竞争，并进一步加大了网络与信息安全、互联互通、市场和服务、通信建设等方面的监管力度，完善了行业监管体系。

目前，随着手机通信市场的进一步开放，手机通信产业的发展面临日益突出的问题，既有一些因为体制而长期未得到改变的老问题，也有一些因为互联互通、三网融合而产生的新问题，这些问题包括屡禁不止的不正当竞争行为、恶性的互联互通事件、电信资费竞争趋向恶性价格战、监管机构的角色错位、非法和无序的市场进入等等，这都表明，政府对手机通信产业的政策与措施需要进行有针对性的调整，其调整的总体思路应当是进一步打破垄断、逐渐建立竞争性的移动通信产业。

（二）手机文化产业政策

从整体上看，要促进手机文化产业的健康持续发展，离不开政府的产业规制行为。手机文化产业不再是单纯的通信产业，从根本上看，可以说它是一种以通信技术、网络技术、大众传播技术为基础而衍生的文化产业，除了政府在宏观层面对国家文化的整体原则以外，政府对手机文化产业规制应当从以下几个方面进行：

1. 资源分配及市场竞争。目前的通信服务领域由中国移动、中国联通、中国电信三家公司所把持，其中以中国移动的实力最强，其用户比例占了整个国家手机用户的 70% 左右。这样的一个形式下发展手机文化产业，难免变成强者愈强、弱者愈弱，最终形成一支独大、独家垄断的状态。不论从产品价格，服务质量以及保护消费者权益等方面来说，要促进一个产业的良性发展，必须引入竞争机制。尤其在当前"三网融合"这一大背景下，政府对手机文化产业的竞争和垄断规制，其价值和政策取向的核心应当在于进一步打破垄断，促进有效竞争和跨行业合作，以扩大手机文化产业的规模和发展水平。只有这样，才能使整个手机文化产业的发展拓宽视野，增大平台，繁衍出更多的服务方向，创造出更多的文化产品，最终促进手机文化产业的发展。

2. 价格与产品质量。由于手机文化具有大众文化的特征，其随时随地随身的"移动家园"的优势更有利于促进手机文化的大众化、日常生活化。因此，政府对手机文化产业的价格规制的重点在于促使企业向用户提供价廉质优的通信服务，以为更多的人享用更多样的手机文化服务提供物质条件，有效地保障、拓展人们的通信自由和文化权益。

3. 税收。作为国家宏观调控的一个重要手段之一的税收，在面对手机文化产业这一在国民经济中有重要地位的产业时，应予以优待。总体上说，国家对手机文化产业的税收政策要以扶持为主，颁布一些比如刚进入手机文化市场的企业，可以减免税收，而且国家可以降低其贷款的要求，延长还款的时间等，帮助其迅速站稳脚跟，有跟其他企业竞争的实力。目的是让更多的资金进入手机文化产业，让该产业的发展动力充足。

4. 手机文化产业内容的规制。作为文化产业，其传播的文化内容对产业本身的发展及其社会作用的性质具有根本性的影响。手机文化产业的发展，既为传播先进文化创造了更广阔的空间，同时也为一些不良信息的扩散提供了便利条件。所以，政府应当制定相应的法律法规，规范企业和用户的文化传播行为，加强企业和用户行为的自律，建构绿色手机文化产业和手机文化家园。在打击不良文化的时候，要注意区分其传播主体，针对不同传播主体的性质和规模，给予不同程度的处罚。政府要掌握好在手机文化产业中的执法力度，既要保障产业的良性发展，又不能过多干预而阻碍其正常运转。

二　手机文化法律制度

手机文化的发展，在给人们生活带来丰富多彩生活的同时，也带来了诸多丑恶的现象，诈骗信息、虚假广告、色情暴力等不良信息层出不穷，通过手机进行侵权与犯罪的行为每天也都在发生，这些行为涉及范围广，同时对个体的侵害程度较大，用政策、道德手段都无法有效调整和惩治，必须纳入法律的规制轨道。从世界范围看，手机文化产生的不良影响具有一定的普遍性，各国都已经开始注重对手机领域的法律制度研究，形成各国特色的规制办法。例如，在手机用户隐私保护问题上，美国法律规定禁止在无线电话系统上以文本、图表或图像的形式传送未经许可的商业信息；在垃圾短信治理问题上，日本法律规定，如果手机短信息用户拒绝接收消息，则禁止再次对其发送，否则有关部门可对其采取罚款等处罚措施，法律还规定网络运营商有义务开发和引进新技术和新设备，设法阻止和减少垃圾邮件及短信息的发送。

（一）宪法关于手机文化的规制

我国宪法中并未有直接针对手机文化的规定，但宪法所保障的公民的通信自由与通信秘密权、文化权等方面的内容与手机文化息息相关。

1. 通信自由与通信秘密权，《中华人民共和国宪法》第四十条规定："中华人民共和国公民的通信自由和通信秘密受法律的保护。除因国家安全或者追查刑事犯罪的需要，由公安机关或者检察机关依照法律规定的程序对通信进行检查外，任何组织或者个人不得以任何理由侵犯公民的通信自由和通信秘密。"我国宪法基本权利约束的一般是国家机关而非个人，但第四十条所规定的通信秘密和通信自由不仅直接拘束国家机关，而且也直接拘束国家机关以外的所有组织及个人。通信自由和通信秘密作为公民自由表达其意愿和按照自己意愿行动的重要方式，决定了国家具有保护公民自由行使其权利的义务。① 手机作为当代社会最为重要、最为普及的通信工具，手机的通信自由与通信秘密同样应当受到宪法通信自由与通信秘密权利的保障。

如何界定《宪法》中所规定的"通信自由和通信秘密"？一般而言，在具体的手机通信活动中，手机通信信息包括三种不同的类型：一是通信内容信息，即公民在手机通信活动中具体表达的内容；二是通信活动信息，包括手机短信息的收件人、发件人、通信地址，通话的主被叫号码，联络的时间、次数等；三是用户信息，包括手机使用者的姓名、住址、证件号码、费用缴纳等情况。②《宪法》规定的"通信自由与通信秘密权"所规范的内容包括因通信所形成的、与通信相关的通信内容信息、通信活动信息及用户信息。

除了通信自由和通信秘密权外，通信中的隐私权也是一项重要的权利。自由地、不受第三者干涉地与他人用手机进行交流与沟通是法治国家的公民表现自身的社会存在、增进相互了解与信任、传递自身思想及观点的重要方式和手段，同时，也是隐私权在通信自由、通信秘密中保护的直接内容。③

从世界范围看，隐私权在通信自由与通信秘密中的规定已呈国际化

---

① 参见李洋《通信自由的保护与限制》，《中国电信业》2010 年第 10 期。

② 参见张杰、李长喜《通信秘密法律保护研究》，《云南大学学报》（法学版）2005 年第 2 期。

③ 参见胡忠惠《秘密监听与个人宪法隐私权保护的平衡》，《青海社会科学》2011 年第 5 期。

趋势，不少国家根据宪法精神，不仅在普通法领域确认了隐私权的法律属性，而且在其具有的判例或成文法中确认了隐私权的宪法权利属性，对手机使用者的隐私权的保护，从保护范围和保护强度上亦日益明确与增强。据有关学者对众多国家的宪法文本、宪法性法律或制宪情况的统计与分析，发现 80% 以上的国家在其宪法或是宪法性法律中规定或涉及了隐私的保护问题，主要体现在通信隐私、个人信息隐私保护等方面。有多个国家的宪法文本中直接规定了关于隐私权在通信自由与通信秘密中的内容。一些国家虽然在宪法文本中没有直接规定通信自由或通信秘密，但往往通过有实效的与经常性的违宪审查机制或司法判例确认和保护通信自由与通信秘密（如美国、德国、日本等），其保护程度甚至超过了某些已经存在于宪法规范中确认了关于通信自由与通信秘密的国家的保护效果。①

从国际法来看，近年来随着手机的普及，以及各国对通信自由与通信秘密的重视和保护逐步增强，通信自由与通信秘密保护的国际化态势也日趋明显，重要的国际条约也对通信自由与通信秘密做出了不同程度的规定。《世界人权宣言》第 12 条明确规定："任何私生活、家庭、住宅和通信不得任意干涉，其荣誉和名誉不得加以攻击。人人有权享受法律保护，以免受这种干涉或攻击。"该条款中明确表示了人人享有通信不得任意干涉的权利，对通信自由与通信秘密进行保护。《公民权利和国际政治权利》第 17 条规定："任何人的私生活、家庭、住宅或通信不得任意或非法干涉，他的荣誉不得加以非法攻击。"《欧洲人权公约》第 8 条专门规定了维护隐私和家庭生活的权利的内容："人人都有维护其隐私、家庭生活、居所和通信的权利。"《美洲人权公约》第 11 条规定了享有私生活的权利："第一，人人都有权使自己的荣誉受到尊重，自己的尊严受到承认。第二，不得对任何人的私生活、家庭、住宅或通信加以任意或不正当的干涉，或者对其荣誉或名誉进行非法攻击。"这些文件均对通信自由与通信秘密有了不同程度的规定，它不仅要求和敦促国际社会以及各国积极防御国家权力对通信自由与通信秘密的侵害，

---

① 参见张军《论宪法隐私权的法理基础》，《广西大学学报》（哲学社会科学版）2007 年第 2 期。

而且要求缔约国采取包括立法在内的积极措施防御对通信自由和通信秘密的威胁与侵害。

对于通信自由和通信秘密的保护，《中华人民共和国刑法》第二百五十二条规定："隐匿、毁弃或者非法开拆他人信件，侵犯公民通信自由权利，情节严重的，处一年以下有期徒刑或者拘役。"《中华人民共和国刑法》第二百五十三条规定："邮政工作人员私自开拆或者隐匿、毁弃邮件、电报的，处二年以下有期徒刑或者拘役。"《中华人民共和国刑事诉讼法》第一百一十六条规定："侦查人员认为需要扣押犯罪嫌疑人的邮件、电报的时候，经公安机关或人民检察院批准，即可通知邮电机关将有关的邮件、电报检交扣押。不需要扣押的时候，应即通知邮电机关。"但这些条文是否直接适用于手机通信行为如手机邮件，目前尚有争议。

2. 文化权。在我国，文化权通常被理解为法律所规定的、人们在社会精神文化生活领域中所具有的占有、支配、享用和创造一定文化产品和资源的资格。文化权既是人权中的一项重要内容，同时也是我国宪法赋予每个公民的一项基本权利。"文化权"一词在我国宪法中并没有直接出现，但学理上认为我国宪法实质上承认文化权并对公民的文化权进行保护，对文化权的规定散见于宪法的不同章节与条目中。如，第四十七条对公民享有进行科学研究、文学艺术创作和其他文化活动的自由，国家对于从事文化事业的公民给以鼓励和帮助的规定；第二十二条规定，国家发展为人民服务、为社会主义服务的文学艺术事业、新闻广播电视事业、出版发行事业、图书馆博物馆文化馆和其他文化事业，开展群众性的文化活动的规定，等等。在全面实施依法治国方略，建设有中国特色社会主义法治国家的时代大背景下，我国将文化发展与依法治国方略进行有机的结合，将文化事业与文化产业全面纳入法制轨道。

公民文化权也是一项基本人权，国务院新闻办发布的《国家人权行动计划（2012—2015 年)》，将人权分为三大类，一是经济、社会和文化权利（包括工作权利、基本生活水准权利、社会保障权利、健康权利、受教育权利、文化权利、环境权利）；二是公民权利和政治权利（包括人身权利等 8 项权利）；三是少数民族、妇女、儿童、老年人和残疾人的权利。① 在我国政府制定的新一期的《国家人权行动计划（2012—2015年)》中，文化权也是一项重要内容。② 国家人权行动计划提出，实施《国家"十二五"时期文化改革发展规划纲要》，采取有力措施，加快公共文化设施建设，促进文化事业发展，丰富人民文化生活，保障公民文化权利。另外还指出，加快互联网建设，到 2015 年，互联网普及率超过45%。互联网固定宽带接入端口超过 3.7 亿个，城市家庭带宽接入能力基本达到 20 兆位/秒以上，农村家庭带宽接入能力基本达到 4 兆位/秒以上，实现 2 亿家庭光纤到户覆盖。建设宽带无线城市，逐步提高农村网络覆盖和应用普及水平。③

（二）行政法关于手机文化的法律规制

1. 手机内容治理。手机内容服务的表现形式多样，参与的利益主体复杂，适用的法律制度多样，因此手机内容的治理存在很大的难度。行政法对手机内容的治理是从国家行政管理的角度，对有一定危害性的手机不良内容进行规范和惩罚（如果手机内容涉及犯罪或者民事权利纠纷，则分别由刑法和民法进行规制）。目前，手机内容治理的焦点问题主要集中在以下两个方面：其一，垃圾短信。根据《中国互联网协会短信息服务规范》第四条和《中国互联网协会反垃圾短信息自律公约》第二条的规定，垃圾短信是指未经用户同意向用户发送的用户不愿意收到的短信息，或用户不能根据自己的意愿拒绝接收的短信息，主要包含未经用户同意向用户发送的商业类、广告类等短信息以及其他违反行业自律性规范的短信息。其二，违法和不良短信息。根据《中国互联网协会短信息服务规范》第五条和《中国互联网协会反垃圾短信息自律公约》第三条，违法和不良短信息是指违反国家有关法律法规的，低级恶俗的短信息，具有以下特点：第一，反对宪法所确定的基本原则的。第二，危害国家安全，泄露国家秘密，颠覆国家政权，破坏国家统一的。第三，损害国

---

① 参见中华人民共和国政府网《新闻办发布国家人权行动计划（2012—2015)》，http：//www. gov. cn/jrzg/2012 - 06/11/content_2158166. htm，2012 - 06 - 11。

② 参见刘武俊《法律是人民基本文化权益的保护神》，《人民政坛》2011 年第 12 期。

③ 参见中华人民共和国政府网《新闻办发布国家人权行动计划（2012—2015)》，http：//www. gov. cn/jrzg/2012 - 06/11/content_2158166. htm，2012 - 06 - 11。

家荣誉和利益的。第四，煽动民族仇恨、民族歧视，破坏民族团结的。第五，破坏国家宗教政策，宣扬邪教和封建迷信的。第六，散布谣言，扰乱社会秩序，破坏社会稳定的。第七，散布淫秽、色情、赌博、暴力、凶杀、恐怖或者教唆犯罪的。第八，侮辱或者诽谤他人，侵害他人合法权益的。第九，煽动非法集会、结社、游行、示威、聚众扰乱社会秩序的。第十，以非法民间组织名义活动的。第十一，含有虚假、欺诈、诱导内容的。第十二，含有提供非法产品或服务的。第十三，含有法律、行政法规禁止的其他内容的。

信息产业部于 2004 年颁布了《关于规范短信息服务有关问题的通知》，对手机短信资费不透明、强制收费、退订难和投诉得不到及时有效解决等问题进行了规范，《治安管理处罚法》第四十二条规定，多次发送淫秽辱、恐吓或者其他信息，干扰他人正常生活的，处 5 日以下拘留或者 500 元以下罚款；情节较重的 5 日以上 10 日以下拘留，并处 500 元以下罚款。虽然我国政府不断加强了对手机短信的治理，运营商也出台了不少解决方案，但时至今日，手机垃圾短信、违法及不良短信的问题依然突出，其根本原因在于现有的法规政策只是"头痛医头、脚痛医脚"式的修补型治理方案，未能触及垃圾短信的灰色利益链条。因此，手机短信的治理是一个系统的工程，既需要国家从立法层面对个人信息加强保护、对滥发行为予以严惩，也需要运营商加大技术监管力度，规范短信发送行为，主动割除通信业务上的毒瘤。

2. 手机色情信息的治理。手机内容治理的一个重要方面，是手机色情的治理。手机色情是指利用手机的短信、浏览器或其他手机应用，传播色情图片、视频、文字、音频的一种现象。

根据最高人民法院、最高人民检察院联合发布的《关于办理利用互联网、移动通信终端、声讯台制作、复制、出版、贩卖、传播淫秽电子信息刑事案件具体应用法律若干问题的解释》中第九条规定，淫秽电子信息是指具体描绘性行为或者露骨宣扬色情的诲淫性的视频文件、音频文件、电子刊物、图片、文章、短信息等互联网、移动通信终端电子信息和声讯台语音信息。有关人体生理、医学知识的电子信息和声讯台语音信息不是淫秽物品，包含色情内容的有艺术价值的电子文学、艺术作品不视为淫秽物品。

根据最高人民法院、最高人民检察院联合发布的《关于办理利用互联网、移动通信终端、声讯台制作、复制、出版、贩卖、传播淫秽电子信息刑事案件具体应用法律若干问题的解释》（一）（二）条中规定，对利用互联网、移动通信终端传播淫秽电子信息的发布人，在情节危害性较大时，以制作、复制、出版、贩卖、传播淫秽物品牟利罪定罪处罚。网站建立者、直接负责的管理者、电信业务经营者、互联网信息服务提供者在明知是淫秽电子信息的前提下，仍然提供配合行为的，以传播淫秽物品罪的共犯定罪处罚。如果没有达到上述司法解释的定罪标准，则对这些行为按行政违法进行处罚。根据《电信条例》第五十七条，任何组织或者个人不得利用电信网络制作、复制、发布、传播含有散布淫秽、色情、赌博、暴力、凶杀、恐怖或者教唆犯罪的信息。对于机构违反该规定的，根据《电信条例》在情节严重时，原发证机关可吊销其电信业务经营许可证。如果是个人发布的，根据《治安管理处罚法》第四十二条规定：对多次发送淫秽、侮辱、恐吓或者其他信息，干扰他人正常生活的行为，处五日以下拘留或者五百元以下罚款；情节较严重的，处五日以上十日以下拘留，可以并处五百元以下罚款。

尽管我国对手机色情进行了法律规制，但从效果上看仍然不佳，其原因在于一方面手机色情传播成本低、技术简单、查处难度大，另一方面手机色情所涉及的利益主体复杂，在暴利的驱动下，许多个人、运营商、内容提供商均卷入了提供色情内容的行为，而现有的法律没有切断这一利益共同体。因此要想解决手机色情问题，从行政法的角度，应该在以下几方面进行努力：（1）创新技术监管措施。（2）通过法律制度切断手机色情利益链条。因此，应当在未来的《电信法》中明确参与各方的法律责任，特别是运营商不作为的责任、支付平台为手机色情的代收费责任等，使手机色情内容提供商被孤立而无法开展业务，这样才能最终解决手机色情问题。

3. 手机（终端）环保治理。手机是一种消耗类电子产品，其使用寿命一般稳定在7—8年，而手机电池的使用寿命更短，一般在3年左右。由于手机变得越来越小，功能越来越多，价格也越来越便宜，人们更换手机的频率也逐渐加快，这也意味着我们周围的废旧手机正在以更快的淘汰速度进入我们生存环境。

手机的充电电池和其他配件中含有诸如砷、汞、锑、镍、镉、金、锂、钴等一些有毒的金属元素。如果手机或其电池被废弃后不做或仅仅只做掩埋、焚烧等简单的处理，将会使那些有毒的金属元素进入空气、土壤、河流等自然环境中，影响我们每一个人。面对越来越严重的废旧手机引发的环境问题，2004 年初工业和信息化部根据《固体废物污染环境防治法》《清洁生产促进法》等有关规定，制定出了《电子信息产品污染防治管理办法》，明确了各级信息产业主管部门在电子信息产品污染防治工作中的职责。① 2008 年，为了进一步规范废旧手机的回收处理活动，促进废旧手机回收处理产业的健康发展，国务院制定了《废弃电器电子产品回收处理管理条例》，规定了废弃电器电子产品处理目录、处理资格许可、处理发展规划、集中处理、处理基金和信息报送等一系列制度。2010 年，工业和信息化部配合国家发展改革委、环境保护部公布了《废弃电器电子产品处理目录（第一批）》，与环境保护部、国家发展改革委和商务部共同下发了《关于组织编制废弃电器电子产品处理发展规划（2011—2015）的通知》，并积极配合财政部、环境保护部等有关部门研究制定处理基金相关政策措施。按照职责分工，环境保护部已经制定并下发了《废弃电器电子产品处理企业资格审查和许可指南》《废弃电器电子产品处理资格许可管理办法》等配套实施文件。②

目前我国关于手机环保的法律法规为回收处理产业的发展提供了一定的政策环境，但还没有针对废旧手机回收的较高层次的专门性立法，也没有对废旧手机回收制定强制性的规定，现有关于废旧手机管理的法律法规仍多为一些部门分别或联合制定出的部门规章③，相关的环保立法的进展依旧非常的缓慢。

（三）刑法关于手机文化的法律规制

手机本身不会犯罪，是使用手机的人利用手机犯罪或者针对手机犯罪，因此从逻辑上看，手机犯罪有两种类型：第一，对手机本身实施的

---

① 周淼：《废旧手机电池回收现状和建议》，《中国城市经济》2012 年第 3 期。
② 李博洋、顾成奎：《足进废弃电器电子产品回收处理产业健康发展》，《中国科技投资》2012 年第 9 期。
③ 杨辉：《我国电子废弃物回收体系现状及改进措施》，《企业技术开发》2012 年第 1 期。

犯罪，手机构成犯罪对象，如偷窃手机、破坏手机、走私手机等。第二，利用手机进行的犯罪，手机系犯罪的手段或工具，如利用手机实施诈骗，或者利用手机传播淫秽色情暴力信息。本研究所界定的手机犯罪，是指利用手机的功能所进行的犯罪，这些犯罪因手机功能的加入而呈现出不同的犯罪特点，包括利用手机网络功能和通信功能所实施的犯罪，所涉及的犯罪类型主要包括以下两种：

第一类是侵犯财产罪。这一类犯罪的共同特点是利用手机通信及网络功能，实施侵权公民财产权的行为，包括利用手机进行诈骗、盗窃或敲诈勒索等行为。在手机侵犯财产类犯罪中，手机诈骗罪由于其多发性，国家已经出台了相关规定进行规范。最高人民法院、最高人民检察院2011 年4 月8 日发布了《关于办理诈骗刑事案件具体应用法律若干问题的解释》，对手机诈骗及其定罪量刑进行了规范。根据此解释，犯罪分子利用拨打电话、发送短信、使用互联网等电信通信技术手段对不特定的多数人实施诈骗，诈骗的数额难以查证，但具有下列情形之一的，应当认定其符合《刑法》第二百六十六条规定的"其他严重情节"，应当以诈骗罪（未遂）定罪处罚：第一，发送诈骗信息五千条以上的。第二，拨打诈骗电话五百人次以上的。第三，诈骗手段恶劣、危害严重的。实施前款规定行为，数量达到前款第①、②项规定标准十倍以上的，或者诈骗手段特别恶劣、危害特别严重的，应当认定为《刑法》第二百六十六条规定的"其他特别严重情节"，以诈骗罪（未遂）定罪处罚。

第二类是妨害社会管理秩序罪。这一类犯罪是指利用手机的通信及网络功能，实施妨害社会管理秩序的行为，妨害国家机关对社会的管理活动，破坏社会正常秩序。该类犯罪利用了手机传播速度快、范围广的特点，所侵犯的犯罪客体包括社会秩序、公共秩序、社会风尚。目前，常见的犯罪行为包括：

第一，使用手机编造、故意传播虚假恐怖信息。根据《中华人民共和国刑法修正案（三）》第八条规定，编造爆炸威胁、生化威胁、放射威胁等恐怖信息，或者明知是编造的恐怖信息而故意传播，严重扰乱社会秩序的，处五年以下有期徒刑、拘役或者管制；造成严重后果的，处五年以上有期徒刑。

第二，利用手机制作、传播、贩卖淫秽物品。最高人民法院、最高人民检察院分别于 2004 年、2010 年发布《关于办理利用互联网、移动通信终端、声讯台制作、复制、出版、贩卖、传播淫秽电子信息刑事案件具体应用法律若干问题的解释》，其中规定：

以牟利为目的，利用互联网、移动通信终端、聊天室、论坛、即时通信软件、电子邮件等方式制作、复制、出版、贩卖、传播淫秽电子信息，并具备以下情形的，以制作、复制、出版、贩卖、传播淫秽物品牟利罪定罪处罚：淫秽电影、表演、动画等视频文件二十个以上的；淫秽音频文件一百个以上的；淫秽电子刊物、图片、文章、短信息等二百件以上的；淫秽电子信息实际被点击数达到一万次以上的；以会员制方式出版、贩卖、传播淫秽电子信息，注册会员达二百人以上的；利用淫秽电子信息收取广告费、会员注册费或者其他费用，违法所得一万元以上的；数量或者数额虽未达到前述标准，但分别达到其中两项以上标准一半以上的。

不以牟利为目的，利用互联网、移动通信终端聊天室、论坛、即时通信软件、电子邮件等方式传播淫秽电子信息，数量达到前条规定的前五项规定标准二倍以上的；或达到前条规定的两项以上标准的，以传播淫秽物品罪定罪处罚。

因此，利用手机制作、传播、贩卖淫秽物品，不管是否以获得为目的，不管是否利用短信、即时通信软件（如微信、手机 QQ 等）还是电子邮件等形式，只要达到一定的情节标准，就构成了制作、复制、出版、贩卖、传播淫秽物品牟利罪。

另外，根据最高人民法院、最高人民检察院《关于办理利用互联网、移动通信终端、声讯台制作、复制、出版、贩卖、传播淫秽电子信息刑事案件具体应用法律若干问题的解释》，其中规定：

以牟利为目的，利用互联网、移动通信终端、聊天室、论坛、即时通信软件、电子邮件等方式制作、复制、出版、贩卖、传播淫秽电子信息，并具备以下情形的，以制作、复制、出版、贩卖、传播淫秽物品牟利罪定罪处罚：淫秽电影、表演、动画等视频文件二十个以上的；淫秽音频文件一百个以上的；淫秽电子刊物、图片、文章、短信息等二百件以上的；淫秽电子信息实际被点击数达到一万次以上的；以会员制方式出版、贩卖、传播淫秽电子信息，注册会员达二百人以上的；利用淫秽电子信息收取广告费、会员注册费或者其他费用，违法所得一万元以上的；数量或者数额虽未达到前述标准，但分别达到其中两项以上标准一半以上的。

不以牟利为目的，利用互联网、移动通信终端聊天室、论坛、即时通信软件、电子邮件等方式传播淫秽电子信息，数量达到前条规定的前五项规定标准二倍以上的；或达到前条规定的两项以上标准的，以传播淫秽物品罪定罪处罚。

因此，利用手机制作、传播、贩卖淫秽物品，不管是否以获得为目的，不管是否利用短信、即时通信软件（如微信、手机 QQ 等）还是电子邮件等形式，只要达到一定的情节标准，就构成了制作、复制、出版、贩卖、传播淫秽物品牟利罪。

另外，根据最高人民法院、最高人民检察院《关于办理利用互联网、移动通信终端、声讯台制作、复制、出版、贩卖、传播淫秽电子信息刑事案件具体应用法律若干问题的解释》（一）（二）中，对利用互联网、移动通信终端传播淫秽电子信息的发布人，在情节危害性较大时，以制作、复制、出版、贩卖、传播淫秽物品牟利罪定罪处罚。网站建立者、直接负责的管理者、电信业务经营者、互联网信息服务提供者在明知是淫秽电子信息的前提下，仍然提供配合行为的，以传播淫秽物品罪的共犯定罪处罚。

第三，利用手机赌博。即通过手机赌博网站、赌博游戏等吸纳赌资、开设赌局。这类犯罪通过智能手机将互联网上的赌博引入移动互联网，不少赌博网站架设在国外服务器上，为了安全起见，会经常更换服务器的 IP 地址和域名。手机赌博的隐蔽性强，并且常常是跨国交易，又和洗钱、地下钱庄等犯罪活动联系在一起，查处难度非常大。

第四，利用手机组织、介绍卖淫。即通过手机的短信、微信、移动 QQ、手机网站等工具从事组织卖淫、介绍卖淫的行为。此类犯罪利用了手机移动社交的功能，通过社交软件实现了隐蔽式的组织和介绍活动，传播性强。

除了上述侵犯财产罪和妨害社会秩序罪外，利用手机的通信功能和网络功能，还可能构成其他一些犯罪。例如，利用手机短信或图像等方式对他人进行鼓吹煽动，意图使他人分裂国家的，可能构成刑法分则第一章"煽动分裂国家罪";利用手机拍照、录像功能盗窃商业秘密的,可以构成刑法分则第三章"侵犯商业秘密罪",等等。

从整体来看,刑法对于手机犯罪的规制已经基本形成了一套体系,并且在打击手机犯罪上发挥出了重要的作用。但由于手机犯罪系犯罪空间由"物理空间—网络空间—移动互联网空间"的第二次跳跃,并且涉及越来越多的移动通信技术,刑法在这方面已经显示出了滞后性,特别是预防和制止犯罪的效果较差。随着移动通信技术的发展,特别是三网融合后移动网络平台的扩张,手机犯罪必将迎来高峰,刑法理论与立法实践应当及时更新,对手机犯罪的定罪与量刑进行规范,这样才能预防手机犯罪、净化移动互联网空间。

（四）民法关于手机文化的法律规制

随着智能手机的普及以及手机虚拟社会的形成,有关手机使用的民事纠纷开始出现,与手机使用相关的民法问题主要是手机侵权。从广义上看,手机侵权主要分为两种,一种是对利用手机实施侵权行为,即手机作为侵权的工具;一种是针对手机实施侵权行为,即手机作为侵权的对象。后者是将手机视为一种特殊的物进行研究,与一般侵权纠纷并无实质区别,此处仅研究将手机作为工具所实施的侵犯知识产权行为,即利用手机的终端、以手机软件功能（包括通信功能或网络功能）实施的侵犯了他人合法权益的行为。手机侵权的手法多种多样,所侵犯的民事权利主要有以下几种。

1. 名誉权

名誉权是在法律规定的范围内公民有权要求社会公众对自己的名誉作如实、公正的评价,不受歪曲、捏造、丑化、侮辱、诽谤的一项重要的人格权。手机侵犯名誉权的方式主要是利用手机的通信或网络功能侮辱、诽谤或者泄露他人隐私,例如:直接通过手机短信、微博、邮件对其他公民实施丑化、侮辱、诽谤行为;或者利用手机网络,传播他人的不实信息或隐私信息,对其名誉造成恶劣影响等。

2. 隐私权

隐私权是指自然人享有的个人隐私依法受到保护,不被他人非法侵扰、知悉、收集、利用以及公开的一种人格权,权利主体对他人在何种程度上可以介入自己的私生活,对自己是否向他人公开隐私以及公开的范围及程度等具有决定权。根据侵权的表现方式，手机侵犯隐私权包括手机行为侵犯隐私权与手机内容侵犯隐私权。前者是指侵权行为人把手机作为一种侵权工具实施的侵权行为，如利用手机的摄像功能偷拍他人约会、洗澡等，利用彩信偷拍并传播他人的隐私照片等；后者是指侵权行为人以手机中的信息作为侵权对象实施的侵权行为，如未经手机所有人同意偷看其手机短信，窃听他人的通话内容，等等。

在手机领域，与隐私权相关的手机个人信息主要包括手机内存储的信息和手机号码信息。手机内存储的信息一般包括通话记录、通讯录、短信息、影像、图片资料等内容，从某种意义上说，这些内容均属于手机机主的个人隐私。对此个人隐私，他人是不得窥探、复制甚至传播的。但在家庭成员之间，这种隐私的保护范围到底有多大，目前仍颇有争议。手机号码本身也是一种特殊的隐私信息，随着无线通信与国际互联网等多媒体通信技术密切结合，部分手机用户为了取得某些网站的商品或服务，将自己手机的号码信息透露给网站，这些手机号码信息可能因为故意或者过失泄露给其他人，使取得号码信息的人利用这些号码信息发送各种垃圾短信或不良短信。由于我国法律对隐私权保护从整体上看还是比较粗糙，因此对手机信息的保护更加缺乏必要的法律规定，目前学界比较统一的看法是制定单独的《个人信息保护法》，对各类网络信息、手机信息加以规范并进行保护。

3. 知识产权

手机文化作为一个新兴领域，充满了创新与发展。应用于手机的大量的原创短信、彩铃、手机软件、游戏等需要得到著作权、版权的保护，同时手机本身大量的专利、商标等，也需要知识产权的保护。我国《著作权法》《专利法》《商标法》等规定了著作权、专利权以及商标权等的性质及内容同样适用手机领域。

三 手机文化的道德规范

道德是反映和调整人们现实生活中的利益关系，用善恶标准评价，依靠人们内心信念、传统习惯和社会舆论维系的价值观念和行为规范的总和。手机文化道德，是指人们在使用手机时，因场合、时间不同而应遵循的基本行为规范，以及由此所形成的道德意识。作为一种新的道德现象，手机文化道德伴随着手机的应用普及而产生，它调整的是公共生活中人与人之间因手机的使用所产生的社会关系。从其调整的社会关系的归属看，手机文化的道德规范属于社会公德的一个方面。由于自 1983 年世界上第一台实用手机摩托罗拉 DynaTAC 8000X 诞生至今，手机的历史只有 30 余年，因此手机文化道德的发展也处于起步阶段。从道德意识、道德规范、道德教育三个道德层次来看，无论是人们内心对手机使用行为道德的自我认知，还是从社会对手机行为的道德规范和教育，手机文化道德的发展还有许多模糊不清的"灰色地带"，制度化的手机使用道德规范较少。

（一）手机文化中的道德失范现象

基于手机的使用，人与人之间、人与社会之间形成了一定的联系，从而使社会个体使用手机的行为能够影响到其他个体，乃至社会及自然。由于手机文化道德还处于形成阶段，因此该领域的道德约束不足、道德失范现象突出，这不仅影响到了手机使用者之间的关系，而且影响到了社会公共秩序和环境。所谓道德失范，是指在社会生活中，作为存在意义、生活规范的道德价值及其规范要求或者缺失，或者缺少有效性，不能对社会生活发挥正常的调节作用，从而表现为社会行为的混乱。① 手机文化中的道德失范现象，就是因手机文化道德的缺失所导致的手机使用行为混乱的一种社会现象。

手机使用行为主要分为两种，一种是对手机终端的使用行为，即基于手机硬件终端的使用行为；另一种是对手机功能的使用行为，即基于手机软件功能的使用行为，主要包括手机通信、手机网络行为两种。以下便从这两种行为入手，分析手机文化生活中的道德失范现象。

1. 手机软件使用行为中的道德失范现象

手机通话所引发的道德失范现象分为两种：公开式与私隐式。公开式即行为人的通话行为在公开场合严重影响其他人活动的情形。例如在公交车上，行为人旁若无人的与他人大声通话，甚至其通话内容还具有一定隐私内容，公交车上的其他乘客都将受到行为人的影响。又如在电影院里，行为人的手机铃声响起甚至行为人大声通话，这都违背了此种

① 高兆明：《简论"道德失范"范畴》，《道德与文明》1999 年第 6 期。

公共场所所应遵守的基本社会公德，影响他人享受观影的权利。私隐式即行为人利用手机的高科技性小范围地侵犯他人合法权益的情形。例如，行为人通过使用偷听，甚至窃听他人通话非法获取他人的银行账号密码或者个人隐私，对他人进行诈骗或者敲诈，这些行为甚至已上升至犯罪的层面，严重影响了他人的日常生活和社会秩序。

手机短信方便快捷，已成为人们的主要交流方式之一，但人们在享受其便捷的同时也饱受各种垃圾短信或不良短信的干扰。这些短信可以说无孔不入，手机使用者经常遭受这些短信的狂轰滥炸，他们的道德心理也在遭受着不断的侵蚀。对于垃圾短信的管理，国家已经将其纳入行政法律的层面进行治理。在手机道德领域，手机短信的失范现象主要是指利用短信、彩信所实施的骚扰、干扰行为，损害了他人的正当权益，这方面的典型案例就是手机性骚扰。手机性骚扰是通过手机为载体的色情短信的传播构成性骚扰的行为，对于一般的骚扰行为，仅属于手机道德失范现象，如果是大规模的骚扰并对被害人的名誉造成了影响的，则构成了侵权名誉权的行为。

随着3G、4G网络的不断发展与普及，手机上网的迅速与便捷更加受到广大手机使用者的青睐，手机上网已然成为大众了解实时信息把握当前社会动态的当然之选。但与手机短信一样，手机用户在上网的同时也接收着许多垃圾信息。各种淫秽、诈骗、赌博的信息充斥在虚拟网络里，这让许多不法分子有了乘虚而入的机会，手机上网被骗的案例也是屡见不鲜。

手机给移动商务和日常生活带来了极大的便利，但同时也带来了侵犯公民个人隐私的问题。在移动商务活动中，手机用户的个人隐私逐渐成为一些个人和商家追逐的目标，提供用户的个人隐私信息甚至成为专门的市场服务"业务"；在移动管理中，一些公司使用企业员工定位管理系统技术方便了公司的人员管理，但同时又涉及侵犯员工的个人隐私问题。在日常生活中，移动通信的隐私保护功能较弱，一旦手机遗失，很容易造成个人隐私的泄露，现在一些新型的病毒还可以窃取手机号码和电子邮件等隐私信息；手机的价值在于使用户随时随地的获得需要的信息，而移动通信位置服务（LBS）等功能的应用，又将带来严重的个人行踪等信息的泄露问题，同时，具有拍照和摄像功能的手机的大量使用，也存在容易侵犯他人个人隐私的问题。

2. 手机终端使用行为中的道德失范现象

（1）手机电子污染。电子污染即电子产品对环境所造成的污染。目前，如前面数据所示，中国的手机使用人数已成为世界第一位，全球每年废旧手机高达 4 亿部，其中 25% 来自中国，但国内手机回收率却不足 1%。① 由于手机的款式和功能不断推陈出新，价格也越来越便宜，使手机更换趋于频繁，大量的废弃手机给环境带来了巨大的压力。一部小小的手机就使用了铜、金、银、钯等十几种回收价值较高的金属，以及铅、汞、镉、六价铬、锑、铍、镍、锌、聚溴二苯醚等有毒有害物质。② 很多手机使用者对废旧手机电池从不按科学的方法进行回收，而是随便丢弃，这不仅意味着我国大量的资源被浪费，也使手机污染成为当下环境污染的一种新的污染源。包括手机电池、手机零配件、手机屏幕等在内的手机电子元件，含有铅、镉、汞、铬、聚氯乙烯塑料、溴化阻烯剂等大量有毒有害物质，处置不当，会污染水土、植物乃至人类的生活环境。

（2）手机铃声污染。随着手机设计及制造工艺的提升，手机铃声的质量不断进步，特效铃声已经慢慢开始成为主流格式，手机铃声逐渐成为公众展示其个性的载体。然而，在一些公共场所，例如课堂、图书馆、电影院、会议室、音乐厅里，频频响起的手机铃声渐成"污染源"。手机铃声造成的污染主要有两种：一是噪声污染，二是精神污染。

第一，噪声污染。手机使用者为了彰显个性，往往使用定制或编制的铃声，有些铃声仅仅是彰显各自品位，如乐曲、动物叫声、大自然的声音等，还有些铃声则是为了搞怪，例如发嗲声、各种笑声、刹车声、母鸡下蛋声、警车的鸣笛声、女人尖叫声等，更有甚者，为标新立异，达到轰动的效果，还有一些鬼哭狼嚎、阴森恐怖的铃声。近年来媒体对此类铃声扰民铃声事件多有报道，此处仅举两例："公交车上突然传来一声'抓贼，抓偷手机的贼'，让人虚惊一场；寂静的办公室内突然传来一

① 王熙：《手机产品链的最后一环》，《中国经济和信息化》2011 年第 24 期。

② 常静：《废旧手机的回收利用及资源化管理对策》，《再生资源研究》2006 年第 1 期。

声吼叫：你的鞋带开啦！有些人条件反射地赶紧低头去看自己的鞋子。"①
"在下班回家的公交车上，几名穿着中学校服的十五六岁的年轻人高兴地
聊着自己班里当天发生的事情。突然，从车厢里传出一声尖利的惨叫声。
车上的许多人吓了一跳，部分乘客还从座位上站了起来想看看发生了什
么事，而一个学生这时从背包里拿出了一个手机开始摆弄。原来，这就
是'惨叫'声的来源。"②

　　根据《中华人民共和国城市区域环境噪声标准》规定，居住、文教
机关为主的区域以及乡村居住环境的噪声标准值，白天等效噪声值为 55
分贝，夜间为 45 分贝；商业、工业混杂区的等效噪声值为 60 分贝，夜间
为 50 分贝；城市中交通干线两侧，白天噪声的等效噪声值为 70 分贝，夜
间不超过 55 分贝。为检测手机铃声的噪声值，专家通过分贝测试仪对手
机铃声进行了测试，检测结果显示，当音量调到最大时，距离手机 1 米
处，手机铃响平均为 76 分贝；距离 5 米时，手机铃响仍有 60 分贝；如果
把手机放在耳边，手机铃响则可达到 128 分贝。③ 而根据资料显示，音量
为 30—40 分贝是较安静的环境，超过 50 分贝就会影响人们的休息，超过
70 分贝会造成人们心烦意乱、精神不集中，影响工作效率甚至发生事故。
由此可见，在公众场合，随处响起的手机铃声已经远远超过了噪声污染
标准。

　　第二，精神污染。手机铃声不仅会给别人带来噪声污染，也会造成
精神污染。健康的铃声会给人带来愉悦和快乐，幽默的铃声能够缓解压
力，但过分另类、搞怪甚至恐怖的铃声不仅会带来噪声污染，也会对他
人造成一定的精神压力。一些音量过高的搞怪铃声，如鬼哭狼嚎、警报
声、救护车声、女人尖叫声等之类的声音，会让人的精神不安，并影响
到情绪。

　　手机不当使用行为除了会导致上述道德失范现象外，还会给使用者
本人以及他人带来一定的风险。例如机动车驾驶人员在驾驶中拨打接听

----

① 依晓：《面对声音污染我们的耳朵还能坚持多久》，《家庭医学（新健康）》2005 年第 12
期。
② 肖华：《"救命啊"该喊停》，《百姓》2007 年第 10 期。
③ 宋洪钟：《警惕手机铃声污染》，《质量指南》2003 年第 15 期。

电话、收发短信，使交通安全事故发生的概率大大增加，而可能带来无法弥补的损失。

(二) 手机文化道德建设的建议

道德的约束机制和实现途径包括自律和他律。自律是指依靠个体的信念、良心、内心自觉来遵守一定的道德规范；他律是依靠外部力量使人接受一定的道德观念和履行一定的道德规范，包括社会舆论和社会惩罚。自律重视发挥人的主体意识，要求主体自我约束、自我选择、自我评价，具有自控性和主动性；他律靠外力强制，具有强制性和被动性。道德的实现是自律和他律的统一。自律是道德最有效的实现途径，但这需要建立在道德主体的高度社会化和自控性的基础之上，其形成离不开一定的物质基础与精神基础，同时离不开长时期的道德教育。外在的道德规范、制度，作为他律机制，可以对道德主体的行为进行约束和激励，使其做出符合道德的行为，并最终形成自觉的道德意识，是道德不可缺少的实现办法。

除了道德制度及规范外，道德教育也必不可少，它可以直接作用于道德主体品质的改善，从而让主体具备由他律转化为自律的品质。在道德形成时期，道德教育和道德规范不仅仅是他律的实现方式，更是道德自律的实现途径。在当下中国，面对日益市民化、市场化的现代经济社会，单单依靠公民的道德自律是远远不够的，政府和社会应当更加主动地通过道德教育及道德规范的方式，对公民的行为进行调节。手机文化道德建设的目的在于指导人们正确、合理地使用手机，规范手机通信行为，引导手机终端使用行为，规避手机使用风险，最终在手机文化领域建设符合生态文明要求的手机行为文化。

1. 手机文化道德建设的基本思路

(1) 手机文化道德的原则——合理使用原则。道德的基本原则是体现道德规范的基本价值要求，对人们行为做出的最根本的要求的准则，是道德规范体系中纲领性、概括性的要求，它表明了道德规范体系的价值取向与价值追求。与法律规范一样，道德作为一种行为规范形式不是一成不变的，随着社会物质生活水平的改变，道德规范体系同样发生着潜移默化的改变，基于此种前提，道德规范体系的基本原则的制定就必须与客观实际情况紧紧结合，不能脱离实际，必须以人们日常生活经验为基础，合理的价值取向为指引，对人们的行为做出普适性的道德规范。

手机文化道德的基本原则是合理使用原则，即社会个体使用手机，应当在理性认识的前提下，正当合理使用手机的功能及终端，不侵害他人的合法权利和社会公共秩序。具体含义包括以下两个方面：个体使用手机的行为在主观上必须出于正当的动机，在客观上实施合理的行为；个体的手机使用行为介入公共秩序时，必须平衡个人利益、他人利益与公共利益三者的关系，不得因个人利益而损害他人与公共利益，更不得违反法律规定。合理使用原则反映了手机道德规范体系所倡导的价值取向，具有普适性和概括性，该原则以"底线伦理"为依据进行构建，符合目前的物质技术条件与经济发展水平，具有较强的可操作性。具体而言：

合理使用原则反映了手机道德规范所倡导的价值取向。一套规范体系必然有其所追求的价值目标，对于此种价值的追求是遵守该规范体系的终极目标。合理使用原则正是对手机道德规范体系所倡导的价值取向的基本描述，根据合理使用原则，人们知道手机文化道德规范体系所追求的价值取向，只要不违背合理使用原则，行为人的行为自由便应得到他人的尊重和手机道德规范的保护。换言之，为平衡公共利益，人们使用手机的行为必须尽到合理谨慎义务，这种义务具有应然性。

合理使用原则具有普适性和概括性。手机文化道德规范调节的对象不仅指某一手机使用者，而是所有手机使用者，在调节对象上具有普适性。所有的手机道德具体规范都应以合理为前提，这是合理使用原则在现实生活中的具体体现，体现了合理使用原则的概括性。

合理使用原则以客观物质条件水平为依据。合理使用原则反映出各种社会关系在当前的物质水平条件下的根本要求，该原则并不是臆想之物，而是客观反映出与当前经济水平相符合的价值追求，体现出人与人之间最根本、最底线的利益关系，因而具有可行性。

（2）积极推进手机道德制度化。道德制度化是指伦理道德的规则化，具体的表现形式为明示的道德制度，如规章、守则、公约、须知等。它通过把道德意识、道德自觉、公认的道德准则变为外在的制度约束，通过外在的具有强制效力的道德规则对个体或群体的行为进行严格的管理和监督，或从外部激动个体做出合乎伦理道德的行为。相比默示的道德与隐性的道德，明示的道德制度更加具有约束力、效果更加明显，能够更加有效的约束和规范人们的道德行为。在手机领域，目前明示的道德制度相对较少，国家和社会应该发挥主动引导作用，把目前公认的、具体的、可操作的内容上升为明示的道德制度，通过国家层面予以倡导，甚至转化为政策或制度，以最终实现手机道德的规范化。

（3）加强手机文化道德教育。道德教育是道德活动的重要形式，也是道德的重要实现方式。它是指国家或社会为使人们自觉遵循其设定道德行为准则，履行对社会和他人的义务，而有组织有计划地施加系统的道德影响。手机公德的教育，即国家和社会通过系统、全面的教育，培养公众（特别是学生）的道德认识、道德情感，帮助人们加强道德修养，引导其道德行为习惯。手机领域出现诸多失范现象，除了许多客观原因外，其主观还在于公众对手机使用的道德修养不高，甚至缺少对手机使用行为的道德意识。在手机道德的初步形成阶段，国家和社会通过各种形式的道德教育，如学校教育、宣传教育等，对于手机文化道德制度的建设具有重要的意义。

此外，手机文化道德建设还应当逐步完善道德教育与社会管理、自律与他律相互补充和促进的运行机制，综合运用教育、法律、行政、舆论等手段，更有效地引导和规范人们的手机使用行为。

2. 建立手机功能使用道德规范

手机功能使用的过程中道德失范现象，主要包括手机通信功能和手机网络功能中的不当使用手机行为，基于合理使用原则，本研究从以下几个方面来设定手机功能使用的道德规范：

（1）不同场所手机使用的道德规范。手机使用者在公共场所使用手机尽到合理注意义务，不影响他人的正常活动以及公共利益，这不仅是社会公德的要求，也展示了个人素质与社会精神文明的进步。在图书馆、会议室、电影院以及其他多人聚会场所等需要安静环境的场所，手机使用者应关闭手机的按键音、铃声，或将其调整为震动；在其他公共场所，应将手机的铃声、通知音、按键音调整为不影响正常秩序的状态。

在公共场接听电话，应压低声音，不影响他人，找安静、人少或者没有人的地方接听。在餐桌上，应先给同桌共餐者道歉然后通话；如果是电影院或者剧院，在电影正在上映或节目正在表演时接听电话是不合适的，最好的方式是静音发送信息。

在一些特殊的、禁止使用手机的场所，应当及时关机，防止造成安全事故。特殊场合是指在这些场合手机的使用会危及公众的健康甚至生命，如加油站、飞机、手术室、炼油厂、化学用品仓库等地。手机通话或者发短信的过程中会产生电磁波，在加油站、炼油厂，它可能会引发汽油爆炸或者火灾；在医院，电磁波也会影响到医院精密仪器的运转，从而导致医生诊断错误或者病人治疗影响；在飞机上，电磁波还会影响到飞机导航，进而影响航空安全。在这些特殊场合，合理使用手机应当以他人的生命健康为出发点，无论有没有提醒，都应当自觉地关闭手机。

（2）不同时间手机使用的道德规范。手机使用者在他人工作和休息时应尽到合理注意的义务，在他人午间或者夜晚休息时，尽量不要打电话或者发短信影响他人休息，避免给他人造成干扰；在他人上班作业时，也不要拨打和发送与工作无关的电话和信息，避免影响他人的正常作业；在他人工作和休息时段通话以及发送短信时，应注意自己的手机铃声或者自己通话的音量是否会影响到他人。

（3）手机内容传播的道德规范。手机使用者应该在公共场合合理使用通信设备，尽量不干扰他人的正常活动，不发送垃圾短信，不浏览恶俗网站，不传播不健康信息和黄赌毒信息。手机使用者处理涉及他人利益的信息都应尽到合理注意义务，不随意传播涉及他人隐私的图像和信息，不随意传播涉及他人安全信息的资料，不随意传播谣言。

3. 建立手机终端使用的道德规范

手机终端使用道德规范的建设，其最终目的是要在手机文化领域建设生态文明，杜绝手机电子污染与环境污染，实现手机资源的循环利用。

（1）防止手机电子污染的道德规范

电子垃圾（电子废弃物）的随意处置或丢弃，会对环境产生严重的污染。公众对手机的随意处置，一方面与个人素质及社会的宣传教育缺乏有关，而另一方面是普通公众不具备处置废旧手机的物质条件。对手机电子元件，采取掩埋的方法，可能造成土壤和地下水污染；采取焚烧的方法会造成空气污染甚至电子元件和电池爆炸；小作坊回收，翻新后流入市场，会造成手机爆炸等安全隐患。因此，公众单靠自己不具备处置废弃手机的条件，必须依赖社会提供相关的教育以及处置渠道。治理手机电子污染的道德规范应当从以下三个方面进行：

第一，出台手机使用的道德规范，引导公众养成正确处置废弃手机的习惯。手机使用者在处理废弃电池时应尽到合理使用的道德义务，避免造成环境污染，应当将废弃手机包括手机电池送到专门的处置机构，不得私下抛弃、焚烧、掩埋，养成环保习惯。

第二，将防治手机污染的道德制度化。废弃手机以及电池的处理以不污染环境和不损害他人为基本要求。2005年欧盟开始实施《电子垃圾处理法》，要求生产商负责回收、处理进入欧盟市场的废弃的电气和电子产品，并在产品上加贴回收标识；产品不得含有铅、汞、镉、六价铬、多溴联苯和多溴联苯醚6种有害物质。我国相关部门同样应制定具体的法律规范对此作出规定，在制度上对手机产品电子元件进行规范，不准其含有高污染物质，并确立手机强制回收机制，赋予生产厂家回收的责任。同时，在产业政策上，鼓励专业厂家提高回收技术，积极引导和扶持专门从事手机回收的企业。

第三，政府制定引导废旧手机处置的政策。这方面值得借鉴的是美国。2003年10月22日，美国境内展开了一项声势浩大的名为"Wireless…The New Recyclable"的手机联合回收活动，向公众提供两种回收旧手机的选择：归还给商店或者捐给慈善组织。在美国除了一些运营商、手机厂商和政府机构采取的手机回收活动外，还有一些专门收集废旧手机、PDA和寻呼机的民间俱乐部，由他们来完成废旧电子产品的回收再利用任务。鉴于国内公众手机环保意识淡薄、厂商环保动力不足，中国政府主管机构应当从政府层面倡导手机回收运动，运用政府力量、整合社会各方面资源，促进废旧手机的环保处置。

（2）防止手机铃声污染的道德规范

手机铃声污染最主要的原因有两个，一是个性的张扬，二是利益推动。在智能手机外形日益同质化的今日，独特的手机铃声可以彰显个性，铃声越古怪越能显示出自己与众不同。受此驱动,千奇百怪的手机铃声出现也就不足为奇了。此外,手机铃声越来越古怪,也和内容提供商(提供手机铃声下载服务的网站)有着重要的关联。由于手机用户众多,手机铃声、图片的制造已经成为一个产业链,个性化需求使这一市场越来越大,内容提供商为了追求更大的利益,会设计各种稀奇古怪的铃声吸引公众特别是青少年下载,这也造成了目前手机铃声的千奇百怪。对于手机铃声所造成的污染该如何利用道德进行规范,从国内国外的实践看,该问题的解决一方面应从提高企业道德和社会公德入手,加强道德建设和道德教育;另一方面更应该依靠国家制定相应的道德规范,推进道德建设的制度化。

提高公众的道德水平,培育良好手机使用习惯。手机礼仪无法像传统道德一样可以从长辈的口口相传或者继承而得,应当加强学校教育、宣传教育。基于合理使用原则,手机使用者使用个性铃声应当建立在不污染和骚扰社会的基础上,避免使用过高尖锐度和过低波动度的手机铃声。

规范手机铃声标准,遏制部分手机生产厂商和铃声内容提供商铃声超标现象。在音量和频率方面,目前各品牌的手机铃声都存在铃声音量普遍较高的问题,如何能在降低手机铃声音量的情况下,不影响手机的提示功能,是手机铃声发展的主导方向。例如一些高回响、多喇叭(有的手机有多达10个喇叭)的手机,就应该禁止生产。

政府可以引导手机制造商和通信运营商共同加入手机铃声的规范,引导用户的手机使用行为。让手机用户在接到手机设备的时候,手机制造商就可以在手机使用的注意事项里添加上关于手机铃声礼仪的事项,这样手机用户便在第一时间了解到关于手机铃声污染与礼仪的问题,注意手机的使用会给他人带来的影响。通信运营商掌握着有效的宣传方法,可在电信的语音服务或者免费的短信服务添加手机礼仪的注意事项,这种宣传方法对于电信运营商来说成本很低,而宣传效果较好,受众较多,能极为容易地覆盖整个手机用户群体。

出台手机铃声使用公约,塑造文明的手机行为文化。对于不同的公共场合,政府可以张贴公告甚至形成公约,引导手机使用者调整自己的铃声,在不同的环境下采用不同的铃声,或者不同的提示方式,以达到提醒的目的。澳大利亚电信运营商在 2005 年之前就制作了小册子提醒广大手机用户在手机使用的过程中注意礼仪问题，其中特别提及了手机铃声的礼仪，这一做法值得我国借鉴。

第三编

网络媒体传播社会主义
核心价值观研究*

郑 洁

在党的十九大报告中，习近平总书记强调指出，要"高度重视传播手段建设和创新，提高新闻舆论传播力、引导力、影响力、公信力"①。20世纪60年代，著名的传播学者麦克卢汉提出"媒介即讯息"（The medium is the message）的观点，曾经引起震惊和轰动。随着20世纪90年代互联网的兴起，人类迎来了网络社会，网络作为一种媒体无疑使麦克卢汉的格言"媒介即讯息"得到了进一步的确认。从1712年英国人瓦特发明蒸汽机到今天互联网时代的到来，近现代史上每一次重大的科技发现，都成为推动人类社会变革的强大引擎。互联网作为20世纪最伟大的基础性科技发明和最具有影响力的科技进步，引发了人类社会生产方式、生活方式和思维方式的深刻变化，对整个世界经济、政治和文化发展产生了重大影响。正是这一伟大变革的社会浪潮，将一个区别于工业文明的新时代——网络时代日益清晰地展示在世人面前。当我们正在展望网络革命、网络经济、网络社会给人类社会带来的全方位变革的时候，我们不能不对这一崭新的网络文明时代在人类的价值观领域所产生和可能产

  * 作者简介：郑洁，女，1974年生，博士后，教授，硕士生导师。长期从事网络思想政治教育、马克思主义理论教育、马克思主义中国化的教学与研究工作。该成果系国家社科基金项目"网络媒体传播社会主义核心价值观研究"（项目批准号：09BKS050）研究成果。

  ① 习近平：《决胜全面建成小康社会 夺取新时代中国特色社会主义伟大胜利》，人民出版社2017年版，第42页。

生的深刻影响倍加关注。在人类新旧文明交替的剧烈变革的时代，人类也必然会面临诸多方面的价值观念和价值体制的震荡、碰撞和冲突，也必然会对其进行修正、扬弃和重建。

毫无疑问，互联网的迅速发展使人类社会的信息传播技术发生了根本性的突破和变革，其涵盖的领域也在不断扩大，继续深入，并产生极为广泛的影响。马克思指出："社会——不管其形式如何——是什么呢？是人们交互活动的产物。"① 通信和信息方式的变革，实际上意味着交往方式的变革，这又势必引起整个社会的变革。如今，互联网改变着人们的交往方式，它正以一种强大的开放性、互动性等特征，逐步渗透到人类社会的经济、政治、文化、军事、生活等各个方面，并使得这些领域紧密相连，相互影响，交叉发展。这一发展趋势不仅使加拿大传播学家麦克卢汉所预言的"地球村"变成了现实，而且开始撼动"传统媒体的哲学基础"。正如美国学者尼古拉·尼葛洛庞帝在其《数字化生存》中所预言的那样，"第四媒体"已经彻底改变了传统媒体与社会、个人之间的格局。"计算机不再只和计算机有关，它决定我们的生存。"② 随着媒介传播技术的不断发展，媒介传播方式的不断更新，网络这一以互联网为平台，依靠先进传播技术的媒介载体，在1998年5月举行的联合国新闻委员会年会上，被正式称为继报刊、广播、电视三大传统媒体之后的"第四媒体"。网络媒体是随着互联网、IT技术的发展而发展起来的，它集多种传播形式于一体。作为现代社会的一种新兴媒体，它不仅影响和改变着人类社会生活的各个方面，而且已经成为信息社会人们的一种独特的生存方式。网络是一把"双刃剑"，它在给人类的生活带来巨大便利的同时，其负面影响也日益显著，以互联网的发展为基础的网络媒体更是如此。

媒介即讯息理论在实践中使人们充分认识到媒介自身产生的社会影响，尤其是在网络媒体兴起的今天，我们不仅仅要关注网络媒体的自身，更要关注网络媒体对社会的影响，以及对人们的思维方式和生活方式带

---

① 《马克思恩格斯选集》第4卷，人民出版社1995年版，第532页。
② ［美］尼古拉·尼葛洛庞帝：《数字化生存》，胡泳、范海燕译，海南出版社1997年版，第15页。

来的影响。习近平总书记在十九大报告中指出，要注重网络安全、努力建设网络强国。要加强互联网内容建设、建立网络综合治理体系，营造清朗的网络空间，善于运用互联网技术和信息化手段开展工作。短短十几年时间，互联网在我国发生了翻天覆地的变化，这是数字的改变，但互联网对于我国社会影响之深远绝非数字能够说明。互联网像一棵大树，它的根系，它深深地扎进了我们社会的土壤，这个根系不仅伸向了社会存在、经济基础层面，还伸向了政治、文化、价值观等上层建筑领域。毫无疑问，我国互联网迅速发展的背后是网络作为一种新的社会形态对我们既有思想体系、价值观念的冲击。"人们沉迷于网络世界而不能自拔，并试图将这种虚拟世界带到现实中来。而离开了虚拟世界的环境到现实中，人被完全排挤出了自己的位置，就会丧失自我。人们将失去自己主体思考的地位，不加选择地接受包括网络垃圾在内的各种价值评判。"① 互联网作为一种媒介所特有的开放性、虚拟性、全球性、及时性、分众性、娱乐性等特点必然会导致纷繁复杂的观念形态充斥其间，深刻影响着现实社会价值观的建设和发展。在构建社会主义核心价值体系的社会背景下，我们尤其要研究和关注网络媒体与社会主义核心价值观传播的各种问题。

第一节　网络媒体与社会主义核心价值观
传播的内在关联

美国学者尼古拉·尼葛洛庞帝曾经说过："网络媒介是传统媒介的掘墓人。"② 网络媒介作为大众传媒的"第四媒体"，已经成为人们接受信息和传播信息的重要渠道，为社会主义核心价值观的传播提供了一个新的平台，在一个国家的意识形态建设上肩负着重要的责任。我们要利用网络媒体传播先进文化，弘扬民族精神和时代精神，传播丰富的科学文

---

① 刘同舫：《论技术与文化交互视域下的网络文化系统》，《系统科学学报》2010 年第 1 期。

② ［美］尼古拉·尼葛洛庞帝：《数字化生存》，胡泳、范海燕译，海南出版社 1997 年版，第 3 页。

化知识，引导人们树立正确的世界观、人生观和价值观。在利用网络媒体弘扬和传播社会主义核心价值观的同时，也要立足于当前多元文化并存的现状，充分吸收多元文化发展中的积极因素，形成健康向上的时代文化去引导人们的行为，减少多元文化中的消极因素对人们特别是对青少年的影响。

一 网络媒体是传播社会主义核心价值观的新兴载体

网络媒体是随着数字技术、网络技术、通信技术的迅速发展而新兴起来的一种传播载体。数字传播技术产生的新媒体浪潮，极大地改变了人们使用媒体的方式，也对公共信息的采集与传播产生了极大的影响。网络媒体改变了传播主体和传播客体的关系，改变了传统媒体功能的实现形式，为社会主义核心价值观的传播提供了更广阔的平台。

（一）网络媒体传播社会主义核心价值观的可行性

网络时代的价值观传播是一种社会化的传播，是借助互联网这一媒介进行的信息传播活动。网络传播的优点在于传播速度快、传播面广、受众多。网络媒体的出现极大地改变了信息传播的方式，影响着人类知识的组织、传递和获取，对人类的文化和政府的政策带来深刻的影响。网络媒体既可以实现面对面传播，又可以实现点对点传播，还可以点对面的传播。当信息面对多个受众时，网络传播是一种大众传播（单向），而单个独立网民之间的交流则属于人际传播（双向）。这种传播方式在网络平台上形成了一种散布型网状传播结构，每个网结（独立网民或传播机构）都能够在网络上传播自己的信息，并使其以非线性的方式在这个网状结构中得以传播。网络媒体极大地挑战了传统的大众传播方式，使大众传播从机构中解放出来，使每个个人都可以成为大众传播者。

传播媒介是一整套传递和贮存人类文明的智力形式和技术手段，可以分为时间性媒介和空间性媒介。时间性媒介质地较重，能较长久保存，较适于克服时间的障碍，而空间性媒介质地较轻、容易运送，较适于克服空间的障碍。网络的产生同时在时间和空间上占尽了优势，它可以给用户呈现不同时间的信息，也可以在极短的时间内将信息传遍全球，这就为社会主义核心价值观的广泛传播提供了条件，使其能够成为社会主义核心价值观传播的前沿阵地。

随着网络化浪潮的到来，网络以快捷、及时、高效等独特优势成为当今社会舆论传播最具有实效性的载体，并日益显示出旺盛的生命力。作为新兴载体，网络媒体的覆盖面无限延伸和扩展，网络媒体的开放性和平等性为网民提供了更为自由的言论和更为广阔的交流空间，这使传播信息更容易形成舆论漩涡和舆论高潮，传播更加迅速、快捷，信息传播也更具吸引力和感染力。

（二）网络媒体传播社会主义核心价值观的功能

网络媒体作为一种具有巨大影响力的新闻舆论阵地和文化传播阵地，其优势使它具有比传统媒体优越得多的传播条件，能为社会主义核心价值体系的传播拓展新的空间，提供新的载体，同时也为我党用社会主义核心价值观引领社会潮流提供新的媒介和手段。

1. 大众传播功能

网络媒体以其快速、受限少等优势，迅速成为主流媒体之一，也成为重要的传媒平台，成为传播社会主义核心价值观的重要载体。当然，传统媒体（如报刊、广播、电视等）对自身的局限也可以尽量改进，但要想做到像网络媒体那样活泼互动，就显得有些力不从心了。特别是在传播社会主义核心价值观时可能会由于其自身的理论性，会显得相对枯燥而难以接受。广大青少年需要一个易于接受的传播途径，需要一个能更好、更便捷的接受信息的途径。传统的媒体形式单一，趣味性不强，缺乏互动性，更容易让人产生是在"被说教"，从而产生反感的情绪。在网络媒体中，每个人可以充分自由地表达自己的意见，通过互联网直接参与其中，有助于提升社会主义核心价值观传播的广度和深度，对推动社会主义核心价值观的传播有积极作用。网络覆盖的地域范围更大，比传统媒体更具有广泛性。通过网络媒体传播社会主义核心价值观的基本内容，可以使更多的人看到并立即发表意见。另外，网络运行方便统计分析，可以很快得出结果。此外，网络媒体可以有丰富的图片、视频、声像等，对于受众来说，这样的传播媒介，吸引力更大，趣味性更强。

在社会主义核心价值观的传播方面，网络媒体是一种新兴的工具和载体，它以其自身的传播速度快、互动性强和覆盖面广等特点，很好地实现了其自身的大众传播功能。当前我们要在传统的媒体上寻找新的突破，利用好网络媒体这一新型载体，让其成为传播社会主义核心价值观的强而有力的又一工具，为倡导和践行社会主义核心价值观而服务。

2. 人际传播功能

人际传播也称人际交流。它指个人与个人之间的信息传播活动，是社会生活中最直观、最常见、最丰富的传播现象。传统的人际传播方式有：谈话、书信、打电话等。随着网络媒体的迅速发展，在传统的人际传播的基础上出现了一种新的传播方式——网络人际传播。网络人际传播是一种区别于现实世界人际传播的新型的人际交往方式，具有快速性、超时空性、超链接、匿名性、虚拟性等特点，给人际传播中的网民带来了全新的刺激和体验。传媒技术的发展带来了人际传播方式的改变，互联网的延时传播、电子传播等技术打破了传统人际传播中的时空限制，跨越了传统的面对面人际传播的局限。

与此同时，网络出现后，网络中的人际传播也不可避免地影响到人的社会化。社会化的任务之一是培养健全的人格。人格也称为个性，是指个人具有的稳定的、综合的心理特征。它包括人对社会环境的态度和行为的积极特征，如需要、动机、兴趣、理想、观念、态度、行为等。另外，也指人的个性心理特征。个性的核心内容及形成、发展水平的标志是自我意识，即对于自己的特征及生理、心理状况的认识，例如，自我评价、自我感觉、自尊心、自信心、自制力、独立性、自卑感等。人们的自我意识，常常是以他人对自己的认识为镜子的。但是，在网络里，当一个人以各种不同的面目出现时，别人对他的认识也就难免失真。反过来，这些来自他人的评价，会使个体对自己的认识更加模糊，从而对人生观和价值观的形成产生巨大的影响。

社会化的另一项任务是将一致的社会价值观传达给个体，使个体接受与认同社会规范，保证社会的正常运行。但网络提供的是一个介于"似"与"不似"之间的虚拟社会。这一特点决定了它很难形成像现实世界那样强烈的社会规范，有很多行为也难以受到法律的明确约束。对于正在成长中的青少年来说，如果他们的社会化过程主要依赖网络来完成，那么危险是显而易见的：他们可能会把在网络中养成的任性、放纵、撒谎、不负责任、不守规矩等与社会主义核心价值观严重不符的习惯，也带到现实世界中来，如果他们过早地接触网络，那么，他们的社会价值观念可能会更加淡薄。网络媒体能够成为传播社会主义核心价值观的重要载体，是因为其人际传播这一特殊的功能，深深地影响着大众尤其是青少年的社会主义核心价值观的形成。

3. 社会功能

"社会功能就是社会群体对于社会运行以及其他群体的影响力和作用力，是社会各阶层的内在特性作用于社会的反应。"① 网络媒体一出现，就成为社会的重要组成部分，与人们的生活密切相关。网络媒体的出现，给人们带来了越来越多的惊喜：新闻传播、网络娱乐、网上聊天等等，网络媒体逐渐覆盖到社会方方面面的建设，人们生活也逐渐离不开网络媒体的存在。"当网络的社会化（网络归于社会，成为人们的共有财产）向个人的网络化（全灵上网，人人都会利用网络，网络成为人们生活中不可或缺的工具）转变的时候，个人必然要成为互联网的主宰。相应地，为个人提供集中化、专业化、个性化服务的网络应用必然逐渐成为主流。"② 成为主流的网络媒体，深入网民的生活当中，受其诸多功能的影响，逐渐深入人心。网络媒体作为一项影响逐渐深入的新型传播媒介，在社会主义核心价值观的传播中所起的作用尤为重要。而社会主义核心价值观要应用在主流媒体之一的网络媒体中，其社会功能这一主要功能不可小觑。被奉为一种经典性论断的传播的三个社会功能：守望、协调及教育功能，网络媒体全部都具备，而且由于网络媒体的开放性、交互性和匿名性等特点，使它区别于其他传播媒体，变成了一把"双刃剑"，既给我们传播社会主义核心价值观带来了积极正面的影响，也带来了消极负面的影响。

4. 其他功能

除了以上所提的大众传播和人际传播等功能之外，网络媒体还包含了许多自身的其他特殊功能，诸如育人功能、宣传功能等。网络媒体利用正确的舆论引导人，树立正确的舆论导向，在交流和互动的过程中，用正确的舆论引导大众，进一步促成正确舆论的形成，这就起到了很好的育人效果。因为在网络媒体这个大的环境中，包含着各式各样、错综

① 肖云颖：《互联网新媒体的社会功能与电子民主——以奥巴马大选中对网络新媒介的利用为例》，《青年作家》（中外文艺版）2010 年第 2 期。

② 覃征等：《网络应用心理学》，北京科学出版社 2007 年版，第 22 页。

复杂的信息，对这些错综复杂的信息进行筛选，按照一定的价值标准体系对受众进行引导，自然会起到良好的教育效果，从而实现其育人的功能。网络媒体的传播是双向互动的，具有交互性，这种交互式的引导教育，大大提高了社会主义核心价值观传播的有效性。在观点和观点的碰撞中，受众更容易接受社会主义核心价值观的内容，网络媒体的宣传作用也将得到更好的发挥。

（三）网络媒体在社会主义核心价值观传播中承担的责任

网络媒体的兴起对促进社会的发展有着重要作用。作为现代科学技术发展的产物，网络媒体这一媒介深深地影响着广大民众的生活，它为公众提供海量信息的同时，也为网民进行思想交流提供了广阔的平台，对广大受众的精神生活产生着巨大的影响，尤其是对网络依赖程度较高的广大青少年群体，网络媒体的兴起和发展对其人生观和价值观的形成影响更大。因此，网络媒体在一个国家的意识形态建设上肩负着重要的责任。增强网络媒体的责任、保障网络媒体传播信息的健康性和有效性，是网络媒体建设必不可少的重要组成部分。具体来说，网络媒体应承担的社会责任包括以下几个方面。

1. 承担着舆论引导的责任

舆论是公众所公开表达的信念、态度、意见和情绪表现的总和，它既在宏观上对社会有着巨大的牵引力，又对社会意识形态的建设有着重要影响。正因为如此，进行正确的舆论引导，是包括网络媒体在内的所有媒体应该肩负的一项重要责任。"对内以正确的舆论引导人，对外树立中国的良好形象"是网络媒体的根本工作任务。坚持正确的舆论导向，引导受众关注当前最为重要的事件，才能为社会主义核心价值观的传播和社会主义和谐社会的构建营造良好的舆论氛围。在我国，网络媒体不仅是信息传播媒介，还是党、政府和人民的耳目喉舌，是社会的舆论引导机关。网络媒体传播什么、不传播什么，都有一个舆论导向的问题。网络媒体应借助自身的技术优势和资源整合优势，坚持正确的舆论导向，旗帜鲜明地维护党和国家的利益，用实际行动来营造传播社会主义核心价值观的健康网络文化环境和良好社会风尚。

2. 承担着提供真实、快速、准确和权威新闻信息的责任

真实、准确是大众传播媒介的生命。网络媒体要想保持其旺盛的生

命力和强劲的扩张力，必须依赖于新闻的真实可信。网络的匿名性与高度的技术依赖性，为虚假信息提供了大行其道的温床。一些网站受商业利益的诱惑和驱动，用道听途说甚至是谣言和耸人听闻的大标题来吸引受众"眼球"，渲染版面。虚假信息和有害信息的传播可能在短时间内提高了网站的点击率，但它在实质上损害了受众和社会的利益，最终必然会因失去社会信任而得不偿失。因此，网络媒体应以认真、负责的态度，建立起一套规范的网上信息发布、把关制度，严格自律，遵守职业道德，用真实、客观、全面的信息和精辟深刻的分析影响受众，为社会提供真实而权威的新闻信息，树立网络媒体的公信力和良好的社会形象，成为尽心尽责的信息传播者与社会守望者，以更好地传播社会主义核心价值观。

3. 承担着新闻舆论监督的责任

所谓舆论监督，即社会公众及其组织者运用舆论对社会运行中一切有害现象进行批评、督察和预警的行为。网络媒体传播范围广，影响范围大，可以在舆论监督方面更好地发挥作用。如四川成都市"6·5"公交车燃烧事件、浙江杭州市飙车案、河南郑州市副局长"替谁说话"事件、浙江温州"7·23"动车相撞事故、重庆万州等等，网络媒体的舆论监督作用真可谓有目共睹。网络媒体舆论监督实质上是人民群众行使监督权力的一条重要途径，它可以冲破地域或行政级别等因素的限制，真正实现自下而上的监督，对事件的发展和解决起到推动和催化作用。有人把传媒称作"社会监视器"，就是说它具有预警和监督的功能，可以对社会起到一种监测、预警和调试、护卫的作用。所以，正确发挥舆论监督作用，监督政府的执政能力，监督社会发展状况和人们的言行舆论，监督社会主义核心价值观传播的状况，是网络媒体不可推卸的社会责任。

4. 承担着提供健康有益的休闲娱乐活动的责任

随着网络技术的日趋成熟和网络媒体所提供服务的日趋丰富、多样化，网络媒体的娱乐功能得到了越来越多网民的认可，越来越多的受众已经将其作为休闲娱乐的主要途径。网络媒体集视、听、图片和文字于一体，其多媒体的传播形式在为受众提供休闲娱乐方面有着传统媒体无法比拟的优势。据《第42次中国互联网络发展状况统计报告》显示，截至2018年6月底，中国网民规模达到8.02亿人，普及率达到57.7%，新增网民为 2968 万，较 2017 年底提高 3.8 个百分点。网络应用使用率排名前三甲的分别是即时通信（94.3%），网络新闻（82.7%），搜索引擎（81.9%）。同时，网络游戏、网络视频位列十大网络应用中。目前中国网络游戏用户规模为 4.85 亿，增长率为 9.9%。网络视频继续保持平稳增长，2017 年 6 月中国网络视频用户达 6.09 亿，用户使用率为 76%。中国网络文学用户规模为 4.05 亿，用户使用率为 50.6%。① 这表明，满足娱乐需求仍是网民进行互联网活动的一个重要目的。如何利用好网络媒体的娱乐功能，使之有效传播社会主义核心价值观，这就需要网络媒体为受众提供健康向上的休闲娱乐和丰富多彩的资讯信息，丰富受众的精神文化生活，使之在潜移默化中接受社会主义核心价值观的基本内容。

5. 承担着传播和传承先进文化的责任

作为我国新闻事业的重要组成部分，网络媒体担负着传递新闻和信息、传播知识和文化的重任。但是，网络上存在着一些不健康的文化，严重危害社会，损害了网络媒体的公信力。青少年作为社会主义核心价值观教育的重要对象，却在网络中处于弱势地位。据《第 42 次中国互联网络发展状况统计报告》显示，中国网民的主体仍旧是 30 岁以下的年轻群体，这一网民群体占到中国网民的 49.7%。对伴随着互联网成长的青少年来说，网络媒体对他们的思想观念、行为方式、生活方式都将产生不可估量的影响。西方国家凭借其在互联网上的强大技术优势，意图成为控制网上舆论的主流声音。在互联网上，如何传播、扩大自己的声音，如何保护和弘扬本民族文化的独特性，已引起了世界各国的广泛关注。作为传播先进文化的重要阵地，中国网络媒体应该承担起教育和引导青少年健康成长的社会责任，不断向青少年网民传递丰富的科学文化知识和优秀的民族文化遗产，加强社会主义荣辱观教育，并引导他们树立正确的世界观、人生观和价值观，塑造健康健全的人格。

网络媒体所应承担的社会责任是多样的。同时，又因为网络媒体在传播效果和社会影响力上已经凸显了越来越重要的作用，这就要求网络媒体要比传统媒体承担起更重要的历史使命和现实社会责任。只有承担

① 中国互联网络信息中心（CNNIC）：《中国互联网络发展状况统计报告（2018 年）》，（http：//www.cnnic.net.cn）。

起自己所应负的社会责任，网络媒体才能稳定健康发展，才能树立起良好的公信力和影响力，完成自己肩负的历史责任和使命。

（四）网络媒体对社会主义核心价值观传播的影响

自 1994 年我国正式接入国际互联网以来，仅仅十多年时间，我国网络媒体迅猛发展，从无到有、从小到大、从边缘到主流，不仅深刻改变着媒体传播的内在结构和总体格局，带来了传播领域的革命性变革，而且对人们的工作和生产手段、精神和文化生活产生着越来越重要的作用和影响。网络媒体具有比传统媒体优越得多的传播条件，能为社会主义核心价值观的传播拓展新的空间，提供新的载体，同时也为执政党用社会主义核心价值体系引领社会思潮提供了新的媒介和手段。当然，由于网络是一把"双刃剑"，网络媒体在为社会主义核心价值观的传播带来积极影响的同时，也带来了一些消极影响。

1. 网络媒体对社会主义核心价值观传播的积极影响

一方面，从传播学的角度看，社会主义核心价值体系建设也是一种特定的信息传播工作，是以社会主义核心价值体系为核心内容的价值观念的传播，其表达形式、运用手段与网络媒体有密不可分的联系；另一方面，网络媒体本身具有的教育宣传功能，也决定了其作为传播社会主义核心价值观的载体与手段、方法的作用和意义。

（1）网络媒体扩大了社会主义核心价值观的传播范围。网络媒体的功能和特性决定了它有极大的优越性，为促进社会主义核心价值观的传播提供了现实条件。首先，网络的出现极大地改变了人类生存和交往的方式，打破了时空的限制，拓宽了人们交往的范围。在网络这个虚拟世界里，交往不分年龄、性别、种族、国家。网络连接全球用户，覆盖的范围特别广泛，因此，社会主义核心价值观将得到更广泛的传播。其次，社会主义核心价值观贯穿于现代化建设的各方面，这就要求社会主义的经济建设、政治建设、文化建设和社会建设，必须体现社会主义核心价值观的要求。网络媒体具有信息量大、图文声像并茂的优势，社会主义核心价值观可以利用网络媒体这一新的平台得以传播。让人们更容易明白自己的奋斗目标，更积极地投身于社会主义核心价值体系的建设中来。

（2）网络媒体加快了社会主义核心价值观的传播速度。网络媒体的快速发展对社会主义核心价值观的传播速度也产生了重大影响。首先，网络技术的应用极大地提高了社会主义核心价值观的传播速度。网络传播速度快，时效性强，它可以在短时间内将各种最新信息传递给大众，使人们快速便捷地了解到社会主义核心价值观的相关内容。其次，网络缩短了人们的距离，冲破了时空限制。网络增强了人们的沟通能力，使人类与外部世界的联系发生了革命性变革，使世界各地的人们可以在网络中相互传播信息。互联网信息技术形成了网络化的信息高速公路，从而打破了传统的时空观，把距离缩短到了极限。再次，网络媒体更新信息周期短，能够在第一时间把最新消息公布出来，人们得以更好地掌握国内外时事政治的变化。以上分析表明，网络媒体传播社会主义核心价值观的速度更为快捷。

（3）网络媒体增强了社会主义核心价值观传播的吸引力。网络媒体可以通过文字、声音、图片、视频和动画等多种形式进行展现和传播，为受众提供色彩斑斓的图片、优美动听的声音、活泼可爱的视频，具有生动性、趣味性和灵活性。因此，以网络媒体为载体，有利于增强社会主义核心价值观的吸引力和感染力。利用电脑网络进行社会主义核心价值观的传播和教育，人们可以自己操控计算机，浏览学习组织者提供的素材，由被动的"说教"变为自主的学习领会。同时，传播教育的内容也由传统的单一枯燥的文件变为图文并茂、声影兼备的材料，从而使人们在不知不觉中把握社会主义核心价值观的科学内涵、基本内容和精神实质。

（4）网络媒体增强了社会主义核心价值观传播的说服力。网络具有虚拟实在性，在虚拟时空中，人们摆脱了时空的限制。不同地域、不同国度的人都能汇聚到一起，使世界各国、各民族的文化相互比较，从中找到各自民族的优缺点。中国网民也会在比较中深深体会到中国特色社会主义道路的来之不易，懂得改革开放的重要性，这对于坚定中国特色社会主义共同理想、提高民族自信心和自豪感、践行社会主义荣辱观等都有着重要的作用。网络的发展把社会的各种舆论搬到了网上，通过没有时空阻隔的网络针砭时弊，评议各国大政方针、揭露社会等问题，使人们感觉到中国特色社会主义的优越性，进而坚定自己的信念以更好地建设社会主义，从而增强社会主义核心价值观传播的说服力。

（5）网络媒体使社会主义核心价值观的传播更趋人性化。通过互联网络，任何国家和地区的人们都有平等获取知识和信息的权利。从某种意义上讲，这也体现了以人为本的科学发展观。首先，在网上人人平等，信息人人共享。无论是谁都有在网络上选择信息、获取信息。运用网络相互交流的人们之间是平等的。其次，网络环境下的社会主义核心价值观传播不再是一个被动过程，而是一个与网民们积极参与的过程，人们既可以接收信息，又可以反馈自己的信息，还可以在网络上畅所欲言，大胆发表自己的意见。这就改变了以前只能被动接受而无处诉说的局面，使社会主义核心价值观的传播更趋人性化。

2. 网络媒体对社会主义核心价值观传播的消极影响

在政治多极化和经济全球化发展趋势更为深入、多元文化思潮相互影响加深的世界环境中，我国经济社会取得巨大发展的同时，也面临着诸多的挑战。在这样的形势下，网络媒体在社会发展和社会主义核心价值观传播中的影响不可忽视。

（1）网络媒体对社会主义核心价值观传播造成强大的冲击。网络时代是一个传媒全球化的时代，发达的传媒打破了特定社会阶层、社会集团对信息的垄断。网络作为一种新媒体，具有自主性、隐蔽性、传播快、范围广、影响大等特点，正逐渐成为各种社会力量、各种利益群体表达思想和意志的场所。每一个上网者都可以通过一定的技术程序和网上协议程序传播或表达自己的意见和要求，互联网给人们营造了越来越丰富的话语权利。网络媒体不仅提供了个人自由的空间，而且极力张扬个人自由和全球化观念，这同国家的思想控制机制的作用是相抵触的，对这种机制本身起着瓦解作用，从而加大了社会主义核心价值观传播的困难。

（2）网络媒体成为西方发达国家进行意识形态渗透的工具。互联网一经产生，就迅速成为各种意识形态、价值观传播和斗争的新阵地。网络媒体为不同意识形态的渗透和扩张提供了技术条件，使原有的意识形态调控和导向面临极大困难，使国家间意识形态的竞争变得更加"短兵相接"，使网民同时成为受众和信息源。网络媒体消除了时间差距和空间差距，借助于电子网络毫无障碍地把信息扩散到世界的各个角落。西方发达国家，为了冲击社会主义国家的政治文化，加速和平演变进程，通过互联网络提供给用户大量的关于世界政治动态的看法，宣传自己的政治价值观念、政治信仰和政治理想等意识形态。久而久之就会影响到网民的政治导向和信仰的变化，造成对社会主义核心价值体系建设的冲击。

（3）网络媒体导致社会价值观念的多样化。在我国社会价值体系中，以马克思主义为指导的社会主义意识形态居于核心地位，起着主导作用，支配着意识形态的整体发展。社会价值体系的多样性是多种经济并存的必然结果，是我国多党合作的政党政治、社会阶层变化、人们现实思想文化水准不一、个人行为准则导向、价值评价观念差异的必然表现。但网络媒体为人类生活提供了全新的生存环境，消解了许多时空上的障碍，真正的个人化与个性化成为网络世界的根本特征之一。在网络社会这样一种虚拟的生存环境中，人类的个性得到了全面的张扬，个体真正地有了多样性选择的自由，因而也就使各种文化、意识形态共存于网络社会之中，形成网络社会价值体系的多样化特征。

总之，网络媒体在社会主义核心价值观的传播中发挥着重要的作用。当前，尽管网络有一些不可忽视的消极影响会冲击到社会主义核心价值观的传播，但我们应坚持马克思主义指导思想，坚持中国特色社会主义共同理想，坚持以爱国主义为核心的民族精神和以改革创新为核心的时代精神，践行社会主义荣辱观，将行政手段与法制手段有机地结合起来，以法制手段促进网络媒体建设和管理的健康发展，从而拓宽社会主义核心价值观传播的渠道，为社会主义核心价值观的传播提供更加健康和宽广的平台。

二　社会主义核心价值观对网络媒体的引领与指导

价值观对社会发展的重要意义在于共同的价值观对社会存在、稳定和发展的影响。"任何一个社会、一个国家都必须以一个共同的价值观念、政治信念来维系社会稳定、国家安全。"[1] 价值观念对社会稳定、国家安全的维系主要体现在一定的价值观念对社会生活的左右或指导。社会主义核心价值观是社会主义的思想根基和制度灵魂，作为社会主义价值体系中最基础、最核心的部分，它是社会主义革命、建设和改革开放历程中逐步形成和发展起来并指导社会健康发展的价值目标和观念，是

---

[1]　郑承军：《理想信念的引领与建构——当代大学生的社会主义核心价值观研究》，清华大学出版社 2010 年版，第 50 页。

我们社会主义实践过程中应该长期坚持的行为指向和准则。社会主义核心价值观对社会生活的引领和指导体现在社会生活的方方面面，网络媒体作为社会主义核心价值观传播的新途径和新载体，不仅担负着意识形态传播的重任，其自身的健康发展也离不开社会主义核心价值观的引领与指导，这对于信息时代多元文化冲突下核心价值观的建构和网络媒体的自身发展都具有重大意义。

（一）网络媒体需要社会主义核心价值观的引领与指导

网络媒体是信息时代发展的必然产物，网络媒体的存在为社会主义核心价值观的传播提供了更为广阔的空间和技术支持。社会主义核心价值观是社会意识形态的本质体现，作为社会主义意识形态传播的重要工具，网络媒体也是社会主义核心价值观传播的重要途径。

1. 社会主义核心价值观是社会主义意识形态的核心内容

价值观与意识形态是不可分割、密切联系的。"社会主义，无论是从社会理想、社会运动还是社会制度来说，都表征着一种无产阶级和广大劳动人民的自由解放息息相关的价值诉求。"① 社会主义首先是一种有别于资本主义的价值选择，因此必然有其独特的核心价值观。在社会主义价值理念中，社会主义核心价值观是指那些在社会主义价值体系中居统治地位、起指导作用的价值理念，是体现社会主义根本价值导向的主导价值观。它是社会主义核心价值体系的内核，引领着社会主义核心价值体系的建构，并通过整个层级体系外化为社会实际。

社会主义核心价值观是社会主义共同的价值观念，是一个社会、一个国家意识形态的要求和反映。社会主义核心价值体系是社会主义意识形态的本质体现。作为社会主义核心价值体系的内核和高度抽象，以及社会主义核心价值体系的精神和灵魂，社会主义核心价值观是社会主义意识形态的核心内容，是意识形态的形成、发展及其构建的评价标准，也是意识形态内容的主要体现。一方面，社会核心价值观体现并反映着一定的社会意识形态，影响着意识形态功能的发挥；另一方面，有什么样的社会意识形态就会有什么样的社会核心价值观与之相适应，意识形

---

① 田海舰、邹卫：《社会主义核心价值观论纲》，人民出版社 2010 年版，第 37 页。

态影响着人们的价值观，会对人们的价值观念、价值判断、价值取向提出指向。而价值观又不会孤立存在，往往与意识形态密不可分。从这个意义上说，社会核心价值观与社会意识形态是内在统一的，社会主义核心价值观是当代马克思主义意识形态的本质体现，是当代马克思主义意识形态的内核。

2. 网络媒体是社会主义意识形态的重要传播工具

社会主义意识形态决定了社会主义核心价值观的形成和构建，规定着社会主义核心价值观的性质和方向，以社会主义核心价值观为指导的人们日常生活方式是社会主义意识形态的当代样态。作为人们日常生活重要组成部分的网络媒体，不仅已经成为社会主义意识形态的重要传播工具，而且逐渐成为不同社会意识形态较量的主要阵地。

网络媒体作为信息时代的一种新兴媒体，与广播、电视、报刊等传统媒体相比有其独特的特点和无法比拟的优势。作为一种新的传播手段，网络媒体在信息内容、传播模式、传播范围、传播效果、传播受众等方面不仅拥有庞大的受众群体，而且拥有更为广阔的生存空间，网络生活也因此成为信息时代人们的一种生活方式。在社会主义核心价值观主导的社会形态下，网络媒体必然成为社会主义意识形态传播的新载体。同时，社会主义国家的网络媒体本身所具有的功能和属性也决定了网络媒体必然担负社会意识形态传播的重任。作为思想文化传播的重要途径和工具，网络媒体在社会主义核心价值观的引领和指导下，担负着社会主义意识形态的传播重任，并逐渐成为传播社会主义思想文化的前沿阵地。思想政治工作的实践说明，我们的阵地如果无产阶级思想不去占领，非无产阶级思想就必然会去占领。我们必须充分注意和吸取这种历史的经验教训。互联网已成为思想文化信息的集散地和社会舆论的放大器，我们要充分认识以互联网为代表的新兴媒体的社会影响力，高度重视互联网的建设、运用、管理，努力使互联网成为传播社会主义先进文化的前沿阵地，提供公共文化的服务平台，促进人们精神生活健康发展的广阔空间。因此，要充分利用好网络媒体的优势，更好地传播社会主义意识形态，使社会主义核心价值观在多元文化冲击和全球化境遇下形成牢固的社会共识，使网络媒体成为社会主义核心价值观传播的主阵地。

3. 网络媒体需要社会主义核心价值观的引领与指导

社会主义意识形态引领与指导下的网络媒体是社会主义核心价值观传播的重要工具，同时，网络媒体的自身特性决定了网络媒体要充分发挥其功能和作用，向着健康的方向发展，需要有社会主义核心价值观的引领和指导。加强社会主义核心价值观对网络媒体的引领和指导不仅体现出网络媒体与社会主义核心价值观传播的内在关联，也体现着作为传播工具的网络媒体在社会意识形态领域的重大作用。

相对于传统媒体而言，网络媒体集多种传播形式于一体，这些独有的特征，使网络媒体具有一定的优势，也有一定的劣势。网络媒体的发展现状、特征、社会功能以及它所承担的社会责任，要求我们要充分认识网络媒体的社会影响力，积极有效地利用网络媒体的优势传播社会主义先进文化，为社会主义现代化建设营造良好的氛围，努力推动社会主义文化大发展大繁荣，提高国家文化软实力，增强社会主义核心价值观的凝聚力；同时，我们还应该看到网络媒体所"催生"的各种问题对社会生活造成了严重危害，这些危害会对社会主义核心价值观的构建和人们对社会主义核心价值观的社会认同产生消极影响。因此，综合分析网络媒体的社会功能和责任、网络媒体的发展现状以及网络媒体自身特点，可以看出，作为社会主义意识形态的传播工具，网络媒体更需要社会主义核心价值观的引领与指导。

（1）从媒体的社会功能和社会责任来看。一方面，作为一种传播媒介，网络媒体不仅具有大众传播的功能，而且其功能更加强大，其作用不容忽视。"在每种大众传播媒介的功能中，都有正功能和负功能之分。"① 要充分发挥网络媒体的正功能，就需要加强对网络媒体的引领和指导。另一方面，作为社会主义国家的信息传播工具，网络媒体对社会和公众担负着一定的社会责任和义务，对网络媒体的引领和指导是社会主义文化建设的一个重要内容，因此，网络媒体更需要社会主义核心价值观的引领和指导。

（2）从网络媒体的发展现状来看。虽然互联网在我国的应用起步较晚，但是发展势头迅猛，我国互联网用户逐年剧增。目前，互联网对社

---

① 陈秉公：《思想政治教育学原理》，高等教育出版社 2006 年版，第 275 页。

会生活的影响越来越明显，互联网的应用正在走向多元化。虽然网络使用者的规模在逐步扩大，但是网络使用者存在年龄、文化程度、需求等差异，网络媒体的应用还主要体现在其娱乐功能上。这些问题，尤其是网络媒体快速发展所导致的相关法律、法规相对滞后的问题，也会进一步扩大网络媒体所"催生"的负面影响。这就需要通过社会主义核心价值观来引领和指导网络媒体的发展，在不断完善相关法律、法规的同时保证网络媒体的健康发展。

（3）从网络媒体自身特点来看。在网络媒体的开放、虚拟、平等、互动等网络环境下，信息污染、虚假新闻、知识侵权、网络安全等问题已成为阻碍网络媒体健康发展的重要因素。对于这些问题，除了必要的技术手段的控制和法律、法规的约束外，更需要通过必要的引领和指导，使网络媒体的应用者自觉避免其不良的影响。

上述分析可以看出，在我国，网络媒体一方面担负着传播社会主义先进文化的重任，另一方面，社会主义核心价值观对网络媒体的引领和指导保证着网络媒体的健康发展方向，这不仅是社会主义意识形态下网络媒体的责任使然，也是我国现阶段网络媒体自身发展的需要。

（二）社会主义核心价值观引领与指导网络媒体的具体要求

加强对网络媒体的引领和指导，体现出对网络媒体积极影响的发挥和对其消极影响的规避。社会主义核心价值观对网络媒体的引领和指导不仅体现了网络媒体的性质和发展方向，而且体现出对社会主义核心价值观构建的内在要求。因此，在探讨网络媒体与社会主义核心价值观传播的内在关联时，有必要从社会主义核心价值观的构建角度来分析社会主义核心价值观对网络媒体的引领与指导。我们可以从网络媒体传播者、网络媒体的受众、网络媒体的内容以及网络环境建设等几个方面来探讨社会主义核心价值观引领与指导网络媒体的具体要求。

1. 从网络媒体传播者来看

传播者是传播过程中的基本要素之一。在传统媒体的传播活动中，传播者对整个传播活动起着关键作用，传播者传播什么，甚至是传播者的素质、思想倾向、立场、价值观以及个人喜好都会直接影响到整个传播活动以及传播活动的效果。尽管人类社会的传播活动也具有双向和互动的性质，比如反馈渠道就是一个传播者与受众的双向互动的环节，但是，网络媒体的出现不仅使这一双向互动的功能进一步得到强化，而且实现了传播者与受众之间的即时互动，甚至使传播者和受众的角色不断地发生转化。因此，网络媒体传播者在整个网络媒体传播活动中拥有更加重要的地位，其作用和影响已使网络媒体成为一股独特的力量，并直接影响到现实社会生活的各个方面，对网络媒体的引领与指导更应该从网络媒体的传播者入手。根据前文对网络媒体传播者的具体分类，我们可以从以下几个方面来归纳对网络媒体传播者进行引领与指导的具体要求。

首先，加强理论学习。做好对网络媒体的引领与指导，要加强网络媒体传播者对理论的学习和掌握，尤其是对社会主义核心价值观等相关理论的学习，同时要积极主动传播相关理论知识，并坚持以社会主义核心价值观指导网络社会生活的方方面面。

其次，加强法律法规学习。除了相关的理论学习外，还应该加强网络媒体传播者对相关法律法规的学习，及时了解相关法律法规，有助于规范人们的网络行为，通过法律约束来避免不良网络行为的发生。

最后，加强职业技能学习和职业道德培养。网络媒体传播者要不断加强基本技能和职业技能的学习，以更好地适应网络技术的发展，顺利开展网络媒体传播活动。同时，对专门的网络媒体传播者还应该加强职业道德的培养，使其在正确价值观的指导下，将社会主义核心价值观内化为自己的自觉行为。

2. 从网络媒体受众来看

如前文所述，网络媒体的受众已经不再是被动的信息接收者，他们可以主动选择所需要的信息，并与信息的传播者进行即时互动。在网络环境下"信息不再被'推给'消费者，相反，人们将把所需要的信息'拉出来'，并参与到创造信息的活动中"①。网络媒体特殊的传播环境和信息传播方式使它们的受众呈现出与传统媒体受众不同的特征。"网络媒体大大提高了受众的地位，体现得最明显的就是互动性的增强。"② 由此

---

① ［美］尼古拉·尼葛洛庞帝：《数字化生存》，胡泳、范海燕译，海南出版社1997年版，第4页。

② 李永健：《新闻与大众传播通论》，中国人民大学出版社2003年版，第273页。

可以看出，网络媒体的受众同时又会参与到信息的创造或信息的发布活动中，其角色在传播者和受众之间转换，有时又同时兼具两种角色。当网络媒体发布信息后，信息在网络空间里自由传播或被自由接受，"新闻就在网民和网站，网民和网民之间的交互作用中不断成长丰富，这里面既包括了谣言，也包括了事实真相。受众的权利被空前地加大了"①。从网络媒体受众的特性和其日益增长的规模来看，网络媒体受众的作用也是影响网络媒体传播活动的重要因素之一。因此，加强社会主义核心价值观对网络媒体的引领与指导更应该考虑到网络媒体受众这一重要因素。

首先，加强对网络媒体受众的理论知识教育。做好社会主义核心价值观对网络媒体的引领与指导，对于网络媒体的受众而言，同样要加强对其进行社会主义核心价值观相关的理论知识教育，要发挥网络媒体的优势，使网络媒体受众真正掌握相关理论，并自觉坚持社会主义核心价值观的指导。

其次，加强对网络媒体受众的法律法规教育。在加强对网络媒体受众的理论知识教育的同时，还要注重相关法律法规知识的普及，通过法律法规的约束来预防和避免违法或不良行为的发生。

最后，加强对网络媒体受众的媒介素养教育。媒介素养教育应该作为信息时代一项基本的全民教育内容来普及，因为网络社会与人类社会密不可分，网络生活是人类社会生活的重要组成部分，并且其作用和影响日渐突出。信息网络时代，媒介素养体现为人们对媒体传播的各种信息的正确选择能力、理解能力、质疑能力，这样，人们对信息的评估能力、思辨性应变能力，以及创造和制作媒介信息能力就显得尤其重要，这是网络媒体受众正确选择、利用网络媒体的关键。

3. 从网络媒体内容来看

网络媒体的内容丰富多样，它涉及政治、经济、军事、文化、教育以及人们的学习、生活、工作的方方面面。内容是吸引受众，并取得传播效果的关键因素。网络媒体的内容同时又拥有自己独特的符号或规范，即网络语言来表达，还可以采取多种形式传播信息，集视、听、即时互动于一体，这也是网络媒体受众规模扩大的另一个主要因素。据历次中

---

① 李永健：《新闻与大众传播通论》，中国人民大学出版社 2003 年版，第 273 页。

国互联网络发展状况统计报告统计资料显示，网络新闻、网络言论、网络娱乐以及科学文化知识信息和商业、电子政务信息等网络媒体内容的应用使用率逐年提高。因此，加强对网络媒体的引领与指导，应该注重主流网站建设，进一步改进网络媒体内容的表现形式和传播方法。

首先，加强主流网站建设，增强网络媒体内容的权威性和公信力。网络媒体的内容包罗万象，各种信息泛滥、信息污染也日趋严重。加强对网络媒体的引领与指导，需要加强主流网站建设，通过主流的声音引导网络舆论的发展，进一步增强网络媒体内容的权威性和公信力。

其次，利用多种传播形式，增强网络媒体内容的吸引力。网络和计算机技术为网络媒体提供了多种传播形式，网络媒体可以综合利用广播、电视、报纸的内容，并在传播形式上整合利用，通过文字、图片、声音、动画、影像等多种信息形式以及即时互动，同时整合新兴网络媒体比如手机媒体、移动媒体资源，综合各种传播形式和途径，使网络媒体内容更具吸引力。

最后，改变传统的宣教方式，增强网络媒体内容的影响力。加强对网络媒体的引领与指导还应该改变传统的宣传教育方式，除了网络媒体内容的权威性、公信力，以及传播形式外，宣教方式也是其影响力发挥的重要因素。改变枯燥的理论灌输，要将理论相关知识寓于社会生活的方方面面，使人们在潜移默化中学习、掌握、坚持正确的理论指导，并形成社会共识，增强网络媒体内容的影响力。

4. 从网络媒体环境建设来看

"环境的规模不同，环境的认知方式也不同。"[1] 在信息社会里，环境的复杂性已经超出了人们的感知范围，人们对环境的认知只有借助媒介手段。一方面，媒介所构建的信息环境不仅制约人的认知和行为，而且会通过制约人的认知和行为对客观现实环境产生影响。正如美国新闻工作者李普曼所说："我们必须特别注意到一个共同的因素，这就是在人与他的环境之间插入了一个拟态环境，他的行为是对拟态环境的反应。但是正是因为这种反应是实际的行为，所以它的结果并不作用于刺激引发

---

① 郭庆光：《传播学教程》，中国人民大学出版社 2001 年版，第 124 页。

了行为的拟态环境，而是作用于行为实际发生的现实环境。"① 另一方面，网络的消极影响导致网络环境日益恶化，网络生态系统平衡失调已经开始严重影响到人们的日常生活。

可见，媒介所构建的信息环境和网络媒体所构建的虚拟环境对现实社会产生着影响。马克思和恩格斯认为："人创造环境，同样，环境也创造人。"② 信息环境、网络虚拟环境、社会环境都会对人们的思想产生潜移默化的影响和制约作用。但是人的主观能动性可以改变环境、创造环境、通过优化环境来为人的全面发展服务。因此，规范人们的网络行为，净化网络环境，加强网络媒体环境建设是引领与指导网络媒体健康发展的一项重要内容。

首先，加强网络思想政治教育。网络社会是人类社会的重要组成部分，网络思想政治教育工作是思想政治教育工作发展的要求，也是网络环境建设的需要。网络的虚拟性、开放性等特征会导致网络行为的失范，需要有针对性地开展网络思想政治教育工作来避免道德和行为的失范。同时，"信息网络化的发展，营造出了开放、互动的网络环境，拓展了思想政治教育的时空、手段和方式，并推动传统思想政治教育方式的不断变革"③。因此，加强网络思想政治教育还必须不断适应网络媒体的发展，及时运用新的途径和方式增强网络思想政治教育的实效性。

其次，及时制定、完善相关法律法规。对网络媒体的引领与指导，就网络媒体环境建设而言，还需要及时根据网络媒体的发展制定、出台相关的法律法规，对相关的法律法规要及时完善，通过法律手段来净化网络媒体的环境。

再次，有效地利用正确的舆论导向。以正确的舆论引导人，是环境优化的重要方法。网络媒体环境的优化，要依靠开展有效的网络思想政治教育和必要的法律约束，还需要依靠正确的舆论导向，形成一定的社会价值评价标准，来确保多元文化冲突下社会主义意识形态的主导地位。

---

① Lippmann, Walter, *Public Opinion*, Macmillan, New York, 1956, 15.
② 《马克思恩格斯选集》第 1 卷，人民出版社 1995 年版，第 92 页。
③ 郑洁：《博客在网络思想政治教育中的应用》，《重庆文理学院学报》2011 年第 2 期。

最后，建立高效的网络传播机制。高效的网络传播机制是网络传播活动顺利进行的保证，也是网络媒体环境建设的重要前提。通过传播机制的建立，保证信息传播的畅通、传播形式的多样、信息内容的真实以及及时的互动，来确保网络媒体传播的实际效果，引导网络媒体正功能的发挥，预防和消除网络带来的负面影响。

（三）社会主义核心价值观引领与指导下的网络媒体发展

社会主义核心价值观对网络媒体的引领与指导包含了丰富的内容，其实质体现了社会主义意识形态的本质要求和社会主义国家网络媒体发展的必然规律，也反映着网络媒体与社会主义核心价值观传播的内在关联。社会主义核心价值观对网络媒体的引领与指导对于社会主义核心价值观的构建和网络媒体自身的发展都具有重要意义，而其重要意义要在社会主义建设过程中切实并长期发挥作用，就必须不断适应网络媒体的发展要求，使社会主义核心价值观的引领与指导从自发走向自觉。

1. 社会主义核心价值观引领与指导网络媒体的基本内容

社会主义核心价值观对网络媒体的引领与指导体现了核心价值观对社会生活的重要影响和对网络媒体发展各方面的具体要求，在引领与指导的过程中，其基本内容应该包括以下几个方面：

（1）加强马克思主义理论的宣传教育，坚持马克思主义指导思想。社会主义核心价值观对网络媒体的引领与指导，首要的内容就是网络媒体要在大力传播马克思主义理论的同时坚持马克思主义的指导思想。马克思主义指导思想是社会主义核心价值体系的灵魂，马克思主义为我们提供了正确的世界观和方法论，对网络媒体的引领与指导，坚持马克思主义为指导思想，就坚持了社会主义网络媒体的性质和方向，就能够牢牢把握住正确的导向，牢牢坚守住马克思主义阵地，营造良好的网络舆论氛围和环境。

（2）以网络媒体为阵地，营造中国特色社会主义共同理想的网上精神家园。"理想信念，是一个政党治国理政的旗帜，是一个民族奋力前行的向导。"① 尽管网络虚拟社会是人类社会的延伸，但其影响又会直接作用于现实社会，网络化生存已经成为信息时代人类的基本生存方式。社

---

① 《十六大以来重要文献选编》（中），中央文献出版社2006年版，第636页。

会主义核心价值观对网络媒体的引领与指导，就是要以网络媒体为主要阵地，在互联网上营造中国特色社会主义共同理想的网上精神家园，在共同理想的指引下，为实现人类社会的共同目标而奋斗。

（3）以网络媒体为平台，将民族精神和时代精神发扬光大。民族精神和时代精神是一个民族自立于世界之林、不断发展的精神支柱，是社会主义核心价值体系的精髓，它们共同构成中华民族自立自强的精神品格，成为推动中华民族伟大复兴的精神动力。对网络媒体的引领与指导，要充分利用网络媒体的优势，以网络媒体为平台，利用一切丰富资源和优秀的精神产品，大力弘扬以爱国主义为核心的民族精神和以改革创新为核心的时代精神，将民族精神和时代精神发扬光大，使人们始终保持昂扬向上的精神状态。

（4）在网络社会积极倡导和践行社会主义荣辱观。社会主义荣辱观解决的是人们行为规范的问题，是当今时代引领社会风尚的一面旗帜，它使人们的践行有了遵循和标准。用社会主义核心价值观引领和指导网络媒体的发展，就是要利用网络媒体培养和塑造社会主义荣辱观，在网络虚拟社会里积极倡导社会主义荣辱观，进一步规范人们的网络行为，自觉践行社会主义荣辱观。

2. 社会主义核心价值观引领与指导网络媒体的实质

社会主义意识形态下的网络媒体坚持以社会主义核心价值观为指导，是社会主义意识形态的本质要求，它反映着网络媒体与社会主义核心价值观传播的内在关联。作为社会主义核心价值观传播的新兴载体，一方面，网络媒体担负着传播社会主义核心价值观的重任；另一方面，社会主义意识形态下的网络媒体，必然要坚持社会主义核心价值观的引领与指导。这一内在关联也反映出社会主义核心价值观对网络媒体引领与引导的实质，这可以从以下几个方面来理解：

（1）树立社会主义意识形态的主导地位。对网络媒体的引领与指导实际上就是通过社会主义核心价值观来引领和指导网络媒体的发展，使网络媒体坚持正确的发展方向和性质，利用网络媒体的优势加大主流意识形态的传播教育，使网络媒体成为主流意识形态传播的主阵地，逐渐树立社会主义意识形态的主导地位。

（2）尊重差异、包容多样。差异性和多样性是当今世界发展的客观现状，是现代社会的显著特征，也是文明发展的必然趋势。社会主义核心价值观对网络媒体的引领与指导体现了坚持马克思主义指导思想，坚持用马克思主义的立场、观点、方法来认识和解决网络社会生活的问题，对于多元文化和意识形态冲突，要采取尊重差异、包容多样的态度，在辩证统一中构建社会主义核心价值观。

（3）网络媒体自身健康发展。网络媒体是一把"双刃剑"，在其发展过程中，法律手段的效果有一定的滞后性，积极的引领与指导是预防和弱化网络媒体消极影响的有效举措，规避网络媒体的消极影响要坚持社会主义核心价值观的引领与指导，这是网络媒体向着正确方向发展的保证，也是其自身健康发展的内在要求。

（4）形成社会主义核心价值观的社会共识。社会主义核心价值观对网络媒体的引领与指导就是要通过网络媒体积极传播社会主义核心价值观，用社会主义核心价值观指导人们的思想和行为，形成社会主义核心价值观的社会共识。

（5）自觉抵御外来文化侵略。在全球化与多元文化冲突带来的机遇与挑战的同时，加强用社会主义核心价值观引领与指导网络媒体就是要使网络媒体成为社会主义先进文化传播的主阵地，抓住全球化与多元文化冲突带来的机遇，自觉抵御外来文化的侵蚀。

3. 社会主义核心价值观引领与指导网络媒体从自发到自觉发展

引领与指导强调的是正面的要求和指导，强调主体对客体的控制和指挥作用。网络媒体的特征决定了网络媒体的负面影响不可避免，规避其负面影响，发挥网络媒体的正功能，需要一个引领与指导的过程。网络媒体的不断发展，网络社会生活的复杂性，导致对网络媒体引领与指导是一个长期的过程。尤其是在社会主义初级阶段，社会转型期对社会各方面带来的复杂影响，网络作为人们的生存方式更需要社会主义核心价值观的引领与指导，使网络媒体的发展牢牢坚持社会主义的性质和方向。这种自发的引领与指导应该长期坚持，这是保证网络媒体健康发展和坚持其性质和方向的前提。另外，随着网络媒体的快速发展，在坚持正确的发展方向的同时，要使社会主义核心价值观对网络媒体的引领与指导从自发走向自觉，也就是说网络媒体的发展要自觉坚持正确的方向和性质，不断地自我完善，自觉积极传播社会主义核心价值观，使网络媒体成为社会主义核心价值观传播的主阵地，使社会主义核心价值观形成更为广泛的社会共识。这样，网络媒体的功能才能更加彰显，人们对社会主义核心价值观的认同才能更加牢固。这需要做好以下几个方面的工作：

（1）利用网络媒体的优势，加大社会主义核心价值观的宣传力度。首先，在网络上加强对马克思主义的宣传力度。坚持用马克思主义武装思想，武装网络媒体这一社会主义核心价值观的重要宣传阵地和传播载体，用马克思主义理论武器引导网络媒体的舆论导向，以此呼吁青少年树立正确的人生观和价值观，培养现代青少年的政治敏感度。其次，利用信息网络媒体的独特优势，广泛开展中国特色社会主义共同理想宣传普及活动，形成强大舆论声势和浓厚舆论氛围。与此同时，营造符合中国特色社会主义的网络环境，引导广大受众做共产主义远大理想和中国特色社会主义共同理想的坚定信仰者，使广大受众自觉地形成正确的人生观和道德观，扭转我国在网络媒体上开展意识形态斗争的被动局面。

（2）用社会主义核心价值观净化网络环境，构建和谐的网络文化。和谐的网络文化是指一种崭新的文化形态和文化现象，它以和谐为思想内核和价值取向，以互联网络、移动通信等人类的最新科技成果为载体，依托发达的信息传输系统，通过特定的网络语言、数字化符号来倡导、传播和谐的思想观念、价值体系、文化产品、行为规范和社会风尚等。和谐网络文化的最核心内容是崇尚和谐理念，体现和谐精神；追求和谐关系，构建和谐社会。和谐网络文化以"和谐"作为其基本的价值取向，这对构建社会主义核心价值体系、促进社会主义和谐社会的建设有着巨大的推动作用，对青少年社会主义核心价值观的形成也将产生至关重要的影响。构建和谐的网络文化，对于传播社会主义核心价值观、保护青少年的健康全面发展具有十分重要的意义。我们应该通过和谐网络文化的熏陶和哺育，提高青少年的境界、情趣、品位，培养乐观豁达、宽容的精神，塑造自信、理性平和、积极向上的社会心态，以开阔的心胸和积极地心境看待一切，用理性合法的方式表达利益诉求。这对于传播社会主义核心价值观和促进社会主义和谐社会的建设有着巨大的推动作用，对青少年社会主义核心价值观的形成也有着至关重要的影响。

（3）用社会主义核心价值观武装思想，提高人们构建社会主义和谐社会的责任心。社会主义现代化建设是中国 13 亿同胞的共同责任。作为社会主义国家，我们尤其要注意利用社会主义核心价值观武装思想，武装诸如网络媒体这样的思想传播阵地。值得一提的是，青少年是我国社会主义事业的接班人，使用网络媒体较多的也是广大青少年群体，我们更应利用网络媒体这一新兴载体提高青少年的社会责任感，培养其精神信仰。坚持用社会主义荣辱观加强对广大网民的道德修养教育，使广大受众知荣明耻，完善自我。社会主义荣辱观是在基于我国的国情下所提出的，在社会主义市场经济的前提下，提高广大受众的道德修养和社会主义荣辱观，让广大受众在充斥着良莠不齐信息的网络海洋中知道选择什么，抵制什么是至关重要的。网络文化置身于流行文化的炫目光环里，很容易使人迷失自我，在道德判断和行为方面出现一些问题，甚至出现道德失范的情况。为此，应引导广大网民学会做人，明白做人的基本行为准则，不断加强自身道德修养，加强对网络文化的思想引导，坚持用社会主义核心价值观作为思想引导的武器。对于广大网民来说，技术的革新带来的不仅仅是单纯的信息积累和"信息大爆发"，而更应该以社会主义荣辱观武装网民的头脑，使其做出正确的价值选择。

总之，网络媒本的发展对社会主义核心价值观的传播关系重大，只要我们积极探索正确有效的传播途径，必将对我们构建社会主义和谐社会形成重要、积极的推动作用。我们要营造一个健康、和谐的网络媒体环境，使网络媒体既能够有效传播社会主义核心价值观，又能用社会主义核心价值观来武装网络媒体，从而推进社会主义现代化建设，共同构建社会主义和谐社会。

第二节　网络媒体传播社会主义核心价值观的基本原则

了解和把握社会主义核心价值观的传播现状后，如何将社会主义核心价值观的内容和精髓转化为社会群体意识，融入日常工作生活之中，使其内化为社会大众的价值观念，外化为社会大众的自觉行动，就成为当前最紧要的工作。社会主义核心价值观只有通过有效的传播，方能发挥其引领社会思潮，帮助人们树立正确的世界观、人生观、价值观的重要作用。社会主义核心价值观作为社会主义意识形态的本质体现，其发挥功能的过程就是人们逐渐接受并对之认同的过程，即意识形态的政治社会化过程。在不断完善和发展社会主义核心价值观的同时，必须加强对其传播和政治社会化过程的关注。

利用网络媒体传播社会主义核心价值观就如同盖大厦，既要有良好的理论基础，又要把握良好的构建原则。良好的理论基础为大厦提供了夯实的地基，而构建原则则为大厦的建成提供了基本结构。只有地基实了、结构稳了，才能增强网络媒体对社会主义核心价值观的传播，从而为用社会主义核心价值观引领社会主流价值、增强马克思主义活力、推动中国特色社会主义事业的顺利发展，提供积极健康的价值取向和精神保证。

一　一元与多样共建原则

建设中国特色社会主义事业，构建社会主义核心价值体系，确立社会主义核心价值观，是时代发展的客观要求。马克思主义指导思想，是中国各项事业的基石。所谓一元与多样共建原则，即是指网络媒体在传播社会主义核心价值观的过程中，必须坚持以马克思主义为指导，传播的内容必须符合马克思主义价值观的要求。在注重一元指导的同时，又要注重多样发展，吸收各种优秀的传播方式，并将它们融入网络媒体对社会主义核心价值观的传播中去，使人们更好地接受社会主义核心价值观。

一元与多样共建原则是网络媒体传播社会主义核心价值观的基础性原则。这一原则主要有两层含义：一是在确立网络媒体传播的内容体系时，要坚持正确的方向，即坚持一元思想指导，也就是坚持以马克思主义为指导，传播的内容必须符合马克思主义，绝不能将其他违背马克思主义的内容混淆进来；二是在确立网络媒体传播的内容体系时，既要丰富和发展传播内容，增强社会主义核心价值观的广泛性，又要创新和改革传播模式，提高网络媒体传播社会主义核心价值观的有效性。

二　建设与管理并举原则

建设与管理并举的原则是指在建设网络媒体的同时制定相应的管理

机制，将网络媒体的优越性充分发挥出来，从而增强社会主义核心价值观传播的实效性。在建设网络媒体时，我们要做到"建设为主、管理为重"，坚持全面建设网络媒体，重视管理机制的完善。

运用网络媒体传播社会主义核心价值观，建设社会主义核心价值体系，是以改革创新为核心的时代精神的具体表现，是增强社会主义意识形态的影响力，形成社会主义社会良好社会风气的重要途径。网络作为人类新的社会活动、信息传递的平台，为社会主义核心价值观的传播带来新的机遇的同时，也使其面临着挑战。要推动互联网、大数据、人工智能和实体经济深度融合，要以积极的态度、创新的精神，大力发展和传播健康向上的网络文化，切实把互联网建设好、利用好、管理好。掌握网络的本质特征，结合受众的接受心理，加强网络媒体的创新建设和管理，充分发挥网络媒体的效用，是构建网络媒体传播社会主义核心价值观的重要途径。

三 使用与发展并重原则

任何事物的产生都有一套符合自身发展的规律，只有了解和掌握事物发展的规律，在实践过程中将现实情况与事物发展规律有机结合起来，才能更好地发挥事物原有的作用。20 世纪以来，网络的产生给信息的传递和人类的交流带来了便利。随着网络技术的更新发展，21 世纪不仅是一个信息爆炸的时代，更是一个网络社会崛起的时代。网络从最初的信息交流发展到今天人们网络生活的兴起，网络更多地进入了人们的日常生活。网络已经从单纯的通信技术突变为一种复合的社会平台，成为人类向虚拟空间延伸的重要媒介。

随着网络社会的不断发展，意识形态领域的斗争也在向网络蔓延。不同意识形态、不同社会价值观通过网络向人类宣传各自的理念，人们也通过网络更多地接触到形形色色的价值观念，并从中选出符合自身发展或者与自己价值观念相同的内容。马克思主义、社会主义核心价值观作为社会主义的主流思想和价值观，在网络中必须起到正确引领其他社会思潮和价值观念的作用，而网络媒体的产生与发展，就应该保障马克思主义和社会主义价值观念在网络社会以及现实社会中的主导地位。

坚持使用与发展并重原则，是指在网络媒体传播社会主义核心价值观的过程中，既要注重网络媒体的正确使用，又要关心网络媒体的自身发展。网络媒体作为一种新生事物，我们在应用时应该了解和掌握网络媒体的发展规律，并且将这一规律与社会发展的现实情况相结合，更好地发挥网络媒体的自身优势。世界风云变幻莫测，事物也会随着周围环境等因素的变化而改变。我们应该总结和归纳网络媒体在建设、发展中的经验，不断开拓网络媒体的传播视野，促进网络媒体的自身发展，使网络媒体更加符合社会主义核心价值观有效传播的需要。

四　引导与过滤结合原则

引导与过滤结合原则是保障社会主义核心价值观传播的渗透作用，确保马克思主义指导地位的重要原则。所谓引导与过滤结合原则，是指网络媒体在传播社会主义核心价值观的过程中，对其他意识形态、社会思潮和价值观念主要通过引导为主，形成社会主义核心价值观引导其他价值观念发展的主流形势。当发现有极端负面的信息和错误社会思潮时，就必须过滤，尽量减少这些负面信息对人类社会的影响。

在建设中国特色社会主义事业的过程中，马克思主义思想为我们的建设、改革指明了方向。中国历史发展的经验告诉我们，只有坚持马克思主义毫不动摇，以实事求是的态度做事，我们才能在各项事业中取得胜利。社会主义意识形态是社会主义发展的思想基石，是确立共产主义理想、建立社会主义价值观的思想保障。在各种社会思潮相互碰撞日益频繁的今天，社会成员的思想发生了巨大的变化。一些人受到西方思想的影响，开始追求西方所谓的民主、自由，对马克思主义的指导地位和共产主义理想产生了冲击。所以，确立社会主义核心价值观的引导地位，引领社会思潮的发展，过滤极端思想的腐蚀，是网络媒体有效传播社会主义核心价值观的当务之急。

五　高雅与通俗兼顾原则

坚持高雅与通俗兼顾原则，是网络媒体传播社会主义核心价值观的又一重要原则。高雅不是清高，人民群众的物质生活不断提高，人们不再只追求物质上的文明，而是更加注重精神文明的发展。高雅就是满足人民对精神文明不断追求的愿望。通俗不是低俗，通俗是大众化的一种具体表现。社会主义核心价值观与西方资本主义价值观的本质区别就在于，社会主义核心价值观不是一部分统治阶级为了统治被统治阶级的强制性的价值观，而是最广大人民群众共同利益的具体表现，是符合社会发展的基本规律，满足人的自由而全面发展的主流价值观。

坚持高雅与通俗兼顾原则，要求社会主义核心价值观在本质上必须同西方资本主义庸俗价值观区分开来，在内容上必须符合中国先进生产力的发展要求，符合中国先进文化的前进方向，符合中国最广大人民群众的根本利益；在形式上它不是任何少数人统治多数人的价值观，而是最广大人民群众共同利益的具体表现，是集体主义价值观的具体表现。在传播过程中，必须以广大人民群众为主体，实现大众化的传播，以人民群众满意不满意、接受不接受作为传播效果好坏的评定标准。

在网络媒体传播社会主义核心价值观的过程中，必须掌握社会主义核心价值观和西方资产阶级价值观的本质区别，区分庸俗价值观和先进价值观的内容。在传播过程中，既要提升社会主义核心价值观的层次，又要正确对待高雅与自傲、通俗与低俗的区别。通过大众化的传播方式，注重大众化传播，合理利用网络媒体传播先进的价值观念，使社会成员形成符合中国特色社会主义各项事业发展的社会主流价值和共同意识。

第三节 网络媒体传播社会主义核心价值观的机制

网络媒体集文字、声音、图像、视频等多种传播形式于一身，集报纸、广播和电视等传统媒体的各种优势于一体。作为重要的信息载体，网络媒体越来越成为社会主流意识形态、社会主流价值观传播的重要工具和主要阵地。"机制"一词原指机器的构造和运作原理，现已广泛用于各学科的研究，通常借指为"引发研究对象发生规律性变化，决定研究对象存在状态的作用原理和作用过程"①。"应用到社会科学领域中，机制用以表示社会的政治、经济、文化活动各要素之间的相互关系、运行过

---

① 邱伟光、张耀灿：《思想政治教育学原理》，高等教育出版社 1999 年版，第 205 页。

程及其形成的综合效应或社会组织、机构的内部结构及其运行原理。"①
因此，"机制是有机体事物各要素之间的相互适应、相互制约、自行调节
的自组织，其功能是耦合的，其形式是动态的"②。网络媒体传播社会主
义核心价值观的机制，是指网络媒体在传播社会主义核心价值观的过程
中，各构成要素按一定的组合方式而形成的因果联系和运行方式，它同
样是一个动态的过程。

网络媒体传播社会主义核心价值观的有效机制包括：选择、控制、
反馈机制；引导、协调、整合机制；渗透、扩散、教育机制和大众参与
机制，它们之间是一个相互联系、相互影响的整体。有效的传播机制是
网络媒体传播社会主义核心价值观的关键，也是社会主义核心价值观引
领社会思潮的关键。"由于社会主义核心价值体系和其他社会思潮并存共
生，彼此渗透，因而建立科学有效的引领机制就成为解决'怎样引领社
会思潮'的首选之举。"③ 有效的机制不仅是社会主义核心价值观传播取
得实际效果的有力保障，更有利于形成社会主义核心价值观培育和建设
的良好氛围。因此，在利用网络媒体传播社会主义核心价值观的过程中，
如果机制建设不到位，社会主义核心价值观传播的重任就无法顺利实现。

一　选择、控制、反馈机制

选择、控制、反馈三个方面是一个相互联系、相互影响的整体，这
主要体现在信息传播方面。在网络的开放性、虚拟性的环境下，信息的
选择、控制、反馈尤为重要，这不仅是网络文化健康发展的需要和构建
和谐社会的要求，也是培育和构建社会主义核心价值观的关键和保证。

（一）选择机制

互联网的特性以及其"催生"的问题往往会导致网络信息泛滥，甚
至会出现网络犯罪等更多社会问题，人们的信息焦虑使人们对网络的安
全越来越担忧。建立合理的选择机制可以进一步净化网络环境，为社会

---

① 邱伟光、张耀灿：《思想政治教育学原理》，高等教育出版社 1999 年版，第 205 页。
② 张耀灿：《思想政治教育学前沿》，人民出版社 2006 年版，第 257—258 页。
③ 郑洁：《社会主义核心价值体系引领社会思潮研究综述》，《陕西行政学院学报》2009 年
第 4 期。

主义核心价值观的传播营造良好的氛围，同时也可以更好地将社会主义核心价值观寓于网络生活的方方面面。如何进行有效的选择，主要有以下几个方面。

1. 优化信息供给

网民的信息需求是多样的，网络的海量信息满足了不同人群的信息需求，但是，各种不良信息也不可避免地给人们带来了影响和危害，甚至带来了网络犯罪事件的发生。因此，在满足人们信息需求的同时，也要进一步优化信息供给，从信息源上保证信息的质量，减少信息的负面影响，从而为社会主义核心价值观的传播和构建创造良好的环境。

2. 正确履行"把关人"职责

信息时代，政府和相关部门应该正确履行"把关人"的职责，确保信息的供给。正确履行"把关人"的职责并不仅仅是要在信息的选择上把好关，而是要保证信息传播渠道的畅通，保证信息的客观、公正传播；不是要简单地控制甚至阻止对政府有负面影响的信息的传播，而是要在面对民众的质疑时，要保证能够及时主动地回应质疑。这样才能保持政府的公信力，才能增强网络媒体传播社会主义核心价值观的影响力，否则，人们将会失去对社会主义核心价值观的认同感，也会对政府失去信心。

3. 开展媒介素养教育

信息时代，加强人们的媒介素养教育是正确、主动选择信息的关键。信息时代，选择机制的建立迫切需要人们能够正确解读和识别媒介的信息，能够合理选择和合理使用媒介，理性参与信息的传播。媒介素养不仅是信息时代的人们应该具备的一项正确、合理地主动选择信息的基本素质，也应该是净化网络环境的重要保证之一。

（二）控制机制

控制机制是通过有效的控制手段达到信息传播的实际效果，网络社会的健康发展需要有效的控制机制来预防和阻止各种危害网络社会发展的行为，有效的控制机制的建立能进一步规范人们的行为，促进社会主义核心价值观的有效传播。

1. 建立技术控制体系

网络上大量的有害信息需要通过技术上的手段进行控制，要建立一套完整的网络警察监管系统，建立一套通过软件过滤等技术手段对信息进行有效筛选和监控的系统，来维护网络社会的安全，从而为更好地传播和构建社会主义核心价值观提供良好的环境。

2. 建立道德规范机制

建立道德规范机制是弘扬和传播社会主义核心价值观的内在要求。要通过道德规范机制来约束人们的行为，通过道德规范对网络上不道德的行为和偏离社会主义核心价值观轨道的行为进行劝诫、谴责和引导，在网络社会营造一个良好的道德舆论氛围，逐渐使社会主义核心价值观由理论变为现实，由抽象变为具体。

3. 健全法律约束机制

社会主义核心价值观的主导地位及其实现需要社会主义法律作保障。保证网络媒体对社会主义核心价值观的有效传播，不仅需要进一步健全法律约束机制，以法律手段来约束网络社会的行为，还要通过法律手段把社会主义核心价值观所要求的基本权利和义务确定下来，保证社会主义核心价值观建设的顺利进行。

（三）反馈机制

反馈是实现更好的协调和控制的重要手段。网络媒体有效传播社会主义核心价值观需要建立有效的反馈机制，通过反馈可以及时对传播的方式进行调整、控制和改进，进一步提高社会主义核心价值观传播的针对性和实效性。通过反馈能够及时了解人们关注的热点问题、人们的思想状况以及社会主义核心价值观的传播情况，从而及时与人们进行交流、沟通和互动。建立有效的反馈机制，首先要建立一套完整的舆情上报、分析、研判体系，及时了解和收集网络舆情，并保证舆情的客观、公正。其次要利用网络媒体建立一个良好的交流、互动平台，并确保与网民之间沟通渠道的畅通。

二　引导、协调、整合机制

网络媒体的特性和功能使其具备了引导、协调和整合的能力，引导、协调、整合机制的完善和建立是网络媒体有效传播社会主义核心价值观的重要保证。

（一）引导机制

网络媒体的信息传播可以使人们逐渐消除不确定性，同时网络媒体所传递的信息也会引导着人们按照网络媒体所设置的方式来认识事物，从而在一定程度上影响人们的生活方式及行为，甚至影响人们的思维方式、价值判断。"文化传播活动不仅是人们日常生活的信息来源，而且成为生活方式的重要组成部分，并引导和推动着生活方式的变迁。"① 信息时代，网络媒体应该成为引导人们形成正确的世界观、人生观、价值观的重要工具，帮助、促使人们从他律走向自律，引导人们树立与社会主义核心价值观相符合的价值取向和精神追求。

1. 要建立主流意识形态的主阵地

互联网时代，网络媒体不仅要积极主动地传播主流意识形态，更要形成代表主流意识形态的强大阵地。思想宣传阵地，社会主义思想不去占领，资本主义思想就必然去占领。特别是在西方意识形态的渗透作用下，网络媒体更应该发挥主流意识形态的阵地作用，引导民众辨别是非，接受和认同社会主义核心价值观，摆脱错误思想意识的影响。

2. 要合理地设置议程

人们对社会主义核心价值观的认同需要一个过程，网络的特性迫切要求改变以往简单的灌输传播方式和说教教育方式，通过合理的议程设置可以使人们在接触媒介时，在耳濡目染中自然而然地接受社会主义核心价值观，引导人们形成对社会主义核心价值观的认同。

3. 引导要有针对性

引导要具有针对性，这是社会主义核心价值观传播取得实效性的关键。要牢牢抓住人们关注的热点问题，要针对特定的人群尤其是青年学生，及时帮助人们解决问题，在解决问题的同时通过社会主义核心价值观来教育和引导他们，而不是将社会主义核心价值观的内涵以空洞的说教灌输给他们。

（二）协调机制

社会转型期，各种社会矛盾和问题进一步凸显，尤其是在网络社会中，人们在网络上表达着不同的利益诉求，假如没有适当的引导和协调，

---

① 胡申生：《传播社会学导论》，上海大学出版社 2002 年版，第 163 页。

势必影响网络社会的健康发展，也会直接影响到社会主义核心价值观的有效传播。马克思指出："人们奋斗所争取的一切，都同他们的利益有关。"① "'思想'一旦离开'利益'，就一定会使自己出丑。"② 可见，人们的利益追求构成了人们的价值取向的重要内容。"随着所有制结构、经济成分、利益分配方式的变化，形成了多种利益群体，人们的利益发生了结构性的变化，利益矛盾也随之凸显出来。"③ 社会结构在分化的同时，也使各种社会思潮纷纷登上意识形态的舞台。在全球化的背景下，新的社会阶层的不同利益诉求和不同社会理想不断催生新的社会思潮，从而在我国意识形态领域形成多种社会思潮，并争夺话语权。同时在"富国强民"的强烈愿望下，乐观地认为只要引进西方制度就能快速实现现代化的"理念崇拜"依然存在，这直接对社会主义核心价值观提出了挑战。因此，网络媒体作为传播社会主义核心价值观的重要阵地，要充分发挥其协调功能，采用多种形式进一步协调人们不同的利益诉求和思想，及时化解各种社会矛盾和问题，在坚持社会主义核心价值观的指导下，实现好、维护好最广大人民群众的根本利益，把不同的利益诉求和表达整合到主流意识形态中，提高主流意识形态的影响力，让更多的社会阶层和利益群体找到归属感和认同感，形成主流意识形态忠实的支持者和拥护者，使他们逐渐认同社会主义核心价值观，为构建社会主义核心价值观提供积极有效的支撑，从而确保社会主义核心价值观的有效传播。

（三）整合机制

整合是网络媒体特有的功能，也是网络媒体充分发挥其功能的重要保证。网络媒体传播社会主义核心价值观有着巨大的优势：网络媒体拥有强大存储功能，拥有海量信息；它集多媒体、动画、互动及数字技术等多种丰富的信息形式于一体，能进一步增强信息传播的灵活性、趣味性和丰富程度；网络媒体传播模式多样化，且传播速度快，时效性强。这些丰富的资源优势可以通过有效的整合形成强大合力，增强社会主义核心价值观传播的实际效果。这可以从以下几个方面入手：首先，通过

---

① 《马克思恩格斯全集》第 1 卷，人民出版社 1956 年版，第 82 页。
② 《马克思恩格斯全集》第 2 卷，人民出版社 1957 年版，第 103 页。
③ 田海舰、邹卫：《社会主义核心价值观论纲》，人民出版社 2010 年版，第 220 页。

网络媒体的资源和规模的整合形成强大的合力，增强和保证社会主义核心价值观的传播力度；其次，通过传播方式、交流方式、互动方式的整合，增强传播社会主义核心价值观的吸引力；再次，需要同传统媒体和新兴媒体（如手机媒体、移动媒体）进行整合，以适应传播技术发展的趋势，抢占意识形态宣传新阵地，以此促进社会主义核心价值观的有效传播；最后，通过资源整合，建立现代传播体系。移动互联网时代提高社会主义核心价值观的辐射力和影响力，必须加快构建技术先进、传输快捷、覆盖广泛的现代传播体系。要加强党报党刊、通讯社、电台电视台和重要出版社建设，扩大有效覆盖面。整合有线电视网络，组建国家级广播电视网络公司。推进电信网、广电网、互联网三网融合，建设国家新媒体集成播控平台，发挥其传播作用，实现互联互通、有序运行。

三　渗透、扩散、教育机制

信息时代，传播技术的快速发展以及多元文化冲突对主流意识形态的冲击，要求社会主义核心价值观的传播方式要不断地进行改进。渗透、扩散、教育机制能够进一步增强社会主义核心价值观传播的实际效果，并确保社会主义核心价值观的实现。

（一）渗透机制

以往的主流意识形态宣传教育采取"灌输"的方式，虽然在特定的历史时期取得了显著的成绩，但是随着互联网技术的发展和多元文化冲突所导致的外来意识形态的冲击，对以往这种宣传教育方式提出了挑战。信息时代，这种僵化的模式使社会主义核心价值观丧失了应有的感染力。网络媒体对社会主义核心价值观的传播应该利用网络的特性和优势，坚持以人为本，尊重人民群众的主体性，摒弃空洞的宣传和命令式的说教，采取渗透以及双向互动的交流方式，把社会主义核心价值观的理念融入国民教育、精神文明建设和党的建设全过程，贯穿改革开放和社会主义现代化建设各领域，体现到精神文化产品创作生产传播各方面，在现代化建设的过程中和人们的日常生活中，体现社会主义核心价值观的精神实质和价值追求，使二者有机结合、相互渗透，而不是仅仅将社会主义核心价值观与人们的生活和现代化建设简单地联系在一起。"'融入'意味着有机结合和渗透。""只有有机结合在一起，互相渗透，才能'润物细无声',使社会主义核心价值体系教育内容有更强的可接受性。"①

信息时代,要使社会主义核心价值观为更多的人所接受,就必须通过渗透的方式,将理论进一步通俗化、生活化、艺术化,使社会主义核心价值观得到更好、更广泛的传播。任何思想"如果不为人民群众所掌握,即使是最好的东西,即使是马克思列宁主义,也是不起作用的"②。因此,要将社会主义核心价值观的内涵用人民喜闻乐见的形式,贴近生活的内容,寓教于乐,自然地渗透到人们的日常生活,在潜移默化中内化人们的思维习惯、行为标准和价值观念,使人们真正、自觉认同社会主义核心价值观,自觉按照社会主义核心价值观去规范自己的行为。通过网络媒体的渗透方式,不断地扩大社会主义核心价值观的群众基础,使社会主义核心价值观真正得到普遍确立和巩固。

(二)扩散机制

扩散机制主要是利用网络媒体的开放性和传播速度快、传播便捷的优势,进一步扩大社会主义核心价值观的社会认同、接受和传承的一种模式。网络媒体作为一种信息载体、政治表达工具、舆论平台和社会组织,不仅承担着信息传播的责任,而且还担负着传播社会主义核心价值观的重任,而网络媒体对社会主义核心价值观的传播过程就是社会主义核心价值观不断扩散的过程。

当今世界正处在大发展、大变革、大调整时期,世界多极化、经济全球化深入发展,科学技术日新月异,各种思想文化交流交融交锋更加频繁,文化在综合国力竞争中的地位和作用更加凸显,维护国家文化安全任务更加艰巨,增强国家文化软实力、中华文化国际影响力要求更加紧迫。因此,面对全球化和外来意识形态的包围、进攻,甚至"蚕食",我们理所当然应该积极利用网络媒体的特性和优势,不断扩大社会主义核心价值观的传播范围,这既是政治责任,又是历史使命。要在不断地满足人民群众的精神文化需求和促进人的全面发展的基础上,充分发挥网络媒体的力量,占领更多的文化阵地和市场,努力发展社会主义网络

---

① 周中之:《社会主义核心价值体系融入国民教育全过程初探》,《思想理论教育》2009 年第 11 期。

② 《毛泽东选集》第 4 卷,人民出版社 1991 年版,第 1515 页。

文化，使之成为中国特色社会主义文化的新生力量，使中华民族的优秀文化更好地走向世界，让社会主义核心价值观和我国的主流意识形态为更多的人所了解，不断地提高社会主义核心价值观的国际影响力，为社会主义核心价值观的养育和构建营造良好的国内和国际环境。

（三）教育机制

"教育，尤其是健全的教育，能够为某种普遍价值理念和伦理规范的主体内化提供并建立较为广泛具体而持续有效的传播方式、解释资源、知识和智力支持、接受机制。这种传播、解释、接受的科学教化机制及其优越效率，是任何其他文化形式所难以媲美的。"① 利用网络媒体传播社会主义核心价值观，必须重视网络媒体作为一种传播工具对人们的教育教化功能，要通过教育，引导人们明确社会主义核心价值观中的价值主体、价值目标和价值取向的深刻内涵，提高人们正确的价值判断、分析和选择的能力。当前，社会主义核心价值体系建设深入推进，良好思想道德风尚进一步弘扬，公民素质明显提高。要保持这一良好局面，也有赖于网络传播社会主义核心价值观的有效机制的建立。

首先，要用马克思主义理论教育人们。利用网络媒体传播社会主义核心价值观，要坚持用马克思主义理论教育人们，坚持马克思主义的立场、观点和方法，这是构建社会主义核心价值观的理论基础。其次，要将社会主义核心价值观教育贯穿于国民教育全过程。国民教育不应该局限于知识的传授，更应该是传播和构建社会主义核心价值观的重要阵地，应该培育青年一代树立正确的世界观、人生观和价值观。最后，要将社会主义核心价值观教育融入人们生活的各个方面。"计算机不再只和计算机有关，它决定我们的生存。"② 以计算机和互联网为基础的信息时代，数字化已成为人们的生存方式，网络已成为人们生活的重要组成部分。因此，要充分利用网络媒体的资源和技术优势，将社会主义核心价值观的教育融入人们生活的各个方面，利用网络媒体的教育功能和作用，加强对人们的教育，促进社会主义核心价值观的构建和有效传播；要在人

---

① 万俊人：《寻求普世伦理》，商务印书馆 2001 年版，第 575 页。

② ［美］尼古拉·尼葛洛庞帝：《数字化生存》，胡泳、范海燕译，海南出版社 1997 年版，第 15 页。

们生活的每一个领域都贯穿社会主义核心价值观,形成引领、渗透与过程有机融合的教育格局。

四　大众参与机制

社会主义核心价值观的传播和构建应该吸引人民群众的广泛参与,这是扩大社会主义核心价值观传播的有效途径,也是网络媒体传播社会主义核心价值观的必然。网络的开放性、互动性和便捷性为大众参与的实现提供了条件和保证。要实现网络媒体对社会主义核心价值观的有效传播,应该接受人民大众的广泛参与,通过人们的广泛参与不断提高人们对社会主义核心价值观内涵的认识,进一步加强对人们进行社会主义核心价值观的教育和引导,通过人们的广泛参与进一步扩大社会主义核心价值观的传播范围和影响范围,以此打牢社会主义核心价值观的群众基础。而信息时代,网络媒体的特性、互联网的发展以及人们媒介素养的不断提高,为人们的广泛参与提供了可能。因此,大众的广泛参与不仅是社会主义核心价值观传播的有效机制,也是社会主义核心价值观传播的必然趋势。这可从以下几个方面入手。

（一）加强理论学习是大众参与的前提

人民群众自觉学习社会主义核心价值观的基本知识和相关理论是其参与社会主义核心价值观传播的前提。网络环境下,每一个网民都可以是信息的传播者,因此,人民群众主动、自觉地学习社会主义核心价值观的相关理论,使其在参与网络信息的传播过程中自觉坚持以社会主义核心价值观为指导,自觉地传播社会主义核心价值观。

（二）加强媒介素养教育是大众正确参与的关键

信息时代,面对网络媒体的信息泛滥,要不断提高民众的媒介素养,通过媒介素养的提高来保证民众在正确的解读、识别媒介的信息的基础上,正确地选择媒介,并自觉参与到社会主义核心价值观的传播实践中。

（三）坚持以社会主义核心价值观为指导是大众参与取得实效的保证

在大众参与的实践过程中,要坚持以社会主义核心价值观为指导,这既是大众积极参与所应该遵循的方向,也是通过大众参与机制扩大社会主义核心价值观的传播范围和影响范围,打牢社会主义核心价值观的群众基础的重要保证。

（四）建立畅通的交流、沟通、互动平台和渠道

广泛的大众参与，就必须建立相应的大众交流、沟通、互动平台，保证人民群众及时互动交流，并保证交流、互动渠道的畅通。

当然，构建、传播和弘扬中国特色社会主义核心价值观是一项系统工程，信息时代的飞速发展，网络媒体传播社会主义核心价值观的方式和有效机制也应该不断地改进和完善，不断地适应信息技术的进步，而不应该固守某种不变的、僵化的传播方式和机制。只有这样才能扩大社会主义核心价值观的影响力，才能不断增强社会主义核心价值观传播的实效性，才能不断地抢占意识形态传播的制高点和新的阵地。

第四节 运用网络媒体有效传播社会主义核心价值观

在党的十九大报告中，习近平总书记指出："加强互联网内容建设，建立网络综合治理体系，营造清朗的网络空间。"[1] 充分认识以互联网为代表的新兴媒体的社会影响力，高度重视互联网的建设、运用和管理，努力使互联网等新兴媒体成为传播社会主义先进文化的前沿阵地，提供公共文化服务的有效平台，促进人们精神生活健康发展的广阔空间。加强网络媒体的建设和管理，是时代赋予我们的崭新使命。具体来说，需要做好以下几方面的工作：一是要充分认识到网络媒体的社会影响力，重视对网络媒体的引领和指导；二是要发挥网络媒体的主阵地作用，努力营造传播社会主义核心价值观的网上精神家园；三是要进一步提升网络媒体的舆论引导能力，加强对互联网信息传播的有效管理；四是要充分整合网络媒体资源，使之合理配置和有效利用；五是要优化网络媒体自身的媒介生态环境，使其健康、可持续发展。通过充分利用网络媒体的优势，加强对社会主义核心价值观的有效传播，才能增强社会主义意识形态的吸引力和凝聚力，从而更好地为社会主义现代化建设服务。

---

① 习近平：《决胜全面建成小康社会 夺取新时代中国特色社会主义伟大胜利——在中国共产党第十九次全国代表大会上的报告》，人民出版社 2017 年版，第 42 页。

一　重视对网络媒体的引领和指导

在构建社会主义和谐社会的今天，正确发挥网络媒体的作用为社会主义现代化建设服务，需要引导网络媒体向着正确的方向发展，使之成为传播社会主义核心价值观的新载体、新工具和新力量。

（一）对网络媒体进行引领和指导的必要性

网络媒体以互联网为基础，集多种传播形式于一体，必然具有独特的传播特征，这些特征相对于传统媒体而言，有一定的优势，也有一定的劣势。由于网络媒体的特征、社会功能以及所承担的社会责任有其独特性，因此，我们在进行社会主义现代化建设的过程中，要充分认识网络媒体的社会影响力，重视对网络媒体的引领和指导，加强用社会主义核心价值观来引领和指导网络媒体，积极有效地利用网络的优势来传播先进文化，为社会主义现代化建设营造良好的氛围，这对于推动社会主义文化的大发展大繁荣，推动社会主义和谐社会的构建，提高国家文化软实力，具有重要的现实指导意义。

（二）对网络媒体引领和指导的途径和方法

当前，网络媒体在社会上有着极大的影响力，它已成为思想文化信息的集散地和社会舆论的放大器。如何发挥网络媒体的优势，使之成为传播社会主义先进文化的前沿阵地、成为人们交流思想文化的重要平台、成为人们精神生活健康发展的广阔空间，这是网络媒体面临的一个严峻的课题。要坚持以社会主义核心价值观来引领和指导网络媒体，采取引领和渗透相结合的方法，主要通过行政、法律、技术、伦理道德、舆论以及队伍建设等方面来做好引领和指导工作，充分发挥网络媒体传播社会主义核心价值观的主阵地作用，为社会主义建设做贡献。

二　发挥网络媒体传播社会主义核心价值观的主阵地作用

思想政治工作的实践说明，我们的阵地如果无产阶级思想不去占领，非无产阶级思想就必然会去占领。我们必须充分注意和吸取这种历史的经验教训。"无产阶级（包括自己的先锋队共产党）必须占领自己的思想文化阵地，必须占领自己的舆论宣传阵地，必须让无产阶级思想和社会主义思想在一切舆论宣传阵地中占据主导地位。"① 随着互联网技术的快速发展，我们已进入信息时代。网络媒体作为传统媒体的延伸，在信息传播中与传统的报纸、广播、电视一起共同发挥着作用，它已经成为传播技术更为成熟的一种重要的媒介形态。网络媒体作为信息时代重要的传播媒介，具有信息传递、舆论监督、文化传承与教育、联系社会、休闲娱乐、商务及信息储存与检索等功能。与传统媒体相比，网络媒体在信息传播上具有及时性、互动性、信息容量无限性、全球性、开放性、便捷性、廉价简易性以及跨地域性等优势和特点。因此，网络媒体已经成为信息时代的一种重要宣传手段，也成为舆论宣传的重要阵地。在社会主义和谐社会建设时期，网络媒体应当成为传播社会主义先进文化的主阵地，应当充分发挥网络媒体传播社会主义核心价值观的优势作用，为社会主义现代化建设服务。

（一）网络媒体应当成为传播社会主义核心价值观的主阵地

社会主义核心价值观是社会主义意识形态的本质体现。社会主义核心价值观的培育和确立是一项长期的宣传教育工作，其本身离不开一定的宣传手段和相关的教育方法。随着全球化的发展，网络的开放性进一步加深了多元文化思潮以及外来文化对社会主义文化的影响和冲击，在这种情况下，培育和确立社会主义核心价值观，网络媒体有着不可忽视的作用。在信息网络时代，网络媒体作为一种新的传播手段，在信息内容、传播模式、传播受众等方面与传统媒体有着截然不同的优势。社会主义核心价值观的传播必然离不开网络媒体，网络媒体应当成为传播社会主义核心价值观的重要载体。同时，网络媒体本身所具有的功能也决定了网络媒体必然是传播社会主义核心价值观的一种重要手段。这主要表现在：第一，从传播信息形式来看，网络媒体增强了社会主义核心价值观传播形式的丰富性和内容的吸引力。第二，从传播模式来看，网络媒体增强了社会主义核心价值观信息传播模式的多样性。第三，从传播范围来看，网络媒体扩大了社会主义核心价值观传播的覆盖面。第四，从传播效果来看，网络媒体提高了社会主义核心价值观传播的时效性。第五，从传播受众来看，网络媒体增强了社会主义核心价值观传播的针

① 雷跃捷：《网络新闻传播概论》，中国传媒大学出版社2001年版，第221页。

对性。

（二）网络媒体成为传播社会主义核心价值观主阵地的实现

互联网已成为思想文化信息的集散地和社会舆论的放大器，我们要充分认识以互联网为代表的新兴媒体的社会影响力，高度重视互联网的建设、运用、管理，努力使互联网成为传播社会主义先进文化的前沿阵地、提供公共文化的服务平台、促进人们精神生活健康发展的广阔空间。网络媒体拥有庞大的受众群体，是一把传播社会主义核心价值观的利器，也是一把"双刃剑"，倘若使用不当，将会对我国的社会主义现代化建设产生极大的负面影响。如何使互联网成为传播社会主义先进文化的重要平台，如何使网络媒体成为传播社会主义核心价值观的前沿阵地，这就要从加强社会主义核心价值观对网络媒体的引导，加大主题网站的建设力度，加强网络媒体传播队伍的建设以及注重网络媒体的管理等方面来考虑。

三　提高网络媒体的舆论引导水平

在信息网络社会，网络舆论的作用和影响越来越大，越来越需要加强引导。作为一种独特的社会意识形态，舆论对政治、经济、文化、社会等各个领域产生着越来越直接、越来越重大的影响。尤其是现代科技水平和传播技术的迅猛发展和广泛应用，舆论的作用和影响被进一步扩大。如何发挥舆论的引导作用，如何提高网络媒体的舆论引导水平，这需要我们正确理解和全面把握舆论的相关知识。面对日益强大的网络舆论，我们要全面研究网络舆论的基本特征、功能和社会影响，这样才能进一步提高网络媒体的舆论引导水平，使网络媒体成为传播社会主义核心价值观的主要阵地。

把握网络舆论的特点以及网络舆论的强大功能和影响，有利于我们正确认识网络舆论，提高网络媒体的舆论引导水平。"马克思打过一个比方，他把社会舆论比作袋子，把报刊比作驮袋子的驴，也就是说，报刊是驮袋子——驮舆论——的驴子，即报刊是表达舆论的一种载体。"[1] 因此，网络媒体同样也是舆论的载体，网络媒体应该表达舆论，同时引导

---

① 童兵:《马克思主义新闻思想史稿》，中国人民大学出版社 1989 年版，第 207 页。

舆论。习近平总书记在十九大报告指出："坚持正确舆论导向，高度重视传播手段建设和创新，提高新闻舆论传播力、引导力、影响力、公信力。"① 正确的舆论能够引导人们形成正确的价值观，加强媒体的舆论引导既是加强社会主义意识形态建设的需要，也是在新的历史条件下传播社会主义核心价值观的需要。提高网络媒体的舆论引导水平，要把握网络舆论的特点和规律，抓住重点、讲究方法，才能使网络舆论的引导真正发挥积极作用。一是坚持党性原则，把握正确的舆论导向；二是提高舆论的吸引力和感染力；三是增强舆论引导的针对性和实效性；四是加强媒体整合，形成舆论引导新格局；五是抓好队伍建设，增强凝聚力和战斗力。

四 整合网络媒体资源

在信息时代，网络媒体以海量信息、开放互动、全球同步等特征打造了传统媒体无法比拟的传播优势，其信息的无限重复和多样化的交叉传播模式，不仅为人们获取信息提供了极大的便利，而且使网络媒体的信息量日渐剧增。在各种网络媒体纷纷涌现的今天，如何科学合理地整合网络媒体资源，使其成为传播社会主义核心价值观的有力工具，成为摆在我们面前的一个重要而现实的课题。

整合网络媒体资源并不是对网络媒体资源的简单堆砌与叠加，整合网络媒体资源是一种组织与创新过程，是指通过选择，重组网络媒体的优势资源以及不同的网络媒体资源，比如：搜索引擎、博客、微博、社区论坛、网络视频、即时通信等，使这些资源得到进一步的优化配置，统筹利用，形成合力，产生更强的聚合效应。整合的本质就是各种网络媒体资源的综合配置和有效利用。整合是手段，有效利用才是目的。

五 优化网络媒体自身媒介生态环境

在现代社会里，由于生活范围日渐扩大，现实环境愈加复杂多变。

---

① 习近平：《决胜全面建成小康社会 夺取新时代中国特色社会主义伟大胜利》，《人民日报》2017年10月28日第1版。

而随着互联网的出现，网络传播开始在全球蔓延，人们生活开始向网络空间延伸，人类进入了网络化生存时代。在信息社会里，随着数字时代的到来，人们无法像传统社会那样主要依靠直接感知来获取生存与发展所必需的外部世界的信息，而不得不更多地依赖大众传媒，尤其是网络媒体这一新兴的媒体。如今，网络已经成为人们的第二生存空间，即网络生态空间。

如同其他科技发明一样，网络也是一把"双刃剑"，它在给人们带来便利的同时，也带来了极大的负面影响。"人创造环境，同样环境也创造人。"① 如今，人与自然环境、网络环境、社会环境之间已形成了相互依存关系。然而，网络环境日益恶化，网络生态系统的失调已经影响到人们的日常生活。因此，唤起人们对网络生态系统的保护意识，规范人们的网络行为，净化网络环境，维持网络生态平衡，构建和谐网络生态空间，已是刻不容缓。在我国构建社会主义和谐社会的关键时期，网络媒体作为新兴媒体，为和谐社会的构建发挥着极其重要的作用。正确认识网络媒体自身媒介生态环境，不仅有利于媒介生态环境的改善和提高，促进传媒健康、持续发展，而且对于加强社会主义核心价值观的传播，对于促进社会主义和谐社会的建设也有着极其重大的意义。

总之，坚定文化自信，推动社会主义文化繁荣兴盛，提高社会主义核心价值观的辐射力和影响力，需要加强党报党刊、通讯社、电台电视台、网站等媒体平台建设，扩大有效覆盖面，让人们能享受网络媒体等现代传播方式的便利，准确、快捷地获取有益信息。党的十七届六中全会强调，要发展现代传播体系。要利用现代传播技巧，运用人们易接受的方式，努力提高信息传播的原创率、首发率，增强社会主义核心价值观传播的吸引力和影响力。打造国际一流网络媒体，让社会主义核心价值观传播到世界各地，形成与我国经济实力相符合的国际传播地位。

---

① 《马克思恩格斯选集》第 1 卷，人民出版社 1995 年版，第 92 页。

第四编

网络社会公德建设研究*

徐仲伟

  信息网络技术的飞速发展和人们的高度参与，催生了网络社会。网络社会的产生，推进了经济的发展、政治的昌明、文化的繁荣、社会的和谐，但也带来了诸多问题。如何建立符合社会发展要求，有益于我国经济社会发展的网络社会公共道德，日渐成为人们高度关注的重要问题。

  互联网的全球迅速扩张和普及运用，造就了人类生存的新空间，极大地改变了人们的生产方式、生活方式、思维方式，逐渐形成了一种全新的社会形态——网络社会。网络社会带来了社会文化、组织行为和人的思想观念的深刻变革，有力而迅速地推进了经济发展、政治民主、文化繁荣、社会和谐。正如习近平在主持召开中央网络安全和信息化领导小组第一次会议时所强调的："当今世界，信息技术革命日新月异，对国际政治、经济、文化、社会、军事等领域发展产生了深刻影响。信息化和经济全球化相互促进，互联网已经融入社会生活方方面面，深刻改变了人们的生产和生活方式。我国正处在这个大潮之中，受到的影响越来越深。"[1] 网络社会产生于互联网平台，是信息网络技术与社会、文化互动发展的产物，具有虚拟性、开放性、多元性等特征。加之当今社会正

---

  * 作者简介：徐仲伟，男，1951 年生，四川省自贡市人，二级教授，博士生导师，享受国务院津贴专家。重庆市学术技术带头人、重庆市社会科学联合会副主席、重庆市人民政府文史研究馆馆员。该成果系国家社科基金项目"网络社会公德建设研究"（项目批准号：10XKS014）研究成果。

  ① 习近平：《习近平谈治国理政》，外文出版社 2014 年版，第 197 页。

处于急剧转型时期，我国的网络治理相对滞后，如网络谩骂、网络谣言、网络色情、网络暴力、网络欺诈、网络侵权、网络失信等，网络社会的道德失范问题频现。正确认识我国网络社会公德的现状，深刻把握网络社会特点和道德发展规律，加强网络社会公德建设，营造清朗和谐的网络空间，是网络社会发展的必然要求。当前，理论界的相关研究尚不够深入，鲜有以网络社会公德建设为主题的系统性研究专著。本研究深入剖析网络社会公德建设的理论问题、系统探讨网络社会公德的实践，既有助于拓展和丰富马克思主义伦理学，深化思想政治教育相关理论，又有助于提高网民在网络环境中的自律能力和思想道德素质，增进网络社会和谐，促进网络社会与现实社会在协调互动中健康发展。

第一节 网络社会公德的内涵与特征

网络社会公德是什么？这是研究网络社会公德首先必须回答的问题。这不仅需要剖析网络社会公德的内涵，还需要从多个角度认识其特征。

一 网络社会公德的内涵

社会公德是一个群体社会的行为准则，是在一定社会中的人们为了公共利益而形成的约束各自行为的规范准则，是一个国家共同体、一定民族共同体或者一定地域共同体，在长期的社会生产生活中逐渐形成的规范、传统、习俗和观念。社会公德从产生开始，就成为人们社会生活中最基本的行为规范。它和社会中每个人的利益息息相关，是指导社会成员如何处理人与社会、人与人、人与物之间关系的基本规范，因此具有广泛普适性。每个社会成员都自觉遵守公德，这是一个社会健康有序发展的基本要求。

网络社会生活是现实生活的延伸。在信息时代，我们在两种不同社会形态中快速切换，一个是现实物质世界，是我们一直以来生活并熟悉的现实社会；而另一个则是数字化的虚拟世界，是由电脑、手机等数字媒体与各种数字信号、数字传播媒介共同构造的网络社会。网络社会中的生活归根到底是现实中的人在网络中的生活，是现实社会中的人们借由数字媒体、网络介质进行的各种社会交往。其物质和精神的需求，依

然是由现实世界中生活的具体的人提出的。因此，虚拟世界所体现的人
际关系从实质上来说仍然是现实社会中人与人之间的关系，它只是借由
"人—机—人"这一特有形式表现出来的。网络中的各种信息是由现实中
的人来发出，或者接收的。因为不论数字媒体终端是什么样形式，其本
质仍然是处于数字媒体终端背后的人与人之间的交流。网络社会交往背
后依然是活生生的真实的人，其所体现出的人们之间的关系也是真实的，
就如同在纸质媒体时代，人们通过书信传递信息一样，在每一封书信背
后都是人与人之间的交流。

因此，网络社会公德，是社会成员在使用网络的过程中或者从事与
网络有关的社会生活、社会行为、社会活动中建立并遵守的共同行为准
则，是社会成员在有关网络的行为中应该具备的品格和操守。网络社会
公德是网络社会行为的普适性规范和准则，它指导网络社会成员如何在
网络社会中处理个人与社会、个人与他人关系，体现着网络社会关系及
其追求的价值理念。

网络社会与现实社会的有机联系，使得网络社会公德不能完全脱离
现实社会公德。从某种意义上来说，网络社会公德只不过是现实社会公
德在虚拟社会的一种映射。现实社会公德的基本原理和运行机制，在网
络虚拟社会中同样应该是适用的。对规范网民的行为、调节网民之间的
利益关系，维护整体网络利益同样是行之有效的。网络社会公德应该也
必须以现实的社会公德为圭臬和范本。在网络社会不可能也不应该存在
一种完全超脱现实社会公德的另一套或者完全"虚拟"的社会公德。从
某种意义上说，网络社会公德是以信息技术为基础的现实社会公德的发
展和延伸，它的基本道德判断和价值标准仍然必须与现实世界保持一致。
因此，网络社会公德的形成必须严格遵循现实社会公德的基本准则。但
同时，网络社会也有其独特性，它所体现的自主性、开放性、多元性等
文化价值观念反过来会影响甚至改变现实社会的道德观念。二者是辩证
统一、相互影响，并且会逐渐融合的。归根结底，无论是网络社会公德
还是传统社会公德都是作用于人的，网络社会公德的形成并不意味着人
们思想行为的分裂，而是使我们的道德价值观更加丰富多元。当然，在
网络社会公德建设过程中，应该注意不要把现实社会的某些不具有普适
性的道德规范强加给网络社会，从而影响和制约网络社会的发展；同样，

也不能因为网络社会的特殊性，而放任违反普适性道德的行为在网络空间滋长蔓延。

二 网络社会公德的特征

网络社会公德是网络主体在网络空间中处理人与人、人与社会关系应遵守的行为规范。由于网络社会的特殊性，网络社会公德具有鲜明的特征。

（一）普适性

道德首先是一种价值判断。在网络社会若没有共同的基本价值认同，全球范围内的网络社会就不可能形成对不同文化、不同国家、不同民族、不同宗教的人都产生规约作用的公德。马克思、恩格斯在《德意志意识形态》中指出："交往普遍化"或"普遍交往"推动"地域性的存在"朝向"世界历史性的存在"发展。① 在互联网出现以前，人类的历史是各自分隔的，因为地域的阻隔，因为文化和种族的差异，彼此的交流和理解是有限的，相互之间的经济文化发展是相对独立的。网络社会使得地理意义上的界限日益模糊，不同种族和文化的人们紧密地连成一体。人类可以以共时态意义上的主体身份来面对自然、社会和自身。在网络社会中，人们跨越种族、文化和国家界限，平等地对话、交流，逐渐形成全球性共同体。因为相互交流和理解的加深，人们基于整体利益而形成的具有普遍意义的共同价值，如平等、自由和良善等，也成为网络社会遵循的共同价值维度。

（二）自主性

网络人际交往以人们的自愿参与为前提。在网络中，人们自己对自己负责，做什么，怎么做，完全按照自己的意愿。这种自由参与形成的网络共同体，具有极大的自主性。网络社会的道德不是某个人的意志，也不是某个集团或少数强权人物设定的，而是人们在网络交往中自生的，不是自上而下的命令，因此人们遵守这些道德规范的意识更强。如果说传统社会公德主要是一种具有强制性的社会公德，那么在网络时代，人们建立起来的更多的是一种自主型的社会公德。

---

① 《马克思恩格斯选集》第 1 卷，人民出版社 1995 年版，第 86 页。

（三）自律性

道德是一种行为规范。在现实生活中，道德的约束感往往来自社会压力，特别是熟悉的朋友、亲人以及同事等方面的压力。人们会不自觉地考虑自己行为对社会、朋友、家人以及工作所造成的影响。越是熟人社会，其道德压迫感和约束感越强。但在虚拟网络里，相互之间可能都是陌生人。在这种情况下网络主体的道德感常常会大大减弱，常常可以不用考虑自己在其他网友中的形象，因为网络上所出现的那个形象是可以臆造的，是可以随意变更的。因此，在网络社会中，主要是靠网络主体的自律。这是人主观能动性的发挥，是人的一种自我约束。这种内化的自律比之外在的他律，具有更强的稳定性和持久性。

（四）开放性

网络的开放性，使其既成为多元文化传播的平台。与现实社会公德相比，网络社会公德更容易通过意识、观念和行为的碰撞而走向融合。长期以来，时空一直是限制人们交往的主要障碍。但是，信息革命消除"这里"和"那里"的界限，使人与人之间的时空距离暂时"消失"了，即使远隔万里，也可以共同学习、工作、娱乐。跨越时空和宗教信仰、文化传统、风俗习惯的沟通成为常态，也使得不同文化背景的人们的道德冲突成为常态。这种冲突使得相互理解不断加深，有助于达成共识，促使道德观念和行为的融合。不同文化、不同道德观念相互吸引、相互融合，创造出一个更加合理、更为科学的道德体系。

（五）多元性

在现实社会中，一个特定的社会和人群中，通常只有一种道德居于主导地位。在网络社会中，既有维护整个网络正常秩序，关乎网络中每个人切身利益的基本道德规范，例如不应传播不实言论，不能制作和发布不良信息，不得窃取国家和企业秘密等，又有隶属于不同国家、不同文化族群的网络成员各自特有的道德观念。可以预见在未来很长一段时期内，也难以消除各自基于文化、宗教、民族等不同而形成的道德观念差异。因此求同存异，建立不同信仰、习俗和文化的人们互相尊重、互相理解的多元道德并存的社会，是网络社会发展的必然要求。

第二节　网络社会公德的失范问题

网络社会存在多种类型的公德失范问题。这些问题的产生有复杂的原因，既有网络、网民的原因，也有制度规范因素。

一　网络社会公德失范的主要表现

目前，网络社会公德的失范问题大量存在，严重影响网络社会的良性发展。概括起来，主要有以下类型。

（一）网络信息污染

网络言论自由本来是网民的一项基本权利。但是，网络谩骂、网络谣言、网络色情、网络暴力等道德失范现象严重损害网民的正当权利，影响着网络社会的公序良序。

网络谩骂是指在网络中用破坏性的、暴力性的、肮脏的语言诋毁、侮辱他人。如在"辽宁女事件"相关帖子中，有"川女回骂辽宁女，更加精彩"，"超级搞笑，超级粗口，超级大快人心"等，还有不同方言版本的回骂等等，严重污染网络环境。

网络谣言是指无中生有地编造所谓"事实"，攻击他人、中伤对手的一种网络语言现象。2012年4月8日中央电视台《新闻联播》就说："一些人只需轻点鼠标就可以破坏社会稳定，甚至危及国家安全，造谣传谣都是不明智的。"如"武汉大三女生求职时被割肾""玉溪将发生8.6级大地震""黔西部分乡镇儿童被抢劫盗肾"等网络谣言对社会稳定造成了恶劣影响。

网络色情是指借助互联网传播淫秽语言、图片、声音、视频等信息的网络现象。网络色情严重污染网络环境，影响网民身心健康，特别是妨碍青少年网民的健康成长，同时滋生网下色情行为，危害了社会健康发展。

网络暴力主要是指在网络上发布恐吓言论、血腥图片、视频等信息。如名为"打得口吐鲜血，背部六块脊椎骨基本被打断"的"史上最毒后妈"的帖子中，配发了被虐女童血淋淋的图片，其血腥场面令人久久不能释然，给人们特别是青少年造成极大的负面影响。

（二）网络知识侵权

网络知识侵权是指通过网络而发生的对有关知识产权与产权人的侵犯行为。主要表现为对数字化知识产权的侵犯。有些网站把属于别人的软件、文章、图片、音乐、动画拿过来放在自己网站上供用户浏览、下载，以此向用户收取费用或者吸引广告投入，但并不向相关的网站和知识产权人支付报酬。一些网民甚至经常复制别人的作品以自己的名义在博客、论坛发表，这些都是一种网络知识侵权行为。另外，网络中充斥的各种盗版图书、盗版软件、盗版图片、盗版视频更是超越道德范畴公然挑战知识产权有关法律的网络行为。如2009年4月，乐视网对外宣布，其拥有网络版权的电视剧《潜伏》遭到一些视频网站盗播，乐视网方面就此向法院提起诉讼就是其中一例。

（三）网络诚信缺失

网络社会是建立在网络主体交往基础上的，没有网络主体的相互交往就没有网络社会的存在。但是在网络交往中，如有的电子商务活动过程中，一些网民屡屡受骗，网络诚信危机频现。其表现形式多样，如网络欺骗、网络毁约等。

网络欺骗是网络诚信危机中的常见形式。如虚报个人信息，本来自己是女性，却在与别人交往中谎称自己是男性，甚至与另一名女性网友网恋。当网络欺骗与利益挂钩，网络欺骗就上升为网络欺诈。网络欺诈是以骗人钱财为目的的网上诈骗行为，是一种违法犯罪行为。近几年来，网络欺诈屡有发生，使不少网友深受其害。

网络毁约是指某些网络主体将先前约定的事项擅自毁约，而不承担法律责任。如"卓越硬盘门"事件，卓越网站因原售559元的320G移动硬盘被标上了118元的超低价受到网友的追捧，但是卓越却称标错价格而取消了网友拍下并已支付的订单。虽然卓越因其"免责条款"而未追究其法律责任，但其商业诚信却颇受质疑。

二 网络社会公德失范的主要原因

从网络社会主体的角度看，网络自由是网络主体追求多元价值的前提。自由、开放的网络打破了网民的性别、年龄、学历、职业、民族、种族、阶层等界限，使网络主体的价值追求呈现出多元化趋势。这些多元化的价值追求，容易引起网络社会价值判断标准的多元化。同时，由于网络社会是一个彰显个性、推崇民主、自由开放的"社会"，它超越了传统媒体的限制，实现了自由言论、平等对话，一些网络主体在这样的环境下就容易放松对自己行为的管束。

网络社会结构的复杂性，使网络社会公德还没有真正建立起来。就传统意义而言，社会主要是指在特定范围内的人们的集合体，是人们为了共同的利益、共同的价值追求和共同的发展目标而形成的一种联合。但对网络社会来讲，这个说法就很难说明问题。首先，网络社会极难明确地域与空间问题，国家疆界、民族界限等都被打破。其次，从社会制度复杂性的角度来看，网络社会既不好说是社会主义的也不好说是资本主义的，当然更不好说是其他什么社会制度的。要在这样一个复杂多变的社会环境中，形成相对一致的公共道德，的确是极其困难的事情。

网络社会的法律制度不够健全，使失范现象频频发生。本来，道德问题主要是属于社会成员在社会生活中的自律问题，而法制问题是他律问题。但谁都知道，道德问题与法律问题常常是联系在一起的。从目前网络社会法制建设的角度看，还存在不少问题，还缺乏科学具体、切实可行、系统完备的法律制度、法律规范和惩治措施。这就自然会使网络社会成员的行为显得无所适从，也难以有效惩处网络空间的一些不良行为。

网络社会公德建设环境不够理想。我们常常看到某些网络"舆论"对一些正常社会现象的冲击、谩骂、讽刺、歪曲，对社会发展中存在的问题进行奚落与恶搞，而不易看到对这种现象的反对、抵制和批评的舆论。另外，从工作层面来看，对网络社会公德建设重视不够，工作力度不够，特别是在人力、经费等方面的投入还非常有限。

第三节　网络社会公德的主体建设

虚拟的网络社会，却具有实在的网络社会公德建设主体。归根结底，网络社会也是一个由人所组成的社会。剖析网络社会公德建设主体的内涵及特征，从原则、机制、内容、途径等方面探讨网络社会公德建设主体的发展，对于网络社会公德建设具有至关重要的作用。

一 网络社会公德主体的概念与特征

网络社会是现实社会的一个方面，是现实社会的延续和拓展，与现实社会有着广泛的联系，网络社会的主体本身就是现实社会中的活生生的人。但是网络社会又与现实社会有着许多不同的地方。

（一）网络社会公德主体的概念

网络社会公德主体就是指在网络社会交往实践中，建设、管理与使用因特网，遵循网络社会的公共道德准则和行为规范，处于不同层次、不同类型的用户、网站和组织。在一定程度上，网络社会公德主体就是网络社会主体。这个概念包含以下几层含义：

1. 主体存在于网络社会交往实践中。交往实践是人的最基本的实践活动形式之一。网络的出现，为人类提供了一种全新的交往实践活动形态。网络社会主体以信息网络技术为基础，以符号为中介，相互作用、相互交流和相互理解，在整个网络交往实践中占主导性和能动性的地位。

2. 主体建设、管理与使用因特网。也就是说，主体在技术层面创建和维护网络运行；在社会政治和法律层面监督管理网络；在社会经济层面从事网络商务经营，创造网络经济利益；在网络思想文化层面从事理论与实践的研究和创作；在生活娱乐方面又通过网络进行学习、工作、休闲、社交等活动。

3. 网络主体需遵循网络社会的公共道德准则和行为规范。网络社会公德的形成是为了解决主体在网络社会中的利益冲突。它通过建立一种普遍的标准，构筑网络行为框架。在这个框架中，个人利益的实现是不能影响他人的，倘若超越了这个界限，就要受到网络社会舆论的谴责。主体应该通过网络开展健康有益的交往活动，积极参与网络文化的建设和管理，营造有利于身心健康和个人品德培养的良好的网络环境。

4. 主体是用户、网站和组织的集合概念。也就是说，主体不仅包括作为个体的人，也包括网站和作为群体的组织。那些通过网络进行科学研究、技术开发、生产经营、教育教学、组织管理等活动的各类机构、团体和个人均属于网络主体的范畴。

（二）网络社会公德主体的特征

哲学中的主客体问题，是"用以说明人的实践活动和认识活动的一对哲学范畴。主体是实践活动和认识活动的承担者；客体是主体实践活动和认识活动指向的对象"①。在主客体关系中，主体是能动的主导因素，主体通过自觉的、有目的的、有意识的活动，把自己的目的、意志和能力对象化到客体之中，在客体上留下人的主体性印记，使客体成为人的一种合目的、合意识的对象性存在。主体独有的对象化活动过程，使周围的世界不断地人化与丰富多样化，而主体对象化的结果又作为人类活动的一个要素、环节，成为其他主体的活动对象，再加入到其他主体的对象化过程中。主体在能动地认识并改造客体的过程中，从客体那里获得的体现对象性规定的主体活动要素不断地得到丰富、充实和发展，从而为主体改造客体的对象化活动准备充足的能力因素。随着信息网络技术的发展，人们的生存方式和交往方式发生了重大变革。"计算不再只和计算机有关，它将决定我们的生存。"② 网络社会中的虚拟现实超越了"真"与"假"的二元对立，实现了二者的辩证统一。在传统社会中，真假是确定的、互斥的。但数字化虚拟的东西，相对于自然形态的东西具有的形式、内容和意义的真，它本身却是假的，只是数字化的构成。网络的出现引发认识论的革命。互联网是数以亿计的主体互动而形成的，客体本身是主体化的。通过网络形成的新的"主体际"关系来进行认识活动，深刻改变了人的认识方式。可见，网络社会公德主体与一般的主体又是有区别的。

1. 虚拟性。"没有人知道你是一只狗"，这样一句网络流行语，充分体现了网络社会公德主体的虚拟性。在网上，真实姓名、性别、年龄、职业等无须呈现，显示给对方的只是一个符号或数字。这种"身份丧失"换来了网络主体的自由，因此人们可以在网络中真实地表达自己的意见，无须在意他人看法。同时也带了平等，而金钱的多寡、地位的高低并不影响在网络空间的活动。

2. 多样性。主体在网络空间的身份，可以自己创设。可以是现实生活的延伸，也可以截然不同。甚至可以同时扮演多种角色，并体验不同

---

① 《中国大百科全书·哲学2》，中国大百科全书出版社1987年版，第1240页。

② ［美］尼古拉·尼葛洛庞帝：《数字化生存》，胡泳、范海燕译，海南出版社1997年版，第15页。

主体的感受。

3. 随意性。与网络主体身份的多样性相伴而生的是随意性或不确定性。在现实生活中，一个人的身份是确定的，可以在与他人的关系中体现出来。但在网络上，自我可以虚构，他人难以辨别你在现实生活中的真实身份。有时甚至自己也难以确定哪一个才是真实的"自己"。

4. 公共性。公共性是网络社会的核心特性之一。网络技术的先进性使得网络社会成为目前最活跃的公共领域，它增强了主体的独立性和判断力，使主体之间的差异性与多样性得到充分展示，增强了主体对不同观点的容纳力，培育了宽容的精神。"网络是最大的意见包容场所"，面对差异，通过互动、批评和讨论，寻求体现公共利益的共识正在成为网络社会一种新的风尚。

二　网络社会公德主体的类型与素质

依照主体的行为和作用的不同，我们可以将网络主体分为使用者、服务者、管理者、建造者。使用者，指发布、传送和接收网络信息的个人和组织；服务者，指为网络使用者提供网络接入服务的机构；管理者，指对网络进行管理的各种组织，包括政府机构、民间协会等；建造者，指建造、铺设网络硬件和开发软件的机构。[①] 另外，还可以按照网络主体形式的不同，分为个人和组织等。

网络社会公德主体具有怎样的素质呢？

良好的政治素质。当前，网络已经成为人们传播、获取各种信息的重要途径，广大的网民作为当今网络社会的活动主体，是否具有良好的政治素质对我国网络社会的发展与整个社会的政治发展、民主进步等都具有重要的意义。政治素质是社会主体政治方向、政治立场、政治观念、政治态度、政治信仰等方面的综合表现，是人们从事政治活动所必需的基本素养。网络社会的政治文明发展程度可以通过网络社会公德主体的政治素质得到折射，而政治素质包含多种要素，如政治理想、政治信念、政治价值观、政治立场、政治情感、政治心理、政治阅历、政治知识等，这些因素都可能影响到网络主体的政治行为，甚至影响到网络主体政治

[①]　卢风、肖巍：《应用伦理学导论》，当代中国出版社 2002 年版，第 294 页。

能力的提高。具有良好的政治素质可以为网络主体提供敏锐的政治观察力，从而分清是非、真假、美丑，坚持真理，保持政治上的清醒与坚定，能够站在科学的立场上观察、分析、处理网络社会中的各种问题。

较高的思想素质。思想素质是网络主体的质量和品位的决定性因素。制约着网络主体对国家、对社会的作用以及自身价值的大小。随着网络主体公民意识的不断增强，网络社会生活越来越需要思想的引导，而网络社会环境越来越远离传统的权力型领导。在网络社会公德建设的过程中，抓住思想素质的问题，就抓住了在网络主体思想建设的根本方向，就能引导网络主体的思想意识按照社会发展的要求而发展。

高尚的道德素质。道德素质是把调节人与人相互关系的价值准则和道德要求内化为自身固有的个体特质后积淀而形成的精神内涵。道德素质是组成人格的最重要成分，它与思想素质相配合，构成人的完整的动力源泉。道德素质隐藏着巨大的能量，具有调节、控制、塑造、示范等多种功能，它直接影响和指导着网络主体的思想和行为，直接为网络社会公德的建设提供力量。

科学的网络素养。网络素养包括：一是可以为自己的网络消费做决定；二是知道网络传播过程的基本原理；三是可以认识到网络对社会与个人的影响；四是有能力分析和探讨网络信息的策略；五是有解读网络媒介文本和文化的能力；六是有对网络内容的享受、理解和欣赏能力；七是在互动传播过程中能提供有效的、负责任的媒介讯息。① 由于网络兼具媒介与社会的双重属性，网络主体的科学素养也需要将媒介素养与公民素养结合起来。为此，在网络社会快速发展的情况下，网络主体的基本应用素养、网络信息消费素养、网络信息生产素养、网络交往素养、社会协作素养、社会参与素养等各个方面都需要不断地提升。②

现代科学文化素养。知识是智力的源泉、能力的基础、创造力的根本。文化素养包括科学的思想品格，较强的认知能力，良好的学习习惯，辩证的思维方法，合理的知识技能结构和一定的智能基础等。只有具备

---

① Silverblatt. A. Media literacy in the digital age. http：//www. readingonline. org/newliteracies/lit_index. aspHREF =/newliteracies/silverblatt/index. html. 2000 - 09.

② 彭兰：《网络社会的网民素养》，《国际新闻界》2008 年第 12 期。

现代科学文化素养，掌握相关专业文化知识，网络主体才能科学和正确地认识网络社会中的事物，才能对自然、对社会的发展规律有真正的理解，才能运用自己的知识合理地处理网络社会中的有关问题。

三 网络社会公德主体建设的必要性

由于网络社会的特殊性和网络社会公德主体建设的不足，网络主体与网络社会公德建设的要求还存在诸多不适应。

（一）个性空间扩展导致自身责任淡化

目前网络社会并没有一个专属、严格和完全有效的管理机构，从一定意义上说，所有的行为主体都是在独立地自我管理。在网络社会，实现了所谓的"言论自由"和"民主"。网络主体可以按照自己意愿表达和表现自己。在因特网上，主体滥用自己的权力却几乎不负相关责任，这就可能导致道德责任感的缺失。尼葛洛庞帝预言，"数字化生存"会使人们获得更多的自由权，"符号化存在"让人们忽略责任和道义。如果将网络主体在网络空间的态度现实生活化，必然导致传统社会中的人们丧失道德感和责任感，最终造成现实社会的道德滑坡。

（二）网络的虚拟性导致主体的信任危机

由于网络主体以"符号"作为身份，把自己视为一个虚拟存在物，在"不在场"的情况下进行交往，这就可能忽视对方作为活生生的人的反应，感受不到现实的存在，认为在网络社会可以无须承担责任，言行可以不再受现实社会的道德约束。这就可能导致信用危机。有的网络主体营造网络"精神家园"，有了虚拟情人、虚拟朋友、虚拟父母等，导致人际关系的变异。有的网络主体还根据自己需要任意选择喜欢的身份，游离于多角色之间，理直气壮地进行欺骗，加剧人际关系的信任危机。

（三）网络社会的非人性化引发主体性缺失

网络容易使网络主体丧失"眼睛、耳朵和腿"等方面的功能，成为媒体的奴隶，不断丧失主体性，成为被信息垄断的对象。由于人们对于互联网的依赖日益增加，主体之间的交流变成了人机对话，使面对面的交流大大减少，熟人逐渐被网友代替，人与机器的交往增加，主体的言行举止被转化成二进制语言，音容笑貌被数字符号代替。主体成了数字化存在，难以感受对方的反应是否真实，最终导致道德的错位。此外，一些网络主体沉迷网络，患上"信息疲劳症""网络孤独症""网络沉迷症"，甚至把网络社会的行为带入现实社会。有的网络主体在网络社会与现实社会的转换中，分不清社会的真实，产生极端情绪和行为，甚至走向犯罪。

（四）网络社会的异质性容易导致网络主体价值观偏移

互联网打破了国家、信仰、民族、文化、制度和地域等方面的界限，任何人都可以进入其中，可以发布或者利用信息。但是，这些信息的内容总会反映一定国家、民族的文化传统、价值观念和社会制度。网络运行实际上是一种文化运作。长期以来，西方总是试图利用自己的信息技术优势对其他国家进行文化输出。他们从来没有放弃过通过网络对以中国为代表的社会主义国家进行"分化"和"西化"，他们千方百计地利用网络对其他国家大搞文化颠覆和精神毒害。他们通过网络大肆传播的西方价值观念、政治态度、文化样式，容易使一些人的价值取向和道德观念发生偏移。

四 网络社会公德主体建设的内容

网络社会公德主体建设应当突出以下内容。

（一）增强网络社会主体的辨别意识

由于网络的快速发展和网络内容的纷繁复杂，常常容易有一些虚假的（或者说极吸眼球的）、关注社会热点的、五花八门的，甚至是寻求感官刺激的网络信息呈现在网上。面对这些信息，作为一个网络社会主体，如何去看待它，怎样去辨析它，这往往涉及网络主体自身的辨别能力与思想意识。因此，不断地增强网络社会主体对于网络信息的辨别意识，就必须不断地提高网络社会公德主体的思想认识与对待社会事物辨析能力，积极培养他们具有科学的认知能力与正确对待社会事物的科学态度。让他们能够在纷繁复杂的网络信息面前把准问题真相，揭示事物本质，把握发展潮流，预示发展方向。

（二）提高网络社会公德主体的交往能力

在网络社会，交往实践的网络主体突破了个人的不可重复性，常常以多重自我和多样自我存在着，被抽象化为符号的人、数字化的人、虚拟的人。但是在现实社会中，这些人都是有血有肉、有情有义、有人文精神的人。如果网络社会中的主体出现了"我不知道我是谁"的主体自我迷失，就会导致现实交往实践主体自我评断和认识的混乱，就会导致交往实践主体的"身份危机"。因此，提高网络社会公德主体的交往能力、完善网络公德主体人格是抑制网络负面效应的基本前提。提高网络社会公德主体的交往能力，使网络社会公德主体能够始终坚持人的价值高于技术的价值，树立起社会价值高于网络价值的价值观，克服那种只注重网络技术的实用价值，不注重自我主体价值的倾向，克服网络主体趋近虚拟世界而疏远现实世界的危险倾向。提高网络社会公德主体的社会交往能力，使网络主体在网络交往中树立起承担相关职责、任务和使命的自觉意识，兼顾自身和其他网络主体的利益，正确处理网络主体自身与网络环境、与其他网络中人的关系，是网络社会公德主体建设的重要任务。

（三）培养网络社会公德主体的集体主义意识

人不仅是个体性存在，更是社会性存在。离开了社会，难以成为真正意义上的人。网络的自由性、开放性等特征，极大地张扬了人的个性和独立性。但是，网络社会仍然是集体主义的时代，并且由于网络具有自由性、开放性等特征，网络社会更强调集体利益的道德权威性、个人网络权益的合理性，从而协调网络社会与个体的关系。网络的一体化趋势把人们连成了一个整体，使地球变为一个"村"。这种网络的一体化更加突出网络社会主体的共性，因此，不同层面的集体利益在利益格局的分化中就显得更加重要。同时，在网络社会中，由于各种规则层出不穷。网络社会主体就会不断地把那些可以理解的共同利益在规则中自然地加以明确，并限制一些不合理的特殊利益。网络社会公德建设，必须在集体主义的旗帜下倡导自由、平等、个性，引导人们在尊重集体利益和他人利益的前提下去满足自己的多方面需要。

（四）促进网络社会公德主体的全面发展

网络的发展不但推动网络社会公德主体不断追求高层次的需要，而且为其全面发展提供了条件。网络的发展使人的交往范围得到革命性的拓展，网络社会公德不再是纯粹熟人之间的善恶评价。网络社会以先进的信息技术手段向人们传播人类优秀文明成果，帮助人们满足需要，发展个性，形成更加科学的思维方式、正确的价值观念和高尚的伦理精神。

在人的全面发展过程中，道德自觉具有特别重要的意义。一个全面发展的人，必定是品德高尚之人；品德高尚之人，必定是"我要道德"而非"要我道德"的。在他律作用被淡化的网络社会中，人们经受着更为严苛的道德考验。经受住考验的人们，逐渐成为"自己把握自己""自己规范自己""自己创造自己"的充满主体精神的人。这对于人的全面发展和社会的不断进步具有特别重要的意义。网络的革命性成果不仅在于人们交往时空隔膜的去除，更在于它为人们提供了一个联接他人的平台，为人的共同发展提供实现的条件。

第四节　网络社会公德的内容建设

网络社会公德建设必须坚持社会主义道德建设的基本要求和具体规范，并充分考虑网络社会的虚拟性、开放性、多元性等特点，满足网络主体的正当需求，在各个层面构建起适应网络社会发展的道德规范，不断促进网络社会健康发展。为此，我们必须注重从网络社会信息传播、网络社会主体、网络社会交往、网络社会文化、网络社会正义等角度来构建网络社会公德。

一　网络社会信息传播过程的公德规范构建

网络社会信息传播过程的公德规范构建，应当从网络信息编辑、网络信息发布与传播、网络信息获取与运用等几个方面做出考虑。

（一）网络信息编辑规范

1. 网络社会信息传播过程的公德规范构建，首先应从网络信息编辑来进行。网络信息编辑包含两层含义：一是指基于网络媒体这一传播媒介充分运用网络传播手段，对网络信息发布的内容和形式进行组织的工作；二是指在网络媒体从事信息编辑工作的人员。① 第二层含义有广义和狭义之分。广义上，是指全体网民。由于互联网络互动性很强，任何一个网民都有可能进行网络信息编辑，并加以修改、整合和发布。狭义上，是指专业的网络信息编辑人员。关于网络信息编辑，无论是第一层含义

---

① 谭云明：《网络信息编辑与发布》，中国经济出版社 2008 年版，第 23 页。

还是第二层含义，作为网络信息编辑人员必须遵循社会公共道德规范。同时，也应对网络信息编辑人员所编辑的内容做出规范。

（1）网络信息编辑人员的责任和义务规范。对于非专业的网络信息编辑人员即广大网民，在进行网络信息编辑时主要强调其网络社会公德的自律性。因为，一方面，网络社会是自由性和开放性都很强的虚拟社会，网民可以根据个人的兴趣爱好、认知水平等发布网络信息、上传视频甚至探讨各种问题。此时，作为网络信息编辑人员的网民，更多的是在现实社会公德的影响下，发挥其自觉性和自律性。另一方面，对于专业的网络信息编辑人员来讲，他们承担编辑信息、挑选和加工信息以及传播信息等多重角色。他们不但要有独到的眼光，能够迅速对某些信息做出正确的判断，并对信息进行必要的选择、概括和加工，使信息的时效性、客观性、科学性和准确性符合网络社会公德与网站的专业要求。而且还要对本网站的栏目设置、网站风格进行精心策划和管理，以吸引更多网民的注意，提高网站的点击率。因此，作为专业的网络信息编辑人员，明确自身责任和义务。主要包括：保证网络信息内容的真实性，符合国家有关法律法规的规定；适应广大网民的社会心理特征，反对追求单纯以营利为目的的网站运营；维护网络社会的国家安全，反对网络文化霸权；提高自身网络技术，维护网络社会的技术安全。作为网络信息编辑人员，必须明确自身的责任和义务，这不仅是对本网站的责任和义务，也是对整个网络社会乃至国家民族健康有序发展，特别是网络社会公共道德建设的责任和义务。

（2）网络信息编辑内容的规范。主要包括：科学筛选网络信息，满足网民的信息需求。为保证信息的真实性和可靠性，网络信息编辑人员需要明确网络信息的真正来源，了解该信息的覆盖范围，同时提高对于网络信息的时效性、权威性和趣味性等方面的把握能力；正确运用逻辑归类处理网络信息，并将有关信息归置于合适的相关网站或栏目；认真审读所要发布的网络信息，避免政治性错误、事实性错误、知识性错误、言辞性错误等。

2. 网络信息发布与传播规范

对网络信息发布、传播的公德规范构建，主要应从以下几个方面来进行：

（1）网络信息发布、传播者的公德规范。网络信息发布、传播者可分为两类：一是信息发布和传播的权势优先者，如专业的网络信息编辑、网站管理者以及论坛版主、某些具有社会影响的"大V"等；二是具有网络信息发布和传播优势的高级会员，如高级别网友等。均应以坚持不发布传播虚假信息、不扩散非科学信息、不散布低俗信息，坚持真实、客观、科学、公正的信息发布传播原则。以上关于网络社会信息发布、传播者的公德规范，属于倡导性规范，特别需要网络社会信息发布、传播者提高自律性，确保所发布传播的网络信息的真实可靠。

（2）网络信息发布、传播内容的公德规范。首先，网络信息发布和传播的内容要符合我国社会主义意识形态。其次，网络信息发布和传播的内容应具有时代性、创新性和科学性。要坚持以中国特色社会主义理论体系引领网络社会信息，净化和规范网络社会的行为。再次，网络信息发布和传播的内容必须真实、权威、科学、客观、公平、公正。网络媒体传播的内容繁多，有些（特别是某些个人）网络发布和传播的信息，其真实性和公平性值得怀疑。有的甚至专门以虚假、荒诞的内容迷惑网民，扰乱社会。因此，在网络社会公德建设过程中，必须加强网络信息发布、传播内容的规范。

3. 网络信息获取与运用规范

网络信息获取运用方面的公德规范是专门针对信息接受者的。网络信息接收、获取，属于网络信息采集的范畴，是指从互联网共享服务资源中收集、处理和分析信息的过程。它不仅包括对互联网公共实体信息的查询和存储，还包括对信息的归类、提取和解析，更重要的是在已收集信息的基础上分析数据，并将分析结果用于解决实际问题。[①] 对这方面的公德规范，可从两个方面来认识：

（1）网络信息获取方式的公德规范。传统信息资源主要是以纸张为载体的印刷型文献为主，选择种类单一。在网络环境下，与信息资源的多种类相适应的是信息获取手段的多样化。除了阅读纸质书籍报刊、收听广播、收看电视等传统信息获取方式外，还可通过互联网络以下载、租用、联机使用等方式获取信息。然而，网络信息获取方式的多样化也

---

① 郭春燕：《网络信息采集》，中央广播电视大学出版社2007年版，第13页。

会产生网络知识产权侵权等负面影响，引发多种问题。为此，在开展网络社会公德建设的过程中，一是要正确使用网络信息获取的工具和手段；二是在获取网络信息时，要合理使用有关的超链接；三是下载有关信息时应该以不损害他人权益，不侵犯他人知识产权为前提。

（2）网络信息运用的公德规范。无论是在现实社会还是在网络社会，人们对信息获取的最终目的都是为了运用。较现实社会而言，在网络社会里获取的信息运用更为便捷，更加广泛。对网络社会信息的不正确运用，容易造成网络社会生态失衡，影响人们正常的工作、学习和生活，甚至还可能引发社会冲突。对此，一是要明辨网络信息的真伪，科学选择适用的信息；二是要合理规范运用网络信息的行为，杜绝网络信息的侵权，反对网络信息的霸权。

二 网络社会人格层面的公德规范构建

与现实社会成员不同，网络社会成员的身份是虚拟的。尽管如此，现实社会成员所应具有的道德品质，也是网络社会成员应当具备的。

（一）人格层面的相互尊重

人的内心里都渴望得到他人的尊重，马斯洛把"尊重需求"作为人的五大基本心理需求之一，认为尊重需要得到满足，能使人对自己充满信心，对社会满腔热情，能体验到自己活着的用处和价值。相互尊重是社会主义公民关系的基本内容。尊重他人是一个人的思想品格修养好的表现，是一种文明的社交方式，是顺利开展工作、建立良好社交关系的基石。因此，在网络环境下也必须做到在人格层面的相互尊重，尊重他人的人格、立场、观点，建立和谐的网络社会环境。

（二）在人格层面建立自我"良心"机制

"良心是自己同自己相处的这种最深奥的内部孤独，在其中一切外在的东西和限制都消失了，它彻头彻尾地隐遁在自身之中。"① 良心是人格中最稳定的部分，是人的道德品质的内化，也是道德自律机制的基础。在网络社会公德建设过程中，要引导网民始终做一个"有良心的人"，在处理网络中的各种问题时都要"讲良心"。这可以说是网络社会公德建设

---

① ［德］黑格尔：《法哲学原理》，范扬等译，商务印书馆 1961 年版，第 139 页。

的重要内容。当然"良心的善恶与否、真假与否，并不能用个人的良心来衡量，而必须用社会的良心——社会的道德规范（善的意义上的）来衡量"①。当网民一旦建立了这种良心，他就会凭借这种良心去抑制交往中出现的相互伤害的恶性，导循有益的善行。比如，在是否攻击别人计算机行为中，那些具有良心的网民就能通过良心的发现停止这种攻击对别人造成的伤害，从而自觉避免这样的恶行。

三　网络社会交往层面的公德规范构建

交往是社会主体的存在方式或生活方式。处于生产生活中的人们相互之间的各种交往关系就构成了各种社会关系。构建正常有序的公德规范，必须对交往过程中的语言、行为等从道德的角度进行规范。网络社会亦是如此。

（一）网络社会交往的语言规范

语言，是人类用于交往沟通的重要工具和手段，而网络语言，则是网民在网络社会中用于沟通而使用的文字、音频、动画等互动性符号。网络语言继承了现实语言用于交流沟通的特征，又由于网络的特性而具有简洁、生动、幽默、形象等特点。网络语言与现实语言在语法结构和基本词汇等方面的明显差异，已经在一定程度上影响到现实社会中的语言交流和语文教学。网络语言体现了网民在网络社会交往过程中批判现实、追求个性的心态。网络语言中有积极、健康的并益于社会发展的可以应用于现实社会的语言，我们应当宽容对待。但是，目前在网络环境中所出现的一些过分追求新奇甚至不利于网络社会和谐的网络语言必须从网络社会公共道德建设的角度予以规范，从而维护网络社会和现实社会的语言规范。具体规范如下：网民使用的网络语言，应符合国家关于语言文字法律法规的相关规定；媒体教学严格使用规范语言；网站、论坛、社区使用规范语言进行宣传。当然，最根本的还需要在现实社会中进行语文素质的教育，在平时的课堂教学过程中，注重引导学生学习和掌握比较规范的网络语言。网络语言本身不存在道德问题，但滥用网络语言或粗俗的网络语言对网络社会和现实社会的道德所产生的影响是难

---

① 罗国杰：《伦理学》，人民出版社2007年版，第208页。

以估量的。因此，在网络社会中，网民不仅应该注重自身道德素质和人格的培养，而且在语言的运用问题上，运用国家确定的规范性语言，正确使用方便交流、通俗易懂的流行的网络语言，营造更加纯净、和谐的网络语言环境，才是有利于网络社会文明建设的，也才是符合网络社会公共道德建设规范的。

（二）网络社会交往行为的规范

"作为一种能够跨越时空的限制而进行快速的信息传输和反馈的信息技术集合体，网络不又成为了一种人们用以在网上结成电子共同体并促进该共同体之维系和法则的强有力技术工具，而且也成为另外人们与他人进行合作、交流以及实现各自不同行动目标的一根有力的杠杆，成为了人类的一种全新的生存方式。"① 的确，网络已经成为人类生存的全新方式，成为人类生存的全新空间，在网络社会交往过程中的行为失范也会对现实社会带来不同程度的危害。因此，对网络社会交往行为的规范十分必要。首先，应实行"责任归位"规范。即在现实社会中进行责任归属，网络社会中的交往主体所进行的虚拟行为实际上也是现实社会中的交往主体所进行的行为，运用网络身份实名制对网络社会交往行为进行"责任归位"可以有效控制网络社会交往行为失范。其次，尊重他人隐私权，不窃取他人隐私。再次，理性交往，避免网络沉溺。当然，关于网络社会交往行为方面在网络社会公共道德建设领域的更多具体的规范，还需要政府、社会和全体网民参与研究，使之为广大网民所认可和接受。

交往既是网络社会形成的基础，也是网络社会生活的主要内容。网络社会交往层面的社会公德构建不仅需要在规范内容上提出要求，而且在构建过程中必须遵循诚信、平等和互利等交往准则。

首先，以诚信交往为根本准则。交往行为是建立在信息互通基础上的。在网络社会中，人们通过身体、语言、符号传递信息，建立联系是交往的第一步。保证网络交往信息的真实、有效、科学、可靠是交往顺利实现并进一步发展的必要条件。交往的第二个环节是在互通信息基础

---

① 冯鹏志：《迈向共生的理想——关于网络化与人类生产方式之前景的思考》，《新视野》2000 年第 3 期。

上的相互作用，即通过传递和接收到的信息处理彼此相关的事务，产生一定的效果。在这个过程中，交往双方只有以诚相待，相互信任，才能产生良好的交往效果，才能利于交往中各种问题的解决。最后，交往活动要产生一定的知觉，即对交往对象、周遭事物的认识、理解，一般称之为"人际知觉"。为此，在网络环境中，交往的双方必须以诚实的态度，可靠的信息，促进与对方建立正确的人际知觉，才可能促进交往的顺利实现并发展进一步的交往。如果一旦出现不诚信的信息或行为，必将造成人际知觉的错位，影响社会的健康发展。因此，必须在网络社会交往中遵守诚信原则，建立诚信体系，引导网民以诚相待，把诚信作为网络交往的根本准则。

其次，提倡平等交往。平等是社会主义公民关系的根本特征，在我国人民民主专政的政治背景下，网民之间的关系只可能是平等的。平等性体现了人民群众创造历史的平等性，是促进人的自由全面发展的必然要求，正如马克思所言："一切人，或至少是一个国家的一切公民，或一个社会的一切成员，都应当有平等的政治地位和社会地位。"① 平等交往也是网络社会发展的客观要求，是网络社会开放性、多元性发展的必然结果，也是网络社会符号语言交往的客观实际决定的。要在网络社会中顺利交往，促进网络社会建立平等和谐的交往氛围，必须倡导平等交往。只有交往平等了，网民才能更好地沟通，更畅快地表达，既可以化解交往矛盾，也可以促进网络多元文化的发展，实现网络社会的繁荣和发展。

最后，引导网民在交往中实现互利。互利是社会主义市场经济的重要原则，是兼顾效率，提高效益的重要表现。在网络社会交往中，引导网民实现互利，体现了效率兼顾的原则，能够减少社会成本，提高人们交往的积极性和主动性，客观上为网络社会创造更多的物质和精神财富，促进现实社会的发展。"互利主义不仅是一种美德，而且符合本人的利益"②，是实现人的全面发展的重要途径。

---

① 《马克思恩格斯文集》第 9 卷，人民出版社 2009 年版，第 109 页。
② 李俊奎、高琳萍：《互利主义应作为社会主义核心价值的道德基础》，《系统科学学报》2009 年第 17 期。

四 网络社会文化层面的公德规范构建

作为大众文化的一种存在形式，网络文化以强大的辐射力影响和作用于现实社会中的文化，进而影响整个人类社会的文化导向和价值取向。特别是由于网络文化自身的多变性、不稳定性甚至有时出现的极端性，可能影响人们的道德判断，导致人们在网络社会与现实社会之间游离，出现违反道德甚至法律法规的行为。因此，我们应该从网络社会文化层面进行公德规范构建。

（一）对网络文化内容的主流思想进行规范

目前，我国社会主义社会文化的主流思想是：坚持马克思列宁主义、毛泽东思想、中国特色社会主义理论体系的指导；坚持爱国主义、集体主义、社会主义；坚持科学的、民族的、大众的，面向现代化、面向世界、面向未来的文化。网络文化内容的主流思想也应与我国现实社会中的主流思想相契合。当然，除了与以上主流思想相符合之外，网络文化内容的规范还应结合网络社会自身的特点来进行，允许多样化的网络文化内容存在，但必须正确处理好网络文化的多样性与主旋律之间的关系。

（二）对网络文化的传播者进行规范

这包括两个方面：传播者自身的规范和传播行为的规范。首先，网络文化传播者自身的规范。应当坚持慎独、自省、自律；坚决抵制粗俗、低劣的网络社会文化内容的传播；绝不传播有违我国主流意识形态的不良文化。在具体措施方面，可以设定网络文化传播者诚信级别，每个可能成为网络文化传播者的网民在网络中都有自己的诚信级别，级别越高，在网络社会里成为"领军人物"和"灵魂核心"的机会就越大。其次，网络文化传播行为的规范。主要包括：不侵犯他人隐私；不运用盗版软件或技术传播网络文化；不侵犯他人的知识产权等。

（三）对网络文化的形式进行规范

一是形式标准。对所有网络文化的形式标准进行规定，例如：网络游戏，作为网络文化形式的一种，应对游戏的文化内容以及适龄对象进行标准性规定。二是形式评价。网络文化的各种形式由网民评价，由相关专家根据网民评价结果，结合对这种形式的考证与研究，最后决定这种形式是否被应用或淘汰。同时也要在网络社会公共道德建设的过程中，积极倡导并不断发展广大网民群众喜闻乐见，生动丰富，具有民族风格、民族气派，能够得到广大网民从网络社会公德角度所充分认可和推崇的文化形式。

五 网络社会正义层面的公德规范构建

网络社会的公平包含两个方面，既要做到网民在技术享有、应用上的公平，也要实现网民在参与网络活动中的公平。技术公平的关键是要实现信息、网络技术的拥有广度和利用深度上的平等。目前世界上由于综合国力和各个国家、地区发展的差异，信息革命的推进在国家之间、地区之间、民族之间往往存在很大的差异，在信息成果的享有上也存在差异。发展中国家和地区明显处于劣势，因此这些国家的网民在技术上也就存在天生的局限。实现技术公平，必须加强国际合作与交流，特别是发达国家对发展中国家的帮扶，确保每个接入互联网的网民都有平等的话语权。网民在网络参与中的公平主要是要完善网络社会公共服务体系，确定统一的服务标准、采取有效的监督措施。同时要提高全体网民的文化、道德、法制等方面的素质，增强网民追求公平的意识和能力。

在网络社会实现正义，关键是要完善网络社会立法，建立适当的网络法制体系，这样才能长久地维护公平正义。社会主义社会是法治社会，要坚持用制度管网络，用法律规范网络，以法律来保证网络社会秩序的良性发展。实现网络社会的公平公正是网络社会公德建设的应有之义。法律为正义提供了保障，也为网络社会公德的建立护卫导航。

网络社会公德建设，需要政府、社会、网民、网站等针对当前网络社会中存在的道德失范问题，结合互联网的特点和目前我国社会公德建设的现状，共同努力才能实现。只有形成科学、规范、合理的具有较强实践性和应用性的网络社会公德，网络社会的和谐与良性发展才能早日实现。

第五节 网络社会公德的载体建设

载体是网络社会公德建设的基础。概括地讲，网络社会公德的载体是指承载、传导网络社会公德的要素，并为之服务的活动形式。如主题网站建设、网络舆情监管、网络志愿者服务、网络精神文化活动、与网络社会公德相关的制度法规等，都可以成为网络社会公德的传导形式，都是网络社会公德的载体。在这里，我们主要讨论网络社会公德的管理载体、活动载体、文化载体。

一　网络社会公德的管理载体建设

网络管理载体寓网络社会公德建设于网络管理过程之中，并与其他管理手段相配合，以提高网络主体的公德水平，调动其生产、生活、工作、学习的积极性。网络管理载体是在网络环境下为人们所明确认识并广泛应用的网络社会公德建设基本载体之一。

（一）将网络管理作为网络社会公德建设载体的依据

将网络管理作为网络社会公德建设的载体，是由网络管理自身的特征、网络管理与网络社会公德建设的内在联系以及网络社会公德自身发展的要求所决定的。

1. 网络管理活动的普遍性，为网络社会公德建设将其作为载体提供了外在条件。网络管理是一种遍及网络世界各个领域的基本活动，与每一个网民的工作和生活都密切联系。网络社会公德建设具有广泛的社会性，其对象包括网络社会所有成员，与之相适应，它所运用的载体也应当具有广泛的覆盖面，这样才能有效地对网络社会成员进行网络社会公德教育。

2. 网络管理活动以人为本的实质，为网络社会公德建设将其作为载体提供了内在依据。人的本质不是单个人所固有的抽象物，在其现实性上，它是一切社会关系的总和。网络管理活动的实质是调适人与人之间的关系，调动人的积极性，从而达到促进网络社会进步与网络社会成员全面发展的目的，因而网络管理活动必须以人为本。网络社会公德建设以促进人的全面发展为己任，"人"是网络社会公德建设的出发点和归宿。可见，网络管理活动和网络社会公德建设高度契合，其"以人为本"的实质是其成为网络社会公德建设载体的内在依据。

3. 我国社会生活的巨大变化对以网络管理为网络社会公德建设的载体提出了客观要求。改革开放以来，我国经济社会生活的各个领域都出现了许多新的变化。传统的社会公德建设载体在适应网络社会发展方面显得力不从心，需要通过现代化的网络管理推进网络社会公德建设。比如，对网民采用传统的灌输式社会公德教育，效果可能并不理想，甚至会引发反感；如果网民比较感兴趣的网站或网页适当融入相关音频、视频、图片等内容，或者制作寓教于乐的专题网站来引导和规范他们的行为，则可能产生较好的效果。"正确的理论必须结合具体情况并根据现存条件加以阐明和发挥。"① 巨大的社会变革迫切要求我们运用网络管理载体开展网络社会公德建设。

（二）网络社会公德管理载体的特征

网络管理的载体具有以下突出特征：第一，普遍性。网络管理载体普遍存在于网络社会生活的各个方面，与人们的生活、学习、工作息息相关，具有广泛的覆盖面。第二，制度化。从某种意义上讲，网络管理就是依据法律、法规、纪律对网络社会人与人之间的关系进行协调、对人在网络环境中的行为进行规范的过程。网络社会公德建设在运用这一载体时，不能对其随意变更，只能按照其规则进行。在运用网络管理载体时，一定要注意把握其制度化特征。

（三）网络社会公德管理载体的功能

网络管理载体的特征表明，运用它进行网络社会公德建设是可行的，而且，网络管理载体还具有特殊功能。

1. 有利于对广大网民进行潜移默化的教育，更好地提高网络社会公德建设效率。以网络管理为载体，可以使网络社会公德建设更深入、更贴近网民的工作、学习、生活和思想实际。青年群体思维活跃，易于接受新鲜事物，与网络接触频繁，他们在具体的工作和生活中产生的思想认识问题最多、最复杂，以网络管理为载体，不但能及时地发现这些问题，还能及时采取措施予以解决，从而推进网络社会公德建设。

2. 有利于网络社会成员养成良好的行为习惯。培养网民具有良好的社会公德及行为习惯是网络社会公德建设的重要目的，而运用网络管理载体有助于更加有效地实现这一目的。网络管理载体的执行主体一般是公安部门、国安部门、宣传部门和有关组织机构如学校、企事业单位、

---

① 《马克思恩格斯全集》第47卷，人民出版社2004年版，第35页。

社会组织等。网络管理活动客观上具有一定的习惯养成功能，它可以通过一定的规章制度来约束、规范和协调人们的行为，从而促进公众养成良好的公德行为习惯。网络管理有助于网络社会成员理解和把握法律、法规、制度、规章的意义，从而将网络管理规范转变为网络社会成员的行为习惯和道德遵循。

（四）网络社会公德管理载体的运用要求

1. 提高网络社会公德建设主体运用网络管理载体的自觉性。"理论的方案需要通过实际经验的大量积累才臻于完善。"[1] 只有对网络管理的网络社会公德建设功能有了明确的认识，才能自觉地将管理载体作为网络社会公德建设的载体加以运用，使其在网络社会公德建设中充分发挥其承载和传递网络社会公德建设的作用。

2. 提高网络管理者的思想政治素质和网络社会公德建设意识。要使网络管理载体充分发挥作用，除了网络社会公德建设主体自身的努力之外，还需要加强网络管理者的思想政治素质和网络社会公德建设意识，即在网络管理中融入社会公德建设内容，运用网络社会公德建设方法，使其通过有效载体履行相应的网络社会公德建设职能。

3. 将网络社会公德建设的某些内容和要求制度化。所谓"制度化"，就是将网络社会公德建设的某些内容和要求变成网络管理的内容和目标。这主要体现在两个方面，一是将网络社会公德建设的导向性要求体现在法律法规和有关制度之中，如文明礼貌的价值导向、保护环境的具体要求等；二是将网络社会公德建设的某些具体内容体现在相关党政部门、社会组织的具体管理制度中，如通过"网民公约""网民守则"等形式体现网络社会公德的要求。以形成良好的制度氛围，促使广大网民更好地规范自己的网络行为。

4. 提高网络管理水平。管理水平的高低，对网络社会公德建设有着重要影响。科学、规范的网络管理可以起到化解矛盾、营造良好网络社会氛围的重要作用，可以在一定程度上为网络社会公德建设创造一个更加良好的环境。

---

[1] 《马克思恩格斯文集》第 5 卷，人民出版社 2009 年版，第 437 页。

二　网络社会公德的活动载体建设

网络活动载体是社会公德建设主体有意识地开展各种网络活动或以网络为主题的社会实践活动，寓网络社会公德建设的内容于网络活动之中，使客体在网络活动的过程中受到教育，提高网络社会公德水平。

（一）　确定网络社会公德活动载体的依据

选择网络活动为网络社会公德建设载体是坚持马克思主义实践观的要求。马克思主义认为"社会生活在本质上是实践的"[①]，强调实践活动在整个社会发展过程中的重要作用。实践活动是人的发展的决定性因素。第一，实践活动是人们形成正确认识和思想观念的最重要、最基本的途径。第二，实践活动是人们认同、接受正确的思想和理论并使之内化为自身态度体系的重要环节。第三，实践活动是人们不断发展并走向成熟的必由之路。总之，"马克思主义非常强调实践在人的发展中的作用，而活动是社会实践的一个重要方面，以活动为载体就能较好地体现实践的这种作用，也是坚持马克思主义实践观的要求和体现"[②]。

选择网络活动为载体既是对社会公德建设优良传统的继承和发展，也是网络社会公德建设的内在要求。良好的网络社会公德只有通过公众共同努力并切实践行才能得以形成和巩固，符合网络社会公德的行为也只有通过社会实践活动才能得以体现。网络社会公德建设的过程和结果都离不开社会实践活动。在网络社会中，聊天、评论、娱乐等，都是社会实践活动的重要内容。以这些实践活动为载体，使公众在网络活动中逐渐提高自己的道德素质，是推进网络社会公德建设的内在需求。

（二）　网络社会公德活动载体的特征

1. 明确的教育目的性。作为网络社会公德建设载体的网络活动与一般性的网络活动是不同的，它是在网络社会公德建设主体的策划、组织、并围绕网络社会公德建设的目标而开展的，具有明确的导向性、组织性和目的性。突出的目的性是将其与一般性的网络活动区别开来的重要标

---

① 《马克思恩格斯文集》第1卷，人民出版社2009年版，第505页。
② 陈万柏、张耀灿：《思想政治教育学原理》，高等教育出版社2007年版，第257—258页。

志。实践表明，只有明确网络活动载体的目的性，其网络社会公德建设功能才能得到最大限度发挥。

2. 广泛的公众参与性。作为网络社会公德建设载体的网络活动，其指导者往往就是策划组织者，但参与主体是广大网民。网络社会成员积极参与这种有组织、有目的的网络活动，是网络社会公德建设顺利开展的基本条件，也是实现网络活动载体基本功能的重要保障。

3. 突出的社会实践性。"一步实际运动比一打纲领更重要。"① 与网络社会公德建设的其他载体相比，网络活动载体的实践性最为突出，因为网络活动本身就是一种社会实践形式。一方面，网络活动的过程就是实践和检验网络社会公德建设的过程；另一方面，网络活动是公众体现公德观念及公德规范的过程。

（三）网络社会公德活动载体的功能

1. 网络活动载体可以促使网络社会公德建设内容"活"化，从而被广大网民潜移默化地接受。网络社会公德建设有认知性的操作成分，它要帮助广大网民掌握有关社会公德的知识和规范。一方面，网络活动使网络社会公德建设内容生动、形象、具体地展现出来，使广大网民能直接感知它，并将对网络社会公德的理性理解和感性认知结合起来；另一方面，网民在网络活动过程中又在践行网络社会公德建设内容，从而直接产生经验，能够更好地将网络社会公德建设内容内化。这样，网络社会公德建设的内容就通过网络活动"活"起来，极大地感染网民，使其在不知不觉中受到教育。

2. 网络活动载体能促进网络社会公德建设客体的自我教育，实现教育和自我教育的统一。网络社会公德建设过程是网络主体和客体相互作用的过程，在这一过程中，网络主体对客体提出的要求，最终都必须通过客体内在的思想矛盾运动才能实现。因为建设主体的网络活动只是客体社会公德意识发生变化的外因，而客体自身的思想矛盾运动才是公德水平提高的内因。只有当网络客体不仅能正确认识并评价自己，而且能够按照网络社会公德的要求进行自我调节时，网络社会公德建设的目标才算达到。在网络活动中，网络客体的教育和自我教育是密不可分、有

---

① 《马克思恩格斯文集》第 3 卷，人民出版社 2009 年版，第 426 页。

机统一地联系在一起的。

3. 网络活动载体在一定意义上使网络社会公德建设的客体主体化，有助于扩大网络社会公德建设的覆盖面。在网络社会公德建设过程中，建设主体处于主导地位，在建设过程中起着重要的指引作用。众所周知，网络社会公德建设主体开展网络活动的出发点和归宿是为了更好地调动客体的积极性，因此客体主观能动性的发挥非常重要。只有充分地调动起客体的主观能动性，网络社会公德的建设才能成功。此外，当建设客体的主观能动性调动起来后，就会对其他的客体产生影响，在一定程度上发挥了建设主体的作用。

（四）网络社会公德活动载体的运用要求

1. 加强对网络活动载体的指导，组织好各种网络活动。网络社会公德建设主体要提高认识，把各种有意义的网络活动纳入网络社会公德建设范围，增加网络活动的社会公德建设内容含量；指定专人策划或组织网络活动，对公众自发性的网络活动等加以必要的引导；加大投入，努力夯实网络活动的基础和平台，在经费、环境、氛围营造等方面为网络活动的开展创造条件。

2. 网络活动应有明确的目的、具体的内容、有效的形式。网络社会公德建设在以网络活动为载体时，对每一项网络活动所达到的目标期望值要有所规定，并注意将网络活动总体分解成一些具体目标，使其具有可操作性，以便激发和吸引更多的人参与到活动中来。

3. 充分发挥网络活动参与者的主体性和创造性。网络活动参与者的主体性和创造性是活动顺利开展并取得成效的基本条件。真正有效的活动应当是"一种发自主体内部的、自内向外的主动积极地参与活动，是一种真正的自我教育的活动"①。因此，网络社会公德建设主体不要包办代替客体的行动，而要启发他们自觉主动地开动脑筋、思考问题、克服困难、积极参与。坚决杜绝带有形式主义的和强制色彩的活动。

三 网络社会公德的文化载体建设

从一定意义上讲，网络社会活动就是一种文化活动，它是现实社会

---

① 魏贤超：《现代德育原理》，浙江大学出版社 1993 年版，第 106—107 页。

人们精神文化在网络中的一种虚拟的再现。因此我们必须高度重视网络文化载体对于网络社会公德建设的积极意义。

（一）网络社会公德文化载体的内涵和特征

网络文化载体是网络社会公德建设主体运用各种网络文化产品并将网络社会公德建设的内容寓于网络文化建设之中，借此对公众进行网络社会公德教育，以达到提高公众的网络社会公德建设的目的。它包括两方面的含义，一方面，发掘和利用既成的网络文化产品中的社会公德因素，发挥其网络社会公德的建设功能。就具体的网络社会公德建设过程而言，对这一部分网络文化产品主要是应用的问题，即充分发掘其内含的思想、道德等因素，运用其开展网络社会公德建设。另一方面，将网络社会公德建设的内容渗透到文化建设中去，通过网络文化建设过程感染人、教育人。以网络文化为载体，从某种意义上讲，就是把网络社会公德建设渗透到网络文化建设中去，使人们在潜移默化、不知不觉中受到社会公德的熏陶和教育。

与其他载体相比，网络社会公德建设的网络文化载体具有以下特征：第一，形式的多样性。比如网络文学、网络视频、网络音乐等网络产品载体，再如网上图书馆、网上博物馆、网络学校等网站建设载体。第二，对人的影响的全面性。网络文化产品、网络文化活动、网络文化建设等对人的影响是多方面的，包括道德规范和价值观念等方面的影响，包括科学文化知识和专业技能等方面的影响，还包括审美意识和思维方式等方面的影响。第三，影响方式的渗透性。网络文化对公众产生渗透性的影响，这是网络文化自身特征的反映。作为网络社会公德建设载体的网络文化活动也具备这一特征，寓于网络文化之中的网络社会公德建设往往不是直接作用于建设客体的，它的作用经常伴随着网络文化自身的影响而滋生暗长，对公众的感染和熏陶往往是在潜移默化中实现的。

（二）确定网络社会公德的文化载体的依据

1. 网络文化的内在特质和外在表征为其成为网络社会公德建设载体提供了根据和条件

网络文化是网络时代的特有产物，普遍存在于网络社会生活的各个方面。在网络社会生活中，每个人的生存和发展都与网络文化息息相关，都受各种网络文化产品和网络文化活动的影响。网络社会公德建设是面向全体网络社会成员的，其载体必须具有广泛的社会性，只有这样才能覆盖所有的网络社会成员。网络文化具备了网络社会公德建设载体的这一要求，其普遍性特征为网络社会公德建设将它作为具有广泛群众基础的载体提供了条件。

2. 以网络文化为载体是网络社会生活多样化的现实要求

改革开放特别是进入 21 世纪以来，广大人民群众的生活方式、生活内容等发生了深刻变化，呈现出日益多样化的趋势，这对网络社会公德建设载体的运用提出了新要求。由于人们生活方式的多样化以及网络社会思潮的复杂化，需要社会公德建设摒弃不合时宜的做法，转而采取与实际情况相协调的方式，网络文化载体就是其中十分重要的方式。由于网络文化对人们的影响越来越大，因而广泛开展丰富多彩、形式多样的网络文化活动并将网络社会公德内容有机渗透其中，能较好地适应不同客体的思想实际并对其产生有效的道德影响。

3. 网络社会公德文化载体的功能

（1）有利于增强网络社会公德建设的吸引力、渗透力，扩大网络社会公德建设的覆盖面。网络文化具有渗透性强、影响持久以及形象、生动、直观等特点。网络文化活动会使网络社会公德建设更加生动活泼，更具有吸引力，更容易被广大网民所接受，能更好地产生潜移默化、润物无声的效果，使网民在不知不觉中受到建设内容的熏陶和感染。同时，网络文化的覆盖面非常广，以网络文化为载体，能较好地扩大网络社会公德建设的覆盖面，使其作用在最大范围内得到全面实现。

（2）有利于全面提高广大网民的思想道德素质和社会公德水平。如前所述，网络文化对人的影响具有全面性。将网络文化作为网络社会公德建设的载体，就是要充分发挥网络文化对人的全面影响，即在通过各种网络文化活动提高网民思想道德素质的同时，充分发掘网络文化内含的社会公德资源，并赋予其新的网络时代内容，以此影响网民、感染受众，从而促进广大网民把网络社会发展所要求的网络社会公德观念及规范等内化为自己的品德素质。

（3）有利于形成与社会主义现代化相适应的价值观。网络文化的核心是价值观，就其心理机制而言，网络文化可以看作是一定群体所形成的共同的心理程序，即群体对一定的社会刺激产生的类似反应。网络文化的这一机理有助于形成网络时代下全社会共同的价值观。以网络文化为载体，就是要充分发挥这一机理的作用，将社会主义核心价值观等内容融入网络文化建设中，使公众经过网络文化的熏陶，在网络社会生活的基本方面形成趋于一致的社会价值观。

4. 网络社会公德文化载体的运用要求

第一，坚持网络文化建设的社会主义性质。网络文化建设的性质最终是由网络社会公德建设的内容所决定的，因而在我国的网络文化建设中，必须坚持包括马克思主义指导思想、中国特色社会主义共同理想、以爱国主义为核心的民族精神和以改革创新为核心的时代精神、社会主义荣辱观等在内的社会主义核心价值体系，努力践行"富强、民主、文明、和谐；自由、平等、公正、法治；爱国、敬业、诚信、友善"社会主义核心价值观，坚决贯彻党的路线方针政策，以确保网络社会建设的社会主义性质，为培养社会主义新人和建设网络社会公德服务。

第二，大力发展各项网络文化事业。网络文化事业具有广泛的群众性，直接影响到人们的思想道德素质和网络社会公德水平。努力发展各项网络文化事业，是加强网络文化建设的重要内容，也是运用好网络文化载体的内在要求。只有在大力发展文化生产力的同时积极发展各项网络文化事业，并不断提高其水平和覆盖面、影响力，渗透于其中的网络社会公德建设内容才能更广泛地影响人们，才能满足人民群众多方面的网络精神文化生活需求。

第三，促进网络文化市场健康发展。随着我国改革开放的深入和网络经济的发展，我国已基本形成较为完整的网络文化市场体系。迅速发展的网络文化市场是我国社会主义网络文化的重要组成部分，对丰富公众的精神文化生活，促进网络文化的发展，推进社会主义精神文明建设等，都起到了重要作用。在网络文化建设的过程中，必须加强网络文化市场建设，大力扶持健康的网络文化产品和网络文化服务。同时，抓紧制定和完善有关法律法规，加大管理力度，进一步规范网络文化市场行为，净化网络文化市场。

第六节　社会公德的机制建设

马克思主义认为，社会是人们交互作用的产物。信息网络技术为网络社会的诞生提供了物质前提，但是没有人的存在，信息网络系统不过是冰冷的物理世界。人与人在互联网络上的相互交往和相互联系，才构成了网络这一新型社会形态。网络社会公德建设所要解决的特殊矛盾，主要在于网民个人与网络社会整体的矛盾，这就有赖于建立有效的网民自律与他律机制。

一　从他律向自律转化是个体道德发展的一般规律

人的道德发展遵循这样一条路径：道德意识从关心自身利益的取向发展到关心他人利益的取向，再逐步上升到道德原则的取向；道德判断从重视行为结果（客观责任）发展到关注行为动机（主观责任）；道德言行从他律（服从外部的规范要求）发展到自律（听从内心命令）[1]。道德自律和道德他律之间既相互区别又相互联系，二者都是网络社会公德建设不可或缺的重要保障。

（一）道德他律的含义与特征

道德他律，就是指"人或道德主体赖以行动的标准或动机首先受制于外力，受外在的根据支配和节制"[2]。一个人只要按照他人或社会的要求去思考去行为，无论是主动地还是被动地接受社会的规则，都属于道德他律。

道德他律具有以下特征：第一，道德他律的主体是社会。一定社会的道德体系是人们在道德活动过程中不断扬弃而提炼出的处理社会和人际关系的原则和规范，是社会普遍的集体意识和行为规则。第二，道德他律的依据在于道德真理的一元性。在社会历史领域，只有合理的科学的，对人类社会发展有用的，能推动历史进步的内容，才是正确反映客体与社会历史主体发展关系的道德认识，即道德真理，因此，道德真理

---

① 唐晓燕：《网络社会个体道德自律的养成》，《广西社会科学》2007 年第 2 期。

② 罗国杰：《伦理学》，人民出版社 2014 年版，第 188 页。

是一元的而不是多元的。人的道德认识的多元性导致人的道德自律的多元性，这就容易使个人、集体、社会之间发生道德选择上的困惑。要使个人、集体与社会在伦理关系中达到一致，就必须对道德主体实行道德他律，使之趋于真理的一元性。第三，道德他律的方向是使客体趋近主体。道德他律就是将客观规律和理性事实引向个人的道德认识之中，使客体趋向主体，从而促使主体道德观念、道德情感、道德信念、道德理想与客观事实和社会发展趋势相一致。第四，道德他律的内容是理性的成果。道德他律以个人、集体与社会的道德追求一致为目标，以个人、集体和社会的利益决定取舍，并通过道德调节、激励和控制等手段来实施，因而，道德他律的内容是理性思维的产物。

（二）道德自律的含义与特征

道德自律是指道德主体根据自身对社会的认识，自愿认同并践行道德规范，将被动的服从变为主动的要求，把外部的要求转化为内在的自觉。道德自律表现在道德意识和道德实践两个层面。在道德意识层面，是树立主体意识、责任意识和规范意识；在道德实践层面，是加强自我约束、自我保护和自我完善。

道德自律具有以下特征：第一，自觉性。自觉是对道德规范的认可，是在自由意志支配下的自主抉择。道德自律是人们在自我认知基础上的觉醒，是基于理性认知而在行为上积极响应社会要求。在这种意义上，自觉性就是自由、自主、自为。第二，自我性。道德自律是个体认识到人的全面发展离不开集体，社会进步离不开全体社会成员的共同努力，从而不断锻炼道德能力，提高道德素质，以良好的道德风貌适应社会，在社会实践中不断实现自我、完善自我，更好地履行社会职责。可见，道德自律也是自身能力不断释放的过程。第三，内化性。道德自律是主体对自身的内在约束，是一种向内做功的过程。个体根据自己的道德需要，选择并认同、接受社会道德规范要求，使之纳入自己的道德结构中，成为控制自己的内在道德力量。

（三）道德他律与道德自律的辩证关系

道德他律与道德自律的区别在于：道德自律的主体一般是个人，而道德他律的主体是社会。道德自律的依据在于道德认识的多元性，道德他律的依据在于道德真理的一元性。道德自律的方向是使主体走向客体，道德他律的方向是使客体趋近主体，前者是从理想境界走向事实，后者是从事实走向理想境界。道德自律的内容不完全是理性认识的成果，道德他律的内容则是理性的成果。

道德他律与道德自律又是相互联系的。道德他律以道德自律为前提，道德自律以道德他律为向导，二者统一于人的道德实践过程。一方面，道德主体的多样性需求决定了道德自律的多元性。辩证唯物主义认为，道德自律的多元性是人的道德活动中的特殊性和个别性；而不同的主体在同一历史时期的道德自律应具有一般性。特殊性、个别性中包含普遍性和一般性，道德他律就是一般，所以说，没有道德自律为前提，也就没有道德他律的产生。另一方面，在法制还不健全、道德规范体系还不完善、利益调节机制不灵敏的特定时期，道德自律的多元化必然引起利益的矛盾和冲突，导致人们在道德选择上出现焦虑。因而，社会有必要确定合理的、客观的、科学的道德尺度，积极引导道德主体的行为，于是，社会道德他律就成为个体道德自律的向导。在一定的条件下，道德他律与道德自律可以相互转化，个体道德自律经过提炼转化为道德他律的内容，而社会道德他律的内容不断为个体道德主体自律所内化。

综上所述，道德的自律和他律是不可分离的。自律以承认他律为前提，他律必须通过自律来体现，他律只有转化为自律，才能成为现实的道德。

二 网络社会公德的他律机制

网络社会公德的他律，是借助网络道德约束力和网络法律约束力等外部力量，使网络主体能够在网络社会中管理好自己的道德行为，从而构建和维系整个网络社会的良好秩序。

（一）网络社会公德建设的他律工具

他律，强调的是外部力量（如他人、社会、国家）对道德主体的作用。在人类漫长的道德生活中，针对人类道德行为的外部约束力量，尽管表现形态各异，但都可归结为两类：一类是以图腾、禁忌、风俗、礼仪、准则、箴言、义务及责任等形式呈现的属于道德范畴的内容，另一类是以律令、公序、规约、条例、政策、法规等形式呈现的政治、法律范畴的内容。这两种规范就是对道德主体具有他律作用的两大主要工具。

在一定的社会环境中，道德与法律总是紧密相连的。法律是道德的底线，道德是法制的升华，二者在表现社会重大关系方面是趋于一致的，但在形成方式和作用手段方面又具有差异性。道德规范是人们在道德生活中逐渐养成的，而法律规范必须由专门的机构和人员制定；道德规范主要依靠社会舆论、传统习俗和内心信念起作用，而法律规范则依靠国家机关、社会组织的强制力量起作用。① 这是我国实施依法治国与以德治国的理论渊源，也是我们进行网络社会公德建设的基本依据。

在网络社会，道德约束的对象仍然是人的行为，即从事网络社会活动的行为主体。针对道德主体，道德规范和法律规范仍然是主要的他律工具。但是在网络环境下，网络主体的道德行为所处的情境相对于现实社会却发生了变化，这就是社会现实中的人要在网络上与他人发生交流、沟通与联系等实践活动，必须依托一定的信息网络载体，服从一定的技术规范。因此，网络社会公德还要受网络技术规范、网络道德规范和网络法律规范等因素的影响。网络技术规范是网络道德行为的第一道屏障，网络道德规范是网络道德行为他律的主要力量，网络法律规范则是网络道德行为他律的核心力量，以上三个层面的规范构成了网络社会公德的他律系统。

（二）强化网络社会公德他律的必要性

近年来，我国日益重视网络管理，不断加强网络社会的道德建设和法制建设，加强对网民网络行为的规范与引导，在培育网络社会公德，促进互联网健康发展方面发挥了重要作用。但是，在目前的网络社会，黑客、病毒、欺诈以及色情暴力等形形色色的信息污染正成为人类新的忧患，依靠网络社会管理的有关法律，净化网络环境，打击网络犯罪已刻不容缓。

虽然我国信息网络技术的发展与西方发达国家相比起步较晚，但经过政府法律部门、业内人士和民间力量的共同努力，中国的网络法律已由单一法走向综合法，网络法规已渐成体系。先后制定了《全国人民代表大会常务委员会关于维护互联网安全的决定》《中华人民共和国计算机信息系统安全保护条例》《中华人民共和国计算机信息网络国际联网管理

---

① 罗国杰：《伦理学》，人民出版社 2014 年版，第 183—184 页。

暂行规定》《计算机信息网络国际联网安全保护管理办法》《信息网络传播权保护条例》《互联网新闻信息服务管理规定》《互联网著作权行政保护办法》《互联网出版管理暂行规定》《互联网视听节目服务管理规定》《互联网电子公告服务管理规定》《网络游戏管理暂行办法》《互联网医疗保健信息服务管理办法》等法律法规和部门规章，建立了较为完整的网络社会法律规范体系。

在网络执法方面，加强执法力度，对散布谣言，扰乱社会秩序，破坏社会稳定；散布淫秽、色情、赌博、暴力、凶杀、恐怖或者教唆犯罪；侮辱或者诽谤他人，侵害他人合法权益等网络违法行为进行法律制裁。自 2013 年 8 月以来，公安部门对蓄意制造传播网络谣言、利用网络恶意侵害他人名誉、非法攫取经济利益的网络推手"秦火火""立二拆四"、周禄宝、刘虎、薛蛮子、向南夫等一批网络"大谣"进行了严厉打击，网络舆论形势迅速好转，网络社会道德良序进一步形成，赢得社会各界拍手叫好。这既是我国强化网络法制建设的一大例证，又为我国网络社会公德建设创造了十分有利的环境和氛围。

但无可否认的是，相对于网络的飞速发展，我国对于网络社会行为的科学规范与约束还比较滞后。主要表现在：在网络立法方面，由于网络技术发展周期短，速度快，原有的法律、法规无法与其同步发展，网络立法方面的"空白点"较多，随着新问题不断出现，已有的法律规范呈现出一定的滞后性；在网络执法方面，存在执法不力、执法不严的情况；在网络法制教育方面，教育方式与手段缺乏创新，显得力不从心。法律制度与法治环境的缺失，导致网民无所适从。

（三）网络社会公德他律机制的构建

网络社会公德建设的新特点，要求我们必须重视道德他律工具的运用，从网络社会公德建设的内容、形式、作用机制等方面对传统的道德他律工具进行"升级改造"，并高度重视新的他律工具的建立与健全。

第一，构建网络道德规范体系。道德规范具有约束与导向同一的功能。要使网络空间得到优化，网络社会公德环境形成良序，必须按照我国社会主义道德规范的要求，从根本上规范网络主体的行为。处在他律环境中的道德规范，作为来自外部的约束力量，在制约人们的行动时首先发挥着价值导向功能和行为引导作用。网络道德规范体系的构建，要充分尊重道德规范的三客观相统一的要求。道德规范既是对一定的道德关系的反映，也必然包含着道德主体的抽象、概括等主观思维活动，因此，既是客观的，又具有主观性。道德规范的这一特性，对于构建网络道德规范体系具有重要的指导意义。这就要求我们在建构网络道德规范体系的过程中，要注意以下几个问题。首先，可操作性。要充分考虑到网络社会的特殊性及其人际交往的特色，在保持与传统道德规范的连续性的基础上，主动参与网络管理的国际合作，积极借鉴国外网络道德规范建设的有益经验，兼顾网民在思想觉悟和道德境界方面的差异，制定系统、科学的维护网络社会秩序、约束网民行为的新的道德规范体系。其次，多数公认。道德规范最终要靠人们的内心信念起作用，因此，获得社会绝大多数成员的认同是道德规范发挥其作用的前提。要根据网络社会的共同价值特征制定出相应的道德规范，增强网络行为主体对网络道德规范的认同。再次，教管并重。网络社会公德建设是一个复杂的社会系统工程，既要靠思想教育和道德感召，也要靠社会管理。教育的有效性是有条件的。它与教育内容的适当性、教育方法的艺术性，以及教育对象的主体条件密切相关。如果教育对象主观上不接受教育，教育活动就是无效的。这就必须与具有他律特征的社会管理相结合。只有把教育与管理结合起来，才能使网络社会公德建设取得良好的实效。

第二，加强网络法制建设。在网络世界，仅仅依靠网络技术控制与网络道德引导显然不能完全解决问题，还必须借助法律这一强力武器。网络法律规范是网络社会最低道德准则的表达。加强网络法制建设，要尽快建立健全信息安全法律法规体系，加强网络法制教育，健全网络监察和执法机构，加大网络执法力度，净化网络社会环境，维护好安全有序的网络秩序。首先，完善网络法规。当前，世界各国无不重视法律对于网络社会管理的作用。综合各国的经验，网络信息安全法律法规大多涉及知识产权、隐私（秘密）、色情、暴力、网络犯罪、黑客、病毒、垃圾邮件等方面，大致分为国家、企业、个人三个层次。这些网络社会管理的法律法规为我国网络立法提供了可资借鉴的宝贵参考。我国在立法时应注意网络信息发布的多元性、信息源的跨国性、社会信息的共享性、网络犯罪的隐蔽性、信息传递的快速性等问题。其次，加强网络法制教育。有了完备的法律，还必须使人们知法。法律法规是行为的指示器，普及网络法律法规，能够使人们清楚地知道哪些行为是应该做的，而哪些行为是不应该做的，从而规范网络主体的行为。现实中，一部分网络犯罪主体并无明确的犯罪动机，只是因为不了解行为的违法性而误入歧途。如果我们的网络法制教育能够得到切实加强，很多网络犯罪是可以避免的。为此，有关部门应充分利用网站、博客、论坛、微博等丰富的网络互动工具，大力加强网络法律知识的宣传。再次，健全网络执法队伍。相较于高科技的网络犯罪，网络执法队伍的力量目前还比较薄弱。这一问题已引起各国的重视。2001 年，英国内政部门抽调精英，组成网络警察部队——全国预防高科技犯罪局。德国成立联邦信息技术安全局，专门建立了一支反黑客别动队。我国成立国际互联网安全监察专业警察，主要担负指导、协调、检查和监督党政机关、重点生产部门、金融、通信等单位的计算机网络安全保护工作，依法查处非法侵入计算机系统和破坏计算机信息系统的违法犯罪活动等职能。网络执法人员不仅需要强烈的法律意识，而且需要具备较高的道德素质和过硬的专业知识。由于法律语言的复杂性以及自由裁量权的使用，法律的适用在很大程度上取决于执法者的综合素质，因此，必须加强对网络执法人员的业务培训。最后，加大网络犯罪打击力度。只有依法打击网络犯罪，才能切实保障网络社会的良性发展。但是，由于网络犯罪手段多样，加之跨国网络犯罪正成为网络犯罪的新动向，因此，除了要及时发现和有效打击在我们国内出现网络违反行为之外，我们还必须通过国家间的密切协作，有效打击跨国网络犯罪。

第三，互联网络是现代社会高科技的产物。网络社会需以高技术、高智能的互联网络为支撑。在合乎道德、合乎法律，并确保可靠性和可用性的前提下，国家要充分发挥先进的网络技术本身的控制能力，通过发展网络安全技术、采取必要的技术性措施，约束、预防和控制网络社会中的不道德行为特别是网络犯罪行为，并对已经出现的网络犯罪加以有效打击，保证网络社会的正常秩序。如，发展身份认证技术，建立实名登记和身份认证制度，要求网络行为者以真实身份登记入网，保证网络行为可追踪并有唯一的责任主体；发展信息加密技术，对需要保护的信息进行加密，预防对信息安全的侵害。发展网络隐患扫除技术，加强对网络系统信息输入与输出的控制，对网络信息的内容加以审查，阻止有害信息的传播。对已有网上不良行为记录的行为主体，可利用技术规范控制其访问、缩小其使用权限或者注销其账户等办法来维护网络社会的良好秩序和网络社会公德建设的健康发展。

三 网络社会公德的自律机制

道德自律作为一种积极主动的行为模式，是实现道德理想人格的内在动力。由于人们网络身份的隐蔽性，自律在网络社会中发挥着越来越重要的作用。为此，有人甚至认为，人类在信息社会启动了一把"完全自律"的密钥。

（一）道德自律在网络社会公德建设中的作用

道德自律可弥补道德他律在网络社会公德建设中的不足，引导网络道德主体进入"慎独"境界，促进网络文明，形成网络社会良好的道德环境与氛围。

第一，弥补道德他律在网络社会公德建设中的不足。一方面，由于网络行为主体的隐匿性和虚拟性，加之网络操作具有距离远、范围大、易修改、不留痕等特点，使得网络违规、违法行为的取证至今是一个难题，由此法律对人们网络行为的监督和控制作用被大大弱化。另一方面，由于我国网络相关的法律法规建设尚处于起步阶段，在实际管理中还存在诸多需要完善的地方，因而使得传统社会中的道德他律在网络社会中一定程度上失去作用，这无疑给网络社会公德建设提出了巨大挑战。在网络社会公德建设的过程中，如果单纯依靠网络道德他律手段而没有网络道德的自律，一切规范和原则都将形同虚设。因为任何他律，只有其精神和价值深入到人们的内心并为人们所接受，才能真正发挥作用。所以，良好网络秩序的形成，一刻也离不开网络主体的自律。只有不断地提高人们的网络道德自律水平，才能一步步地净化网络社会空间。

第二，引导网络道德主体进入"慎独"境界。"慎独"是我国古代儒家所倡导的修身方法和道德境界。所谓"慎独"，是指人们在独自活动无人监督的情况下，凭着高度自觉，按照社会的道德规范行动，不做任何有违社会道德信念、个人原则之事。这是道德修养的重要方法，也是评定一个人道德水准的关键性环节。"慎独"包含着深刻的"自律"思想，从本质意义来说，"慎独"是自律的最高境界，是道德主体在认识自然、历史和道德必然性的基础上，自己为自己立法，在个人道德良心的法庭里，既做原告又做被告和法官，自觉地按照道德规范的要求指导和约束自己。在形形色色的网络世界里，各种文化与价值理念交织纷纭，理性与情感的冲动、较量时常存在。维护网络社会的正常秩序，必须通过多种教育手段不断增强网民的道德自律。

第三，促进网络精神文明建设。网络空间是虚拟的社会空间，但从一定的角度讲，它同时又是现实社会的一个部分，是现实社会向网络领域的延伸，是社会关系、社会利益、社会角色在网络上的真实再现。在网络时代，由于获取信息的方便性和信息传递的快捷性，十分有利于社会主义思想文化的传播；网络内容和形式的丰富多样性，同样有利于增强精神文明创建的吸引力、感染力；网络交往活动和参与人员的广泛性，有利于扩大精神文明创建活动的覆盖面；网络人际关系的互动性，有助于开展各类主题实践活动，等等。因此加强网络主体道德自律，构建和谐网络社会，积极建设社会主义的网络精神文明，正成为我国精神文明建设的重要方面。

（二）网络社会公德自律机制的内容

构建网络社会公德的自律机制，目的是在网络公共生活中，依靠网民的自我约束，自觉遵守道德规范。值得注意的是，自律并不意味着没有规则和秩序，更不意味着不需要他律，自律是在他律的指引下逐渐形成的，是行为主体在反复践履外在行为准则的过程中不断内化、升华的结果。构建网络社会公德的自律机制，应该从道德认知、道德信念、道德义务、道德荣誉、道德情操等方面着手。

1. 网络社会公德建设的认知

道德认知即对现实道德关系和道德规范的认识。它是道德内化和道德行为的先导，是道德信念形成的基础。在网络社会，人们不仅要遵循既有的道德规范，而且要遵循网络道德。提高网络主体的网络道德认知水平，是实现道德自律的基础。一些人认为，网络的使用是知识技术问题而不牵涉道德问题，从而容易导致网络空间成为道德盲区。信息技术越是发展越是要求个人的道德自律、个人应具有的高道德素质与之平衡，否则网络技术就可能成为危及网络社会发展的祸水。网络社会道德认知还要求广大网民将道德关怀引入网络技术，正确处理网络技术与网络道德的关系，力争在良好的网络社会环境下的和谐发展。

2. 网络道德信念

所谓道德信念，是指人们发自内心的对某种道德理想、道德人格、道德原则、道德规范、道德义务等的正确性和正义性所具有的坚定不移的信奉和强烈的责任感，同时又是道德认识、道德情感、道德意志的集中体现和有机统一。道德信念是道德品质构成的核心要素，是道德行为发生与发展的根据和保证。在网络社会道德信念的树立过程中，要积极引导广大网民在道德领域的内在需要，激发网民的积极的道德情感，消解网络社会道德环境对网民的负面影响，帮助网民建立起网络社会的道德信念，坚持自省慎思、克己修身，追求高尚的网络人格。

3. 网络道德义务

道德义务，是人们在一定的内心信念和道德意识支配下，通过社会风尚、习惯、舆论来约束或引导，自觉无私地履行对社会和他人的道德责任，它是由社会物质生活条件和人们在社会关系中所处的地位决定的。道德是人们经过磨砺、体验之后形成的共识。在现实社会中人们的道德行为常常受到社会或他人的监督，一旦进入具有隐匿性的虚拟网络社会中，道德常常只能依靠网络主体内心的信念来维系。在当前网络社会中一些网络主体道德责任感弱化，必须通过有效手段强化每一个网络主体对履行网络道德的义务。

4. 网络道德荣誉

道德荣誉不仅包含着用以评价人们行为的社会价值尺度，即对履行社会义务的道德行为的认可与褒奖，同时还包含着个人对行为的社会价值的自我意识，即在良心中所包含的知耻和自尊的意向。概言之，道德荣誉是对道德行为的社会价值所作出的公认的客观评价和主观意向。由此可见，道德荣誉与社会价值联系十分紧密，它对德行和良心的客观评价是以社会价值为基础的，只有实现社会价值的整合，道德荣誉才有客观基础。网络社会仍然是依照一定的道德标准对网民的行为做出肯定与褒奖。这实质上也是网络社会公德导向功能的体现，其目的是以鼓励的方式，将一定的道德价值尺度渗透到网民的意识中，使之转化为网民个人的道德意向，内化为个人的羞耻之心、自尊之心、自爱之心与荣誉之感。这种羞耻心、自尊心、自爱心、荣誉感通常反过来又会促进网民加强自己的道德修养并约束自己的网络行为。

5. 网络道德情操

网络道德情感是指主体根据道德规范对网络社会现象的真假、美丑、善恶形成的喜怒、哀乐，爱憎、好恶的情绪体验而表现出的一种个人品格与操守。一个人在履行社会的道德义务时，必然有强大的自我肯定的情感来支持自己，这些情感体验会使人感受到自己的力量，形成相应的品质与态度。道德情操是道德认知转化为行为的渗透"催化剂"，对人的道德行为意志和道德信念的形成产生着重要影响。如果没有树立起网络社会的道德情操，网络道德规范就不会自动内化为人们的心理需求，而道德情操一经形成，就会成为一种比较稳定的道德力量。在网络社会中，网民通过自觉遵守有关道德要求，不断约束自身不合理行为，使自身行为符合网络规范和现实生活中的道德要求，积极地培养起符合网络社会规范的道德情操，就会始终在任何网络环境下都能实现自我约束，促进自我完善。

（三）网络社会公德自律机制的构建

构建网络社会公德的自律机制，需坚持以人为本这一原则，以激发网络行为主体自主意识为根本，积极开展网络文明教育，并对网络沉溺的网络主体实施心理疏导。

1. 以人为本

所谓"以人为本"，就是把人作为发展的本原、本体和核心，把人作为价值主体和评价尺度，把不断满足人的全面需求、促进人的全面发展作为发展的出发点和归宿。构建网络自律机制坚持以人为本就是要坚持以网民为本，一切工作都以满足网民的合理需要，并不断促进网民全面协调和可持续发展为出发点和归宿。网络社会公德自律机制建构必须彰显人性化，在具体实施过程中，积极给予人文关怀，这是建构网络文明自律机制之根本。马克思主义认为，"人的本质不是单个人所固有的抽象物，在其现实性上，它是一切社会关系的总和"[1]。网络是人的社会关系发展的产物，从人的本质理论可以揭示网络与人、网络与社会的关系。网络使用者始终是现实生活中的人，网络上所反映出来的问题，最终还

---

[1] 《马克思恩格斯文集》第1卷，人民出版社2009年版，第505页。

是人类自己的问题。马克思主义认为人的全面发展是社会前进的必然趋势，是未来社会的终极目标。人的全面发展作为人的本质要求，与网民上网获取自己需要的信息必然关联。网络是个信息宝库但是同时也是一个信息垃圾场，各种不良信息对网民的全面发展产生诸多负面影响。但是在网络信息大潮中，网民获取信息的强烈愿望正体现其对全面发展的追求。我们应该本着促进人的全面发展和"一切为了人"的原则来引导网民的网络活动，推进网络社会公德建设。

2. 心理疏导

心理是指生物对客观物质世界的主观反应。心理疏导是用心理学的理论与方法，对不良心理或者心理亚健康进行疏通引导，从而治疗和预防心理疾病，促进身心健康的一种方式。虚拟的网络环境，容易导致网民感情淡薄、孤僻自封、网络依赖或者网络成瘾等不良心理。注重网民的心理疏导，合理运用网络技术，正确对待网络信息，满足网民心理需求是建构网民自律机制的必然趋势。技术的发展催生了网络文明，建设网络社会公德需要网络心理学的支撑。应在强调网络行为主体自律的前提下，科学运用人们的知、情、意、行，正确对待网络技术这一新科技的到来。我们要采取疏而不堵、用而不乱、静而不慌的措施，并遵循人的心理规律，有效地干预网络依赖与成瘾，充分地发挥网络心理学在网络社会公德建设中的疏导辅助作用。

3. 网络文明教育

思想政治教育是社会或社会群体用一定的思想观念、政治观点、道德规范，对其成员施加有目的、有计划、有组织的影响，使他们形成符合一定社会所要求的思想品德的社会实践活动，是激发道德主体的自律意识，历练人内心信念的重要途径和有效方法，也是解决社会矛盾的主要途径之一。网络社会公德虽然建构在虚拟社会之中，但归根结底都是人的因素与行为所致。传统的思想政治教育经验，在网上同样可以运用。近几年网络思想政治教育为规范网络主体行为、建设网络文明、净化网络环境起到了强有力的助推作用。但是，目前网络思想政治教育的理论与方法，大多数只是照搬现实的思想政治教育。在网络社会公德建设中，如何发挥自律在虚拟社会中的作用，真正营造和谐、文明、健康的网络社会环境，还需要建构一套适宜于网络环境的思想政治教育原理与方法。

4. 网络行为主体自主意识

人是社会的主体，是社会发展的目的；个体自由、自觉的活动是其主体性发展的决定性因素；"把人培养成为社会历史活动的主体"是一切教育活动的最高目的。网络公德自律机制的建构，还需以网络行为主体的主体性发挥为条件：一是唤醒网民的主体意识。在网络社会公德建设中，网民的主体意识越强，对自身的主体地位、主体能力和主体价值的认识越清晰，调动自身力量参与道德建设的自觉性就越大，就越能发挥能动性与创造性。网民主体意识的唤醒，要求我们通过适当的方式启发、引导受教者内在的发展需求。二是发展网民的主体能力，包括网民认识社会、改造社会的自主性、能动性和创造性以及提高自我教育、自我管理和自我发展的能力。三是激发网民的主体参与。网络社会公德建设要最大限度地吸引网民的自觉参与，让网民成为网络社会公德建设的主人。

第七节 网络社会公德的环境建设

道德建设总是在特定的环境中进行的。道德建设既受环境的影响，又对环境产生一定的作用。网络社会公德建设的环境较之现实社会更为特殊、更为复杂。如何认识和利用环境加强网络社会公德建设，是网络公德建设必须面对的问题。

一 环境是网络社会公德建设的必备条件

根据道德建设的一般原理，道德建设的过程是主体、客体、媒介和环境"四要素"相互影响、相互作用的过程，即在德育环境的影响下，通过德育媒介，德育主体与德育客体相互作用，最终促成德育客体养成良好德心、德性和德行。德育环境，"是指影响人的思想政治道德素质形成、发展和人的德育活动的一切外部因素的总和"[1]。由此可见，道德建设环境的内涵可从以下方面理解：一是空间位置的外在性，是道德建设系统中区别于核心要素的外部要素，道德建设的主体需要借助一定的媒介并通过向内因的转化对道德建设客体施加影响；二是内部结构的系统

---

① 戴钢书：《德育环境研究》，人民出版社 2002 年版，第 4 页。

性，其构成要素众多且相对独立，需要系统整合；三是作用机制的复杂性，不仅影响人的思想政治道德素质形成、发展，同时也影响人的活动。

在道德建设中，环境建设至关重要。著名的"破窗理论"认为：如果有人打坏了一扇窗户玻璃，且这扇窗户玻璃又未得到及时的修理，有人就可能受到暗示性的纵容去砸坏更多的窗户玻璃，久而久之，这些损坏的窗户玻璃会给人造成一种无序感，犯罪就可能滋生蔓延。在网络社会，由于网民身份的隐匿性、网络行为的独立性，破窗效应更为广泛存在。人们在现实社会不敢表达的思想、不敢表现的行为都有可能在网络上毫无保留地显露出来。当下，网络社会之所以出现网络诚信缺失、网络话语霸权、网络暴力频发、网络恶搞盛行、网络欺诈横行、网络谣言四起、网络色情泛滥、侵犯知识产权等诸多失范现象，网络道德规范缺失是重要原因，但在很多情况下，是源于践行网络社会公德的环境缺失。当道德环境存在瑕疵时，行为人的不道德行为就有合理化借口；而在良好道德氛围的感召和压力下，人们往往能够遵守道德规范。因此，环境建设是网络社会公德建设的题中之义。

抓好网络社会公德环境建设，有利于净化不良的网络社会风气，建立和谐的网络社会秩序，从而提高网民的道德意识。网络社会公德环境不仅制约着网民思想道德素质的发展方向，而且对人的精神世界具有导向作用，从而构建整个网络社会思想道德的支柱。进步的网络社会公德环境有利于形成健康高尚的网络社会道德氛围以及和谐的人际关系，有利于陶冶网民的道德情操、提高人们精神境界，从而促进网络甚至整个社会的健康发展；而落后的网络社会公德环境容易形成一种污浊、庸俗的氛围，助长不道德行为，损害社会的物质生活和精神生活，从而阻碍社会发展。

二 影响网络社会公德建设的环境因素

网络社会公德建设的环境具有复杂性，对网络社会公德的影响具有双重性。建设网络社会公德环境的目的，就是要充分利用和发挥环境的积极作用。

（一）社会公德环境的维度与结构

网络社会"本质上是一种数字化社会关系结构"，"这是由网络社会的技术本质——以数字化交互方式实现互联，由网络社会结构相对于社会结构而言具有中观的技术特质，由网络社会功能——提供现实社会结构变迁与社会发展的共同基础等决定"。① 因此，网络是一种相对虚拟但又随时不断向现实社会延伸、呈发散状态但又无法脱离网络软硬件环境的新型社会空间，具有相对独立的内部运行系统，同时又与外部世界发生着"能量交换"。

网络社会公德环境按状态划分，有内部环境和外部环境。既包括网络系统内部的物质因素、精神因素与制度因素，也包括网络系统外部的政治、经济、文化等社会因素。就网络系统内部而言，按其性质可分为物质环境（包括计算机、网线、辅助工具），精神环境（包括网络信息影响下的网民的价值取向、心理活动及思维方式）和制度环境（包括与网络有关的法律和各种规章制度）②。外部环境按作用范围和影响程度划分，又可分为宏观环境和微观环境。从宏观角度分析，主要指影响网民网络社会公德养成的自然和社会等外部环境，具体而言，包括政治环境、经济环境、文化环境等。从微观角度分析，主要指网民所处的小环境，比如网民所处的家庭环境、学生网民所处的学校环境、职场网民所处的组织环境等。

网络社会公德环境按性质划分，有积极环境和消极环境。对网络公德建设和网民有积极的促进作用、鼓舞作用的环境是积极的环境。相反，对网络公德建设和网民有消极影响的环境是消极的环境。建设网络社会公德环境的目的，就是要及时修复外部道德环境的瑕疵，充分利用和发挥道德环境的积极作用，防止和削弱它的消极作用，激发网民的正向道德行为，约束和限制网民的道德偏离行为。

（二）网络社会公德环境的特点

网络道德环境是一类特殊的道德环境，同现实社会的道德环境相比，具有明显的特殊性。

1. 现实性的统一

道德系统的运行有两种状态：一是在与其他系统相互联系中存在和

---

① 戚攻：《网络社会的本质：一种数字化社会关系结构》，《重庆大学学报》（社会科学版）2002 年第 9 期。

② 吕本修：《网络道德问题研究》，中国社会科学出版社 2012 年版，第 170 页。

运行，即德育系统在外部环境中存在和运行；二是在包括德育环境在内的系统中存在和运行。作为影响网民社会公德素质的形成、发展和网络公德活动的一切外部因素的总和，网络公德建设环境既存在于网络系统之中，又外在于网络系统，兼有虚拟性与现实性的特征。网民通常拥有"两种身份"（真实身份与虚拟身份）和"两个住址"（现实住址与 IP 地址），其真实身份、现实住址往往隐蔽在网络的背后，以虚拟的身份在虚拟的地址出现，其网络行为不易被直观感知和迅速捕捉，但"一个指头"的微小运动却可能给现实社会带来重大影响。

2. 封闭性的统一

计算机信息网络是形成网络社会的技术前提，受信息技术条件的约束，网民的行为被局限于网络之内，因此，网络社会公德建设的环境从物理意义上说，具有相对封密性，其影响的范围一般限于网民内部。同时，借助网络的技术条件，网民又可突破疆界的限制，超越时空的约束，与世界范围内任何一个网络节点上的网民（组织和个人）产生联系，获取网络上的信息，接受网络环境的辐射，甚至这种网络环境辐射的强度常常不再以现实距离为条件。网络行为所及之处，就是网络社会公德建设应到之处，所以，网络社会公德建设的环境空间被无限放大，具有开放性特征。

3. 与多变性的统一

网络道德环境相对于现实社会的道德环境而言，其构成要素更为复杂多样，同时，网络道德环境又是瞬息万变的，信息传播的迅捷性使海量信息瞬间产生几何级裂变，可能导致网络道德建设环境迅速发生改变。比如，网络推手'秦火火"等人蓄意制造传播的"7·23"动车事故外国人获天价赔偿、中国红十字会强制捐款等谣言经网络传播引发轩然大波，挑动民众对政府和慈善组织的不满，严重干扰了事故的妥善处理，更使中国红十字会招致的信任危机至今未得到消解。

4. 与自主性的统一

网络行为的交互性促使传统的单向性、灌输式道德建设模式向交互性、浸润式转变。网络环境的影响更多的是润物无声的。网络的超时空性和受众的多样性，决定了网络社会公德规范与规则必须兼顾最广大网民的基础状况，规范最基本的网络行为。因此，网络道德建设在现阶段往往只可保持在底线性要求，即主要依靠网民的自我约束和内心信念。

（三）网络社会公德建设环境存在的主要问题

长期以来，由于我国对网络社会公德建设问题重视不够，措施也不尽得力，在网络社会公德建设的环境营造方面还存在诸多的问题。比如在制度环境方面，在网站的建立、网络的运行、网络内容的审核、网络从业人员的规范等诸多方面，我们的制度创设显得非常不够。在舆论环境方面，遍布对社会正常现象的冲击、谩骂、讽刺和歪曲。在工作环境方面，在人力的投入，经费的使用，时间的花费等都非常有限。

三　营造网络社会公德建设的良好环境

为网络社会公德建设营造良好的社会环境，需要综合发挥网内与网外各种建设力量，从宏观着眼，微观着手。

（一）营造昌明的政治环境

政治，从本质上可理解为国家公共权力的配置。良好的政治环境意味着社会体制的公平与正义。社会体制是否公平与正义，深刻影响人们对现实社会所提倡的道德规范的认同和接受程度。一般来说，如果社会体制不公平或其不公平的程度超过人们可以容忍的程度，势必引发对社会的不满情绪，在这种情况下，社会公德就难以得到社会成员的认同和践行。当下的网络社会，常常充斥着对社会公共政策的非理性批评、对国家公务人员特别是官员的群体攻击、对丑恶现象的漠视和超限容忍，很大程度上是社会普遍心理在网络上或真实或夸大或歪曲的反映。社会存在决定社会意识，加强网络社会公德建设最根本的还是营造昌明的政治环境。因此，国家公共资源的配置要崇尚公平、正义，为社会成员提供公正的社会结构制度、公平的生存环境，建构公正的生活秩序，"让每一个社会成员共享人生出彩的机会"；国家公共政策的制定要公开、透明，让网络谣言止于信息的公开；国家公共政策的执行要接受法律的监督，应努力构建赏罚分明机制公正分配社会利益。

（二）营造严正的法治环境

公平正义的社会结构的形成还需借助一定的法律力量。法治环境是网络社会公德环境重要部分。网络谣言的滋生，源于网民道德意识的缺失，也源于法律制度的滞后。正因如此，许多网民毫无顾忌地在网上发表言论，甚至胡编乱改恶搞。致使不良信息满天飞、真假不明，直接造成网上信息良莠不齐的局面。为此，在网络社会处于规范管理的初始阶段，为网络社会公德建设营造严正的法治环境尤为重要。一方面，国家要强化网络立法，适当地借助立法来提高网民遵守网络道德规范的自觉性；另一方面，也要加强法治教育，教育网民树立公民意识、规则意识、守法意识，学会在享有国家赋予的各项基本权利的同时，履行对国家和社会的义务，培育网络社会的现代公民。

（三）营造有序的经济环境

经济环境是指一定社会历史条件下的人们的经济活动、经济关系及相应制度等因素的总和。经济是整个社会环境的基础，它的性质和发展变化直接决定着其他社会环境。因此，优化网络社会公德的经济环境，应大力发展生产力，为网络公德建设提供坚实的物质基础；应完善社会主义市场经济体制，逐步完善市场法则，提升道德缺失的代价，降低道德缺失行为发生的频率，为网络社会公德建设提供良好的经济体制保证；要通过市场内在的激励作用，在全社会树立崇尚诚信、崇尚创造、鼓励发展的价值导向，让网络社会道德行为合乎利益选择，促进广大网民积极参与网络社会公德建设。

（四）和谐的文化环境

文化环境对人的精神世界具有极其重要的导向作用。文化通过对人们思维方式和认知方式的制约来影响人们的道德信念和道德认识的发展方向，从而对整个社会的公德建设起支撑作用。虚拟网络空间与现实社会一个显著的区别在于社会管理者和秩序维护者与社会成员的关系由"强制型"向"导向型"的变革，网络社会的良性运行更有赖于对社会成员的文化熏陶和价值引导。一是建设积极的舆论环境。主流新闻媒介要适应网络时代信息传播的新特点，增强占领网络舆论阵地的主动性，强化网上与网下的深度互动、传统与新兴的深度融合，占领信息传播的制高点，先发制人、先声夺人。主流媒体还要强化社会主义核心价值观的网络宣传，在网络社会大力营造崇尚真善美，抵制假恶丑的氛围，强化对中华优秀传统文化的传承和对世界先进文化的借鉴，在多元中立主导，树正气。"在互联网时代，主流媒体若想位居主流，就得做互联网纷乱信息的过滤器，做网络偏激情绪的缓释剂，做国民心态的压舱石。"① 要变革传统媒体传播的话语方式，以理服人，以情动人，努力占领道义的制高点、价值观的制高点，努力体现思想的穿透力、表达的亲和力和感染力。二是强化学校教育与家庭教育。学校要从培养社会主义事业合格建设者和接班人的角度加强对青少年学生网络媒介素养和网络社会公德的教育；要有意识地利用学校的教学与学习环境、管理与校风环境和硬件设施环境，加强对学生网络社会公德的引导。要充分发挥家庭的教育功能，转变传统的"重智轻德"和"重私德轻公德"的观念，改变"重言教轻行教"的方法，建立民主平等、和谐融洽的家庭育人环境；积极发挥家长的榜样作用，家长要以身作则，规范自己的网络行为；要加强对子女网络行为的引导，增强子女的公民意识、规则意识、责任意识、文明意识，保护子女免受不良网络环境的影响。三是重视组织文化环境。这里的组织特指党和政府实施党的建设和社会管理的基层组织、网民在职业生活中所处的工作单位等。作为与网民在现实社会中最为贴近的基层组织，应主动适应网络时代的新特点，在充分利用网络带来的便利的同时，将加强组织成员的网络公德素质建设作为新的职责要求。

（五）创造先进的技术条件

信息技术和网络硬件是网络社会存在的必不可少的物质条件。正如托夫勒在《权力的转移》中所言："世界已经离开了依赖暴力与金钱控制的时代，而未来世界政治的魔方将控制在拥有信息强权的人手里，他们会使用手中掌握的网络控制权、信息发布权，利用英语这种强大的文化语言优势，达到暴力、金钱无法征服的目的。"多年来，美国政府依托先进的网络技术，肆无忌惮地实施全球监控，处心积虑地利用互联网对发展中国家进行意识形态渗透，强烈地冲击别国的民族文化。为此，我们要大力支持信息科学新技术、新领域的研发，开发具有自主知识产权的新技术，克服技术短板。一是要发展先进的信息传播技术，以此为载体，传播社会正向信息。信息传播技术的研发要注意研究网民特别是青少年网民的心理特征，开发有教育意义的实用软件、网络信息传播工具等。

---

① 张研农：《传统主流媒体进军新兴媒体》，《新闻战线》2012 年第 11 期。

二是要开发先进的网络安全技术，以此为手段，隔离消极信息，将宣扬暴力的网络游戏、宣扬审丑的网络信息等隔绝在外，重视网络安全技术的开发应用，制定网络安全标准。

（六）创建良好的国际环境

在互联网消除了国境线的同时，网络犯罪也摆脱了国境线，跨国犯罪在网络犯罪中所占的比例日益加大，网络不道德行为也不分国家和民族。尽管不同国家、民族的伦理道德、价值观念、思想意识等有所不同，但是，处于同时代的人们总有许多相同之处，对于道德与不道德的基本标准是大体一致的。以网络社会公德来促进和谐网络世界的构建已成为很多国家的切实行动。因此，世界各国通力合作，形成有益于整个网络世界发展的良好环境，共同促进网络社会公德建设十分必要而且可行。

第五编

网络党建的理论与实践研究[*]

代金平

　　诞生于军事领域的互联网带有与生俱来的政治性，广泛影响社会政治生活的方方面面。随着技术的不断更新，网络的功能越来越丰富，加速从媒体化向社会化转变，其社会动员和社会组织功能日益显现。作为现代政治生活的主体之一，政党的生存与发展深受互联网的影响。网络的广泛运用，为政党发展提供了重要的技术支持，对于密切党群关系、增进党内民主、加强党外监督、传播思想理论、创新政党治理等具有积极意义。同时，网络也对党的组织管理结构、公信力、意识形态控制力、舆论引导力等提出了挑战。德国社会民主党副主席托马斯·迈尔认为："现代媒体实际上已经成为政党的最大竞争对手，它们和政党争夺受众（成员），争夺对社会三流意见的主宰权。"① 积极回应网络挑战，充分利用网络信息传播优势和沟通交流优势，掌握话语权，引导社会舆论，拓展活动范围，扩大群众基础，优化政党形象，提高社会影响力，是现代政党顺应社会信息化发展潮流的必然要求。一个在网络空间不具有重要影响力的政党，很难在现实政治生活中有所作为。许多西方政党争先恐

　　* 作者简介：代金平，男，1964 年 11 月生，山东烟台人，博士，二级教授，博士生导师。重庆市哲学社会科学领军人才，重庆市学术技术带头人。现任重庆邮电大学马克思主义学院院长、期刊社社长。该成果系国家社科基金项目"网络党建理论与实践研究"（项目批准号：11BDJ034）研究成果。
　　① ［德］托马斯·迈尔 郭业洲、陈林：《热话题与冷思考（十六）——关于媒体社会中政党政治的对话》，《当代世界与社会主义》2000 年第 4 期。

后地利用网络加强自身建设，甚至明确提出要建设成"网络党"，以利用网络信息传播优势和沟通交流优势，引导社会舆论，拓展活动范围，提高社会影响力。中国是一个拥有7亿多网民的大国，中国共产党作为一个拥有8900多万党员的执政党，利用信息网络技术加强自身建设，扩大群众基础，优化党的形象，提高党的吸引力和影响力，是顺应社会信息化发展潮流的必然选择。

第一节 互联网发展对党的建设带来的机遇与挑战

任何一种技术都是人类意愿的表达，任何一种媒介都不能摆脱与政治的关系。诞生于军事领域的互联网更带有与生俱来的政治性，广泛影响政治生活的方方面面。作为现代政治生活的主体之一，政党的生存与发展深受互联网的影响。

一 网络发展对党的建设带来的机遇与挑战

信息网络技术的迅速发展深刻地改变着人们的生产方式、生活方式、交往方式、思维方式和社会关系。随着技术的不断更新，网络的功能越来越丰富，加速从媒体化向社会化转变，其社会动员和社会组织功能日益显现。由于网络具有开放性且信息传播速度快、影响大、覆盖广、社会动员能力强，已成为利益诉求汇聚的平台和意识形态交锋的阵地。对于党的建设而言，网络的迅速扩张既是机遇又是挑战。正如胡锦涛同志所言："现在信息网络化程度越来越高，对党的建设提出挑战，也带来机遇。"①

（一）网络发展对党的建设带来的机遇

网络的广泛运用，对于密切党群关系、增进党内民主、加强党外监督、传播思想理论、创新政党治理等，具有积极意义。

1. 密切党群关系

政党的生命来源于群众的信任和支持，群众是政党的力量之源。作

---

① 胡锦涛：《努力开创新形势下党的建设的新局面》，《求是》2010年第1期。

为马克思主义政党，中国共产党最大的政治优势是密切联系群众，最大的危险是脱离群众。有的党员干部在情感上疏远群众，对群众疾苦漠不关心，对群众呼声置若罔闻，对群众利益麻木不仁，对群众危难视而不见，导致干群关系紧张，群体性事件多发，党的公信力严重削弱。中国共产党要长期执政，就必须坚持群众路线，贴近群众、了解群众，始终保持同人民群众的血肉联系，并主动让群众参与重大决策，确保决策的科学性、民主性，确保党的决策符合群众的根本利益。信息网络技术的发展，为密切党群关系创造了条件。首先，信息传播的即时性使党群沟通更为顺畅。传统的党群关系是通过各级党组织与群众接触而建立起来的。在这种情况下的信息传播，不管是上情下达，还是下情上传，都是逐层逐级的，需经过较长周期。并且，党处于主导地位，侧重意识形态灌输、政策宣传和政治动员，群众的意愿、诉求缺乏有效表达途径。网络为新型党群关系的建立开辟了道路，使得党的高级干部可以摆脱组织层级的限制而与群众直接沟通，群众的声音也可以不通过"代表"而直达高层。这不仅可以在一定程度上克服因层级关系导致的信息迟滞，而且可以使基层的信息得以更为有效的传播。一方面，群众可以通过网络表达意愿、反映诉求，发挥群众政治参与的积极作用，为党的科学决策及其有效实施打牢群众基础。另一方面，党可以通过网络及时宣传党的路线方针政策，了解社情民意，不断改进工作，解决群众关心的实际问题，增进群众对党的认同和信任，巩固党的执政基础。其次，信息传播的双向性使党群关系更为平等。网络的同时在线功能可以克服空间限制，消除人与人之间的时空距离，做到天涯咫尺，使远隔千里的人能够面对面地交流，使在现实生活中根本不可能见面的人实现"零距离接触"。网络的资源共享优势，可以缩小人与人之间在信息享有上的差异，使沟通双方地位更加平等、互动性显著增强。

近年来，随着网络的发展和普及，越来越多的群众敢于、善于通过网络实现政治参与。每年的"两会"成为网民网络政治参与的高潮期，各种意见建议在网上井喷。没有代表资格的网民通过"网上议政"发表自己对国家事务、社会事务等方面的意见，通过引发网民的热议而引起决策层的关注。人大代表、政协委员也通过网络征集议案、提案，听取各方面意见，以更好地发挥"代表"职能。党和政府的领导干部也通过网络对话、微博、论坛等倾听民意、化解矛盾。比如，温家宝同志就通过人民网强国论坛同网友在线交流，展现了亲民作风，拉近了党和国家领导人与群众的距离，增强了党汇聚民意、凝聚民心的能力，赢得了网民的大力支持。

2. 增进党内民主

党的十八大报告重申了"党内民主是党的生命"这一科学论断。党内民主是发挥党员智慧、保持政党旺盛生命力的基本要求，也是发展社会主义民主政治的内在需要。信息网络技术的发展，为增进党内民主创造了良好条件。这不仅加强了党内沟通，而且保障了党员的主体地位，提高了党员的民主素养。

第一，加强党内沟通。政党作为政治系统的核心组成部门，其生存与发展离不开良好的政治沟通。只有开展良好的政治沟通，政党内部各构成要素之间才能紧密联系并形成合力，政党与外部环境之间才能产生良性互动。传统的党内沟通虽然也有自上而下和自下而上，但是，从实践来看主要是自上而下的线性沟通，即上级将自己的决定逐级下达，层层落实。下级要主动汇报情况更需要层层审核。这种线性沟通方式，层级多、速度慢、透明度差。信息网络技术为加强党内沟通创造了条件。网络沟通可以隐匿沟通双方的身份，具有平等性；网络沟通反馈及时，互动性强，具有交互性；网络沟通消除或者减少了中间人的层层把关，沟通双方可以直接对话，具有直接性；网络沟通不仅集文字、图像、声频、视频于一体，而且数据传输速度快，具有迅捷性。网络沟通的这些特点，使党内信息传递更为快速而立体，使党组织各子系统的联系更加直接而密切。各级党组织通过党建网站发布信息、征求意见，基层党组织着力建构网络党支部，党员干部通过微博、微信等途径加强干群沟通，不仅加强了信息的发布和获取工作，而且保证了党员的知情权、监督权，不仅将分散的党员连接起来，而且提高了党员的参与效能。

第二，保障了党员的主体地位，提高了党员的民主素养。政党的发展取决于党员的整体质量，有赖于党员个体价值的充分发挥。党员队伍组织认同度高、民主素养高、团结向上，是政党长期执政的关键因素。政党是一定阶级阶层和社会集团利益的代表，是通过夺取和掌握政权来实现群体利益的政治组织。从政党的发展历史来看，凡是通过革命、战

争而取得政权的政党，都会突出领袖和精英的作用。这在特殊的条件下
是十分必要的，也是非常有效的。但是，对于一个拥有 8000 多万党员并
长期执政的政党来说，其发展不能再仅仅依靠于领袖和精英。党员的主
体地位如何落实，党员的主体价值如何实现？信息网络技术的发展，提
高组织工作的透明度，改变了单向线性信息传播的局面，使党员具有获
得更多信息的可能，扩大党员的知情权、参与权和监督权。同时，信息
网络技术促进了管理的扁平化，消解了党内科层制管理体制的负面作用，
有利于更多普通党员发表意见建议、参与重大问题的决策，增强党员主
体意识，保障党员主体地位。更多的党员能发挥作用就意味着党内民主
有了更为广泛和强劲的动力，从而发挥党员的集体智慧，保证决策的民
主化、科学化。

3. 加强党外监督

绝对的权力导致绝对的腐败。加强权力的监督，古今中外概莫能外。
政党的运行与发展主要依靠骨干成员尤其是各级干部。因此，党的干部
队伍建设状况直接影响着党的先进性、纯洁性，进而影响党的执政地位。
胡锦涛同志曾指出"消极腐败"是党所面临的四大危险之一。[①] 为遏制腐
败，中国共产党在长期的发展过程中，形成了党内监督为主，人大监督、
政协监督、群众监督和新闻监督为辅的监督体制。[②] 这种监督体制的弊端
在于同级监督形同虚设，下级监督、社会监督难以实现。网络监督的兴
起，弥补了传统监督方式局限。

与以往的监督方式相比较，网络监督具有以下优势：一是隐蔽性。
传统的监督方式容易暴露举报人，致使群众不敢监督。网络的匿名性大
大减少举报者被打击报复的可能性，有效地激发了群众的监督热情。二
是广泛性。在人人都是记者、人人都有麦克风的网络时代，网络监督的
主体即网民，覆盖社会各阶层、各领域，来源极为广泛。这使得网络监
督无时不在，无处不在。三是影响大。举报信息一经发布就会迅速传播，
进而引发广大网友的'人肉搜索"，不断追查事件真相，无数信息聚焦叠

---

① 李媛媛：《互联网时代党的组织建设面临的挑战与机遇》，《甘肃理论学刊》2012 年第 5
期。

② 苏青场：《新媒体与党的建设》，博士学位论文，中共中央党校，2012 年。

加，很快形成监督合力。网络监督具有如下典型流程：网友通过微博等网络应用渠道披露事件真相或发表相关意见，引起网友关注、评论和转发，诞生漫画、段子、恶搞歌曲等相关网络衍生品，网络或传统媒体跟进展开深度调查，随后纪检监察机关介入，最后以腐败分子落马而告终。例如，"天价烟局长"周久耕，由于发表不当言论引发网民关注，从周久耕所抽名烟、所戴名表入手，抽丝剥茧揭露其贪腐事实，最终成功将其拉下马。又如，"微笑局长"杨达才。时任陕西省安监局局长、党组书记的杨达才在延安交通事故现场面带微笑，被人拍照传上网，引发争议。网友通过照片比较，指出杨达才有多块名表。"微笑局长"变成"表哥"，最后成为阶下囚。

快捷高效的网络监督，成为纪检监察部门获取腐败信息的重要渠道，在反腐倡廉建设中发挥着越来越重要的作用。这种监督方式说到底是群众监督的一种表现，是群众利用网络制约权力维护自身利益的重要途径，已成为群众反腐的首选渠道。2009 年 6 月 22 日，最高人民检察院更新举报网站网址，当天该网站因点击率过高而陷入瘫痪，群众网络反腐的积极性可见一斑。2010 年 12 月 29 日，《中国的反腐败和廉政建设》白皮书高度评价了网络监督的作用，[①] 强调网络监督是一种反应快、影响大、参与面广的新兴舆论监督方式，中国高度重视网络监督的积极作用，切实加强反腐倡廉网络舆情信息的收集、研判和处置。

网络监督促进了党务、政务公开。各级党委、政府纷纷利用网络平台，将多方面信息公之于众，提高工作透明度。在保障群众知情权、参与权、表达权和监督权的同时，拓宽监督渠道、加大监督力度，遏制腐败高发趋势。如湛江市开展县（市、区）委书记网络公开述职述廉；广州市在网上公开市级部门财政预算和干部述职报告；成都市对市、区（县）和乡镇（街道）政府的权力依法清理打包，并在网上公布，等等。这些举措将党和政府的信息主动公开，将党和政府的权力置于群众的监督之下，体现了人民的权力主体地位。实践证明，网络的发展拓宽了监督渠道，加强了群众与执政党的沟通交流。

---

① 苏青场、杨新红：《新媒体与党的反腐倡廉建设》，《沈阳干部学刊》2012 年第 10 期。

4. 传播思想理论

一个政党要长期执政就必须加强思想理论宣传，使自己的意识形态深入人心，成为广大社会成员自己的信仰和信念，从而为自己的执政提供合法性辩护，为自己的执政奠定坚实的思想文化基础。正如马克思恩格斯所言："统治阶级的思想在每一时代都是占统治地位的思想。这就是说，一个阶级是社会上占统治地位的物质力量，同时也是社会上占统治地位的精神力量。"① 在执政党的思想理论传播过程中，信息传播的物质技术手段，直接影响着思想理论的传播范围和深度，制约着意识形态的辐射力和影响力。

在过去，党的思想理论传播的主要载体是报刊、书籍等印刷媒介和广播、电视等视听媒介，这些传播手段具有明显的局限性。一是信息量有限。报刊、书籍所承载的信息量取决于版面，广播电视所承载的信息量受制于播出时段。二是时效性不强。就日报而言，即便读者看到的报纸是当天的，但所谓的"新闻"最新也是前一天的。广播电视也要经过采编、审核等诸多环节，除了直播，很难实时反映。三是单向传播。"受众"一词形象地表明了信息接受者的被动地位。在以往的传播环境中，广大群众只能被动接受经过他人筛选后的信息，很少有机会主动选择信息，更难以主动传播信息。比如，我们在看电视的时候只能被动接受，而不能向电视表达自己的诉求。四是形式单一。传统媒体的几种类型是各自独立的。电视可以看到声音与图像，杂志可以看到深度分析。为什么不能整合呢？因为印刷品中不能插入音频、视频，电视不可能播出长文，报纸不可能耗费数日等待一篇深度分析。由于传播手段的局限，党的思想理论的传播自然在广度深度等方面都比较有限。

网络极大地克服了传统媒体的局限，具有即时传播、信息量大、覆盖面广、交互性强等特点，为党的思想理论的传播提供了高效廉价的途径。首先，拓宽了党的思想理论传播的范围。网络传播具有全球性，可以将任何信息传递到网络信号所及的任何地方。这就极大地提高了宣传覆盖面，有助于其他国家和地区民众了解中国共产党的理论路线方针政策和中国特色社会主义事业的巨大成就。其次，增强了思想理论传播的

---

① 《马克思恩格斯文集》第 1 卷，人民出版社 2009 年版，第 550 页。

时效性。随着移动互联网的发展、智能手机的普及和微博、微信等即时通信手段的广泛应用，信息传播的即时性越来越强。2013 年 8 月 22 日，济南市中级人民法院在审理薄熙来案时，采用微博全程直播，不仅使公众第一时间全方位的了解审案过程，极大满足其知情权，而且彰显了中国共产党对公平正义的追求和反腐败的决心。再次，增强了思想理论传播的实效性。网络集文字、图像、音频、视频等于一体，表现形式丰富，更生动、更形象、更具感染力。同时，网络传播还具有互动性、平等性等特点，可以根据传播对象的反应适时加以富有针对性的引导，从而提升宣传实效。

5. 促进管理现代化

党的组织管理水平直接决定着党的战斗力。列宁曾指出："无产阶级在争取政权的斗争中，除了组织，没有别的武器。"[1] 在执政后，党的各级组织是否坚强有力也影响着党的执政地位。随着改革开放不断深入和社会主义市场经济的不断完善，党的执政环境发生巨大变化，党的组织建设面临诸多问题。例如，如何在新经济组织和新社会组织中建立基层党组织、发挥党员的先锋模范作用，如何在人口流动加剧的情况下加强流动党员的管理和教育，等等。

信息网络技术的发展为党组织管理现代化提供了难得的机遇。一是管理的精确化。以前对党员和各级组织的管理主要是以纸质载体为基础。纸质载体体积大容量小，并且容易损毁，使得党员和组织信息难以充分体现。因此这种管理具有显著的模糊性。信息网络技术克服了纸质载体容量小、存储难等问题，通过对党员和组织信息的精确录入和编码，可以实现党组织管理的精确化。不仅能以文字、图像，而且能以音频、视频等方式存储党员和组织的信息，使之更为鲜活、生动，而不是抽象的符号。二是管理的动态化。今天中国的社会结构和利益格局日益分化，越来越多的社会成员脱离国家行政体制而由"单位人"转变为"社会人"，传统的依靠行政组织体制对党员进行管理的方式已难以奏效。加之社会竞争日趋激烈、社会流动不断加剧，为了生存发展一些党员离开了原来的组织关系所在地，在新的工作地又由于体制等原因而无法转入组

---

[1]　列宁专题文集《论无产阶级政党》，人民出版社 2009 年版，第 158 页。

织关系，这使得属地管理原则也难以奏效。再加上纸质载体存在信息更新不及时、流转困难等缺陷，如何实现动态管理就成为一个突出问题。网络为解决上述问题提供了新的思路。通过加强网络党建，将党员和组织信息全部录入系统，可以实现全体党员和各级组织的联网管理和动态管理。通过 QQ、电子邮箱、论坛等网络应用，可以开展异地党组织活动。2009 年 6 月 29 日，东莞市首批网络党支部正式运行。这批网络党支部是依托基层政府公众网或企业网站，通过博客、QQ 等开展活动，具有实体党组织的管理、教育、服务等功能的新型基层党组织。2010 年四川省宜宾市长宁县 18 个乡镇的 105 名大学生村官以建立 QQ 群的方式成立了网络党支部。网络党支部可以在网上召开支部大会、开展组织生活、发展新党员，实现了党员之间、党员与组织之间的便捷交流，破解了流动党员在联系沟通、组织学习、开展活动与指导服务等方面的难题，在党内民主、党内监督、党内决策等方面具有重要意义。2010 年 1 月 5 日，全国基层党建工作手机信息系统开通。该系统汇集全国 100 万名基层党组织书记、大学生"村官"及省市县党委组织部长手机号码，通过手机短信互动，实现了中央组织部、省区市党委组织部与基层党组织书记、大学生"村官"之间快捷、及时、双向、安全的联系沟通。习近平通过该系统向全国基层党组织书记、大学生村官发出问候短信，并强调将手机等新技术应用到党建工作中，创新了党的工作方法和手段，具有十分重要的意义。[①]

网络克服了时间和空间的限制，把党的组织管理工作延伸到社会的每一个角落。党员走到哪里，党的教育、管理和服务就延伸到哪里；人们走到哪里，党的组织工作就开展到哪里。网络的发展及其应用渠道的不断拓展，进一步巩固了党的组织基础，提高了党的组织管理水平。

（二）网络发展对党的建设带来的挑战

网络的迅速发展和广泛运用，在给党的建设带来诸多机遇的同时，也对党的组织管理结构、公信力、意识形态控制力、舆论引导力等提出了挑战。

---

① 苏青场：《新媒体与党的建设》，博士学位论文，中共中央党校，2012 年。

1. 网络发展对党的组织结构带来挑战

我们党的组织结构是一种典型的"金字塔"形结构。这种结构权力集中、指挥灵活、突出精英作用。组织结构决定了党的领导方式和信息传递方式。在这种结构下，信息量的掌握是"倒金字塔"形的，级别越高，掌握的信息就越多。信息的传递方式则是"金字塔"形的，通过文件、会议逐级传达。在信息相对封闭的年代，这种组织结构容易实现对信息的控制。但是，网络的开放性、离散性实现了信息的快速传递和资源的广泛共享，打破了传统的层级信息传递方式，对科层制组织结构提出严峻挑战。首先，在信息去中心化的时代，信息来源越来越广，信息传输越来越快，话语权呈分散化趋势。话语权的分散改变了上下级之间、干群之间的信息不对等关系，促进了民众的表达自由、民主精神、参与意识。等级森严、程序复杂、决策权高度集中的传统组织结构，不仅会使党员尤其是青年党员倍感不适，而且容易产生僵化保守、压制民主之嫌。其次，"金字塔"形结构开放性差，强调自上而下发布命令、执行命令，对基层和外界的反馈关注较少。沟通交流严重缺乏，实际上是一种单向度的信息传递方式和领导方式。在"人人都有麦克风"的网络时代，民智大开，民意汹涌，党的任何决策、举措都可能引发民众评论、质疑甚至反对。如果不重视民意，不及时回应，定将造成党群关系的隔膜，甚至引发信任危机。因此，改革传统科层制组织结构，缩减层级和规模，拓宽管理幅度，简化事务流程，提高工作透明度，加强体制内外沟通交流，是党适应网络社会发展要求的必然举措。

2. 网络发展对党的公信力带来挑战

信任是政权合法性的来源，是社会稳定和谐的前提。执政党的公信力强，就能引领社会，促进社会发展；执政党的公信力弱，就会频发信任危机，动摇执政地位，引发社会动荡。党的公信力在相当程度上，是由党员干部和党的组织机构来体现的。党员干部贪污腐败、以权谋私、玩忽职守、蛮横无理，党员干部和部分组织机构在处理问题时不公正、不及时，都会严重影响党的形象，削弱党的公信力。在网络环境下，信息来源多样化，信息发布渠道多元化，人人都可以成为信息的发布者、传播者而不仅仅是接受者，并且没有审核环节；信息传播速度快，可以核裂变的方式向全球扩散。过去那种通过控制书籍报刊、广播电视来控制信息的做法已经行不通了，因为这些传统媒体不仅滞后，甚至已经不是人们的主要信息来源。在这样的情况下，任何有损党的公信力的言行都将在网络空间迅速传播。例如，在 2014 年 8 月 24 日湖南龙山皇仓中学"军训事件"中，40 余名师生受伤入院治疗，但当地县委宣传部却在 26 日通报称"师生在军训中和教官发生肢体冲突"。对于此前报道所说"教官当时都喝了酒"，该通报未置一词。学生受伤也被说成是打砸门窗泄愤时被玻璃划伤或桌椅碰伤，与群殴无关。在冲突中保护学生的班主任被描绘为事件的挑起者而遭受有关部门处理。这个"用心良苦"的通报一出，网上舆论一边倒。网络舆论几乎是以集体狂欢的方式予以嘲讽和否定。有微博甚至做出"女生调戏教官，学生郁闷自残"的解读。网民为何对该通报不屑一顾？最主要的原因就在于涉事官方公信力的缺失。对于网络舆情要及时回应，这几乎是共识。但是，"及时"必须以"真实"为前提，要有理有据，要经得起考证。在没有经过缜密调查、审慎分析的情况下，仓促"结案陈辞"，并且是"逆转性"的结论，不仅不会被视作权威，反倒显出一派仓皇。这种把公权力作为遮羞布、试图玩弄民众的做法，凸显了部分党员干部和组织机构的愚昧无知和立场缺失。由此可见，微时代对党的公信力的挑战就是："单一官方信源未必能取信于公众，要获得公信力，就得拿出敢直面真相与勇于担当的态度，去接受质疑与挑刺。"①

3. 网络发展对党的意识形态控制力带来挑战

在信息相对封闭的年代，执政党可以通过控制书籍报刊、广播电视来传播主流意识形态，并限制非主流意识形态的传播。网络环境的开放性和网络信息传播的自由性，使得形形色色的意识形态在网络空间共生共存。加之网络解构了个体对组织的依附，依靠组织权威进行意识形态灌输困难重重。作为一个发展中国家，我国在网络领域处于相对落后地位，而西方发达国家具有显著优势。阿尔温·托夫勒在《权力的转移》中曾指出，世界已经离开了暴力与金钱控制的时代，而未来世界政治的魔方将控制在拥有信息强权的人的手里，他们会使用手中掌握的网络控制权、信息发布权，利用英语这种强大的文化语言优势，达到暴力、金

<hr>

① 杨耕身：《湖南龙山军训冲突通报为何不能服众》，《新京报》2014 年 8 月 28 日。

钱无法征服的目的。① 事实正是如此，"冷战"结束以来，我国成为西方发达国家"西化""分化"的主要对象，他们凭借自身的物质和科学技术优势对我国进行全方位、宽领域、多层次、不间断的意识形态渗透，宣扬西方资产阶级的世界观、人生观、价值观，美化西方生活水平和生活方式。2010 年和 2011 年，希拉里先后两次以"互联网自由"为题发表演说，明确表示要将这一战略纳入美国外交政策框架。2012 年美国广播理事会削减了"美国之音"对华广播经费，但这并不意味着美国放松了对华意识形态渗透，相反，更多的经费被用于网络媒体。"美国之音"对华传播的重点方式由广播转为基于网络平台的新媒体，包括社交网站、手机网站，以及视频、音频、播客、博客、微博等。美国广播理事会颁布的《应对创新与融合的影响——2012—2016 战略规划》强调要加强对中国的传播，尤其要扩大互联网、社会化媒体以及手机的使用。美国广播理事会委员温布什坦言："我们将重点放在数字领域，是因为互联网才是我们真正想要接触的受众活跃的地方。"② 美国广播理事会委员将新媒体作为对华传播的主战场，不能不说是一种"与时俱进"。美国学者安德鲁·查德威克在《互联网政治学：国家、公民与新传播技术》一书中指出，"互联网是西方价值观出口到全世界的终端工具"，③ 真是一针见血。同时，我们还看到，分裂主义、"法轮功"等也在网络空间四处游荡，大肆鼓吹自己的歪理邪说，制造种种借口攻击社会主义制度和中国共产党。一部分群体和网民，因为现实生活中的某些问题未得到满意解决，也在网络空间散布负面言论、消极情绪。凡此种种，对社会主义意识形态构成严峻挑战，加大了思想整合的难度，危及中国特色社会主义事业和中国共产党的执政地位。苏东剧变的一个重要原因就是西方国家利用广播电视等加强对苏联和东欧社会主义国家的意识形态渗透，动摇其执政的理论基础，最终改变国家性质。英国学者安东尼·吉登斯在谈到苏联的解体时，指出："苏联和东欧政权无法阻止人们对西方广播和电视的接

① 方克立：《经济全球化情势下的中华文化走向》，《中国社会科学院研究生院学报》2001年第 1 期。

② 刘瑞生：《美国之音为何"停"而又播》，《中国社会科学报》2012 年 1 月 4 日。

③ ［美］安德鲁·查德威克：《互联网政治学：国家、公民与新传播技术》，任孟山译，华夏出版社 2010 年版，第 35 页。

受。电视在 1989 年革命中起着直接的作用，这次革命被人们恰当地称为第一次'电视革命'。"① 殷鉴不远，我们必须记取。我们必须高度重视网络意识形态建设，牢牢把握网络意识形态领导权、管理权、话语权。这是网络时代我们无法回避、必须认真解决的重大问题。

4. 网络发展对党的舆论引导力带来挑战

在过去，由于书籍报刊、广播电视等媒体总是隶属于一定的机构，党可以通过行政性的指示、命令来统一媒体声音，体现党的意志，从而调控舆论发展方向，驾驭社会思想动向。也就是说，以往的舆论引导方式带有比较浓厚的行政色彩。但是，网络信息多元化的传播主体、开放性的传播渠道、社会化的传播形态，使网络传播具有明显的"弱控制"特征，加大了舆论控制的难度。以往那种通过行政手段来控制传播主体、引导舆论走向，进而影响受众的做法已经无能为力。随着智能手机的普及和微博、微信等即时应用软件的广泛使用，网络信息传播的实时性、广泛性、隐匿性、交互性特点更加突出。任何网民都能随时随地发布信息、表达意见。一旦引起其他网民尤其是网络意见领袖关注，信息就会迅速放大、扩散，其叠加效应所产生的后果难以预料。尤其是发生自然灾害、公共安全和关涉公平正义的事件时，如果有关部门不能及时发布真实有效的信息以引导舆论走向，就会丧失信息制高点，就将处于正面信息无法传播、负面信息无限传播的窘境。面对汹涌的网络舆情，一些人最先想到的是利用其权力"封、堵、压"，使媒本噤声，让负面信息消失。然而，网络传播点多面广，这种做法显然行不通。自媒体时代人人都有麦克风，没有不透风的墙，没有无法逾越的屏障。"封、堵、压"只能逼迫网民去"占领天涯""占领微博"，甚至"翻墙"发帖。当那些被"封、堵、压"的信息最终流传出来时，人们会更加认可这些信息的真实性，强烈抗议"封、堵、压"行为，致使党和政府的公信力大大削弱。在我国社会经济体制与社会结构，利益格局与思想观念发生深刻变革的当下，与人民群众切身利益密切相关的就业、住房、教育、医疗等一系列问题尚未从根本上得到解决，社会矛盾多发易发。一些社会矛盾可能

---

① ［英］安东尼·吉登斯：《失控的世界》，周红云译，江西人民出版社 2001 年版，第 20 页。

通过网络被放大甚至酿成社会危机。如果我们党不能及时转变舆论引导方式，提高舆论引导能力，就难以适应网络社会要求。

第二节　深入开展网络党建研究，推进网络党建工作的必然性、紧迫性

互联网不仅是重要的信息媒介，更是重要的政治资源，为政党发展提供了重要的技术支持。许多西方政党争先恐后地利用网络加强自身建设，加强与选民的联系。一些政党明确提出要建设成"网络党"，以利用网络信息传播优势和沟通交流优势，引导社会舆论，获得更多的话语权，拓展活动范围，提高社会影响力。各国政党对网络空间的争夺，实际上是对网络背后丰富政治资源的争夺，是对选民资源、群众资源和政治人才的争夺。一个在网络空间不具有重要影响力的政党，很难在现实政治生活中有所作为。利用信息网络技术加强自身建设，扩大群众基础，优化党的形象，提高党的吸引力和影响力，是党顺应社会信息化发展潮流的必然要求。当前，党的建设实际与这一要求还有诸多不适应，深入开展网络党建研究、推进网络党建工作甚为急迫。

一　网上党的思想建设的必然性和紧迫性

党在思想理论上的提高，是党和国家事业不断发展的思想保证。加强党的思想建设，最根本的是坚持用马克思主义、毛泽东思想和中国特色社会主义理论体系武装全体党员，永葆马克思主义政党的先进性，在思想上政治上凝聚全党力量。在网络时代，加强网上党的思想建设，积极抢占网络阵地，通过网络加强思想理论教育和学习，使党员在思想政治上保持高度一致，使党的思想理论得到更为广泛的传播和认同，这是党应对网络社会发展要求，提高自身建设科学化水平的必然举措。由于网络自身特性使然，加强网上党的思想建设不仅必要而且紧迫。因为网络传播去权威化、去中心化、泛娱乐化等特性对党的思想理论凝聚力构成强烈冲击。党的思想建设强调马克思主义的一元化指导，网络空间则张扬自由、平等、无权威、无中心的价值原则；以往党的思想理论凝聚力得到自上而下组织结构的有力保证，可以通过行政手段控制书籍报刊、

广播电视等传播渠道以确立信息中心，但是网络信息来源的多样性和传播路径的隐匿性打破了信息垄断，网民不仅可以通过多种渠道获得信息，而且对一切具有强制色彩的说教都心怀警惕；传统的思想理论传播方式使党成为信息的提供者和传播者，相对封闭而安全，受外界的干扰较小，但网络的开放性使得信息提供者和传播者具有不确定性，各种信息都获得了出场机会；以往的思想建设主要是一种点对面的单向灌输，很少考虑对象的主体地位，缺乏自下而上的反馈机制，网络沟通的分散式结构激发了人们的交流积极性，主动表达诉求的意愿强烈；传统的主流意识形态往往以抽象的理论出现，与群众的生活和认识有一定距离，亲和力不强，而网络语言具有多义性，习惯采用通俗易懂、轻松活泼的表达方式，娱乐性、叛逆性的言论往往更能迎合网民。网络阵地，马克思主义不去占领，社会主义意识形态不去占领，就必然会被非马克思主义、反马克思主义占领，必然会被资产阶级意识形态占领。大力加强网上党的思想建设，积极建设社会主义意识形态网络传播阵地，巩固马克思主义主导地位，扩大党的思想理论覆盖范围，是党的建设必要而紧迫的任务。

二 网上党的组织建设的必然性和紧迫性

党的组织建设是贯彻党的理论、路线、方针和政策，实现党的思想路线的根本保证。加强党的组织建设，根本的是坚持和健全民主集中制，建设高素质执政骨干队伍和干部队伍，增强基层党组织的战斗力，把党建设成坚强的领导核心。随着改革开放的不断深入，社会主义市场经济的不断完善，我国的经济结构、社会结构、利益结构、就业方式都发生了巨大的变化，人口流动性加强，个体独立性张扬。自上而下一统到底的社会格局不复存在，大量新经济组织、新社会组织不断涌现，新社会阶层应运而生。党的阶级基础和群众基础正面临较大变化。如何在新经济组织、新社会组织和新社会阶层中发展党员、建设基层党组织，如何在流动人口中发展党员，如何加强流动党员的教育管理和服务，如何在网络去中心化的环境中坚持民主集中制等等，成为党的组织建设急需解决的重要问题。在国外，很多政党纷纷顺应网络社会发展趋势，积极开展网上党的组织建设。例如，德国社民党实现了基层组织全部联网，并建立虚拟基层组织，借助网络平台开展组织生活，人们也可以通过网络办理入党手续。从 2000 年 7 月 1 日我国第一家综合性党建网站"北京党建"开通至今，全国党建网站建设迅速，已经覆盖全国绝大部分基层党组织。但是，网上党的组织建设还亟待加强。尽管大多数党建网站都有干部管理、党员队伍建设、基层组织建设等栏目，但大多数是党的相关政策法规的汇集、党组织活动的报道、党员先进事迹的介绍等，也就是说只起到了黑板报的作用。通过网络发展党员、通过网络加强党员和干部的教育管理、通过网络加强党组织活动增强党组织战斗力、通过网络服务党员发展、通过网络加强党员沟通交流等工作，成效并不显著。我们应当充分利用网络在信息储存、信息传播等方面的优势，突破时间空间限制创新网上党的组织建设，不断巩固和扩大党的组织基础。

三　网上党的作风建设的必然性和紧迫性

党的作风，关系党的形象，关系人心向背，关系党的生命。切实解决当前思想作风、学风、工作作风、领导作风和干部生活作风方面的突出问题，继续发扬理论联系实际、密切联系群众、批评与自我批评的优良作风，是当前党的作风建设的重要任务。[①] 党的作风建设之所以重要，是因为作风问题实质上是党群关系问题。2012 年 12 月 4 日，中共中央做出关于改进工作作风、密切联系群众的八项规定，决心从中央政治局做起，以良好党风带动政风民风，真正赢得群众信任和拥护。[②] 信息网络技术的发展为党的作风建设注入强大动力。网络成为政治信息传播的主要渠道，成为公众获取政治知识、表达政治态度、参与政治活动的重要途径，拓展了公众的政治关系，为党的作风建设提供了线索，在降低党的作风建设成本的同时，提高党的作风建设的成效。自 2013 年 9 月中央纪委监察部官方网站正式开通以来，各省（区、市）纪委、监察厅（局）纷纷加强网站建设，着力打造监督执纪网络平台。目前全国 31 个省（区、市）和新疆生产建设兵团纪委、监察厅（局）开通了官方网站，形成覆盖全国的纪检监察网络群。但是，网络所传播的信息往往真伪难辨、

---

① 何毅亭：《新世纪新阶段全面推进党的建设的行动纲领》，《党建研究》2003 年第 1 期。
② 《高校思想政治理论课贯彻党的十八大精神的教学建议》，《思想理论教育导刊》2013 年第 2 期。

良莠不齐，部分新媒体在传播信息时还患上了"负面消息综合征"，过度渲染矛盾与问题；网络活动的隐匿性，容易导致网民政治责任感淡化和政治行为失范；网民情绪化心理严重，网络监督行为零散化，网络举报人遭打击报复，网络举报信息处置与反馈不及时，以及网络监督与传统权力监督衔接难等问题，影响了网上党的作风建设的顺利开展。同时，敌对势力借中国共产党大力加强作风建设，严肃党纪党规之机，通过网络肆意夸大形式主义、官僚主义、享乐主义、奢靡之风等消极因素，极力诋毁我们党的形象。看不到中国共产党坚定不移维护党的团结统一、坚定不移保持党的先进性纯洁性的坚强意志，看不到中国共产党坚持党纪国法面前人人平等的鲜明态度。这些"负能量"极易消解人民群众对党的信任和信心，瓦解中国共产党执政的社会基础。

四 网上党的反腐倡廉建设的必然性和紧迫性

"反对腐败、建设廉洁政治，是党一贯坚持的鲜明政治立场，是人民关注的重大政治问题。这个问题解决不好，就会对党造成致命伤害，甚至亡党亡国。"① 党的十八大报告把反腐倡廉提到了党的建设更重要的位置，强调要走中国特色反腐倡廉道路，坚持标本兼治、综合治理、惩防结合、注重预防的方针，全面推进惩治和预防腐败体系建设，做到干部清正、政府清廉、政治清明。② 网络的迅速发展，使网络成为反腐败斗争的重要手段，成为党反腐倡廉建设的有效载体。相对于传统反腐方式而言，网络反腐信息来源更广，群众参与性更强，反腐过程更清晰，反腐成本大大降低，反腐效率大幅提高。"天价烟局长周久耕""表哥杨达才""雷政富不雅视频"等网络反腐典型案件，彰显了网络对党的反腐倡廉建设的重要价值。但是，网络的迅速发展也对党的反腐倡廉建设提出了新问题。一是既有的反腐体制机制已经不能完全胜任反腐斗争的需要，二是网上党的反腐倡廉建设缺乏充分的体制机制保障。例如，网络举报信息的甄别、受理、处置、反馈，以及举报人权益保护和救济等尚缺乏科

---

① 胡锦涛：《坚定不移沿着中国特色社会主义道路前进 为全面建成小康社会而奋斗——在中国共产党第十八次全国代表大会上的报告》，人民出版社 2012 年版，第 50 页。

② 《2012 年十大廉政新闻——反腐倡廉》，人民网，2012 年 12 月 25 日。

学的制度规定。为此，党的十八届三中全会明确提出要"健全民主监督、法律监督、舆论监督机制，运用和规范互联网监督"①。同时，我们也看到敌对势力和别有用心者借中国共产党大力反腐倡廉之机，通过网络肆意夸大、扭曲腐败问题，甚至将腐败根源与责任归结到中国共产党，极尽抹黑之能事。看不到中国共产党同各种腐败现象的水火不容，看不到中国共产党反腐无禁区的坚决态度。境外媒体在薄熙来、周永康等案件上"积极爆料""深度剖析"的"踊跃"表现，绝不是为了帮助中国共产党保持其先进性和纯洁性。总之，网上党的反腐倡廉建设任重而道远，我们应当充分发挥互联网的独特优势，努力把网络建设成为党反腐倡廉的重要阵地。

五　网上党的制度建设的必然性和紧迫性

"制度建设更带有根本性、全局性、稳定性和长期性。"② 党的思想建设、组织建设、作风建设和反腐倡廉建设，都需要科学的制度的保障。制度建设搞好了，党的思想建设、组织建设、作风建设和反腐倡廉建设就会出现一个崭新的局面。因此，要把制度建设贯穿于党的建设的始终，坚持和完善党的领导工作制度、党内生活制度、干部工作制度、代表大会制度、权力监督制度等一系列制度，并用法律、法规、政策、纪律等各种手段保证这些制度的贯彻落实。为此，党的十八届三中全会指出："坚持用制度管权管事管人，让人民监督权力，让权力在阳光下运行，是把权力关进制度笼子的根本之策。"③ 网络为党的制度建设创造了条件。网络的隐匿性可以使党员干部更加真实地表达自己的意见，有利于发扬党内民主，更好地落实民主集中制；网络的公开性使党的领导决策过程更加公开透明，不仅有利于提高党的工作效率，也有利于党的领导工作制度的优化；网络的公开性、广泛性使得广大党员干部时时处于人民群众的监督之下，拓宽了群众监督的范围，不仅有利于权力监督制度的有效实施，也有利于干部工作制度的完善；通过网络推荐、选举党代表，

---

① 《中共中央关于全面深化改革若干重大问题的决定》，人民出版社 2013 年版，第 37 页。
② 《十六大以来重要文献选编》（中），中央文献出版社 2006 年版，第 305—306 页。
③ 《中共中央关于全面深化改革若干重大问题的决定》，人民出版社 2013 年版，第 37 页。

可以使党代表来源更广泛、结构更合理、履职能力更高，使党的代表大会制度更加健全；网络还促进了党内生活制度的革新，党员通过网络参加组织生活，可以克服时间空间的限制和层级结构的制约，使党内生活更加灵活多样，参与范围更为广泛，密切党员与党组织的关系。同时，网络也对党的制度建设提出了挑战。网络信息传播的开放性和便捷性，对党的传统的层级结构、决策制度提出挑战，进而对党的领导水平和能力提出挑战；网络监督无处不在，党如果不能提高工作的透明度，不能及时将自己的工作按照法定的程序和要求公之于众，就可能引发不必要的猜疑，这对党的领导工作制度、干部工作制度等提出了更高要求；网络为每个人提供了意见表达的渠道，而不一定非要通过实体政治组织来实现自己的政治诉求，这就削弱了政党持续吸引政治精英的能力，对党的干部人事制度形成冲击，等等。适应网络社会要求，加强网上党的制度建设，充分发挥网络对党的制度建设的积极作用，是一个急迫的现实课题。

第三节　网络党建的一般理论研究

网络党建是信息网络时代党的建设的新挑战、新课题、新任务，与传统党建相比，既有目标、任务、宗旨等的一致性，也有内容、手段、途径等的差异性。全面推进网络党建工作，需要对网络党建的内涵、主题、内容、功能和指导思想等基本问题作全面而深入的理论分析。

一　网络党建的内涵

网络党建概念的界定是研究网络党建问题的逻辑起点。总结理论界关于网络党建概念的界定以及辨析网络党建与传统党建的关系是科学把握网络党建内涵的基础，也是进行网络党建理论研究的前提。

（一）网络党建与传统党建的关系

伴随网络党建实践发展历程，理论界对如何理解网络党建的内涵进行了富有成效的讨论，并形成了特色鲜明的理解逻辑和具有说服力的结论。这为我们科学界定网络党建概念提供了宝贵的思想理论资源。

1. 网络党建的两种理解模式

关于"网络党建"的概念界定目前主要有两种模式，即"技术—

模式"论和"组织—功能"论。

徐苏宁是对网络党建进行"技术—模式"论理解的首倡者。① 早在 2001 年，徐苏宁便在《网络党建：一个具有时代意义的党建工作新领域》一文中明确指出，"网络党建"是党建工作现代化在工作领域和工作手段、方式上的综合创新，是时代与科技发展给党建工作提出的一个全新的研究课题，它是党建与网络技术相结合的产物。传统党建是"网络党建"的基础，"网络党建"是传统党建在信息传播、工作方式和工作领域的拓展和延伸，二者共同构成网络时代完整的党建模式。② 在随后的研究文献里，对网络党建的界定大体沿袭了这种观点和思路。例如王世谊③、孙喜杰④、张衍前⑤等。张衍前还对网络党建内容在技术应用层面作了明确的表述。他认为网络党建的实质就是利用现代网络技术对传统党建在信息传播、信息沟通、党员管理等领域所进行的一种创新、拓展和延伸，目的是要实现党建工作的现代化，提高党建科学化水平。

对网络党建的"技术—模式"界定不可避免地把网络党建理解为党建的数字化或者信息化。在网络党建实践中，必然是传统党建的"电子版"或"网络版"的创制与展示。钱洁海等学者明确指出网络党建的"技术—模式"理解可能给党的建设带来的影响。他说，如果把网络党建理解为以网络辅助党建，借用网络的快捷性协助完成既定党建工作任务，那么进行网络党建实践时，网络就只能成为党组织的政策发布载体、新闻传播手段、通知公告平台、电子文献资料库。网络党建的"技术—模式"界定的要害在于"'不是让网络党建走进网络社会，而是让网络走进传统党建'，网络党建只不过是传统党建在网络上的延伸，通过网络快捷地实现着传统党建的功能；而没有把网络党建视为相对独立的新兴党建模式，实现着与传统党建的不同功效。因而，这种网络党建从根本上没

---

① 参见徐苏宁《网络党建：一个具有时代意义的党建工作新领域》，《南京社会科学》2001 年（增刊）。

② 同上。

③ 王世谊：《开拓"基层网络党建"工作新领域的构想》，《理论学刊》2002 年第 6 期。

④ 孙喜杰：《关于开展"网络党建"的思考》，《理论观察》2003 年第 4 期。

⑤ 张衍前：《以"网络党建"推进党建工作现代化》，《探索》2003 年第 6 期。

有改变传统的自上而下的单向信息传播模式，更不会从根本上改变党员和社会大众的受众地位，党员的主体地位难以得到很好的实现和维护"①。

　　正是基于对"技术—模式"论的批评与反思，出现了"组织—功能"论。对网络党建以"组织—功能"层面界定和理解的主要代表有张婷、马利、张德寿和薛小荣等。张婷认为，必须把党的机关和党的工作放在工业社会向信息社会转型这一背景下来理解，必须自觉适应客观环境的变化，适时转变工作方式，迅速掌握网络手段，运用"电子党务"方式，有效整合党的建设信息资源，增强党建工作的效率性、参与性、民主性，才能做好新时期的党建工作。因此，"电子党务"并非只是简单的党务工作电子化、实现"党的工作上网"，而是对传统党务工作方式的一场革命，将对党员干部的思维方式、党组织的组成管理方式和党内权力结构形成等产生深刻影响。② 马利认为，理解网络党建，首先要理解以互联网为核心的信息网络技术的社会意义。他说："互联网不仅是技术、是媒体，更是政治；不仅是器物、是产业，更是意识形态。"③ 张德寿一方面承认网络技术对于党建的工具性价值，另一方面深刻提出了网络技术对于党建的功能价值。他认为网络党建既是又不是技术创新。"所谓'是'，就是网络党建在进行党的建设上运用了信息网络技术、新兴媒体这一现代化的工具，从而可以在党内学习、党内信息沟通交流、党内宣传动员、党内民主推进，以及党员管理、党的基层组织设置和其他党务管理方面突破传统党建手段的局限性，大大提高效率，从而更容易实现各个层次的党建目标。从现实的实践来看，信息网络技术、新兴媒体的确具有无可比拟的优势，对于改进党的建设是大有裨益的，但创新是与传统党建手段相比较而言的。严格来说，信息网络技术对于网络党建，是用的问题，是善于运用的问题。换言之，信息网络技术在不断改进，越来越便利，我们要做的是把它拿来，用得恰当、用得及时，用得有效。所谓'不是'，网络党建不仅意味着党建手段和方式的现代化，还意味着与党

① 钱结海、单守金：《加强网络党建工作的研究》，《安徽工业大学学报》（社会科学版）2011 年第 1 期。

② 张婷：《网络党建的交互性研究》，《广西社会科学》2007 年第 8 期。

③ 马利：《对互联网与执政党建设的思考——网络给执政党建设带来的挑战和机遇》，《新闻战线》2009 年第 9 期。

建相关的各个方面的变化，或者说要积极地推动这方面的变化。比如，要推进网络党建，涉及真正确立党员主体地位、崇尚党内民主、改革党内权力配置过于集中、强化执政党与民众广泛沟通的自觉性、增强党的意识形态的包容性等方面的问题。而这些问题的解决，现代化的工具固然重要，但关键是观念的变革。换言之，工具的现代化要与党建的科学化、现代化相结合，网络党建才能真正推进。……总之，从长远发展看，网络党建意味着党的建设在党建思想观念、价值追求和制度、体制与机制方面的变革，是一个复杂的系统工程。"① 薛小荣则在充分肯定网络技术社会意义的基础上，对网络党建做出了比较深刻的"组织—功能"层面的界定。他认为，"网络党建并不仅仅是信息网络技术对政党建设在技术层面上的简单反映，而是在信息网络技术强力构筑的新的社会关系及结构重组中的理念认识和组织功能的'再适应'。所谓网络党建，即是指在信息网络时代政党对自身价值和功能的重新思考与定位，通过对政党政治理念的更新、组织结构的重组，实现政党的价值重塑——政党内部关系的民主化和政党社会关系的民主化，提升政党在变动不定的新的社会的战略适应能力"②。

2. 对两种理解模式的评价

网络党建的"技术—模式"界定是揭示网络党建内涵的最初尝试。其要义是"让网络走进党建"，即从信息网络技术的实际运用层面来理解网络党建，强调传统党建的数字化、信息化。虽然失之"褊狭"，但也确切反映了网络党建实践初期（2000—2004）的实际状况，并且在逻辑层面确定了网络党建的技术之维。

从"技术—模式"论到"组织—功能"论是理论界对网络党建含义理解的进步。不仅要让网络走进党建，更要党建融入网络。必须把党建放在"网络社会"视域中来理解。必须从信息网络技术的社会意义，即组织重构和政治发展角度理解网络党建的内涵。无疑，"组织—功能"论更为合理。一方面，"组织—功能"论的界定承继了网络党建的技术之

① 张德寿：《网络党建的相关问题研究》，《中共云南省委党校学报》2011年第4期。

② 薛小荣：《网络党建论：互联网时代政党的组织变革与社会适应》，时事出版社2013年版，第33页。

维，更为重要的是它超越了单纯的技术性理解，而把网络党建放在工业社会向网络社会转变这一时代背景下来解读，不仅是党建与网络技术的结合，更是党建工作在信息网络时代的必然调适和创新。这种调适和创新不仅是领域拓展和手段创新，更是政党理念、组织架构、运行机制和价值功能的调适和重构。当然，网络党建的理论抽象和概念界定的坚实根基始终在于网络党建实践发展及其经验总结。不管是"技术—模式"论，还是"组织—功能"论都必须遵循这一根本原则和接受这一原则的实践检验和逻辑检验。另一方面，从理论界对网络党建界定的变化与网络党建实践发展历程①的关联性看，也体现了两个基本特点：一是网络党建概念的理论抽象及其变化始终以网络党建实践及其发展为根基；二是当前网络党建的理论研究随着网络党建实践的进展更加细化和深入。

（二）网络党建与传统党建的关系

事实上，不管是"技术—模式"论，还是"组织—功能"论，他们对网络党建的理解都有一个共同的切入点或者聚焦点，那就是网络党建是相对于传统党建而言的。也就是说，离开传统党建，很难想象可以准确界定和把握网络党建的内涵与外延。因此厘清网络党建和传统党建的关系对于科学把握网络党建的含义和功能有着十分重要的意义。

首先，从实践发展层面看，网络党建是随着微电子技术、数字技术、信息通信技术和互联网的产生及其对现实生活（包括政党政治和政党自身建设）的影响逐渐形成的，是党的建设对网络时代的顺应和调适。网络党建的肇始就在于互联网对于我国现实政治生活和党的舆论建设的影响。② 由此，互联网逐渐成为党建的新阵地、新领域，在这个意义上，网络党建就是传统党建的延伸和拓展。随着网络通信技术的发展、网络新媒体的勃兴特别是网络虚拟社会的形成，社会的组织结构和运行机制、信息的流动方式和传播模式以及人们的生活生产方式、思维方式和行为习惯都发生了显著而深刻的转变。"网络化"业已成为新时期党建的重大

---

① 参见薛小荣《网络党建论：互联网时代政党的组织变革与社会适应》，时事出版社2013年版，第23页。

② 一般认为，1999年在"法轮功"事件和美国轰炸中国驻南使馆激起中国网民声势浩荡的声讨，是党和政府重视网络作用、注重网络舆论引导、进行网上思想政治工作和网上党的建设的直接诱因。

际遇。在此情况下，党的建设必然也必须在信息传播、组织结构乃至治理理念等层面主动进行调整和创新。

其次，从工作内容和工作机制层面看，网络党建和传统党建形成了同构互补的关系。党在长期的革命、建设和改革实践中逐渐积淀了相对稳定的工作内容结构：党的思想建设、党的组织建设、党的作风建设、党的制度建设和党的反腐倡廉建设。新时期，网络党建的主要内容依然是这五个方面的建设。互联网的发展和网络社会的形成，一方面对党的建设内容产生了冲击，另一方面对传统党建的创新提供了便利条件、新型平台和先进手段。例如，在思想建设方面，利用现代网络技术，可以更加便捷地传播党的执政理念、党的执政价值观和解释党的方针政策等等。与此同时，也可以更加便捷地实现党内外的思想沟通交流、达成共识。再如，在反腐倡廉建设方面，运用现代网络技术，更加有效地监督政府、监督官员、揭露腐败和发现腐败，等等。① 此外，基于科层制的组织构架和管理模式，决定了传统党建在践行党内民主集中制的工作模式上更多偏向于"集中"方面，而基于网络社会中扁平化的组织构架和管理模式，决定了网络党建在发挥党建"民主"功能方面具有先天优势，从而与传统党建形成互补关系。

再次，从价值目标看，网络党建与传统党建共同服从和服务于"市场化""全球化""网络化"时代背景下"大党建"所追求的价值目的，即提升党建科学化水平，提高党的领导水平和执政能力，确保党始终成为中国特色社会主义事业的领导核心。党建的最大问题是"建设什么样的党，怎样建设党"。前者规定和统率着后者，后者服务和实现着前者。"学习型社会""服务型政府"和"创新型国家"要求党成为"学习型""服务型"和"创新型"的马克思主义政党，这回答了"建设什么样的党"。而"怎样建设党"则需要传统党建和网络党建共同回应。因此，在一定意义上，网络党建不仅要回应"网络化"时代对党建的要求，还必须回应"市场化""全球化"对党建的挑战，必须始终围绕提升党建科学化水平，提高党的领导水平和执政能力而展开。

最后，从理论表达层面看，网络党建承继、重塑和创新着传统党建

---

① 参见张德寿《网络党建的相关问题研究》，《中共云南省委党校学报》2011 年第 4 期。

的范式和逻辑。不管是"党建信息化""电子党务""党员电子身份认证""远程选举""网上反腐""网上民意舆情收集分析预警""网上党支部",还是"网上党的思想建设""网上党的组织建设""网上党的作风建设""网上党的制度建设""网上党的反腐倡廉建设"都体现了网络党建对传统党建范畴和逻辑的继承和创新。

总之,党的建设是一个大格局,在这一大格局中,网络党建和传统党建是党的建设的两大组成部分。在网络党建与传统党建的关系上,网络党建并不仅是信息网络技术对党的建设在技术层面上的简单反映,而且是在信息网络技术强力构筑新的社会关系及结构重组中对执政理念、组织结构、运行机制和价值功能的调适和创新。因此,网络党建与传统党建的关系,不是一种单纯技术创新,而是一种相互依存、相互贯通、联动互生的关系。缺少了网络党建,传统党建就会失去党建的适应性和活力;没有传统党建的支撑,网络党建也就成为无源之水、无本之木。网络党建和传统党建的主要区别不仅"在于网络党建运用了信息网络技术这一新手段,使推进党的建设获得了新的工具与平台,并展示了大有可为的前景"①,更是因为"在社会经济文化日益发展,网络技术广泛普及的条件下,党的建设对客观形势带来的新情况、新问题的一种积极反映"②。在网络空间已经形成,并逐渐对现实社会产生全方位影响的情况下,传统党建已经无法有效覆盖这一虚拟空间,要求党建模式必须转型。在这种条件下,网络党建的提出和发展就成为党建格局调整的必然选择。

(三) 网络党建的界定及其内涵

从网络党建实践发展角度看,到目前为止,网络党建主要包括了电子党务、党务公开、加强党内外民主及监督、党员教育管理应用软件、党员电子身份认证及远程选举、网上党支部活动、网上民意舆情收集分析预警、构建城乡一体化的"党建网"等一系列实践。由此,网络党建首先应该是一个实践概念,是中国共产党在网络(社会)时代基于信息网络技术条件对党的建设的创新和发展,进而逐渐展示其技术、组织和

---

① 张德寿:《网络党建与相关问题研究》,《中共云南省委党校学报》2011 年第 4 期。

② 陆旸、薛小荣:《对网络党建推进中理论与实践问题的思考》,《中共郑州市委党校学报》2014 年第 1 期。

政治的意涵。

1. 网络党建的界定

通过分析理论界对网络党建含义的争论以及对网络党建与传统党建关系的辨析，我们可以得出这样一些结论：一是网络党建的背景是网络时代的来临及其对党的建设的深刻影响；二是在实践层面，网络党建与传统党建须臾不可分离而相互贯通、联动互生；三是理解网络党建的逻辑始终在于网络社会际遇下网络信息技术与党的建设的深度融合。由此，我们认为网络党建就是指信息网络时代中国共产党进行网上党的思想建设、组织建设、作风建设、制度建设和反腐倡廉建设的总称，是中国共产党基于信息网络际遇对执政理念、组织结构、运行机制和价值功能的调适和创新。网络党建大体涵盖如下三个层面：一是传统党建的数字化、信息化，如电子党务、党员电子身份认证等；二是对传统党建的拓展和重塑，如党务公开、远程选举、加强党内外民主及监督等；三是新的党建内容和形式，如网上反腐、网上民意舆情收集分析预警、流动党员和"两新"组织党员的网络化管理、博客/手机网络党组织等。

2. 网络党建的内涵

从信息网络技术的快速发展到信息网络社会的初步形成是网络党建的现实际遇。信息网络技术始终构成网络党建的技术前提，由此决定了网络党建的技术内涵；网络组织的"扁平化"及其对现代政党政治的深刻影响，决定了网络党建的组织内涵；网络社会信息传播的广泛性、即时性、交互性和个体化以及网络社会利益观念、权利意识和民主意识的增强，深刻促发了网络党建的民主政治意蕴。

（1）网络党建的技术内涵

网络党建的诞生和发展历程清晰地表明，以互联网为代表的信息网络技术始终是网络党建蓬勃发展的技术基础。网络党建的肇始和人们对网络党建的初始理解都集中指向了"让网络走向党建"，以及党建要面向、重视和运用信息通信网络。网络党建的进展和走向也始终以信息网络技术的发展为依托。因此，网络党建的内涵必然始终彰显技术之维——借助和运用信息网络技术，实现党建的领域拓展、信息传播/沟通和党务管理手段方式创新，亦即实现党建数字化、信息化。网络党建的技术内涵首先表现在纸质化的党建信息数字化。如党员、党组织的基本信息数字化和数字化管理。借助信息网络技术的发展，可以有效提升党员和党组织信息的精确管理、动态管理和统一管理。[①] 其次，网络党建的技术内涵还体现在党建的领域、载体的拓展和工作手段、方式的创新。随着信息网络技术的进步，日益形成了与现实社会互相映照、交互作用的新的生活场域——网络社会。网络社会的形成和网络时代的来临，使得党的建设面临一个全新的工作领域；网站、虚拟社区、论坛、博客、微博、微信等日益成为网络党建的载体和工具。最后，网络党建的技术内涵还体现在信息流动所体现的传播效应方面。网络党建通过信息网络技术的运用和网络平台的建设，可以有效地克服传统政党组织内部的科层体制，不仅能够更为快捷地传递信息，大大降低信息流动成本，而且能够使党内成员和党外群众及时准确地掌握党的路线方针政策等信息，从而避免、减免信息流转中的层级损耗。

（2）网络党建的组织内涵

网络社会对政党的组织结构、权力运行方式产生了很大的影响。政党的组织结构由等级制趋向扁平化发展；权力由集中逐渐走向分散，由控制逐渐走向制约与监督，权力日益个体化、弥散化。"在信息技术带来的高速度、适应性以及灵活性的推动下，分散的网络形态比传统的垂直式分层体系结构更具竞争力。这种趋势无论在任何地方都不比在集体行动范围内更加明显。"[②] 工业社会向信息社会的转型，信息网络技术引发了一系列经济、政治和社会组织的结构变化。相比于经济组织和社会组织对于技术变革而带来的组织变化的敏锐反应，政党作为社会政治生活中的特殊政治组织，往往由于政治问题的敏感与沉重而无法迅速应对技术发展推动下的社会变化，以及由此带来的政党组织结构的变化。例如由信息技术发展所带来的社会组织结构变化对党组织管理模式的挑战与应对。"两新"组织的涌现和流动党员群体的出现，对现有党员管理模式提出了直接挑战：如何在属地管理原则的基础上，更好地利用信息网络

---

① 薛小荣：《网络党建论：互联网时代政党的组织变革与社会适应》，时事出版社 2013 年版，第 2 页。

② ［美］曼纽尔·卡斯特：《网络社会：跨文化的视角》，周凯译，社会科学文献出版社 2009 年版，第 373 页。

技术加强对流动党员的管理。网络党建必然、必须解决这个问题——通过将党员党组织信息编码和搭建党员党组织联动系统平台，或通过"网络党支部"等方式，实现对流动党员的管理。再如，网络时代对传统政党封闭和科层的信息管理方式提出了严峻挑战。"信息运动以瞬息万里的速度兴起以后，任何组织中最周密的计划都可能遭到不测。组织图表中常见的委派权威随之崩溃，金字塔结构及管理结构随之消融。"① 在这种传统科层信息传输模式逐渐失效的情况下，一些事关人民群众重大利益的事件，往往在没有正常组织渠道传达的情况下，通过网站、微博、微信或手机等信息平台迅速传播开来，而现有的信息管理模式又囿于组织程序无法及时澄清，以至引起部分群众思想混乱，严重干扰了正常的社会政治生活。因此，网络时代党的建设特别是网络党建要正视信息网络技术的分散性、去中心化，对传统党组织结构的消解作用，必须在党的组织架构、信息管理和体制机制安排等方面主动求变，以顺应网络社会的发展要求，巩固和加强党的组织建设、提升党组织的凝聚力。

（3）网络党建的政治内涵

网络党建不仅表现为党建的技术手段创新、工作领域拓展和组织重构调适等层面，还深刻昭示了政党理念、政党功能和价值的重塑。信息网络技术就是一场深刻的"革命"，进而深刻促使了网络时代政党理念和价值的更新和重塑，表现出强烈的信息网络时代的党建新特征。具体来说，信息网络对政党理念和价值的影响主要体现为五个方面：其一，政党不再是一个神秘的组织，表现出透明性的特征；其二，政党不再是一个封闭的组织，表现出开放性的特征；其三，政党不再是一个固定的组织，表现出流动性的特征；其四，政党不再仅仅是"一个"阶级的组织，表现出包容性特征；其五，政党不仅仅是一个政治的组织，表现出多维性的特征②。因此，对于网络党建来讲，必须顺应网络时代对党的建设的开放性、透明性、流动性、包容性和多维性的要求，通过增强政党适应性，提升网络空间意识形态领导力，提高网络党建科学化水平，加强网

---

① ［加拿大］马歇尔·麦克卢汉：《理解媒介：论人的延伸》，何道宽译，译林出版社 2011 年版，第 279 页。

② 汪守军：《论网络革命与政党理念的更新》，《云南行政学院学报》2006 年第 4 期。

络舆情的研判、监管和引导能力，提高网络群众工作能力，以及强化新媒体对执政党的监督，自觉提升网络执政能力①。

二 网络党建的一元化指导思想与网上多样化社会思潮的关系

网上多样化社会思潮是一种客观存在。新时期党建的一元主导思想与网上多元思潮是网上党的意识形态建设的基本矛盾，由此，如何在网上多元化思潮的背景下坚持和巩固马克思主义的一元化指导，就成为网络党建的一个基本问题。

（一）网上多样化社会思潮：网络党建的重要际遇

网上社会思潮的多样化发展态势给网络党建提供了良好的发展机遇，同时也提出了严峻的挑战。

1. 多样化与复杂性：网上社会思潮的基本特点

网上社会思潮是在网络社会背景下，以动态形式反映一定阶级、阶层或社会群体的利益和要求，在网络上得到广泛传播并对社会生活产生较大影响的思想倾向、思想潮流，是"一定规模群体中比较趋同的社会心态、社会心理以及得到广泛传播和认同的思想观念、价值取向等思想潮流的综合表现"②。就内容上看，当前的网上社会思潮主要指以网络为传播载体（渠道）的社会思潮，如新自由主义、民主社会主义、历史虚无主义等。基于"市场化""全球化""多极化"和"网络化"等历史条件，网上社会思潮呈现出趋利性、多元性、复杂性等特点。

首先，网上社会思潮的趋利性。随着经济全球化的扩张和我国市场经济改革的深入，社会"物化现象""功利主义"日益严重，人们愈益看重、追求和享受物质利益。随着经济体制的变革，人们在经济地位、职能分工、社会角色和利益分配等方面发生深刻的变化。这种变革使得传统的思想观念受到冲击，新生的价值观念异常活跃，各种思想观念相互碰撞。在市场化进程中以及在网络化的迅捷传播中，市场经济的"逐利"本性和"利润最大化"的信条，对社会成员思想观念和价值取向的影响

---

① 汪守军：《论网络革命与政党理念的更新》，《云南行政学院学报》2006年第4期。

② 周玉、马建军：《以社会主义核心价值体系引领社会思潮的现实路向》，《西南农业大学学报》（社会科学版）2009年第2期。

日益加深，从而使得网上社会思潮呈现强烈的趋利性。

其次，网上社会思潮的多元性。改革开放以来，我国全方位处于一个多变和转型时期，并且随着改革的日益深入，这种变迁和转型将更加剧烈：经济体制深刻变革、社会结构深刻变动、利益格局深刻调整、思想观念深刻变化。这种变迁和转型的实质是利益的重组、社会结构的重构以及权力结构的再调整。社会转型过程中不同社会群体的利益、权利、意志和话语必将通过各种渠道反映和折射出来。另外，从 20 世纪 90 年代中后期以来，随着互联网的快速发展以及网络社会的日渐成型，互联网络最终成为各种声音与思潮最大的集散地和快速传播的扩音器。因此，转型时期各种思想文化在网络上相互交融、相互激荡，使社会思潮呈现出多元性特点。

最后，网上社会思潮的复杂性。伴随着经济全球化和信息通信网络化发展，全球文化交往交流日益频繁，我国在学习西方优秀文化成果的同时，也使西方社会的价值观念渗透到我国的各个领域。西方发达国家利用其在经济和科技等方面的优势，对我国推行"西化"和"分化"策略，竭力传播其意识形态和核心价值观，诱发国内新情况、新问题产生，对我国社会主义核心价值观造成巨大冲击。我国将长期面对激烈的国际文化竞争，特别是面对发达资本主义国家传播其意识形态、进行文化扩张和思想渗透的压力，从而导致多种价值取向相互冲突和相互交融，使人们的价值取向呈现出复杂性的特点。

2. 网上多样化社会思潮对网络党建一元化指导思想的挑战

网上社会思潮的流传和扩张成为网络党建必须直面和正视的社会现实。在一般意义上，多样、多元的社会思潮为马克思主义在网络社会的话语转换、价值自持和方向引领等方面提供了丰富的思想资源，使马克思主义自身的创新与发展成为必要和可能。但是，由于网上社会思潮的异质性和复杂化，特别是非马克思主义、反马克思主义社会思潮的肆虐，对网上马克思主义的解释力、引领力和凝聚力等造成严重冲击，从而严重威胁到马克思主义指导思想的主导地位。

首先，价值取向多元化冲击了以马克思主义为灵魂的社会主义核心价值观。

我国传统的社会主义价值体系是建立在高度集中的计划经济制度之

上的，其社会基础是一个分化程度很低的单一社会结构，这使得主导价值体系具有了高度的号召力和整合力。但是，随着"市场化""全球化"和"网络化"的快速发展，使得人们的价值观念、理想信念、道德品质等方面具有显著的多样性和差异性，传统的价值取向一元化格局日趋呈现出多样性和复杂性的变化。虽然从社会发展的总体趋势来看，社会成员在价值取向上的多元化反映了历史的进步，但不可否认的是，在一定时期和范围内，鱼龙混杂、参差不齐的价值取向，容易造成人们思想观念的混乱、价值选择的迷茫，使人们往往难以形成统一的价值判断、做出正确的价值选择，进而对社会主义核心价值观产生严重的负面影响。这种负面影响主要表现为：反社会主义核心价值观的思想不断出现并削弱核心价值观的导向功能。例如新自由主义、历史虚无主义、民主社会主义、宗教神秘主义、民族分裂主义等社会思潮，与社会主义核心价值观是完全背离的，在各个层次上形成了尖锐的对峙和交锋。这种价值观念的冲突必然分化和混淆社会成员的思想观念，从而削弱社会主义核心价值观的整合作用，极大地冲击中国共产党执政的思想文化基础。

其次，社会心理复杂化削减了社会主义核心价值观的凝聚力。随着社会结构的急剧转型及其对传统价值体系的"剧变"，必然使习惯于过去传统社会生活秩序的人们产生巨大的心理冲击，影响着思想观念的变革和心理素质的嬗变。在社会利益结构剧烈变动的同时，人们却由于惯性的作用往往不能及时顺应外界的变化对心理结构做出相应的调整，以致心态失衡，使人们在对人生的实践和自我完善的过程中，产生出失望、焦虑和无所适从的复杂社会心理：创新意识萌发，但理性选择欠缺；主体意识强化，但社会责任淡薄；效能意识渐生，但奉献精神日衰[1]。这种"裂变"的社会心理必然对社会主义核心价值观产生本能的拒斥，从而严重削减核心价值观的凝聚力。

（二）坚持和巩固网上多样化社会思潮中马克思主义的一元化指导

基于网上社会思潮差异性和多元化的事实，在网络党建特别是在网上党的思想建设实践中，必须坚持尊重差异、包容多样的原则。也只有

---

① 张哲：《经济利益多元化背景下的思想文化建设研究》，博士学位论文，中共中央党校，2012年，第99—109页。

在尊重和包容的基础上，网络党建在坚持和巩固马克思主义一元化指导思想上，才有更加广阔的发展空间和更加便利的发展条件。

1. 尊重与包容：坚持和巩固网络党建一元化指导思想的前提

基于网络的多元化和开放性以及网络信息传播的即时性和发散性，我们必须尊重和正视这样一种事实：网上多样化社会思潮业已形成，网上社会思潮的差异性和多样性就是一种客观存在。因此，尊重差异、包容多样，是坚持和巩固马克思主义一元化指导思想的应有之义，在新时期党建特别是网络党建过程中，必须坚持包容性基础上的马克思主义一元化指导原则。互联网上存在和流传的各种文化形式和意识形态，本质上是对社会利益的调整和分化的多元化的反映。而网络传播的开放性、去中心性和交互性，则扩充和放大了各种意识形态对社会大众的影响力和感染力，从而使得网络意识形态领域马克思主义和各种非马克思主义、反马克思主义意识形态之间处于一种"平等"和相互交织的状态。在这种情形下，如果马克思主义指导思想仍然以"独尊"和"霸道"的面孔呈现，对其他文化形式和意识形态一概采取简单的拒斥态度，则只会使自己处于孤立和封闭的状态，减小自己发展的空间和机会，缩小自己对其他意识形态的影响力，从而相对扩大其他意识形态发展的空间和条件。"因为网络空间具有无限性，任何一种意识形态或社会思潮不会因为主流意识形态的排斥就不能发展，任何个人也不会因为自己的价值理想与主流价值观的不符，就放弃自己的追求。"① 只有坚持开放性和包容性原则，尊重各种社会思潮应有的社会地位，包容其非原则性的缺点和失误，在与其共存、比较和竞争中获得主导性的话语权，增强对其他意识形态的引导和整合能力，才能真实且有效地保持网络党建中马克思主义的一元化指导。

尊重与包容的原则需要我们"树立和强化差异互补、多样共生的意识，摒弃见异思斗、非己必伐的思维定式"②。要把尊重差异、包容多样作为一种文化品格融入和谐文化建设，使之内化为人们的一种社会心理、

---

① 吴玉荣：《在虚拟空间唱响社会主义意识形态的主旋律》，《科学社会主义》2004 年第 4 期。

② 孙中民：《包容与整合：社会主义核心价值体系引领社会思潮的必然选择》，《沧桑》2009 年第 4 期。

思维方式和处事态度。在文化问题上，提倡"和而不同"，坚持马克思主义的指导地位，提倡各种文化的互补和融合；在意识形态层面，采取"不破不立"，提倡积极的思想斗争，对错误思潮进行理性的批判；在群众性的思想意识层面上，采取思想疏导方式，以理服人，以情动人，进行多种形式的说服教育工作；在学术问题上，提倡"百花齐放，百家争鸣"，使多样化社会思潮与社会主义核心价值观形成良性互动，最大限度满足广大人民的精神文化需求。

2. 整合与主导：坚持和巩固网络党建一元化指导思想的归宿

在网络党建中，包容性原则和一元指导性原则是辩证统一的关系。包容性是基础，而马克思主义一元指导则是网络党建的旨归，对网上多样化社会思潮的包容是为了实现更加有效的引导。在增强马克思主义指导思想包容性、说服力和感召力的同时，必须同时强化对网上多样化社会思潮的导向，坚持和巩固马克思主义在网络党建中的一元指导地位，坚持社会主义核心价值观，应该且必须敢于和善于对各种危害党和国家意识形态安全、破坏社会安定、败坏社会风气的价值观念和意识形态作坚决斗争。"理论的说服力与感召力不能依靠人们的'自在'的欲求的一味迎合来获得，在世俗化、功利化、异质化和多元化盛行的今天，一味地顺从，抛弃意识形态的导向功能，只会消解意识形态整合功能。"①

强化马克思主义指导思想的导向性，首先要加强网上党的主流意识形态阵地建设。借助党建网站等官方主流网站并以此为平台和载体，让马克思主义的信息和声音进入互联网，使主流意识形态的影响力在网络信息传播平台上抢得先机，是信息网络化条件下加强和改进网络党建的首要任务。虽然近年来，我们建立了诸如人民网、光明网、求是理论网、党建研究网等主流意识形态网站，对于主流意识形态的宣扬已取得一定成绩，在广大网民中也产生了一定的影响。但与此同时，也存在诸如覆盖面不广、点击率不高、信息量较少、网站功能单一、报道内容雷同且更新缓慢等问题，亟待改进和完善。因此，需要进一步加大网站建设力度，丰富网络上关于马克思主义的信息资源、扩大网络的覆盖面和影

---

① 张骥、程新英：《论马克思主义意识形态在我国面临的挑战与回应》，《马克思主义研究》2009 年第 2 期。

响力。

其次，必须进行社会主义意识形态内容的创新。创新意识形态传播内容，就是要尽可能避免照搬照抄文件、讲话或传统媒体中的大块文章的局面，使主流意识形态的内容更加贴近实际、贴近生活、贴近群众。要学会运用各种新的宣传、教育形式使社会主义意识形态深入人心，努力将意识形态的理想因素与现实内容以及人民群众的利益诉求有机地统一起来，关注人民群众的实际问题，了解群众心理变化的特点和发展趋势，准确把握社会成员的思想脉搏和生活追求，尽可能用通俗的语言解开群众思想上的困惑，用身边熟悉的事例说明深刻的道理，把逻辑的力量与事实的力量结合起来，把思想的严谨与表述的生动结合起来。

最后，要大力发展信息产业，提高网络技术水平。互联网上意识形态的交锋和竞争是以信息技术为基础的，"信息技术和网络优势是西方国家对我国进行意识形态渗透的物质基础，也是维护我国意识形态安全的物质基础"①。相对于西方意识形态在互联网上的传播，我国当前主流意识形态在互联网上的传播处于劣势，这在很大程度上是由于信息技术上的劣势所造成的。因此我们应当站在维护我国意识形态安全的高度，来认识信息技术和信息产业的发展问题，要善于创新学习和利用现代信息技术的最新成果，来进行社会主义意识形态的传播与斗争。

第四节　网络党建平台建设研究

习近平同志在十八届三中全会明确指出："随着互联网媒体属性越来越强，网上媒体管理和产业管理远远跟不上形势发展变化。特别是面对传播快、影响大、覆盖广、社会动员能力强的微博客、微信等社交网络和即时通信工具用户的快速增长，如何加强网络法制建设和舆论引导，确保网络信息传播秩序和国家安全、社会稳定，已经成为摆在我们面前

---

① 袁其波：《互联网时代我国意识形态面临的挑战与对策》，《社会科学论坛》2008年第 10 期。

的现实突出问题。"① 作为第四代媒介出现和使用的互联网迅速崛起和广泛应用，引起了人类社会全方位的改变，塑造了一种全新的社会生活场景，对中国共产党的执政理念、执政方式、组织结构、制度建设、党务管理等方面都产生了广泛而深刻的影响。正如胡锦涛同志所言："现在信息网络化程度越来越高，对党的建设提出挑战，也带来机遇。全会提出要办好党建网站、建立全国党员信息库、推进基层党组织工作信息化、加强农村党员现代远程教育网络一体化建设、健全反腐倡廉网络举报和受理机制、网络信息收集和处置机制等等，目的就是要运用信息网络技术来加强和改进党的建设，提高党建工作效率。"② 加强网络党建平台建设，正是运用信息网络技术加强和改进党的建设，确保网络信息传播秩序和国家安全、社会稳定的应有之义。

一 党建网站建设的指导思想与原则

现代政党不仅可以通过网络发布信息、传播信息，进而影响受众的思想观念，宣传和动员广大民众，展示和树立政党形象，而且可以通过网络收集信息、甄别信息，进而倾听民众的声音，把握社会跳动的脉搏，维护和巩固政党地位。

事实上，政党利用网络进行政治动员和组织建设，在西方发达国家已是屡见不鲜的常见活动方式。以 2008 年美国总统大选中奥巴马竞选团队为例，大量网络精英汇聚其中，有蓝州数码公司创建者之一、担任奥巴马竞选班子新媒体主任的乔·罗斯帕斯，也有当今世界最大社交网站 Facebook 创始人之一的克里斯·休斯，还有 Netscape 创始人的马克·安瑞森、Google 全球总裁埃里克·施密特等，③ 他们从建立 Myspace 主页和 Facebook 主页，到在 YouTube 传播海量拉票视频，想方设法发动网民投票支持，最终还筹集高达 7 亿美元的竞选资金，使奥巴马最终在白热化竞争中拔得头筹，战胜对手。奥巴马也因此被誉为"互联网总统"

① 《习近平谈关于加快完善互联网管理领导体制》，2013 年 11 月 15 日，人民网（http://politics. people. com. cn/n/2013/1115/c1001 - 23559689. html）。

② 胡锦涛：《努力开创形势下党的建设新局面》，《求是》2010 年第 1 期。

③ 高瞻：《奥巴马与美国网络政治的发展》，《中国人才》2009 年第 9 期。

"Web2.0 总统""科技总统"。对此，还有人专门总结了一个公式："视频社区的推广 + 搜索引擎营销 + 网站联盟 = 奥巴马的胜利"[1]。"据统计，自 1994 年美国国会选举时政党建立的第一个网站起，到 2000 年中期，世界上大约有 1250 个政党在互联网上建立了自己的网站。单在欧洲和北美洲，平均每个国家就有大约 40 个政党有自己的网站。"[2]

2012 年 6 月 30 日，在中国共产党成立 91 周年到来之际，中央组织部在北京举行共产党员网、共产党员电视栏目、共产党手机报开通仪式，表明中国共产党作为执政党，早已深刻认识并主动适应网络给政党政治带来的革命性变化。新时期党建网站建设必须主动适应形势变化和时代需要，顺势而为，注重坚持正面导向的方向性，不断凝聚党心、汇聚民意；坚持贴近实际的针对性，实现党务信息化和党群良性互动；坚持资源整合的协调性，构建体系化的党建网站，共同形成合力，实现预期目标。

（一）坚持正面导向的方向性：党心凝聚与民意汇聚

"任何媒介形式的发展，或者说任何新的传播技术的发展，都无法逃脱政治因素的纠缠，更不要说互联网这种新的传播技术本身就是从军事国防领域延伸而来，它与国家之间勾连不清的政治性是其与生俱来的秉性之一。"[3] 以美国为首的西方敌对势力，一直推行"西化"战略，扩张西方主流意识形态与文化模式，他们利用网络的技术规则和网络的信息规则，始终掌握着西方话语霸权。

虽然中国拥有顶级域名 CN，但这一域名分配却一直由 1998 年成立的、有鲜明政府背景的、隶属于美国商务部的 ICANN（互联网域名和地址管理机构）掌控。目前全球互联网容纳的 13 台根服务器，包括 1 台主根服务器及 12 台辅根服务器。1 台主根服务器放置在美国，其余 12 台辅根服务器有 9 台在美国，其中 2 台直接被美国军方控制，受控于美国陆军

---

[1] 罗丹：《从两届美国总统大选看新媒体发展》，2008 年 11 月 11 日（http://media.people.com.cn/BIG5/40606/8321047.html）。

[2] 薛小荣：《网络党建论：互联网时代政党的组织变革与社会适应》，时事出版社 2013 年版，第 17 页。

[3] ［英］安德鲁·查德威客：《互联网政治学：国家、公民与新传播技术》，任孟山译，华夏出版社 2010 年版，第 7 页。

实验室和五角大楼网络信息中心，另外 3 台分别在瑞典、荷兰、日本。美国控制了根服务器，也就控制了相应的顶级域名和 IP 地址，这对中国以及其他国家来说显然存在致命的潜在威胁。试想，一旦发生突发事件，以美国为首的"西化"战略国家，完全可能屏蔽中国网站的域名或者把"CN"从域名系统中予以删除，让中国彻底沦为国际互联网看客，把中国排除在国际主干网之外，降低中国的国际影响力。事实上，2014 年 1 月 21 日下午 15 时左右，全国大范围的 DNS 故障事件①，360 网站卫士监测发现，很多网站被解析到 65.49.2.178 这一个无法访问的美国 IP 地址。《新京报》记者通过 IP 查询发现，该 IP 的物理地址位于美国北卡罗来纳州卡里镇的 Dynamic Internet Technology 公司，该公司的名字与境外某反华中文网站的母公司同名。知名互联网安全平台 WooYun.org 在其官方微博上也透露，其对 65.49.2.178 进行技术追踪后发现，有证据表明该 IP 所处于的网络有过发送垃圾邮件及其他有政治目的的黑客活动，也曾在网上发表涉及中国的激进政治言论。

另外，互联网自由流动信息规则的潜性政治要求，各国政府不能人为设置障碍阻止信息的自由流通，这就使得 IP 资源占全球 1/4 的美国在信息传播方面具有先天主导优势，表现为强势的单向输出。正如希勒所指出的那样："如果自由贸易是一种经济强国用来渗透和支配经济弱国的手段，那么'信息自由流动'原则——顺便提一下，它被指定为联合国教科文组织的目标——就是一种将生活方式和价值观强加于弱小国家的渠道。……而如今行政及军事官僚机构已经狂热地抓住了信息控制所提供的各种机会。"② 总之，正如有学者言："当前各种跨越国界的思想政治理念和文化价值取向在网络自由传播，其中那些具有很强迷惑性、渗透性的虚假有害信息也参杂其中，正在对党员干部思想意识、理想信念，

---

① 2014 年 1 月 21 日 15 时许，国内部分用户发现无法访问 .com 域名网站，腾讯、百度、京东、优酷等大批网站无法正常访问。据 360 安全卫士官微透露，国内三分之二 DNS 处于瘫痪状态。至 18 时许，域名解析已基本恢复。参见《DNS 故障：境外反华网站涉入》，《新京报》2014 年 1 月 22 日。

② ［美］赫伯特·希勒《大众传播与美利坚帝国》，刘晓红译，上海译文出版社 2006 年版，第 8 页。

甚至政治立场产生着不容忽视的消极影响。"①

　　1999年4月发生的"法轮功"事件、5月发生的美国轰炸中国驻南斯拉夫大使馆事件，已使中国共产党深刻认识到网络力量对社会现实产生的巨大影响。"网络的价值在于其所传播的信息内容的价值而不是载体本身，信息内容相对独立于载体而存在，倘若信息内容是落后的、违法的、粗俗的，那么载体技术越发达，对社会的危害则越大。"② 时任中共中央总书记的江泽民同志在给中共中央政治局常委及其他有关领导的信中强调："今天的事情，值得我们深思。人不知、鬼不晓，突然在党和国家权力中心的大门口周围聚集了一万多人，围了整整一天。其组织纪律之严密，信息之迅速，实属罕见。可是，我们的有关部门事先竟毫无察觉，而从互联网上就能迅速找到'法轮功'在各地的组织联络系统，这还不发人深省吗？信息技术的迅速发展，给我们提出了新的课题。我们各个机关配置的电脑不在少数，是否有人注意到这些重要的社会动向呢？如果注意了，为何又没有任何反应呢？这些问题都需要认真加以研究。"③ 2000年6月中央思想政治工作会议上，江泽民同志更是明确指出："信息技术特别是信息网络技术的发展，为我们开展思想政治工作提供了现代化手段，拓展了思想政治工作的空间和渠道。要重视和充分运用信息网络技术，使思想政治工作提高时效性、扩大覆盖面、增强影响力。互联网是开放的，信息庞杂多样，既有大量进步、健康、有益的信息，也有不少反动、迷信、黄色的内容。互联网已经成为思想政治工作一个新的重要阵地。国内外敌对势力正竭力利用它与我们党和政府争夺群众、争夺青年。我们要研究其特点，采取有力措施应对这种挑战。要主动出击，增强我们网上的正面宣传和影响力。"④ 习近平总书记在2014年全国宣传思想工作会议上也强调意识形态工作是党的一项极端重要的工作。"宣传思想工作就是要巩固马克思主义在意识形态领域的指导地位，巩固全党

---

① 曹广全：《网络党建：执政党建设的全新课题》，《党政干部学刊》2005年第3期。

② 陶春：《浅谈网络文化建设》，《理论前沿》2007年第16期。

③ 江泽民：《一个新的信号》（1999年4月），《江泽民文选》第2卷，人民出版社2006年版，第319页。

④ 江泽民：《在中央思想政治工作会议上的讲话》（2000年6月），《江泽民文选》第3卷，人民出版社2006年版，第94页。

全国人民团结奋斗的共同思想基础。党员、干部要坚定马克思主义、共产主义信仰，脚踏实地为实现党在现阶段的基本纲领而不懈努力，扎扎实实做好每一项工作，取得'接力赛'中我们这一棒的优异成绩。"① 由此，新时期党建网站建设必须从讲政治的高度，对立强烈的政治意识、大局意识、责任意识，坚持正确导向的方向性，巩固马克思主义的指导地位，用先进技术传播先进文化，固守党在互联网领域的主流意识形态阵地，利用信息网络技术实现党的政治社会化功能，强化党的政治治理能力，使互联网成为宣传马克思主义经典理论和党的路线、方针、政策的重要载体，让党的声音在网络空间汇聚，成为主流思想的聚集地和根据地，进而真正唱响主旋律，把握话语权，形成网上正面舆论强势，切实维护我国意识形态安全。

（二）坚持贴近实际的针对性：党员管理与党群互动

据 CNNIC 第 35 次调查报告，截至 2014 年 12 月，我国网民规模达 6.49 亿，其中手机网民达 5.57 亿，较 2013 年底增加 5672 万人②。互联网技术的普及应用，不仅让党员、干部乃至领导干部都成为忠实网民，客观上成为网络党建重要的、不可忽视的受众基础，而且最深远的社会意义还在于"促进了党员主体价值的普遍觉醒以及对党内民主、社会民主的价值渴求"③。中国共产党作为代表最广大人民群众根本利益的无产阶级政党，只有正视和满足广大党内成员的政治民主追求，才能真正夯实党的执政基础，才能真正增强党的执政活力。然而，"传统的党内成员联系态势更多地体现为一种自上而下的单向度联系。上下级组织之间、同级组织之间以及组织内部成员的关系，依据民主集中制的组织原则展开活动。应该说，这一组织原则在现实政治生活中有其物质技术和相应的组织结构支撑而能够得到彻底贯

---

① 习近平：《意识形态工作是党的一项极端重要的工作》，2014 年 1 月 21 日（http://news. xinhuanet. com/2013 - 08/20/c_117021464. htm）。

② 中国互联网络信息中心：《第 35 次中国互联网络发展状况统计报》，2015 年 2 月 3 日（http://www. cnnic. net. cn/hlwfzyj/hlwxzbg/hlwtjbg/201502/t20150203_51634. htm）。

③ 薛小荣：《网络党建论：互联网时代政党的组织变革与社会适应》，时事出版社 2013 年版，第 13 页。

彻"①。但是，随着我国社会分层化趋势越来越明显，原来高度集中统一的中国社会结构日益呈现分层化、碎片化的趋向，使原来的"单位人"逐渐向现实的"社会人"转变，特别是社会发展催生大量新的经济组织、社会组织的出现，使党员流动性越来越强，致使党员组织的属地原则已不适应快速发展变化的社会需求。一方面，中国社会的持续发展使个体越来越成为独立的社会单元，传统党务依靠相应行政组织体制进行管理的渠道，已经因为不少党员个体融入新的经济组织、社会组织而脱离传统的组织体制，无法实施有效管理，甚至出现流动党员组织关系长期托管而形成的"空巢"现象；另一方面，现有党务管理中遵循的属地原则和以纸质媒体为载体的党务管理体制，已经无法适应迅速变化的流动社会，不少党员在生存发展、职业规划等因素驱动下，逐渐脱离原来的组织关系所在地，到达新的工作地后又因现行组织关系转接的复杂性，而无相应渠道转入当地党组织，出现流动党员组织关系的"空转"现象，进而导致党组织对党员管理出现暂时性的"失声"现象。"而网络的特点和发展趋势，可以为克服这种由党员个体状态的分散化、碎片化所带来的组织危机提供相应的技术支持。比如，针对党员流动性问题，政党可以以网络为媒介，通过开展网络党建活动。采取党员网上注册的方法，以 QQ、MSN 等即时通信工具为联系方式，使党员能够通过网络实现异地党组织活动。"②互联网技术的发展，在一定程度上成为解决流动党员管理时空错位问题最有效、最经济的方法，可以克服现行政党组织系统内部横向交流能力欠缺的困难，通过党员、党组织信息编码，使政党的信息管理实现信息流动的瞬间化。

事实上，全国党的建设权威门户网站——全国党建网（http：//www.cpc1921.org.cn）、重庆党建门户——七一网（http：//www.12371.gov.cn）等网络党建平台已经在这方面进行了积极尝试，迈出了坚实步伐。由此，新时期党建网站建设必须贴近现实需要，通过加强流动党员管理、推进党务工作信息化、助推党群互动和信息快速传递，让网络成

---

① 薛小荣：《网络党组织建设应着重"三个定位"》，《探索与争鸣》2010 年第 1 期。
② 同上。

为维系政党内部成员联系的新场域，成为加强党员思想政治教育的新领域，进而"通过'网上党建'，建立党组织与党员、干部联系与沟通的'快速通道'，尤其是建立与搏击市场经济大潮、流动性强的党员、干部的'链接'，使他们能够及时了解、掌握党的路线、方针和政策，指导自己的工作；通过'网上党建'，加强与广大人民群众的联系，及时倾听人民群众的呼声和意见，不断改进党的工作，全心全意为人民服务；通过'网上党建'，改变党的宣传工作中存在的局部性、相对封闭性的不足，营造'大党建'的环境和氛围，更广泛地宣传和组织群众，使广大人民群众更自觉地团结在党的周围，巩固建设有中国特色的社会主义的深厚社会基础，巩固党的执政地位"①。

（三）坚持资源整合的协调性：体系构建与功能发挥

党建网站作为网络党建的活动平台，是开展网络党建的有效载体，也是各级党组织推动网络党建发展的重要切入点。自 1999 年 4 月 16 日清华大学首倡国内第一家以政治教育和思想交流为主的红色网站开办以来，各类"红色中国""红色世界"相继开通。2000 年 7 月 1 日，北京市委组织部创办"北京党建"（http：//www. bjdj. gov. cn），7 月 18 日上海杨浦区党委组织部创建了杨浦党建网（http：//www. ypdj. cn），9 月南京市鼓楼区委在中共江苏省委、南京市委组织部的支持和指导下，创建了全国第一个由地方党委主办，内容包括组织、宣传、纪检、统战、群团等整个党建工作的专业党建综合性网站，随后各级各类党建网站建设可谓轰轰烈烈。

然而网络党建是一个系统工程，包括了各类网站自身建设的软件与硬件、形式与内容，还包括了网络党建总体设计上中央与地方、城市与农村等多种类别，"目前我国党建网站数量不多，层次不高，发展也不平衡，在互联网中文网站中所占比例不足 0.5%，一些边远地区党组织还未掌握利用网络技术开展党建，远不能适应当前需要"②。卡斯特也指出："检验中国因特网的关键是'技术自由'与等级的'中央集权经济'之间的典型矛盾，随着矛盾双方在范围和速度上的发展，这个矛盾也越发

① 徐德成：《对党建网站的几点思考》，《探索》2001 年第 6 期。
② 曹广全：《网络党建：执政党建设的全新课题》，《党政干部学刊》2005 年第 3 期。

明显。因特网使中国自由化了吗？或者中国政府成功地按自己的意愿创造了因特网吗？经验事实远远比任何二元对立框架都要复杂，因为中国的网络形式处于一个法律、制度、社会群体以及文化认同的独特'通行行为环境'中。"① 由此，新时期的党建网站建设，尤其需要在对信息网络社会发展变化规律及运行态势准确把握的基础上，主动适应信息网络时代政党组织变革的需求，正视信息网络技术的分散性和无中心性对传统政党组织变革带来的消解作用，注重资源整合的协调性，在党建网站的体系构建和功能发挥等方面下功夫。

在体系构建上，就是要对党建网站进行全局性谋划与整体性设计。"中央有关部门应着手研究制定《全国党建网络建设总体规划》，设计有关实施方案。《总体规划》应明确网络党建的性质、宗旨和目标，建站的条件与政策规定，网站内容的基本要求，网站的监管和网站的组织领导等，指导和规范全国党建网络的建设。在整体规划中，要倡导建立大党建网络构架，即建设一个自上而下、从点到面、已有和在建结合的，从中央到地方再到基层、条块结合、职能清楚、分工明确的全国性党建网络网站系统。② 在这一构架里，中央可以建立'中共中央党建网站'，此项工作可由中央宣传部、中央组织部、中纪委和中央党校等相关部门牵头进行，中央各职能部门的党建网站统一发布权威性的党建信息，作为全国党建网站的主要信息源和枢纽。纪委、组织、宣传部门要建立各自的系统网站，还要建立党报（刊）网站、基层党建网站、各级党校网站、政治工作研究网站，以及其他社会科学研究网站等。同时，省、市、县各级党委均可组织建立各地党建网站系统并组织领导各个基层党组织建立网站。这些网站各有职责、各有所长，可以互为补充，相得益彰。"③

在功能发挥上，就是要分类分层地体现党建网站的功能特征。一是从功能类别上看，新时期党建网站的功能发挥至少可以在三个层面得到

① ［美］曼纽尔·卡斯特：《网络社会——跨文化的视角》，周凯译，社会科学文献出版社2009年版，第130页。

② 曹广全：《网络党建：执政党建设的全新课题》，《党政干部学刊》2005年第3期。

③ 同上。

具体体现。第一个层面是党建网站的技术功能，通过广泛用于信息网络技术实现党建的信息化，让党员、基层组织等纸质信息数字化，让信息传递快捷有效流动，避免或减少信息流转中的层级损耗。第二个层面是党建网站的组织功能，通过利用信息网络技术构筑的党建网络系统，"实现党务办公的自动化、党务活动的公开化、党员教育的网络化等，以提高当地组织凝聚力"①。第三个层面是党建网站的政治功能，通过加强网络舆情引导能力培养和强化党群网络沟通能力，利用信息网络技术实现政党的政治社会化功能和政治治理能力。二是从功能类型上看，新时期党建网站的功能发挥，可以分别从网站型、论坛型、博客型、手机型四种类型的网络组织形式中强化其组织实践功能。对于中国共产党新闻网、共产党员网以及各种思想政治教育类的网站型党建网站，在网站建设指导思想和设计规划中，把宣传党的路线方针政策、开展网络思想活动作为重中之重。对于人民网"强国论坛"等论坛型党建网站，则应通过关注热点，直面现实，设置议程，积极面对，意见互动，理性引导等方式，注重对网络舆情的收集、分析与引导，发挥意见领袖作用。对于自媒体时代的博客型党建网站，则要在真实、热忱和权威的基础上，充分利用博主个体化的权威评论分析实现对舆情的积极引导。对于信息网络通信个人化终端的手机型党建网站，则应"积极开发党建短信在思想引导、信息传播、知识普及、游戏娱乐、娱乐引导、阅读欣赏和问候提示七大方面的思想政治教育功能，将短信与网络相结合，着力打造党建网络短信平台"②，在拓展和延伸传统思想政治工作内涵的同时，增强思想政治工作的针对性、时政性、知识性、趣味性，提升思想政治工作的认知力、鉴赏力和亲和力。

二 党建网站的意识形态属性和内容板块要求

党建网站作为网络党建的活动平台，是开展网络党建的主要依托，也是各级党组织挺进网络党建的主要切入点。"网站成为衡量一个政党适

---

① 薛小荣：《网络党建论：互联网时代政党的组织变革与社会适应》，时事出版社 2013 年版，第 45 页。

② 同上书，第 127 页。

应信息化时代最主要的标志。如美国共和与民主两党、德国社民党、法国社会党、日本自民党等世界主要政党都比较早地建立了自己的政党网站，通过网络平台向公众提供最基本的政党信息，如政党历史、政党领导、政党政策纲领、政党组织架构、政党新闻、政党选举以及政党联系方式和入党指南等信息，让全社会网民全面了解本党的基本情况和意识形态，扩大社会影响度。"① 可以说，在信息全球化条件下，各国政党都在积极挖掘利用互联网在信息传播中所具有的即时、互动、直接、廉价等优点，都在积极探索党建网站在宣扬政党意识形态、加强政党自身思想组织建设、扩大政党社会影响等方面的价值。

（一）党建网站的意识形态属性要求

尼尔·波斯曼指出："每一种工具里都嵌入了意识形态偏向，也就是它用一种方式而不是另一种方式构建世界的倾向，或者说它用一种事物赋予更高价值的倾向；也就是放大一种感官、技能或能力，使之超过其他感官、技能或能力的倾向。"② 党建网站，作为现实政治生活中政党在网络空间的延伸，是其在网络世界的"镜像反映"，不仅促使网络党建成为政党建设的新内容，而且深层次影响政党建设的方方面面，集中体现为一种价值更新与功能重设。

1. 党建网站应当成为党强化与媒介社会沟通交流的有效载体

通常来说，人类传播可划分为人际传播时代、大众传播时代和数字传播时代。随着手机短信、微信微博、网络视频、网络广播、网络电视等新兴媒体的迅速发展，人类社会已在一定程度上进入数字传播时代。互联网带来的革命性变革，已经对现实生活，特别是党的政治活动产生深远影响。"可以说，互联网已经成为意识形态交锋的主战场。在互联网这个虚拟空间里，社会主义意识形态的主导地位、话语空间、社会基础以及我国意识形态的传播方式、防控能力都面临着真实而强大的挑战。"③ 德国社会民主党副主席托马斯·迈尔认为："现代媒体实际上已经成为政

---

① 孙蔚：《浅谈世界政党参与"网络政治"与我党的应对策略》，《当代世界与社会主义》2011 年第 4 期。

② ［美］尼尔·波斯曼：《技术垄断：文化向技术投降》，何道宽译，北京大学出版社 2007 年版，第 7 页。

③ 杨军：《互联网已成意识形态交锋的主战场》，《中国社会科学报》2014 年 4 月 22 日。

党的最大竞争对手，它们和政党争夺受众（成员），争夺对社会主流意见的主宰权。政党的一些传统政治功能，如宣传功能、教育功能等，已在媒体的冲击下丧失殆尽。"① 由此，党建网站在价值和功能上应该定位于党主动适应数字传播时代发展需要，从意识态度转变、方式方法改进两方面来提升党与媒介社会的沟通交流能力，进而以民意的肯定评价获得权威合法性，让党真正占领网络主导权。

（1）党建网站建设中应以开放包容的态度提升党与媒介社会的沟通交流能力

网络自媒体从本质上来说，改变了受众与媒介的关系，完全打破了二者之间的区隔。作为个体的受众，不仅是被动接受媒介提供传播内容的接受者，更是传播资源和传播内容的提供者、制造者、传播者。加之互联网虚拟性、隐蔽性、发散性、渗透性、随意性的特点，各大网站并不强求网民发表意见时提供真实的个人信息和明确的身份验证，无论你有怎样的政治背景，从属于哪个党派集团，信仰何种宗教文化，都可以在网上发布信息、展开讨论、表达意见。② 这种意见主体的自由分散性使党建网站必须以平等、开发与包容的态度作为双方对话交流的基石，通过开放网络资源，开设党务咨询、党代表网上提议等互动栏目，以网上问答、讨论、献策等形式，用接近群众的网络语言向社会和群众宣传党的方针政策，避免官僚、僵化、刻板、形式主义的纯粹意识形态宣传。

（2）党建网站建设中应以双向互动交流方式提升党与媒介社会的沟通交流能力

传统党的意识形态宣传，往往采用自上而下的层级灌输模式，把受众放在需要被先进思想熏陶和改造的被动位置，忽视受众的主体意愿和个体认知，使党的意识形态宣传呈现出单一灌输的"海报张贴式"特点。③ 然而，当前的网民党员知识水平已不断提高，自主选择意愿也日益增强，在相当程度上对事物选择表现出更大的自主性。同时，"据《2009

---

① ［德］托马斯·迈尔、郭业洲、陈林：《热话题与冷思考：关于媒体社会中党务政治的对话》，《当代世界与社会主义》2000 年第 4 期。

② 薛小荣：《网络党组织建设应着重"三个定位"》，《探索与争鸣》2010 年第 1 期。

③ 同上。

世界互联网项目报告》（The World Internet Project Report 2009）分析，在调查所涉及的 10 个国家和地区中超过 40% 的网民认为，网络信息中只有一半甚至更少的信息是可信的。而中国网民最为'多疑'，约有 70% 的中国网民认为一半或超过一半的网络信息不可信"①。在这样的网络生存环境下，要使党的主张被广大网民接受，只能通过交流倾听、双向互动的方式，通过党建网站的信息发布平台、党务活动平台、舆论监督平台等载体，为党员网民获得社会现实问题的信息及其解决途径提供快捷有力的支撑，使党的公信力得以维护。

2. 党建网站应当成为党加强网络舆情引导管控的有效载体

近年来网上意识形态斗争的实践表明：传统意识形态斗争借助于互联网获得了全新的社会动员条件和机会。"当我们将物理政治空间命名为'自然的'限制之时，比如地理空间分离了国家或一个国家之内的地区，实际上也建构了对物理政治空间的人为的限制。互联网减少了这样的空间限制。在网络空间上，边界和地理虽然依然存在，但它们比现实的物理世界中对人类行为的限制弱了许多。这为具有颠覆企图的政治行动开启了新的可能性，正如强势者控制物理空间一样，网络可以重置'地理通道'。比如，当人们移民到其他地区甚至是其他国家，他们依然可以很容易参与和推动当地的政治运动。"② 当国内事件被互联网逐步放大的时候，就不再是一个孤立的国内事件，而会立刻成为全球瞩目的国际事件。代表各种利益的意见表达开始借助互联网平台而使国内国际势力连为一体。"我们正进入一个'后参与'时代。资本与知识都从地方性限制中解放出来。一旦创造 99% 财富的金融交易，不再囿于物质商品的流动，一旦信息之传递基本限于电脑网络空间，资本与知识拥有者的地缘位置便毫无意义。今天，经济权力与文化权力的拥有者已无须画地为牢；他们完全切断了与'民众'的联系，而民众依然是地方性的，一如现代产业化与民主建设的繁荣时期。权力持有者占据了电脑空间，与其他人相隔离；相对于依然被牢牢控制的其他人，他们没有任

---

① 薛小荣：《网络党组织建设应着重"三个定位"》，《探索与争鸣》2010 年第 1 期。

② ［英］安德鲁·查德威克：《互联网政治学：国家、公民与新传播技术》，任孟山译，华夏出版社 2010 年版，第 36 页。

何约束。精英之自我构建与自我再生产、与地方毫无关系，即便某些时候与地方有某种联系。这种联系也不再是不可或缺与不可替代的了。无怪乎进步知识分子话语中，'人民'这一概念甚少出现；只有政治修辞才是这一概念唯一藏身之所，而政治修辞在现代诸权力中是最后的一个'地方'。"① 席卷中东诸国的"阿拉伯之春"就是一个明显的案例。可以说，全球化、无国界性的网上意识形态斗争，已经越来越显性化。由此，党建网站作为党在网络意识形态领域的主要阵地，也应当掌握网络意识形态斗争"和平性与欺骗性、隐蔽性与突发性、分散性与集中性、开放性与多元性、虚拟性与现实性"② 共生共存的特点与规律，从舆情引导与舆情管理两个方面提升党的意识形态管控能力，牢牢掌握意识形态领导权、管理权、话语权。

（1）党建网站建设中应从舆情引导角度提升党的意识形态管控能力

网络媒体"一人一媒体"的特点，决定了网络世界信息传播的散点式分布，每个关注事件发生发展的人都有可能成为信息传播的主体。传统的信息控制方法已经难以适应网络世界的发展需要，网络舆情信息源头控制十分困难。一则有代表性的帖子或博文，如果得到网民的认同并引起共鸣，就会通过反复转帖与跟帖而被不断强化、放大甚至扭曲，形成一边倒的舆论意见而产生雪崩式效果。网络舆情难控也和舆情表达所关涉的相应组织缺位有莫大关系。事实上，诸多网络舆情风潮的起因往往是第一时间内角色缺位造成的，是"网络管理某些环节上存在着'庸俗宽容'的情况，一些门户网站在错误思想面前袖手旁观甚至纵容其泛滥，极大地扰乱了人们的思想，造成负面影响"③。汶川大地震期间网络舆情虽然潜伏不少危机，但最终能够向健康方向发展，很重要的原因就在于政府相关部门通过网站、电视等媒体及时通报情况、沟通信息，使舆情关注的很多焦点问题得到有效解决。网络舆情管控与引导的这一特点，使得党建网站建设必须把握第一时间参与、系统集中处置的原则，

---

① ［英］齐格蒙·鲍曼：《寻找政治》，洪涛、周顺、郭台辉译，上海人民出版社 2006 年版，第 112 页。

② 薛小荣：《网络党建论：互联网时代政党的组织变革与社会适应》，时事出版社 2013 年版，第 87—89 页。

③ 金民卿：《大力加强网络文化的价值观引领》，《光明日报》2014 年 4 月 22 日。

抓住预警时间、介入时间、处理时间三个关键时间节点，通过动态信息、新闻资讯、简讯简报等信息发布平台公布权威信息，通过微信、微博、手机短信等党群互动交流平台与党内群众直接对话，进而以有组织的整体布局与协调联动，在广大网民寻求真相的纷乱中形成强势话语，引导舆情的发展走向。

（2）党建网站建设中应从舆情管理角度提升党的意识形态管控能力

正如互联网政治学家安德鲁·查德威克所言："由于社会背景和制度架构的独特性，中国正在形成复杂的、本土化互联网政治。这种中国特色的互联网政治，广义而言，是对既往基于父爱主义和全能政府的政治治理的拨正及调整——尽管这种变化从政治制度设计来看有不情愿和被动的意味；狭义而言，是对形形色色的境外网站、境内网站、互联网及新媒体信息流动、网民意见及网络社群的管理政策的理念更迭与多方博弈。其中，特别是越境数据流——点对点的跨越国家政治疆域的数字化电子数据传输，在过去、现在，都引出了一系列法律法规、国情政治和其他意识形态问题。"[1] 要引导网络舆情，完全可以依托网络法规，对错误言论和形形色色的网络失范现象进行法治化管理。"法治是网络媒体管理的基本原则。通过法治的方式，保障人民群众通过网络媒体的方式，实现知情权、参与权、表达权、监督权，是网络信息管理的基础工程。"[2] 由此，强化网络的法规治理，是党建网站建设的应有之义。我们应该注重协调好现实与虚拟两个场域的关系，一方面积极倡导网络文明，在党建网站中开设马克思主义经典著作选登、党史研究、资料天地、党风廉政、网上党校、热点聚焦、经验交流等版块或栏目，大力传播社会主义核心价值体系，推动优秀传统文化瑰宝和当地文化精品网络传播，唱响主旋律；另一方面努力规范网络行为，通过制定和颁布《互联网站从事登载新闻业务管理暂行规定》《新闻网站电子公告服务管理暂行办法》等法律规定，通过党建网站的舆论监督平台、党内组织信息管理系统等，综合运用法律、行政、经济、技术、思想教育等手段，对各种网络暴力

---

① 转引自杜骏飞《网络政治的问题与主义——查德威克〈互联网政治学〉译序》，《当代传播》2010 年第 5 期。

② 赵杰：《网络空间建设的三个层面》，《文汇报》2014 年 4 月 21 日。

现象、网络谣言传播、恶毒攻击政府和守法公民的行为进行严厉打击，形成依法监督、行业自律、社会共治、规范有序的互联网信息传播秩序。

（二）党建网站的内容版块要求

网站信息的数量和质量，决定了网站的生命力和影响力。"从内容层面分析，党员先进性教育网站的生命力和其他网站一样，内容选择和编排是否吸引网民是一个关键。"① 党建网站要建设成为"传播知识、交流信息的平台，服务党群、服务群众的阵地，宣传党的知识的窗口，必须注重内容的丰富性和服务性"②。由此，作为传统党建工作的纵深拓展和延伸，党建网站在内容版块要求上应该从系统构建、内容建设、机制保障三方面具体展开。

1. 党建网站的系统构建

党建网站的系统构建主要是指党员党组织信息系统，"通过党员党组织的信息录入、采集、管理等信息化手段，逐步建立立体化、交互式、对层级和广覆盖的信息管理系统，实现对党员党组织的数字化、网络化、动态化和个性化服务与管理，提高党员党组织管理的信息化水平"③。该系统既是推进网络党建深入发展的主体工程，也是适应新时期各种类型新经济组织和新社会组织党员活动分散性、独立性、流动性、多变性的迫切需要。具体来说，党建网站的系统构建包括三个子系统的建设：一是党内组织信息管理系统，对系统内"党组织基本信息""党员个人基本信息""党组织调整换届信息""预备党员转正信息""基层党组织负责人手机信息"等规定项目进行信息录入，实现各级党组织信息的数字化；二是党员电子身份认证系统，"通过制作配发具有读写功能的 IC 芯片的党员网络身份证，实现党员的电子身份认证，以利于党员组织关系的自动接转和实时的动态网络管理"④；三是党务动态管理网络系统，"实现党

① 王世谊：《论"网络党建"——党员先进性教育网站建设构想》，《东南大学学报》（哲学社会科学版）2006 年第 3 期。

② 苏萍、严良达：《新时期高校网络党建的实践与思考》，《浙江交通职业技术学院学报》2008 年第 2 期。

③ 中共河南省委组织部、中共河南省信阳市委组织部课题组：《信息化发展对党员队伍建设的影响》，《党建研究》2012 年第 3 期。

④ 同上。

员组织关系实时'网上转移'功能、党内实时统计功能（如完成相关统计报表）、党务工作实时提示功能（如提示按期换届、预备党员转正等）、党内实时动员功能（如通过邮件捆绑短信，确保党内重大精神迅速传达到各级党组织）等"①。

2. 党建网站的内容建设

党建网站的内容建设，是开展网络党建的重要载体和主要渠道，应该以平台建设为契机，做到党建网站内容的权威性、时效性、特色性、现实性、实用性和互动性。

在权威性和时效性方面，就是要以信息发布平台、理论宣传平台建设为载体，发挥党建网站由党组织建设的独特政治和权威优势，密切关注并转发中央和地方权威性媒体编发的"中央领导同志讲话、特约评论员文章、党建理论研究文章、党建工作新经验、党建工作动态等"②，使各级党组织、党员能迅速接收和了解党内最新动态，有利于各级各地党组织与党员统一思想、统一行动，切实做到在政治上与党中央保持高度一致。

在特色性和现实性方面，就是要以在线学习平台和舆论监督平台建设为载体，一方面开设网上党校，打造在线学习平台，建立远程教育体系，使广大党员群众能够方便、快捷接受党的组织培训；另一方面开通网站举报平台、纪委书记电子邮箱等网络监督平台，发挥党内监督、社会监督的综合力量，促进各级党组织和党员队伍的纯洁性。

在实用性和互动性方面，就是要以党务活动平台和党群交流平台建设为载体，一方面利用网络开展党务活动，其中网上党支部就是"借助网络技术这个平台，为实现党组织建设的意图和目标而创建的基层党组织，它是党的建设在虚拟世界中的一种拓展和延伸，也是党的组织设置的一种创新性实践"③；另一方面通过创设"党建论坛""党建博客""党建微博"等舆论社区，打破传统党组织结构中固有的层级传递体制，为

---

① 上海市委组织部：《关于进一步贯彻落实中央和市委全会精神　推进上海基层党建信息化工程建设的通知》2009 年 12 月发布。

② 徐德成：《对党建网站建设的几点思考》，《探索》2001 年第 12 期。

③ 徐根义、李守成：《大力推进基层党支部建设网络信息化进程——临朐县网上党支部建设的实践思考》，《黑龙江省社会主义学院学报》2010 年第 4 期。

党员提供发表自身看法和意见的平台，使党的各级领导与党员群众直接对话、交流成为可能，也利于把舆论都集中到这些虚拟社区中以更好地引导与管控。

3. 党建网站的机制保障

党建网站建设的发展，离不开科学规范的制度和机制保障，应该在组织领导机制、运行管理机制、协调发展机制三方面予以保障。在组织领导机制上，就是要以中央组织部负责的"大组工网"为中心节点，贯通省、市、县党委组织部与中央、国家机关部委、部分国有骨干企业、高等院校组织人事部门的党建网站，形成以党委统一领导，组织部门总体负责，党员服务机构具体管理，各相关单位共同维护，基层党组织全覆盖的组织格局。在运行管理机制上，就是以党建网站的平台管理为抓手，通过权限管理、用户管理、信息报送管理和安全管理，既积极鼓励信息定期报送，明确各单位信息报送的数量与质量要求，又严格信息发布审核关，实行网站后台信息报送与信息审核权限分离，确保网站信息的总量和质量。在协调发展机制上，就是从党建网站建设的全局出发，一方面建立党建网站建设的规范机制，制定相应技术标准和规范，解决当前党建网站建设实践中存在的分散化、小型化、封闭化等问题，切实减少重复建设和资源浪费，提高党建信息的共享率；另一方面建立党建网站的协调机制，在统一技术标准基础上，"实现党委内部组织、纪检、宣传、统战等部门的联通，党委与人大、政府、政协等部门的联通，以及各省区市之间党建网络的联通"①。

（三）党建网站的时代性和开放性要求

信息网络时代越来越明显的公开、透明、分权、非中心化等特征，加快了社会结构与社会阶层的分化，为社会公众"带来了信息获取、媒体运用以及社会形式的创新模式"②，也使以政治教化使命自居的政党反思该如何在党内成员和社会公众政治觉醒力量面前表现出应有的政治智

---

① 中央组织部党建研究所课题组：《信息化发展对党的建设的挑战及对策》，《党建研究内参》2012年第6期。

② ［英］安德鲁·查德威克：《互联网政治学：国家、公民与新传播技术》，任孟山译，华夏出版社2010年版，第7页。

慧，"普通公民和政治上被边缘化的人们，再也不用完全依赖传统上占主导地位的广播媒介来构建身份或者表达政治不满。按照道格拉斯·凯尔纳的说法是，互联网上的政治传播变得'更加去中心化和多元化，这表现在事由、规模和影响上'。网络空间相对较高的速度与流动性，有时会让边缘人群相信他们的事务被纳入到了主流政治的议事日程。权力机构——如政府、公司或者主流媒介——的权威正在弱化"①。信息网络时代的任何国家、民族、政党、政治组织、社会团体，甚至个人把自己封闭起来都是没有出路的，必然要被历史和现实所抛弃。党建网站，作为政党在虚拟网络空间的镜像反映，必须富有时代性，变得更加开放，体现出政党在信息网络时代的发展方向。

1. 党建网站的时代性要求

当前，数以亿计的人们已习惯于通过网络快捷地获取新闻信息、发表言论，传递电子邮件，进行沟通和交流。互联网已经在当今世界名副其实地成为超越地域和国界的人类信息传播交互空间，成了各种数字技术交汇、整合的平台。② 在这种网络环境里，借助国际性的网络条件和技术平台，党建网站应顺势而立，着重体现网络时代创新文化的发展方向和网络世界秩序的规范方向。

（1）党建网站在实质内容上应当体现时代创新文化的发展方向

同网络经济和网络社会一样，网络时代的网络文化也是"信息科学技术、大规模智能信息网络社会生产工具和信息社会生产力发展的必然产物，是不可抗拒的伟大历史潮流，本质上代表了人类社会先进文化的发展方向"③。在信息爆炸及残酷的市场竞争、国际文化竞争中，创新将是任何一种文化，包括网络文化生存和发展的唯一理由。只有从内容到形式上提供新的信息、新的创造成果，网络文化才有希望，才有吸引力。④ 由此，党建网站建设，从实质内容上应当体现这种网络创新文化的

① ［美］曼纽尔·卡斯特：《网络社会——跨文化的视角》，周凯译，社会科学文献出版社2009 年版，第 131 页。

② 徐德成：《对党建网站建设的几点思考》，《探索》2001 年第 12 期。

③ 钟义信：《论网络文化》，《北京邮电大学学报》（社会科学版）2003 年第 4 期。

④ 王守光：《网络文化的冲击与执政党的领导》，《淮阴师范学院学报》（哲学社会科学版）2005 年第 7 期。

发展方向，应当按照社会存在决定社会意识的规律，突出理论宣传平台建设，通过密切关注、转发中央和地方权威性媒体编发的中央领导同志讲话、特约评论员文章、党建理论研究文章等，以正确的态度对网络文化做出符合时代、地域特征的当代解释，确保网络文化导向的发展与新技术和现代社会的发展同步。

（2）党建网站在组织管理上应当体现网络世界秩序的规范方向

作为虚拟世界，互联网运行同现实世界一样，在开放、自由的同时，也需要相应规则进行秩序规范。事实上，面对互联网带来信息传播与获取便捷同时使虚假有害信息大行其道的挑战，各国政府都在网站建设中积极规范网络秩序，控制虚假有害信息传播。美国参议院早在 1995 年 6 月就通过了《传播净化法案》。新加坡政府的三家网络服务供应商和拥有网址的政党、宗教团体和个人，都必须在新加坡广播局注册并接受其管理。我国政府及相关部门也相继出台过《互联网信息服务管理办法》（国务院第 292 号令）、《互联网站从事登载新闻业务管理暂行规定》（2000 年 11 月 7 日国务院新闻办、信息产业部）、《新闻网站电子公告服务管理暂行办法》（2002 年 6 月 13 日国务院新闻办）。① 由此，党建网站建设，从组织管理上应当体现网络世界秩序的规范方向，突出网站平台管理，通过权限管理、用户管理、安全管理等，使党建网站自觉成为网络环境规则的服从者，秩序维护的践行者。

2. 党建网站的开放性要求

只有适应时代发展与外界环境的变化，政党才能保持其活力与生命力，才能更好地引领社会变革，才能实现其优质的生存与发展。很多西方政党早已意识到信息网络技术对政党的技术价值，也积极通过自身党建网站建设来促进政党的信息化和现代化发展，以获得政治上的主动权和发言权，扩大政党活动范围，增强社会影响力。在此背景下，我国党建网站建设必然应当把握网络虚拟空间作为开放性场域的特点，在自身定位和自身建设上适应网络时代发展的角色转变和发展潮流。

（1）党建网站在自身定位上应体现网络时代的角色转变

作为一个全新的公共领域，网络的最大特点就是其开放性。英国学

① 薛小荣：《网络党组织建设应着重"三个定位"》，《探索与争鸣》2010 年第 1 期。

者诺顿指出"开放性是互联网的核心。开放性是互联网最大的力量所在，也是其力量之源。它是令人惊奇的复杂系统能够得以如此之好的原因"①。网络的开放性，决定了网络主体的自由选择权，即网络用户进出网络的自由选择。只要具备一定技术条件，只要网络用户愿意上网，那么他就可以随时成为网络的一分子；反之，只要他不愿意，他就可以随时退出网络。应该说，个体选择的自由性是网络本身的内在技术特点决定的。"互联网是一项自由的技术。它允许绕过制度上的控制来建立以自己为导向的平等交流网络。它同样允许重新获得信息以及在有目的的社会服务中应用技术重组。"② 在这种网络环境中，网络的开放性，既决定了网络主体选择的自由，也决定了网络主体身份的平等，党组织和亿万网民一样，都是网络汪洋大海的一分子。传统党组织依托分布于全国各级党组织来实现对国家和社会意识形态领导的可控性和强制性已经越来越无法适应网络时代发展的需要。由此，党建网站建设，在自身定位上首先得适应网络时代的角色转变，树立"网络志愿者"的身份角色，以"党建论坛""党建博客""党建微博"等舆论社区为载体，突出党群交流平台建设，从而能主动积极应对"网络技术的分散性和无中心性对传统党建的这一组织结构具有一定程度的消解作用"③。

（2）党建网站在自身建设上应体现网络时代的潮流发展

网络时代的不同群体都有各自不同的网络需求。"官僚政治家倾向于将因特网用作单向通信的布告板。愤愤不平的人和利己主义者利用因特网嘲弄政治家，并呼吁反对派表达另外的政治价值观。相反地，一位积极的公民可能在因特网中找到少量的被大众媒体和政治机构忽略的交流信息，网络自身有它的集体自治权。因特网对政治的真实影响以及对民主质量的影响，已经通过观察确定下来，而并非想当然地凭主观决定。"④

---

① 诺顿：《互联网：从神话到现实》，江苏人民出版社2000年版，第271页。

② ［美］曼纽尔·卡斯特：《网络社会——跨文化的视角》，周凯译，社会科学文献出版社2009年版，第268页。

③ 薛小荣：《网络党建论：互联网时代政党的组织变革与社会适应》，时事出版社2013年版，第42页。

④ ［美］曼纽尔·卡斯特：《网络社会——跨文化的视角》，周凯译，社会科学文献出版社2009年版，第400页。

事实上，"网络并未被任何单一团体所拥有、控制或组织管理，而仅仅只是一种以相互的协议为基础，由国际上相互联系的计算机运作所组成的网络。几个组织，尤其是服务提供者和电讯传播组织促成了国际网络的运作。世界上任何地方的网络都不是属于一种法律上的实体，也不属于任何一套国际的法律或者规约的控制，还有国际法的管理"①。正是基于此，敌对势力、西方国家未来寻求其阶级政治利益、国家利益，会充分利用网络信息的无国界性、网络技术规则的开放性、网络信息交流的迅捷性、网络意见表达的全球性，影响世界各国政治、经济、文化和社会生活，甚至故意做文章、造声势、制造事端。对此，在党建网站建设中采用抵制和封杀的手段，这是有一定作用的，但这是被动的，是治标不治本的无奈之举。党建网站建设还需主动而为，在自身建设上自觉主动跟上网络时代潮流，利用网站的理论宣传平台、党群交流平台、在线学习平台等载体，发挥互联网的巨大优势宣传马克思主义，形成因特网上的马克思主义阵地，这也是"我们适应世界科技、经济、社会发展潮流的明智之举，是应对西方利用因特网传播其意识形态的重要举措，是防止敌对势力对我西化、分化图谋的需求，是我们运用最先进的信息技术宣传科学、传播真理的需要，也是我国信息化战略中信息源建设的灵魂"②。

第五节 国外主要政党网络党建经验借鉴

自冷战结束特别是 21 世纪以来，世界多数国家的政党政治面临全球化、信息化与民众生活方式多样化的多重挑战，尤其对主流政党如何发挥政治引领作用提出了更高、更新的要求。国外许多政党为此加快现代化革新进程，在党务活动过程中推进信息化、电子化步伐，通过创新网络党建来弥补传统党建的不足与弊端，使得部分国家的政党建设迈上一个新台阶，跟上了信息时代的步伐，使党焕发出一定的生机活力，继续

---

① ［荷兰］达尼斯·麦奎尔：《麦奎尔大众传播理论》，崔保国、李琨译，清华大学出版社2010 年版，第 33 页。

② 徐德成：《对党建网站建设的几点思考》，《探索》2001 年第 12 期。

成为国家政治经济生活的主导力量。国外一些政党网络党建的实践及其经验，对中国共产党的党建工作也有借鉴和启迪意义，值得我们深入研究和总结。

一 设立政党领袖网站、网页或博客平台

纵观国外主流政党网络的运用实践，借助网络来塑造与提升形象、发挥其强大感召作用是其一个突出的特点与趋势。在当今信息社会与媒体时代，越来越多的政党更加凸显领袖的传播作用，重视通过领袖的明星效应来扩大思想推销，拓展、提升政党的影响与形象。当然，政治明星不仅需要一定的方式与平台来塑造，更需要一定的途径来助推，而政党领袖个人网站、网页、博客等成为其最好工具之一，在选举时更是为大多数国家政党领导人充分利用。

自21世纪以来，美国两党领导人在竞选中更加重视依靠网络来传播本党的政治理念、执政方略、个人的价值取向与经历。如在2004年的总统选举中，网络信息成为两党候选人的重要争夺平台。时任总统小布什早在2003年8月就开通了本人的竞选网站。其个人网站很具特色：首页图片是布什面带迷人的微笑在讲演，页面顶部陈列了布什最得意的名言警句，页面中部则是巨大的广告："现在就捐款"。中下部是布什的一些精选署名文章。网页最下端摆设着印有布什名字的文化衫和帽子，鼓励选民把对布什的支持穿在身上。该网站还开设了第一夫人劳拉的专栏，并请来许多专家评论布什的连任优势，为其最终获得连任造势。

日本自民党时任总裁、首相小泉纯一郎也十分重视利用个人的政治魄力在网络中争取民众。为了保持小泉在民众中持续的高人气，自民党为此专门创办了《小泉内阁电子杂志》，由现任日本首相、当时的副官房长官安倍晋三兼任电子杂志的总编辑。该电子期刊的内容丰富，包括小泉内阁的时政信息，小泉的短文专栏——狮心，内阁大臣的专栏——大臣的肺腑之言，等等。该杂志每周四通过互联网平台向全体国民发行，较受民众喜爱，具有一定的社会影响。

实际上，包括英国工党的布莱尔、澳大利亚工党的陆克文、德国社民党的施罗德、英国保守党的卡梅伦、法国人民运动联盟的萨科齐、法

国社会党的奥朗德、统一俄罗斯党两任主席普京和梅德韦杰夫、巴西劳工党的卢拉和罗塞芙、南非非国大主席祖马、新加坡人民行动党领袖李显龙、土耳其正发党主席埃尔多安等不少国家的政党领导人都十分重视借助网络来展示自己，传播有利于自身的信息，在自己的个人网站中加强与选民沟通，积聚人气，他们都取得较好的效果。在对社交网络平台的利用上，英国两大政党领导人都在争先恐后。尤其是保守党领导人卡梅伦走在前头。他领导的保守党和其本人新世纪以来先后通过建立和开通官方网站"Webcameron"以及政治博客"blogsphere"，通过发表视频讲话来抨击工党政府的政策，争取网民对保守党的支持。为此，当时执政的工党也快速跟进，2007 年工党领袖布莱尔也在"Youtube"上开通了"工党频道"，让选民特别是网民可以了解到工党第一手的新鲜资料，知道工党政治家们在干什么，不让保守党独占网络资源。为此工党在其公布的一段视频中，作为领袖的布莱尔身穿西服打着领带，其身后是代表工党的紫色背景以及工党出台的一些文件，工党其他一些高层也在视频中亮相，包括工党主席哈泽尔－布利尔斯及个别大臣。陆克文也是西方政坛的新潮派代表，他善于利用网络传媒来推销自己。无论是赋闲在台下还是当政于政坛，他都热衷网上冲浪，他不仅开设自己的博客，而且在利用其懂汉语的优势，于 2012 年开通中国的新浪微博，仅开通几天新浪微博就拥有 12 万粉丝。他不但不断利用网络平台发表政论，争取更多的网民支持，而且在社交网络上晒刮胡子"挂彩"的照片，引来众多网民对他的关注，产生了扩大人气的良好效果，这是澳大利亚工党其他领导成员难以媲美的。新加坡人行党领导人李显龙亲自开设微博与本党党员及选民进行交流。而且，该党经过培训的团员也积极协助政党抢占新媒体阵地，在"脸谱"等社交网站上及时更新青年团的资讯内容，向党提供电子时事信息及民意反馈。韩国大国家党的领导人如李明博等也相继建立自己的个人网站、网页或博客、微博等，通过这一新型平台集中展示个人的经历、政策主张及主要活动。

二 网络成为多党制国家进行选举活动的重要战场

实际上，当今不少国家特别是多党制国家，选举活动是党的所有活动的中心。因此，这些政党所意寓的党建，在相当程度上体现为本党各种形式的竞选，特别是国家大选。在当今信息社会，随着互联网、手机的空前发展乃至近乎普及，不同政党在选举中的博弈越来越多地集中和转移到互联网、手机等新型平台上。

美国作为互联网的创立国，其政党也是最早利用它来进行竞选活动的。当然，互联网在美国的选举中并没有一开始就锋芒毕露，它有一个随着认识的逐步到位而渐渐发展的过程。还在世纪之交，美国两位学者加尔松（Garson）和瓦德（Ward）就对政党网络的作用提出了自己的观点。他们强调，不要将政党网络的作用仅局限于外在宣传形式的研究上，而应更多地关注政党网站所传递的实质性信息和内容，以及所宣传的目的。为此，他们通过分析得出结论，政党的五大任务和功能，即信息传达、竞选活动、聚集资源、联络沟通以及提高选民政治参与度，实际上都可以通过网络得以实现。

在 2000 年的全国大选期间，美国民主党和共和党开始重视对网络这一新的工具的利用。正如共和党前全国委员会主席吉姆·尼科尔森指出："这是一个新的世界，你要么数字化，要么消亡。"为此两党都制定了各自的全国性网络组织宣传战略。民主党人拿出 100 万美元资金，用于各州党部网络操作技术的更新，并创建了民主党的网络中心。而共和党人则制定了一个涉及数百万美元资金、周期为两年的网络技术更新计划。两党的目的都期望为此创造出一个"最为活跃、覆盖最广的电子政党"，从而在网络上更好地同日渐兴起的"虚拟空间社会群体"打交道。当然，至少在世纪之交，互联网对于美国选举的作用还是相对有限，远不能同传统的竞选工具比拟。所以，在 2000 年的大选中，尽管两党的总部对互联网较为重视，因为网络确实为两党的各级政党机构提供了一种与积极分子和支持者互动交流的独特渠道。但也要看到，在当时两党各州及以下党组织并没有把过多的资源用于网络中，两党州一级官员至少对网络的短期发展前景还不是太看好，因为创建一个面向 1500 万选民的政党网站与面向 30 万选民的网站所需的成本大体相当，他们担心在网络上的投入并不能为选举带来及时和直接的效果。在当时，两党的不少州不仅网站的作用效率不太高，在利用网络发挥组织和宣传功能上技术也未达到娴熟的程度；而且两党各州及以下组织网站语言的覆盖在当时还显不足，如讲西班牙语的拉美裔人口占美国人口的大约 15%，然而，在 2000 年前后，在美国学者统计的两党 90 多个州党部中①，仅有 4 个州的政党网站提供了西班牙语版本的网页信息，而且还缺乏其他可以帮助网民特别是本党的支持和同情者，浏览网页内容或者满足特殊需求的语言和其他帮助。至少在世纪之交，美国共和、民主两党州党部的网站覆盖占有份额分别仅有 46.5% 和 44.0%，还不到全国人口的一半。

但随着互联网的迅猛发展，特别是在信息传递和民众交流沟通中的作用空前凸显，情况发生很大变化。政党在选举中对它的利用也大大增强，这在美国后来的各类选举中更加明显。还在 2006 年，时任谷歌全球总裁施密特就预言："能够发挥互联网全部潜力的候选人，将会在新一届总统大选中脱颖而出。"② 这话在两年后的美国总统选举中得到应验。互联网在选举中的神话，就是在 2008 年的总统选举中创造出来的。创造这一神话的是民主党的政坛新秀——刚刚担任该党参议员两年多的黑人后裔奥巴马。2008 年，互联网最发达的美国诞生了第一位"网络总统"——47 岁的奥巴马。在奥巴马宣布竞选民主党总统候选人之后，利用网络这一先进的广阔平台同对手博弈，成为其笑到最后的强大武器。奥巴马为何能最终获胜，在于他没有同无论是党内的希拉里，还是共和党的麦凯恩去拼政治经历，而是在于他利用网络来谈美国的变革，谈自己个人成长的"美国梦"，通过网络争取广大的年轻人而不是走"上层路线"。在竞选中，奥巴马极大地发挥了自己的优势：一是他组建了一个神秘的"网络竞选"团队，其成员达到 95 人，并聘请施密特这样的网络高手为高级顾问，为奥巴马竞选出谋献策，通过创造许多别出心裁的网络语言来吸引选民。二是建立自己个人竞选网站——"我的奥巴马"。该网站设计独到而丰富多彩，有奥巴马博客、奥巴马新闻、奥巴马大事记、奥巴马地图、奥巴马商店、奥巴马电视、奥巴马全追踪等网页，利用各种方式，影响选民的视觉感官，拉近与选民的心理距离，尤其得到许多年轻人的好感。据美国媒体统计，仅在脸谱网站上，奥巴马就很快吸引了百万以上的网民，这无疑是希拉里、麦凯恩难以企及的。三是利用网

① 美国总共有 50 个州，两党在此的统计交叉并重叠。
② 高升、齐鑫：《从"奥巴马当选美国总统"看互联网的西方政党政治中的运用》，《才智》2009 年第 31 期。

络筹集竞选经费。在 2008 年的总统竞选中，奥巴马别出心裁地走"平民"路线，他没有接受利益集团尤其是大资本、财团的大额捐助，而更多的是接受无数的平民百姓每人 100 美元以下的网上捐款，积少成多。最终，奥巴马的筹款总额达到 7.5 亿美元，远远超过共和党总统候选人麦凯恩的 3.6 亿美元，正是网络为奥巴马带来了其 87% 的竞选资金①，并获得了 60% 以上的网民支持；也正是现代网络的奇特功效，把奥巴马这样的政坛新手推上了总统宝座。奥巴马凭借网络，赢得了"人气大王"的美誉，在 2008 年总统选举中，他的铁杆粉丝达 1300 多万，这是其他任何国家领导人都难以望其项背的。而到 2012 年的总统选举中，奥巴马粉丝变成实际的投票支持者，据后来统计，将选票投给奥巴马的年轻选民比 2008 年还多 125 万人，这些人大多是其忠实粉丝以及奥巴马网站的关注者。

不仅美国，世界许多其他国家政党也在选举中越来越多地通过网络平台来进行竞选。俄罗斯领导人普京、梅德韦杰夫在近几年的多次选举中，均建立了他们的个人网站，如普京的个人网站包括竞选纲领、个人简介、阅历、兴趣爱好、大事件以及民意等网页栏目。网民可以在"共同改变俄罗斯"这一专栏中为普京竞选建言献策。在 2012 年的总统大选前的竞选过程中，普京还提议在网上就总统选举进行透明性的讨论，更多地倾听民众特别是网民的声音。他在 2012 年初发表网上竞选宣言，阐述其未来的治国理政思路。许多国家政党候选人通过各种各样的网络竞选方式来争取更多的选民。2007 年法国总统选举时，人民运动联盟总统候选人萨科齐在 3D 虚拟世界"第二人生"上，建立了自己的竞选总部，致力于争取更多的网络选民。加拿大自由党与保守党曾在竞选期间相继开辟了官方的竞选"博客"，集中开展网络宣传，针对选民形成相互对垒的网络博弈态势。韩国民主党的总统候选人卢武铉在 2002 年的大选中，在网络中掀起宣传造势旋风，成功争取到多数网民支持，最终反而扭转劣势，战胜对手赢得胜利当选总统。巴西劳工党在卢拉卸任，党内推举迪尔玛·罗塞芙出任总统候选人之后，有针对性地对其形象进行改造和

① 相关数据参见张鸷远等《"网络总统"奥巴马的网络政治攻略》，《当代世界》2011 年第 6 期。

包装；竞选团队还对罗进行演讲技巧培训，要求罗将常用的"同志们'改称为"女士们和先生们"，并且为罗进行了整容、服饰搭配等一系列个人形象塑造工作，突出其作为女性的温情特征，强调其具有爱心、将是"一位照顾巴西的母亲"。应当说，竞选团队对罗的形象包装和改造改变了其以往僵化的形象，给选民以清心、悦目之感，由此获得多数选民的认可，并较为顺利地赢得了 2010 年的巴西总统大选。

三 网络互动和党务公开促进党员群众参与

在信息社会条件下，网络成为世界许多国家主流政党联系党员民众和了解社情民意的最短"桥梁"。瑞典社民党等欧洲大多数主流政党越来越多地通过网络平台来沟通党内外民意，组织网上"见面会"、设置网络聊天室，让党的领导人直接与党员、群众探讨各种问题，鼓励基层党员和选民献计献策。意大利自由人民党领袖贝鲁斯科尼在本党网站和个人网站中均开设了"西尔维奥回答"专栏，广泛征求民众对党和政府的问题与意见，并定期上网直接回答民众问题。德国绿党主席约茨德米尔定期在"脸谱"上与网友进行交流，成为该社交网站中德国最受欢迎的政治家之一。此外，英国工党、保守党则创造出"电子民意咨询"模式，通过电子装置将每位选民对本党纲领、方针、政策的认识在第一时间输入电脑，经过软件分析处理后后形成反映选民意见的结论，以此来调整修正党的行动与决策。英国工党领袖、时任首相布莱尔在他的官方网站上开通网上留言服务平台，数百万民众在网上向工党政府提出各种建议，尤其是就一些问题直接给布莱尔写信，布莱尔还会对一些信件亲自回信，对工党的相关政策进行阐示、说明和劝服，以博得民众的理解和支持。

许多发展中国家政党也十分重视与网民的对话和沟通。普京在担任统俄党主席期间，十分重视通过网络来扩大党的政治影响，争取更多的民众特别是网民的认同和支持。他多次举行电视、广播与网络的在线直播，直接回答民众对党和政府提出的一系列问题，强调要加强统俄党自身建设。普京甚至在 2011 年底的网络直播中明确表示，如果民众不再支持他，他就不再留恋政坛走人，其在网络互动中表现出的坚定的意志和立场，直率的性格和政派赢得许多网民的好评，使之在较长时期里成为俄罗斯人气甚高的"网络红人"。越南共产党中央政治局委员、政府总理阮晋勇也重视通过网络平台与党员、群众进行互动，他于 2007 年 2 月在越共电子报、越政府网、越新闻网三家网站上，与网民进行了直接对话，收到了网民提出的 2 万多个问题，并在几个小时里进行了综合性的解答，取得了良好的党内与社会反响。捷克社民党等东欧一些政党仿效西欧政党，纷纷建立了本党的电子民意咨询模式，通过对网络调查问卷的数据分析，以及专家分析报告的基础上形成民意调查数据，作为本党决策的依据。韩国大国家党还在数字化政党委员会中下设"国民沟通委员会"，专门负责与网民沟通，并在这一委员会下面分设了政治、经济、科教、文化、军事、外交等分科委员会。"国民沟通委员会"在第一期有 100 人参加，第二期扩大到 500 人，成员任期一年。委员长不定期地召集各分科委员长会议或全体会议，听取汇报并研究党对于网络党建工作的下一步工作方向。该党的网上沟通和网民参与决策的主要方式为：一是组织网民代表见面会。一般情况下，大国家党的领导人都会参加，与网民开展互动，听取网民对党的印象、内外政策等看法，征询对完善该党网络建设的意见。规模较大的见面会，更是租用体育场馆进行，兼有文艺表演，场内彩旗招展，台上台下密集互动，犹如党的节日庆典。二是组织党的领导人与网民的网上对话。近年来，大国家党会不定期地组织领导人与网民进行网络对话，讨论各种有争议的问题，解答网民提问和质疑，并在网上专设了网民咨询窗口，领导人直接回答民众所关心的各种问题，取得较好效果。三是开辟网民参与党的政策形成的献言渠道。大国家党经常会就党所要制定的政策事先在网上进行讨论，它们通常会在网上抛出"筛选过"的政治议题，吸引党内外网民参与讨论，以此来集思广益、统一思想。四是在大国家党的日常党建中，鼓励网民向党的决策机构"政策委员会"建言献策，通过网络给网民发送党的文件，采用电子问卷调查形式开展各种议题的调查和讨论，广泛征求网络民意，并加以调整和行动上进行修正。

许多政党还建立了网上信息发布机制这一新制度。这些党在举行党内外选举和重大政策出台前，都会在网上公布候选人情况及党的相关决议草案，以征求党员及党外群众的意见。如越共在近几次党代会召开前数月乃至半年就公布报告草案，向全党直至全国征求意见。有些政党特别是共产党等左翼政党会在网上公布领导干部的相关信息，引导党员对其做出评价。

在新时期，越来越多的发展中国家政党日益重视利用网络平台来了解党员及支持者的"民意"，并开辟网络交流的空间和平台。南非非国大、乌干达全国抵抗运动、坦桑尼亚革命党、莫桑比克解放阵线等非洲政党的网站也普遍建立网上社区和留言板，每个党员均可以通过发邮件、发帖等形式向党中央及相关组织提出建议、反映情况、表达观点，参与全党的网上讨论。哈萨克斯坦主要政党"祖国之光"的网站积极配合党的公众接待站这一信息反馈机制，通过网络来为党和政府进行各种信息特别是社会反应动态的情况收集，了解社会对于党和政府的观点和相关诉求。澳大利亚工党还建立了专门的海外网络组织，向海外党员提供本党相关信息，同时吸纳来自海外党员的意见与建议，以供党内决策咨询。当今国外许多国家政党注重在网络环境下着力提高本党活动的透明度，增强本党党员及民众对国家政治生活的参与度。德国社民党的"党务公开"比较彻底，自2009年底以来，该党所有文件草案均事先在该党网站上公布，普通党员和民众可以通过发帖、发送电子邮件等方式直接表达个人意见，提出修改建议。该党还于2010年6月就"劳动力市场问题"召开专门会议，参与网上评论的网民达75万人，在线讨论的网民有6000多人，党内外的互动讨论非常踊跃。

在发展中国家，越共在此方面的做法较为前卫。在2011年即将召开越共十一大前夕，越共党内的一些干部特别老干部就注重利用互联网来讨论党内、国内的一些重要问题。2010年上半年，由原越共中央理论委员会秘书长杨富协、原越共中央委员、贸易部部长、义安省委书记张庭选，原文化通信部常务副部长梅廉直等一批越共老干部，不断通过互联网阐述其观点，呼吁要以越共十一大召开为契机，大胆地进行政治改革，并为此提出了一系列观点十分鲜明的政治主张，主要包括：其一，强调越南当前需要杰出的国家领导人。领导者要坚强有力，要有战略眼光和远见卓识，要敢想敢干，勇于承担责任，要廉洁奉公、热爱祖国和人民。认为越南目前还很落后，与其他国家相比，还有很大差距。如果不能选出杰出的领导人，这种差距就会越拉越大。没有杰出的领导人，对国家和民族将是一大灾难。这种事例在发展中国家并不鲜见，阿富汗、伊拉克以及20世纪70年代中后期的柬埔寨等国都因为缺少具有远见卓识的领导人而使国家和民族陷入灭顶之灾。而新加坡的李光耀、韩国的朴正熙仅用几十年就使国家飞速发展起来，令世界刮目相看。其二，建议党的总书记和国家主席应由一人担任。这样做不仅有利于增强党和国家的领导权威，而且也有利于在对外交往中的方便，避免尴尬现象出现。其三，认为选举领导人应打破维持区域平衡的做法。批评越南党和国家领导人以前的选举总是要考虑地区平衡，即维持党和国家主要领导人要由北、中、南三个区域人选分别出任的传统。强调这种长期形成的惯例极不合理，这实际上是受封建割据、殖民统治和长期战争分裂的影响所致，表示现在选举领导人应不拘一格，打破区域平衡，任人唯贤。其四，呼吁通过竞选直接选举党和国家领导人。强调应在越南建立完备的竞选制度，让党员、群众在没有任何外来压力的情况下，自愿行使公民权利，选举自己满意的各级领导人。要确保选举过程的公开、公正和透明，使选举结果为全体人民所接受。表示为了国家的最高利益，党的十一大应对党章进行修改，下决心直选总书记等党和国家领导人。认为只有通过竞选和直选，才能从根本上解决人事制度上存在的一些弊端。当然这样做并非要改变现有政治制度。事实上，已故党和国家领导人武文杰在越共十大前就提出应直接选举总书记。其五，呼吁要突破理论滞后状况，实行"二次革新"。认为越共经过 20 年革新，实践已经发生很大变化，理论已相对滞后。应对党纲、党章作较大修改，取消不合时宜的内容。表示人民期待此次党代会能够开创"二次革新"的新局面，进而为经济快速、可持续发展提供强大的驱动力。这些主张和观点通过互联网公开发表后，在越共党内外引起很大反响，社会对此议论纷纷，民间也对此展开不同形式的讨论和辩论。在社会舆论的压力下，越共中央不得不对此做出回应，时任越共总书记农德孟表示，党的政治建设事关越共的生死存亡，修改党纲和党章必须以实践为基础，只有那些被实践证明是正确的、并且带有普遍意义的和必需的内容，才可能写入十一大的党章和党纲，对此，全党要达成高度一致。当然，上述老干部所提出的主张和建议，部分的也在越共十一大中得到采纳，比如党和国家主要领导人必须来自北、中、南三个地区的传统就因此打破，党的一些理论也通过十一大得到调整和革新。而对党章、党纲的进一步修改，则在 2013 年初国会提交的宪法修改案中，又有新的回应。

四　网络政党——党的组织建设新形式

当今信息技术尤其是网络的迅速发展，推动了国外许多政党对党的组织结构的改造进程，利用信息网络手段，使党的组织建设插上信息化的翅膀，谋求改变日益凸显的组织弱势。德国社民党将网络视为该党未来战斗力的核心领域，早在新世纪之初就提出了建设"网络党"的目标，近期更是将"社民党新闻平台"和"网络社民党"建设作为党建机制创新的两个重要项目。同时，该党还根据信息化时代的现实要求，针对一些人特别是年轻群体思维活跃、兴趣广泛、行为多变等特点，对党的组织活动进行新的尝试，推出了"项目党员"和"主题支部"等新的组织模式，允许那些只支持社民党个别政治主张、但不准备承担社民党所有党员义务的人在一定时期内入党，允许他们在2—3年退党①。在传统固定支部的基础上，建立一些灵活的、以讨论特定专题为中心的"主题支部"，从而吸引不同地域的感兴趣党员参加党的专题性活动。近年来，德国社民党针对许多民众入党积极性不高、对议题不感兴趣等现实状况，提出了"呼吸型政党"理念，有针对性地策划了一系列专题活动，来吸引党外群众参加的积极性。待项目完成后，一部分人即兴选择入党，其他的人则继续留在党外，党在政治上不歧视他们。同时，社民党近期还出台了"青年攻势"的行动计划，开辟"青年网站"，成立青年网络管理之家，利用各种新颖的方式吸引青年人加入该党。实际上，西方其他国家政党也采取类似的举措。美国民主党在网上建立了"虚拟基层组织"，把互不认识的民众联系起来，在网上开展政策讨论。这种方式在一定程度上弥补了传统的"集会式"组织活动方式的不足，不但打破了时空、地域限制，而且增强了党对众多网民的吸引力。

当今西方政党党员队伍不断老化，年轻人大都不愿加入传统政党，而年轻人却几乎都受互联网的巨大影响。在当今西方及部分发展中国家，90%以上的年轻人都上网，大多数年轻人都有自己的博客等社交媒体，网上生活成为年轻人工作、学习和业余生活的重要组成部分。为此，世界许多国家的政党特别重视通过互联网等新型媒体来吸引年轻人，如就

---

① 中联部研究室：《外国政党建设的经验教训》，当代世界出版社2002年版，第363页。

重大问题开展网上投票、实行网上入党、组织网络专题活动等。近几年来，西方许多政党都启动了网上"招募党员"计划，大大简化入党的手续，通过互联网平台来招募新党员，而这些主要是针对年轻人所为。澳大利亚工党、意大利民主党和自由人民党、英国保守党、芬兰工党等一些政党现在都实现了在网上发展党员。其具体做法为：把党员登记表张贴到网上，使那些认同党的政策主张、对党感兴趣的网民随时在网上提交入党手续、交纳党费，因而吸引了一些青年人的加入。

相对而言，韩国大国家党在网络组织建设上迈出了较大步伐，形成了自己的鲜明特点，主要表现在：一是成立党的"虚拟基层组织"，该党为打破党内生活的时空限制，成立了虚拟政党论坛，开展跨区域、跨行业的党组织生活和党内讨论。同时，该党将"虚拟的网络组织生活"与"现实的集会活动"相结合，在网上发布相关的集会活动信息，并进行组织动员，然后在现实场所中组织会议、游行和集会等活动。二是利用网络来组织和管理党员。与一些西方国家做法类似，该党将党员登记表张贴在网上，凡是对本党感兴趣并自愿加入的民众可随时在网上办理入党手续，党费也是实行网上自助缴纳。针对一些移居在国外的党员，通过设立海外网络组织机构的方式，使之继续与党建立和保持联系，国内党组织通过互联网管理这些"虚拟组织"，及时向其提供本党的信息，使其在网上依然能够感受到党的存在。三是建立网上党的外围组织。针对不同兴趣的非党群众，该党想方设法加以亲近和争取。近年来，该党在网上成立了系列党外群众组织，如"青年之家"以及科技、体育、文化等其他常设组织。根据年轻人对入党兴趣不浓但对于一些具体的社会问题甚为关注的特点，专门设计了网上讨论等方式，吸引他们关注社会问题及本党政策的目光，并在政治上关心他们，确保其最终成为党的外围团体。

五 亲近新兴传媒并引导社会舆论

西方及一些发展中国家主流政党重视通过信息掌控、推进政治营销来扩充软实力。其主要做法为：一是改善和培养与大众传媒的良好关系，创造对本党有利的信息来源。英国工党领袖布莱尔主动改善与主流媒介关系，亲自做媒体巨头鲁伯特·默多克的工作，自两人在 1994 年 8 月第一次共进晚餐之后，双方关系改观，对工党有利的新闻信息不断增多，直至使工党赢得自1997年之后的连续三届大选。法国人民运动联盟主席、总统萨科齐与传媒大亨达索家族私交甚深，达索家族旗下的《费加罗报》一向为萨科齐及该党政府站台说话。美国民主党、共和党领导人长期以来重视加强与主流媒体的关系，奥巴马经常邀请知名的电视主持人、记者及网络大亨到白宫做客，拉拢与他们的关系。二是主动向媒体"喂料"，掌控信息发布主导权。针对现代社会媒体大肆搜罗信息源的状况，国外一些主流政党的新闻部门加强对信息资源的分配与发布调控。既把本党领导人的活动预报、重要讲话、重要评论等以手机短信、电子邮件等方式群发给固定联系的媒体记者，同时又定期或视情况需要安排媒体"内部吹风会"，向精心挑选出的媒体记者"透露"党的重要信息，回答他们的提问，给其"吃小灶"，以使其多报道对本党有利的消息。三是国外主流政党近期以来尤其注重加强与本国大型传媒、民调机构以及各类公关公司的合作，以社情民意深度调查为基础，以传媒市场规则和卖点为参照，对党的相关政策理念进行人格化、可视化的设计与包装，打造成一件件精美的"媒体产品"推销给社会公众。如意大利自由人民党把企业市场调查和产品营销的相关理念和手段移植政党政治生活中，通过报纸、电视、网络、手机等对民众进行长期、持续的"信息轰炸"，使其保持了较高的民意支持率。韩国大国家党也十分重视对网络这一重要阵地的争取，加大网上的宣传力度。该党还设立了网络发言人，及时回答网民对该党的疑问，而且还开放了网上广播站，以缓解浏览网页疲劳并解决视力障碍的网民阅读不便等问题，并且还将体育、音乐和娱乐等信息同本党的政策、思想等巧妙结合，使网民在潜移默化中接受了大国家党的宣传教育，这比传统的、机械的、灌输式宣传效果更好。

六　推动电子党务与信息规范管理

电子党务作为西方及部分发展中国家主要政党党建信息化的重要体现，是实现其政党现代化的现实要求。当今世界不少国家政党为此各出招数，积极探索：一是加快本党基层党组织的联网步伐，以及党员个人的电子邮件建设。据统计，早在2000年，世界上79%通过选举产生的政党及党员干部的电子邮箱都是公开的。德国自民党在2002年底就将本党

12500 个地方组织全部联入了内部信息网。丹麦保守人民党积极推动本党党员设立个人电邮地址，早在 2000 年该党就已有 1/3 的公职人员开通了自己的电子邮件。二是设立"电子学校""电视大学"等教育培训机构，加强网上远程教育。当今西方及少数发展中国家主流政党都借助电视、网络等平台建立了本党的各级各类培训学校，德国社民党乃至成立了"网上工商学校"。韩国大国家党的党员网上教育更有特色：该党在中央和道（省）、市级网站上开设教育学院，组织党员开展在线学习，加强对党的基本理论、政策的学习认识，通过视频、论坛等形式答疑解惑，受到广大党员的好评和认可。三是不断完善本党网站的信息传递与服务功能。随着网络技术的不断进步与信息化程度的日益提高，国外许多政党致力于发挥本党网络系统的更多、更大功能。如英国工党通过网络来进行捐助，订阅党刊，发送党的传单、指示、邮件等信息材料。德国社民党总部所处理的党内外各种来件 80% 以上以电子邮件方式完成。四是尽量将本党的档案资料电子化、信息化。国外许多政党在建立本党网站后，大都重视加强对本党文件及其他资料的数据库建设，将本党的各类历史文献编程，实现电子化、信息化。如法国人民运动联盟斥巨资加大本党网站的数据库建设。当今欧洲大多数政党都已经把本党历史上的重要文献电子化，进行了科学的分类与编排，以便于党员和公众查阅。五是当今国外多数政党实现了党的日常活动的电子化进程。党员及其支持者了解党的情况，与党的各级组织沟通和互动多是通过网络平台进行。早在世纪之交，北欧国家的党代表中，80% 的代表至少每月有一次访问政党网页，而党内的各类公职人员至少每周都会访问政党网页。而到现在，国外多数国家政党的专职党务干部几乎每周甚至更频繁地会访问本党的网页，不少积极分子会参加网上各种平台的讨论与建言。六是陆续建立了本党的网上监督与申诉平台。以前国外政党的监督大都通过党员和民众寄送纸质材料来实现，相对费时、费力，还存在安全上的因素。现在，西方及部分发展中国家一些政党在传统的监督手段的基础上，又开设了网上的监督渠道，党员及民众可以通过网络投诉党内的各种违纪现象，申诉自己的问题。越共于 2007 年开设了反腐网站"反腐数据库"，设置"热线""公民信箱""直接交流"等栏目，为党组织及时发现问题提供线索。

主要参考文献

一 中文文献

《马克思恩格斯选集》第1—4卷，人民出版社1995年版。

《马克思恩格斯全集》第3卷，人民出版社2002年版。

《马克思恩格斯全集》第23卷，人民出版社1972年版。

《列宁全集》第29卷，人民出版社1985年版。

《列宁选集》第1—4卷，人民出版社1995年版。

《列宁专题文集》第1—5卷，人民出版社2009年版。

《邓小平文选》第3卷，人民出版社1993年版。

《江泽民文选》第3卷，人民出版社2006年版。

陈锡喜：《意识形态：当代中国的理论和实践》，中国人民大学出版社
2018年版。

金安：《责任》，四川大学出版社2005年版。

唐亚阳：《社会主义核心价值观带领下的网络内容建设工程研究》，人民
出版社2017年版。

《公民道德建设实施纲要》，学习出版社2001年版。

《十八大以来重要文献选编》（上），中央文献出版社2014年版。

《习近平谈治国理政》，外文出版社2014年版。

《资本论》第1卷，人民出版社2004年版。

艾四林：《社会主义主流意识形态与当今中国社会思潮》，人民出版社
2014年版。

包连仲、朱贻庭：《伦理学概论》，河南人民出版社1985年版。

鲍宗豪主编：《网络与当代社会文化》，上海三联书店2001年版。

北京大学哲学系外国哲学史教研室：《西方哲学原著选读》，商务印书馆
　　1981 年版。

蔡佶、张磊、刘健民：《后短信时代》，人民邮电出版社 2005 年版。

常晋芳：《网络哲学引论——网络时代人类存在方式的变革》，广东人民
　　出版社 2005 年版。

陈万柏、张耀灿：《思想政治教育学原理》，高等教育出版社 2007 年版。

陈先达：《坚持马克思主义在意识形态领域指导地位研究》，经济科学出
　　版社 2015 年版。

陈小洪等：《移动通信革命——产业发展与社会经济影响》，北京邮电大
　　学出版社 2007 年版。

代金平：《高科技发展的伦理与法律规范》，西南师范大学出版社 2004
　　年版。

戴钢书：《德育环境研究》，人民出版社 2002 年版。

董小英：《再登巴比伦塔》，生活·读书·新知三联书店 1994 年版。

冯鹏志：《延伸的世界——网络文化及其限制》，北京出版社 1999 年版。

甘惜分等：《新闻学大词典》，河南人民出版社 1993 年版。

高小枚：《社会主义核心价值观教育的渗透性研究》，中国社会科学出版
　　社 2016 年版。

官建文等：《中国移动互联网发展报告（2012）》，社会科学文献出版社
　　2012 年版。

宫承波等：《新媒体概论》，中国广播电视出版社 2007 年版。

郭春燕：《网络锡信息采集》，中央广播电视大学出版社 2007 年版。

郭庆光：《传播学教程》，中国人民大学出版社 1999 年版。

郭维平：《社会主义核心价值观生成与认同研究》，学习出版社 2016
　　年版。

国际 21 世纪教育委员会：《教育——财富蕴藏之中》，教育科学出版社
　　1998 年版。

郝保权：《多元开放条件下中国社会主义意识形态安全研究》，人民出版
　　社 2018 年版。

郝振省等：《2009—2010 中国数字出版产业年度报告》，中国书籍出版社
　　2011 年版。

郝振省等:《中国动漫游戏产业发展现状调研报告》,中国书籍出版社 2010 年版。

胡惠林等:《文化产业概论》,云南大学出版社 2005 年版。

胡锦涛:《高举中国特色社会主义伟大旗帜 为夺取全面建设小康社会新胜利而奋斗——在中国共产党第十七次全国代表大会上的报告》,人民出版社 2007 年版。

胡锦涛:《坚定不移沿着中国特色社会主义道路前进 为全面建成小康社会而奋斗——在中国共产党第十八次全国代表大会上的报告》,人民出版社 2012 年版。

黄少华:《数字化与人文精神》,上海三联书店 2003 年版。

黄寰:《网络伦理危机及对策》,科学出版社 2003 年版。

黄倩婕:《中外“手机媒体”研究综述》,载吴信训《世界传媒产业评论》(第 1 辑),中国国际广播出版社 2008 年版。

黄瑞玲、肖尧中:《现代人际传播视野中的手机传播研究》,吉林大学出版社 2010 年版。

江畅:《论价值观与价值文化》,科学出版社 2014 年版。

江泽民:《论科学技术》,中央文献出版社 2001 年版。

金言:《网上大学与网上教育》,北京邮电大学出版社 2003 年版。

靖鸣、刘锐:《手机传播学》,新华出版社 2008 年版。

匡文波:《手机媒体:新媒体中的新革命》,华夏出版社 2010 年版。

匡文波:《手机媒体概论》,中国人民大学出版社 2006 年版。

李丹丹:《手机新媒体概论》,中国电影出版社 2010 年版。

李德顺、马俊峰:《价值论原理》,陕西人民出版社 2002 年版。

李建华:《社会主义核心价值观构建与践行研究》,人民出版社 2017 年版。

李辽宁:《非意识形态化思潮研究:兼论对社会主义核心价值体系建设的影响及其对策》,中国社会科学出版社 2017 年版。

李伦:《鼠标下的德行》,江西人民出版社 2002 年版。

李伦:《网络传播伦理》,湖南师范大学出版社 2007 年版。

李培林:《社会学家的眼光:中国社会结构转型》,中国社会出版社 1999 年版。

李兴耕等:《当代国外学者论市场经济》,中共中央党校出版社 1994 年版。

李秀林等:《辩证唯物主义和历史唯物主义原理》(第五版),中国人民大学出版社 2004 年版。

李英明:《网络社会学》,扬智文化事业股份有限公司 2000 年版。

李玉华:《网络世界与精神家园》,西安交通大学出版社 2002 年版。

李正良:《传播学原理》,中国传媒大学出版社 2007 年版。

梁启超:《梁启超全集》,北京大学出版社 199 年版。

梁漱溟:《中国文化要义》,上海人民出版社 2003 年版。

凌继尧等:《现代外国美学教程》,南京大学出版社 1991 年版。

刘冰:《"以人为本"思想纲论》,吉林人民出版社 2008 年版。

刘德寰等:《正在发生的未来——手机人的族群与趋势》,机械工业出版社 2012 年版。

刘海龙:《大众传播理论:范式与流派》,中国人民大学出版社 2008 年版。

刘连喜:《媒介前线:网络与电视的亲密接触》,中华书局 2003 年版。

刘良海:《网络文化导论》,中国文献出版社 2005 年版。

刘文富等:《全球化背景下的网络社会》,贵州人民出版社 2001 年版。

刘笑敢:《庄子学及其演变》,中国社会科学出版社 1958 年版。

卢风、肖巍:《应用伦理学导论》,当代中国出版社 2002 年版。

陆地、高菲:《新媒体的强制性传播研究》,人民出版社 2010 年版。

吕本修:《网络道德问题研究》,中国社会科学出版社 2012 年版。

吕大吉:《人道与神道》,上海人民出版社 1991 版。

罗国杰:《伦理学》,人民出版社 2007 年版。

罗国杰、马博宜、余进:《伦理学教程》,中国人民大学出版社 1985 年版。

罗荣渠:《现代化新论——世界与中国的现代化进程(增订本)》,商务印书馆 2009 年版。

马和民、吴瑞君:《网络社会与学校教育》,上海教育出版社 2002 年版。

马华兴等:《解惑 3G 业务:概念、实现和规划》,北京邮电大学出版社 2006 年版。

孟建、祁林：《网络文化论纲》，新华出版社 2002 年版。

孟悦、罗钢：《物质文化读本》，北京大学出版社 2008 年版。

莫少群：《20 世纪西方消费社会理论研究》，社会科学文献出版社 2006 年版。

墨翟：《墨子·兼爱》 青海人民出版社 2002 年版。

牟宗三：《心体与性体》（第 1 册），上海古籍出版社 1996 年版。

倪桓：《手机短信传播心理探析》，中国传媒大学出版社 2009 年版。

祁明：《网络安全与保密》，高等教育出版社 2001 年版。

渠敬东：《缺席与断裂——有关失范的社会学研究》，上海人民出版社 1999 年版。

饶传平：《网络法律制度》，人民法院出版社 2005 年版。

山东省网络文化办公室：《网络文化建设与管理》，山东人民出版社 2009 年版。

司马云杰：《文化社会学》，中国社会科学出版社 2001 年版。

宋希仁：《西方伦理思想史》，中国人民大学出版社 2010 年版。

宋祖良：《拯救地球和人类未来——海德格尔的后期思想》，中国社会科学出版社 1993 年版。

苏国勋等：《全球化：文化冲突与共生》，社会科学文献出版社 2006 年版。

孙慧英：《多重视域下的第五媒体文化研究》，北京邮电大学出版社 2010 年版。

孙正聿：《理论思维的前提批判》，辽宁人民出版社 1992 年版。

孙志华：《梦想与实现：走向社会主义和谐社会理论研究》，中国大地出版社 2008 年版。

谭云明：《网络信息编辑与发布》，中国经济出版社 2008 年版。

唐守廉：《电信管制》，北京邮电大学出版社 2001 年版。

唐守廉：《互联网及其治理》，北京邮电大学出版社 2008 年版。

陶善耕：《网络文化管理研究》，中国民族摄影艺术出版社 2002 年版。

田青毅、张小琴：《手机：个人移动多媒体》，清华大学出版社 2009 年版。

童晓渝、蔡佶、张磊：《第五媒体原理》，人民邮电出版社 2006 年版。

王承哲:《意识形态与网络综合治理体系建设》,人民出版社 2018年版。

王海明:《道德哲学原理十五讲》,北京大学出版社 2008 年版。

王海明:《伦理学导论》,复旦大学出版社 2009 年版。

王慧:《我国主流媒体社会主义核心价值观舆论场建设研究》,社会科学文献出版社 2015 年版。

王佳煌:《手机社会学》,学富文化事业有限公司 2005 年版。

王伦光:《价值自觉与社会主义核心价值体系建设研究》,人民出版社 2017 年版。

王宁:《从苦行者社会到消费者社会——中国城市消费制度、劳动激励与主体结构转型》,社会科学文献出版社 2009 年版。

王萍:《传播与生活:中国当代社会手机文化研究》,华夏出版社 2008年版。

魏贤超:《现代德育原理》,浙江大学出版社 1993 年版。

邬焜:《信息哲学——理论、体系、方法》,商务印书馆 2005 年版。

巫汉祥:《寻找另类空间——网络与生活》,厦门大学出版社 2000 年版。

席彩云:《当代社会公德教育研究》,湖北人民出版社 2009 年版。

谢海光:《互联网与思想政治工作概论》,复旦大学出版社 2000 年版。

谢海光:《互联网与思想政治工作实务》,复旦大学出版社 2001 年版。

谢海光:《思想政治工作网站创新》,复旦大学出版社 2006 年版。

谢新洲:《网络传播理论与实践》,北京大学出版社 2004 年版。

新华月报编:《十六大以来党和国家重要文献选编上(一)》,人民出版社 2005 年版。

徐慧君、李定生:《文子要诠》,复旦大学出版社 1998 年版。

徐云峰:《网络伦理》,武汉大学出版社 2007 年版。

徐仲伟:《网络文化建设与管理研究》,中央文献出版社 2007 年版。

薛晓源、李惠斌:《当代西方学术前沿研究报告》,华东师范大学出版社 2006 年版。

杨成、肖弦弈:《手机电视:产业融合的移动革命》,人民邮电出版社 2008 年版。

杨耕:《社会主义核心价值观:理论与方法》,四川人民出版社 2017

年版。

杨立英、曾盛聪：《全球化、网络化境遇与社会主义意识形态研究》，人民出版社 2007 年版。

尹鸿、李彬：《全球化与大众传媒：冲突·融合·互动》，清华大学出版社 2002 年版。

尹韵公等：《中国新媒体发展报告（2012）》，社会科学文献出版社 2012 年版。

余逊达：《法治与行政现代化》，中国社会科学出版社 2005 年版。

袁贵仁：《价值观的理论与实践：价值观若干问题的思考》，北京师范大学出版社 2006 年版。

跃钢、朱志远、张建国：《手机：划时代的魔器》，科学出版社 2010 年版。

张传福等：《移动互联网技术及业务》，电子工业出版社 2012 年版。

张岱年、程宜山：《中国文化与文化论争》，中国人民大学出版社 1990 年版。

张岱年、方克立等：《中国文化概论》（修订版），北京师范大学出版社 2004 年版。

张珂、吕廷杰、吴起：《电信增值业务》，北京邮电大学出版社 2008 年版。

张文俊：《数字新媒体概论》，复旦大学出版社 2009 年版。

郑爱龙：《网络社会与社会主义核心价值观认同》，安徽师范大学出版社 2016 年版。

郑杭生：《社会学教程》，中国人民大学出版社 1998 年版。

郑洁：《网络社会的伦理问题研究》，中国社会科学出版社 2011 年版。

钟敬文：《话说民间文化》，人民日报出版社 1990 年版。

周原冰：《共产主义道德通论》，上海人民出版社 1986 年版。

周轴成：《西方伦理学原著选》（下），商务印书馆 1987 年版。

朱海松：《第五媒体：无线营销下的分众传媒与定向传播》，广东经济出版社 2005 年版。

朱海松：《第一媒体：手机媒体化的商业革命》，广东经济出版社 2011 年版。

朱海松：《手机媒体：手机媒介化的商业应用思维与原理》，广东经济出版社 2008 年版。

赵雪波：《互联网对个人角色的重塑》，载陈卫星等《网络传播与社会发展》，北京广播学院出版社 2001 年版。

中国通信企业协会：《中国通信业发展分析报告》2007—2011 年，人民邮电出版社 2008—2012 年版。

中华人民共和国信息产业部：《中国通信统计年度报告》2003—2006 年，人民邮电出版社 2004—2007 年版。

［德］阿多诺：《文化工业再思考》，《文化研究》第 1 辑，天津社会科学院出版社 2000 年版。

［德］伽达默尔：《真理与方法》，上海译文出版社 1999 年版。

［德］哈贝马斯：《公共领域的结构转型》，曹卫东等译，学林出版社 1999 年版。

［德］霍克海默：《批判理论》，李小兵等译，重庆出版社 1980 年版。

［德］霍克海默、阿多诺：《启蒙辩证法》，洪佩郁、蔺月峰译，重庆出版社 1990 年版。

［法］古斯塔夫·勒庞：《乌合之众》，中央编译出版社 2000 年版。

［法］让·波德里亚：《消费社会》，刘成富、全志刚译，南京大学出版社 2001 年版。

［法］维克多·埃尔：《文化概念》，康新文、晓文译，上海人民出版社 1988 年版。

［加］马歇尔·麦克卢汉：《理解媒介——论人的延伸》，何道宽译，商务印书馆 2000 年版。

［美］F. 普洛格、D. G. 贝茨：《文化演进与人类行为》，吴爱明、邓勇译，辽宁人民出版社 1988 年版。

［美］K. T. Strongman：《情绪心理学》，中国轻工业出版社 2006 年版。

［美］Patricia Wallace：《互联网心理学》，谢影、苟建新译，中国轻工业出版社 2001 年版。

［美］Werner J. Severin、James W. Tankard, Jr. ：《传播理论：起源、方法与应用》（第五版），郭镇之主译，中国传媒大学出版社 2006 年版。

［美］阿尔温·托夫勒：《第三次浪潮》，朱志焱、潘琪译，生活·读书·

新知三联书店 1984 年版。

〔美〕埃瑟·戴森:《2.0 版数字化时代的生活设计》,海南出版社 1998
年版。

〔美〕爱因斯坦:《爱因斯坦文集》第 3 卷,许良英等译,商务印书馆
1979 年版。

〔美〕保罗·莱文森:《手机:挡不住的呼唤》,何道宽译,中国人民大学
出版社 2004 年版。

〔美〕彼得·基恩、〔英〕罗恩·麦金托什:《自由经济:无线世界移动
商务优势》,刘洋亚、赵敏译,机械工业出版社 2002 年版。

〔美〕丹·斯坦博克:《移动革命》,岳蕾、周兆鑫译,电子工业出版社
2006 年版。

〔美〕丹·希勒:《数字资本主义》,杨立平译,江西人民出版社 2001
年版。

〔美〕丹尼尔·杰·切特罗姆:《传播媒介与美国人的思想——从莫尔斯
到麦克卢汉》,曹静生等译,中国广播电视出版社 1991 年版。

〔美〕弗兰克·戈布尔:《第三思潮:马斯洛心理学》,吕明、陈红雯译,
上海译文出版社 1987 年版。

〔美〕赫伯特·马尔库塞:《单向度的人》,张峰、吕世平译,重庆出版社
1988 年版。

〔美〕杰姆逊:《后现代主义与文化理论》,唐小兵译,北京大学出版社
2005 年版。

〔美〕凯文·凯利 《网络经济的十种策略》,萧华敬、任平译,广州出版
社 2000 年版。

〔美〕理查德·尼克松:《1999 年:不战而胜》,世界知识出版社 1989
年版。

〔美〕罗杰·菲德勒:《媒介形态变化——认识新媒介》,明安香译,华夏
出版社 2000 年版。

〔美〕马克·波斯特:《第二媒介时代》,范静哗译,南京大学出版社
2000 年版。

〔美〕马克·波斯特:《信息方式——后结构主义与社会语境》,范静哗
译,商务印书馆 2000 年版。

［美］马克·第亚尼：《非物质社会》，四川人民出版社 1998 年版。

［美］迈克尔·波特：《竞争战略——分析产业和竞争者的技巧》，陈小悦
　　译，华夏出版社 1997 年版。

［美］迈克尔·海姆：《从界面到网络空间：虚拟实在的行而上学》，上海
　　科技教育出版社 2000 年版。

［美］曼纽尔·卡斯特：《网络社会的崛起》，夏铸九等译，社会科学文献
　　出版社 2001 年版。

［美］摩尔根：《古代社会》，上海译文出版社 1985 年版。

［美］尼古拉·尼葛洛庞帝：《数字化生存》，胡泳、范海燕译，海南出版
　　社 1997 年版。

［美］唐·泰普斯科特：《数字化成长：网络世代的崛起》，东北财经大学
　　出版社 1999 年版。

［美］威尔伯·施拉姆、威廉·波特：《传播学概论》，陈亮等译，新华出
　　版社 1984 年版。

［美］亚伯拉罕·马斯洛：《动机与人格》（第三版），许金声等译，中国
　　人民大学出版社 2007 年版。

［美］约翰·菲斯克：《解读大众文化》，杨全强译，南京大学出版社
　　2001 年版。

［美］约翰·费斯克：《理解大众文化》，王晓珏、宋伟杰译，中央编译出
　　版社 2001 年版。

［美］约瑟夫·斯特劳巴哈、罗伯特·拉罗斯：《今日媒介：信息时代的
　　传播媒介》，熊澄宇等译，清华大学出版社 2002 年版。

［美］约书亚·梅罗维茨：《消失的地域：电子媒介对社会行为的影响》，
　　肖志军译，清华大学出版社 2002 年版。

［美］詹姆斯·罗尔：《媒介、传播、文化——一个全球性的途径》，董洪
　　川译，商务印书馆 2005 年版。

［美］尼古拉·米尔佐夫：《什么是视觉文化》，《文化研究》第 3 辑，天
　　津社会科学院出版社 2002 年版。

［美］W. J. T. 米歇尔：《图像转向》，《文化研究》第 3 辑，天津社会科
　　学院出版社 2002 年版。

［挪］Rich Ling：《M 时代——手机与你》，林振辉、郑敏慧译，人民邮电

出版社 2008 年版。

［苏联］安德烈耶娃：《社会心理学》，南开大学出版社 1984 年版。

［匈］阿格妮丝·赫勒：《日常生活》，衣俊卿译，重庆出版社 2010 年版。

［意］安东尼奥·葛兰西：《狱中札记》，葆煦译，人民出版社 1983 年版。

［英］爱德华·泰勒：《原始文化》，谢继胜等译，广西师范大学出版社
2005 年版。

［英］爱德华·泰勒：《原始文化》，浙江人民出版社 1987 年版。

［英］戴维·冈特利特：《网络研究：数字化时代媒介研究的重新定向》，
新华出版社 2004 年版。

［英］丹尼斯·麦奎尔等：《大众传播模式论》（第二版），祝建华译，上
海译文出版社 2008 年版。

［英］马林诺夫斯基：《科学的文化理论》，黄建波等译，中央民族大学出
版社 1999 年版。

［英］马凌诺斯基：《文化论》，费孝通译，华夏出版社 2002 年版。

［英］马修·阿诺德：《文化与无政府状态：政治与社会批评》，韩敏中
译，生活·读书·新知三联书店 2008 年版。

［英］尼克·史蒂文森：《认识媒介文化——社会理论与大众传播》，王文
斌译，商务印书馆 2003 年版。

［英］雷蒙·威廉斯：《电视：文化形式与政治》，载王逢振等《电视与
权力》，天津社会科学院出版社 2000 年版。

边馥苓、王金鑫：《现实空间、思维空间、虚拟空间——关于人类生存空
间的哲学思考》，《武汉大学学报》（信息科学版）2003 年第 1 期。

崔大华：《儒学的一种缺弱私德与公德》，《文史哲》2006 年第 1 期。

常晋芳：《网络文化的十大悖论》，《天津社会科学》2003 年第 2 期。

常静：《废旧手机的回收利用及资源化管理对策》，《再生资源研究》2006
年第 1 期。

陈万求：《网络伦理难题和网络道德建设》，《自然辩证法研究》2002 年
第 4 期。

陈垠亭：《加强校园网络文化建设主动占领网络思想政治教育新阵地》，
《河南教育》2007 年第 6 期。

陈志良：《虚拟：哲学必须面对的课题》，《光明日报》2000 年 1 月

18 日。

戴汝为：《关注网络行为的规范和道德问题》，《光明日报》2005 年 6 月
　30 日。

刁生虎、刁生富：《传统伦理思想与现代网络道德建设》，《淮阴师范学院
　学报》（社会科学版）2006 年第 2 期。

丁妍、沈汝发：《手机短信：一种文化新主张》，《文化研究》2003 年第
　6 期。

董云虎：《尊重和保障人权是我们党构建社会主义和语社会的基石》，《中
　国党政干部论坛》2006 年第 9 期。

方克立：《经济全球化情势下的中华文化走向》，《中国社会科学院研究生
　院学报》2001 年第 1 期。

冯鹏志：《迈向共生的理想——关于网络化与人类生产方式之前景的思
　考》，《新视野》2000 年第 3 期。

高翔、程瑾：《技术创新对产业发展的作用》，《科技进步与对策》1999
　年第 1 期。

高永晨：《网络交际：跨文化交际研究的新视域》，《苏州大学学报》2001
　年第 1 期。

高兆明：《简论"道德失范"范畴》，《道德与文明》2000 年第 5 期。

龚勤林：《论产业链构建与城乡统筹发展》，《经济学家》2004 年第 3 期。

韩华、刘冰、韩主：《手机犯罪现象分析及对策研究》，《江西公安专科学
　校学报》2007 年第 1 期。

何晓行：《中国电信普遍服务法律问题研究》，《重庆邮电学院学报》（社
　会科学版）2004 年第 5 期。

衡均：《新媒介环境下的高校思想政治教育原则》，《电化教育研究》2002
　年第 8 期。

侯放：《国家信息政策与法规：发达国家的经验及其借鉴》，《毛泽东邓小
　平理论研究》2007 年第 10 期。

胡锦涛：《努力开创新形式下党的建设的新局面》，《求是》2010 年第
　1 期。

胡易容：《短信媒体及其文化冲击》，《成都大学学报》（社会科学版）
　2004 年第 4 期。

胡忠惠：《秘密监听与个人宪法隐私权保护的平衡》，《青海社会科学》
　　2011 年第 5 期。

黄灿灿：《韩国手机电视运营分析及启示》，《通信世界》2006 年第 2 期。

黄璜、项国雄：《手机：颇具发展潜质的个性化媒体》，《传媒观察》2005
　　年第 3 期。

黄蓉生、白显良：《当代大学生诚信制度建设的体系构建》，《西南大学学
　　报》（社会科学版）2008 年第 4 期。

黄文玲：《高校思想政治教育网站运作问题分析及策略探讨》，《学校党建
　　与思想教育》2005 年第 1 期。

纪国涛：《中国移动通信市场价格博弈影响因素分析及对策》，《企业经
　　济》2012 年第 3 期。

姜鹏、胡玲玲：《用"产销合一"理念引领培训新思维》，《中国电力教
　　育》2009 年第 9 期。

姜奇平：《通过知识获得自由——兼谈共享权的生产意义》，《互联网周
　　刊》1999 年第 43 期。

金恩：《消费者手机认知调查分析》，《商业时代》2006 年第 12 期。

李爱芳：《试论社会主义和谐文化建设的路径选择》，《马克思主义与现
　　实》2009 年第 2 期。

李博洋、顾成奎：《促进废弃电器电子产品回收处理产业健康发展》，《中
　　国科技投资》2012 年第 9 期。

李惠等：《智能手机操作系统概述》，《电脑与电信》2009 年第 3 期。

李婧、郑琦：《武汉市电子废弃物回收处理现状及政策分析》，《湖北经济
　　学院学报》（人文社会科学版）2012 年第 5 期。

李淑梅：《罗尔斯的自由观：自由与平等结合》，《求是学刊》2005 年第
　　3 期。

李晓芬：《公民通信自由和秘密法律保护问题研究》，《现代电信科技》
　　2011 年第 5 期。

李晓鸿、田巧娣：《我国电子废弃物回收处理研究——基于生产者责任延
　　伸制度》，《学理论》2012 年第 2 期。

李晓辉：《论当代中国社会公德建设的重要性与紧迫性》，《思想政治工作
　　研究》2010 年第 9 期。

李醒民：《论文化的固有特征和研究进路》，《文化研究》2005 年第
　10 期。

李彦、李伟：《论网络文化的后现代特性》，《兰州交通大学学报》（社会
　科学版）2004 年第 2 期。

李洋：《通信自由的保护与限制》，《中国电信业》2010 年第 10 期。

李一：《网络行为：一个网络社会学概念的简要分析》，《兰州大学学报》
　（社会科学版）2006 年第 5 期。

李媛媛：《互联网时代党的组织建设面临的挑战与机遇》，《甘肃理论学
　刊》2012 年第 5 期。

李珍、李杰：《关于因特网发展的哲学思考》，《考试周刊》2008 年第
　6 期。

廖申白：《论公民伦理——谈梁启超的"公德"、"私德"问题》，《中国
　人民大学学报》2005 年第 3 期。

林壹：《网络文化建设与社会主义核心价值体系》，《苏州大学学报》（哲
　学社会科学版）2008 年第 6 期。

刘刚：《基于产业链的知识与创新结构研究》，《商业经济与管理》2005
　年第 11 期。

刘克飞等：《移动通信市场多寡头竞合博弈分析》，《河北经贸大学学报》
　2012 年第 5 期。

刘武俊：《法律是人民基本文化权益的保护神》，《人民政坛》2011 年第
　12 期。

鲁炜：《网络空间的自由与秩序》，《领导决策信息》2013 年第 36 期。

罗国杰：《论道德境界》，《哲学研究》1981 年第 3 期。

落红卫：《手机内容服务存在的问题与对策》，《电信网技术》2010 年第
　1 期。

马健：《产业融合理论研究述评》，《经济学动态》2002 年第 5 期。

马俊峰、宁全荣：《公正概念的价值论分析》，《教育与研究》2008 年第
　4 期。

毛勤勇：《网络伦理不能独立社会伦理》，《人文杂志》2001 年第 6 期。

莫林虎、王一：《手机出版产业现状及运营模式的比较分析》，《出版发行
　研究》2009 年第 5 期。

欧永红：《论网络时代高校思想政治教育工作的创新》，《湖南社会主义学院学报》2006 年第 3 期。

彭兰：《网络社会的网民素养》，《国际新闻界》2008 年第 12 期。

彭立群：《自由与规范相统一的哲学反思》，《齐鲁学刊》2008 年第 1 期。

戚攻：《网络社会的本质：一种数字化社会关系结构》，《重庆大学学报》（社会科学版）2002 年第 9 期。

阮旭聪、马如君：《浅谈中国手机媒体化进程中的主要侵权问题》，《今日南国》2008 年第 7 期。

石长顺、方雪琴：《手机电视：新收视时代媒介格局的重构》，《新闻与传播》2006 年第 9 期。

史铁杰：《高校思想政治教育网站的现状与发展》，《思想政治教育研究》2005 年第 2 期。

苏青场、杨新红：《新媒体与党的反腐倡廉建设》，《沈阳干部学刊》2012 年第 10 期。

孙福查、袁保霞：《网络编辑在新闻专题制作中的大局意识》，《网络时代》2005 年第 2 期。

孙庆民：《论构建和谐社会中德治与法治的关系》，《苏州大学学报》（工科版）2007 年第 8 期。

孙伟平：《普遍价值：可能性及其限度》，《天津社会科学》2001 年第 1 期。

孙伟平、贾旭东：《关于网络社会的道德思考》，《哲学研究》1998 年第 8 期。

孙喜杰：《关于开展"网络党建"的思考》，《理论观察》2003 年第 4 期。

唐喜亮、杨军：《2006 年舆情研究综述》，《四川教育学院学报》2007 年第 9 期。

唐晓燕：《网络社会个体道德自律的养成》，《广西社会科学》2007 年第 2 期。

陶春：《浅谈网络文化建设》，《理论前沿》2007 年第 16 期。

王大伟、余红梅：《中国手机犯罪初探》，《中国人民公安大学学报》2004 年第 3 期。

王辉：《百所"211 工程"大学思想政治教育网站建设调查》，《边疆经济与文化》2006 年第 8 期。

王来华、刘毅：《2004 年舆情研究综述》，《天津大学学报》2005 年第 7 期。

王磊：《试论道德的结构及起源》，《陕西师范大学学报》（哲学社会科学版）1981 年第 4 期。

王世谊：《开拓"基层网络党建"工作新领域的构想》，《理论学刊》2002 年第 6 期。

王煦：《手机产品链的最后一环》，《中国经济和信息化》2011 年第 24 期。

王岳川：《网络文化的价值定位与未来导向》，《四川师范大学学报》（社会科学版）2004 年第 5 期。

魏钢、代金平、陈纯柱：《信息文化的涵义和特征探析》，《重庆邮电大学学报》（社会科学版）2007 年第 2 期。

邬焜：《网络生存方式与传统生存方式之间的价值冲突》，《系统辩证学学报》2003 年第 11 期。

吴爱民：《网络环境下新型科技服务体系建设与创新》，《农业图书情报学刊》2009 年第 4 期。

吴满意：《试论网络伦理》，《电子科技大学学报》（社会科学版）2001 年第 1 期。

夏建平：《印度农村信息服务供给的经验与启示》，《湖北社会科学》2012 年第 10 期。

肖子玉、吕姗：《信息安全与垃圾短信监控》，《电信工程技术与标准化》2010 年第 3 期。

徐立春、黄艳娟：《对我国网络信息政策法规建设的思考》，《图书馆学研究》2004 年第 3 期。

徐元红、尚丽：《网络社会道德失范现象的反思》，《政工研究动态》2008 年第 13 期。

徐仲伟：《重庆邮电大学成功开创网络思想政治教育工作新局面》，《决策导刊》2007 年第 8 期。

杨辉：《我国电子废弃物回收体系现状及改进措施》，《企业技术开发》2012 年第 1 期。

杨克平：《高校思想政治教育网站建设问题分析与对策探讨》，《党史文苑》（学术版）2007 年第 7 期。

余文斌：《网络空间的自由悖论》，《中共福建省委党校学报》2002 年第 8 期。

郁义鸿：《产业链类型与产业链效益基准》，《中国工业经济》2005 年第 11 期。

张杰、李长喜：《通信秘密法律保护研究》，《云南大学学报》（法学版）2005 年第 2 期。

张军：《论宪法隐私权的法理基础》，《广西大学学报》（哲学社会科学版）2007 年第 2 期。

张敏：《拇指的狂欢——论短信文本的民间文化功能》，《河南科技学院学报》2009 年第 1 期。

张卫锴：《试析大学生思想政治教育网站吸引力的增强》，《电化教育研究》2006 年第 3 期。

张西：《"拇指经济"催生"拇指文化"》，《苏南科技开发》2003 年第 7 期。

张新民：《我国当代大学生诚信制度构建的多维思考》，《西南大学学报》（社会科学版）2008 年第 3 期。

张研农：《传统主流媒体进军新兴媒体》，《新闻战线》2012 年第 11 期。

张衍前：《以"网络党建"推进党建工作现代化》，《探索》2003 年第 6 期。

张志安、沈国麟：《媒介素养：一个亟待重视的全民教育课题》，《新闻记者》2004 年第 5 期。

赵红全：《道德文化建设的一个维度——制度文化》，《广东工业大学学报》（社会科学版）2004 年第 3 期。

钟义信：《论网络文化》，《北京邮电大学学报》（社会科学版）2003 年第 4 期。

周淼：《废旧手机电池回收现状和建议》，《中国城市经济》2012 年第 3 期。

周振华：《产业融合：拓展化主导因素及基础条件分析》，《社会科学》2003 年第 3 期。

朱峰：《手机广播的现状及发展模式》，《中国广播电视学刊》2005 年第11 期。

朱巧荣：《占领二十一世纪网络思想政治教育的阵地》，《先锋队》2007 年第 3 期。

包晓光：《传统文化资源的取用与可持续发展》，《中国教育报》2007 年 9 月 17 日。

崔寅：《媒介形态的演变》，《人民日报》2008 年 8 月 29 日。

金元浦：《定义大众文化》，《中国读书报》2001 年 7 月 23 日。

霍桂桓：《文化哲学：是什么和为什么》，《光明日报》2011 年 8 月3 日。

臧学英：《网络时代的文化冲突》，《光明日报》2001 年 6 月 6 日。

周平：《民意表达，值得期待的成长》，《人民日报》2010 年 1 月 7 日。

朱婧：《智能手机消费者行为研究》，硕士学位论文，西南财经大学，2005 年。

马晓莺：《手机文化的深度解析》，硕士学位论文，上海师范大学，2005 年。

习近平：《关于〈中共中央关于全面深化改革若干重大问题的决定〉的说明》（http：//politics. people. com. cn/n/2013/1115/c1001 – 23559327 – 2. html）。

习近平：《弘扬传统友好　共谱合作新篇》（http：//opinion. people. com. cn/n/2014/0718/c1003 – 25298501. html）。

中国互联网络信息中心：《第 27—30 次中国互联网络发展状况统计报告》。

中国互联网络信息中心：《2009 年中国网民网络视频应用研究报告》，2010 年 3 月。

中国互联网络信息中心：《2009 年中国青少年上网行为调查报告》，2010 年 4 月。

中国互联网协会：《绿色网络文化产品评价标准》（http：//net. china. cn/ywdt/txt/2007 – 08/21/content_1735364. htm）。

二　英文文献

Alavi, M. , and Leidner, D. , "An Exploratory Study of Managerial Leadership inVirtual Environments", presentation to the Panel on Virtual Leadership, Academy of Management Conference, Washington, August 2003.

Davik H. Jonassen, Hyug Kwon, " Communication Pattern in ComputeMer diated Versus Face – to – Face Group problem Solving", *ETR & D*, Vol. 49, No. 1, 2001.

Dutton, W. H. , *Society on the Line*: *Information Politics in the Digital Age*, Oxford University Press, Oxford. Hofstede. G. 1980. culture's consequences: International Differences in Work – Related Values, London: SAGE Publications. 1999.

Margolis, M. , and Resnick, D. , "Politics As Usual: The Cyberspace ' Revolution ' ", *Sage*, London. 2000.

Noam, E. , "The Internet: Still Wide Open Competitive?", Oxford Internet Institute Issue Briefl, Oxford. 2003.

Piet Kommers, "Information and Communication Technology (ICT) for Education: Research and Development for the Educational Integration of Technology in Eastern European Countries", *ETR & D*, Vol 48, No. 3, 2000.